跟庄出击

庄家建仓手法与实录

麻道明/著

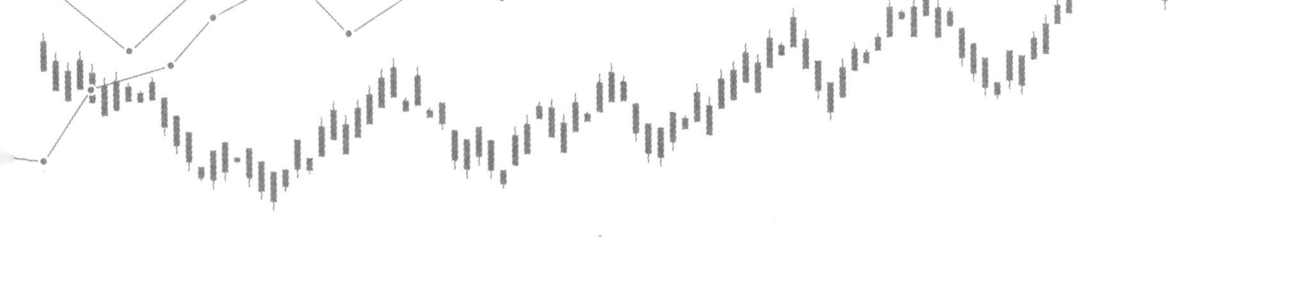

经济管理出版社
ECONOMY & MANAGEMENT PUBLISHING HOUSE

图书在版编目（CIP）数据

跟庄出击：庄家建仓手法与实录/麻道明著. —北京：经济管理出版社，2019.7
(2022.6重印)
ISBN 978-7-5096-6663-0
Ⅰ.①跟… Ⅱ.①麻… Ⅲ.①股票交易—基本知识 Ⅳ.①F830.91

中国版本图书馆 CIP 数据核字（2019）第 122874 号

组稿编辑：勇 生
责任编辑：勇 生 杜奕彤
责任印制：高 娅
责任校对：赵天宇

出版发行：经济管理出版社
（北京市海淀区北蜂窝 8 号中雅大厦 A 座 11 层 100038）
网 址：www. E-mp. com. cn
电 话：(010) 51915602
印 刷：唐山昊达印刷有限公司
经 销：新华书店
开 本：787mm×1092mm/16
印 张：18
字 数：352 千字
版 次：2019 年 10 月第 1 版 2022 年 6 月第 2 次印刷
书 号：ISBN 978-7-5096-6663-0
定 价：78.00 元

前　言

跟庄家一起进场

2019 年春节过后，A 股在经历了长时间的调整以后，市场开始明显地活跃起来。在东方通信（600776）、市北高新（600604）、风范股份（601700）等大牛股的带领下，大多数个股渐渐走出底部，极大地激活了盘面，鼓舞了人气。然而，此时有多少人跟着庄家一起进场呢，又有多少人知道庄家已经进场了呢？在我们身边有不少散户都想着抄庄家的底，可事实上无计可施，总是跟不上庄家的节拍，要么过早地进场而套牢其中，要么进场太晚而错失良机。

在实盘操作中，经常听到有人这样问：这只股票有没有庄家进场建仓？庄家是在什么时候开始建仓的？庄家建仓结束没有？庄家建仓为什么还要抛出筹码？这是散户不了解庄家建仓内在运行逻辑的具体体现。

庄家建仓需要一个过程，散户过早介入是不经济的，太晚跟进是不安全的，所以，认识庄家建仓是跟庄的第一步，否则制庄、胜庄、克庄都将无从谈起。

在 A 股市场中，庄家发动每一轮行情之前，会在底部神秘地大量吸纳低价筹码，那么庄家是如何完成低位建仓计划的呢？跟着庄家走，炒股更轻松。本书就庄家建仓手法和特征、底部骗筹阴谋、建仓盘口语言等，以实录的形式一一地为你揭开庄家建仓的秘密，裸露庄家坐庄意图，让广大投资者了解庄家建仓逻辑，掌握底部启动信号和底部经典形态，在低位跟庄出击，实现轻松获利。

本书分为八个章节，重点讲述庄家建仓阶段盘面背后的运行逻辑、坐庄意图及虚假信号，并结合 30 年 A 股市场的运行规律和特点，精心提炼出可供散户实盘操作的各种跟庄技巧、操作策略、实盘经验，以提升投资者识庄、跟庄、克庄的技能，跟着庄家一起进场，实现利润最大化。

本书是研究中国 A 股市场庄家运行规律的重要参考依据，对思索未来股市庄家动向将产生十分深远的影响。

目　录

第一章　庄家神秘建仓

第一节　关于建仓的新认识

在中国30年的股市发展中，市场不断出现新变化，关于庄家的一些话题也有了新的内涵和解释，可关于庄家建仓问题，不少散户还存在着模糊的认识和理解，在此有必要进行重新认识和定义。

在股市实盘操作中，经常听到有人这样问：这只股票庄家是在什么时候开始建仓的？庄家建仓结束没有？庄家建仓为什么还要抛出筹码？如果在证券市场发展初期你这样问，说明你是一个新事物的挑战者；如果现在还这样问的话，只能说明你是一个新股民，对庄家根本不了解。为什么这样说呢？

从大的方面讲，所有买入筹码的行为，都可以称为建仓。但严格意义上的建仓，是指庄家为了将来炒作而大量吸纳低价筹码的行为，因而建仓是一种庄家行为。由于庄家坐庄需要大量的筹码，所以庄家建仓是一个过程、一个时段，没有确切的起止时间，只有一个筹码集中过程。而且在这个过程中，庄家并不是一概地吃进筹码，也不是吃进的筹码一律不抛出，而是不断地在增仓与减仓、集中与分散之间交替循环着，跟着市场的冷热变化而不断地进行高抛低吸。所以，不难发现市场"底下有底"，股价低点之后还有更低的低点。这也意味着庄家建仓有时候要经历一个非常漫长的过程，就是通常所说的筑底。

那么，有人不禁又问：这样庄家是不是加大坐庄成本？坐庄的确需要成本，但只要操盘手法不出现重大失误，即使出现长时间的筑底盘整，也不会增加太高的成本，因为一个高抛低吸的轮回，足以弥补其利息成本。所以，庄家考虑的不是成本高低，而是盈利大小。可见，建仓过程就是一个筹码滚动过程，当筹码达到一定数量后，条件又许可时，筹码就会往上滚动，股价就会往上喷薄欲出。

从这一点上来看，散户在证券市场上的行为属于买卖股票，没有能力去控制股价。

只是在低点买入后，等待机会在高点获利卖出，获取差价利润，所以从本质上讲不是在“炒股”，因为一般散户没有炒作股价的实力。但是庄家则不一样，吸纳到大量的低价筹码后，可以通过自己的一系列行为使股价上涨或下跌，基本上都能够控制股价的运行趋势，并从中获取顺差或逆差，因此只有庄家才有炒作股价的实力，所以“炒股”是对庄家来说的。

同时，庄家还可以进行高抛低吸操作，既可以获得差价利润，又可以降低持仓成本。所以，有时候股价涨不涨跟庄家一点关系都没有，因为只要有机会庄家就做差价，照样可以盈利，而散户不可能长期做差价，也不可能长期顺手。

第二节　庄家坐庄的基本流程

一、坐庄的十个阶段

坐庄的基本原理是庄家利用市场运作的某些规律，人为控制股价使自己获利。怎样控制股价达到获利的目的？不同的庄家有不同的坐庄路线。最简单、最原始也最容易理解的一种路线是低吸高抛，具体地说就是庄家发现一只有上涨潜力的股票，设法在低位开始吸货，待吸到足够多的筹码后，开始向上拉抬，拉抬到一定位置把筹码抛出，中间的一段空间就是庄家的获利空间。

这种坐庄路线的主要缺点是做多不做空，只在行情的上升段控盘，在行情的下跌过程不控盘，没有把行情的全过程控制在手里，所以随着出货完成坐庄即告结束，每次坐庄都只是一次性操作。这一次做完了下一次要做什么还得去重新发现机会，找到机会还要和其他庄家竞争，避免被别人抢先做上去。这么大的坐庄资金，总是处于这种状态，有一种不稳定感。究其原因在于只管被动地等待市场提供机会，而没有主动地创造机会。

所以，更积极的坐庄思路是不仅要做多，还要做空，主动地创造市场机会。按照这种思路，一轮完整的坐庄过程实际上是从准备入驻开始的。庄家利用大盘下跌和利空打压股价，为未来的上涨创造空间，然后入驻吸货，最后拉抬和出货。出货以后寻找时机开始打压，进行新一轮坐庄。如此循环往复，不断地从股市上获取利润。

一个完整的坐庄流程应该包括十个阶段，按照时间顺序可以分为：庄前准备、建仓、试盘、调整、初升、洗盘、拉升、出货、反弹、砸盘。这是一个比较完整、标准的坐庄基本流程，思路非常清晰，可称为庄家坐庄的学院模式。庄家坐庄流程具体如图 1-1 所示。

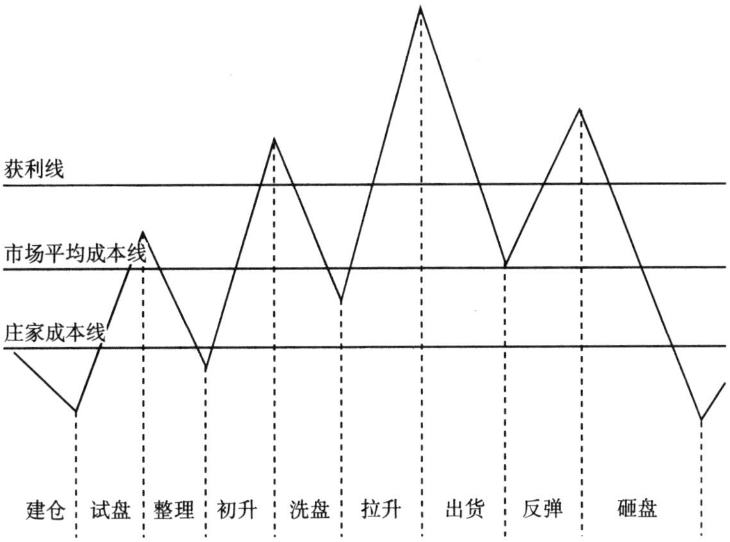

图 1-1　庄家坐庄流程

这个模式的每一个阶段，庄家都有其侧重点。在进庄前的准备阶段，讲究充分调研，拟订坐庄计划。在建仓阶段，讲究耐心温和，并散布利空传闻让市场不看好该股，以便吸纳低价筹码。在试盘阶段，讲究控盘程度及市场的反映情况。在调整阶段，讲究底部构筑情况，强调股市有风险，入市须谨慎。在初升阶段，讲究股价脱离成本区的种种现象。在洗盘震仓阶段，讲究盘中的技巧，瞬间巨幅震荡，并保持消息的真空，股价大起大落，让人不明不白。在拉升阶段，讲究高举猛打，强调高风险、高收益，并以此维持市场人气。在派货阶段，强调真做假时假也真，假做真时真也假，引诱大众投资者进场接货，最终实现低吸高抛的目的。在反弹阶段，讲究以高度和减仓为主。在砸盘阶段，讲究庄家如何不计成本地压价，寻找孕育新一轮行情。

当然，庄家的坐庄风格千姿百态，不是所有的庄家都以学院派风格坐庄，也不是每个庄家都经历这几个阶段。有的庄家采取交叉进行，各阶段的操作手法很难截然分开，往往是吸、洗、拉等并举。有的庄家省掉其中的一些环节，采取快速吸筹，只要你肯卖，他就敢吃，并强硬拉抬，一路进货一路拉高，目标价位一到则坚决出货。行情来得快，涨得猛，去得急。

图 1-2，海得控制（002184）：庄家在底部建完仓后，不经过试盘、初升、洗盘这几个阶段，2018 年 3 月 1 日开始直接进入拉升阶段，股价一步到位。然后，庄家在高位慢慢出货，成功地完成了一波短线操作行为。这种操作手法，一旦停止拉升就会快速下跌，股价往往会出现较长时间的调整走势。

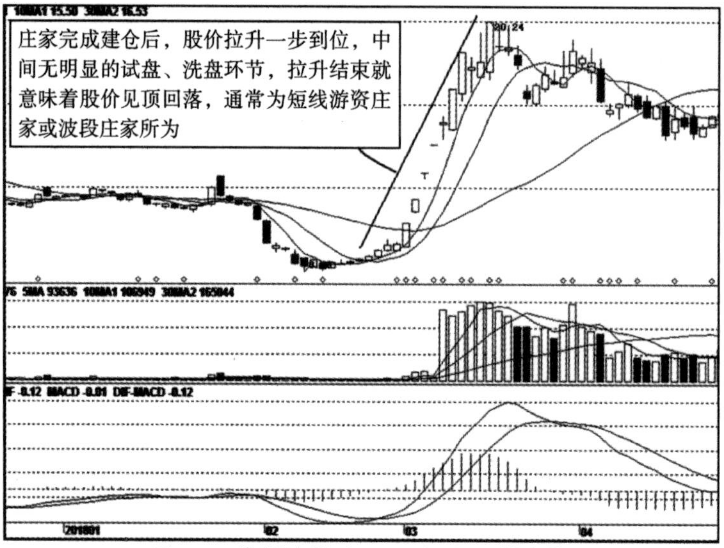

图 1-2　海得控制（002184）日 K 线走势

图 1-3，中科信息（300678）：该股庄家从一级市场获得了大量的低价筹码，2017 年 7 月 28 日上市后一路飙升，在 24 个交易日中拉出 21 个涨停，股价从上市首日的开盘价 5.21 元飙涨到了 51.63 元，涨幅接近 10 倍。这种盘面走势毫无章法，庄家不跟市场讲什么道理，凭的是自己雄厚的资金实力，可称为海盗式坐庄模式。当然，这类个股也遇到了特停调查。

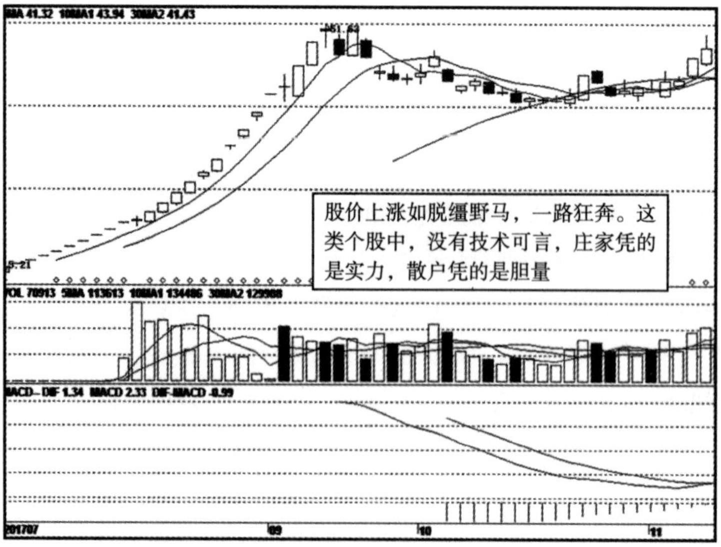

图 1-3　中科信息（300678）日 K 线走势

图 1-4，特力 A（000025）：庄家吸纳大量的低价筹码后，股价脱离底部区域，然后大幅回调，股价从 40 元上方快速下跌到 14 元以下，跌幅超过 67%。不久，股价一路拉高，股价从 13.83 元飙涨到 72.79 元，涨幅超过 4 倍。之后，股价又快速下跌 64%。成功企稳后，股价再次形成暴涨行情，连续狂飙式涨停，涨幅又超过 3 倍。股价的暴涨暴跌反映了实力强大的庄家在市场中随心所欲，这是不成熟市场的普遍现象。

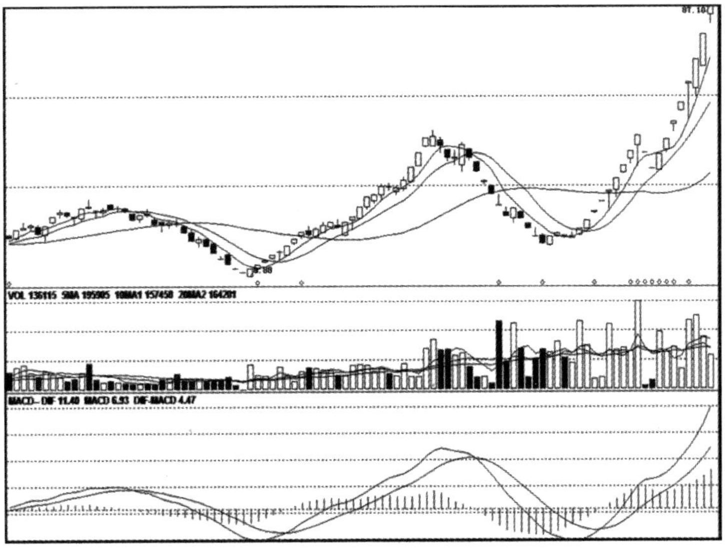

图 1-4　特力 A（000025）日 K 线走势

但是，不论是哪一种类型的庄家，总是离不开建仓、拉升、出货这三个阶段，这是庄家坐庄最基本的“三部曲”，也是坐庄必不可少的主干阶段，其他都是辅助性环节。比如，有的短线庄家就没有洗盘这一过程，庄家完成建仓计划后，股价一口气拉升到位，然后在高位慢慢出货。试盘、整理、反弹等也是如此，可有可无，因庄家操盘风格不同而有别。

另外，这十个阶段的时间顺序也不是绝对的，比如试盘，可以是拉升前的试盘，也可以是下跌前的试盘；洗盘可以在建仓后进行，也可以在初升后进行；砸盘可能是拉升前的诱空式砸盘，也可能是跌势末期出现的砸盘。这一点投资者应当有所区别，不可混淆。

二、庄家与散户的博弈

1. 庄家与散户的博弈过程

在股市中，庄家除了与同行及大户角逐外，跟散户的心理博弈也是非常激烈的。欲在股市中达到更高的境界，必须对竞局的状况有更为深刻的理解和把握。庄家与散户的心理博弈过程如图 1–5 所示。

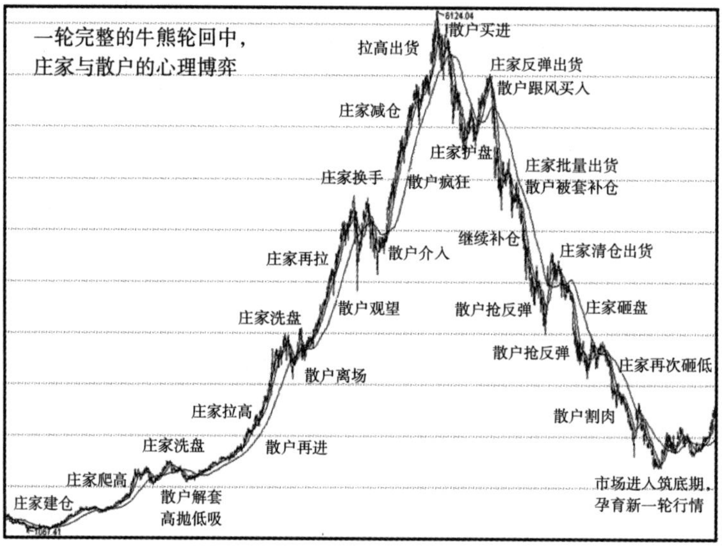

图 1–5　庄家与散户的心理博弈过程

散户正面和庄家竞局是一场研究和反研究、利用和反利用、愚弄和反愚弄的竞局。可以归纳出庄家的如下主要特征，这些特征与散户形成强烈的对比。

(1) 庄家资金较大，有一定的融资能力。

(2) 庄家可以控制一段时期的股价走势，而散户却没有这个能力。

(3) 庄家以市场上其他机构和各种参与者为敌手。

(4) 庄家与上市公司及相关部门有较好的配合关系，并且能够制造市场的炒作题材。

(5) 庄家以股价买进和高价卖出为牟利手段。

(6) 其介入的个股价格走势有明显的庄股特征。

(7) 其本性上具有贪婪性、狡猾性、凶狠性、多变性等。

市场上的庄家分成许多类型，有些庄家是抱着价值发现的目的而来的，而有些庄家则纯粹是把市场中的广大散户作为赚钱的对象来的。目前，市场中的庄家多数属于后者，这部分庄家的操作思路体现为“养、套、杀”三字诀。按照三字诀要求，在这场博弈中庄家所采取的策略类似于放牧，把自己看成是草原上的牧羊人，而广大散户则被看成是被放牧的羊群。牧羊人每日也是辛勤工作的，他的目标就是要从羊群身上获取利润。所谓“养、套、杀”，可以从多个角度进行解释。

第一种解释：养，是养散户手中的钱，也就是说，市场不可能每一天都让庄家获得利润，有的时候需要休整，休养生息，让那些被榨干了的散户们重新筹钱以便庄家下一轮的套杀，这就是养的过程。套，可以看作拉抬过程，散户被扎空，反过来说就是资金被套。杀，就是庄家的出货过程，散户的钱变成庄家的。

第二种解释：养，散户在庄家出货后被养肥了，个个都处于满仓状态，就像是一群肥羊。套，就是在第一轮下跌过程中，散户犹犹豫豫而没能出逃，庄家把他们套在里面，但是散户并没有割肉，虽然被套但还未被杀。杀，就是在波浪理论中被称为杀伤力最大的C三浪下跌，经过长期的缓慢下跌，散户已经被深深地套住，但是他们的信念并没有完全崩溃，因而不肯轻易地割肉，庄家不能完成收回筹码的过程。只有经过最后一轮凌厉而迅速的砸盘下跌，把散户的信心彻底击溃，这时才能够逼他们割肉，完成最终被宰杀的过程。

第三种解释：“养、套、杀”的是市场的人气，或者说是市场情绪，抑或是信心。最初市场的信心不足，这个时候庄家需要养，也就是慢慢地启动行情，培养大家的信心。市场逐渐转暖乃至情绪达到非常热的程度都是养的过程。套是行情的反转过程，在反转过程中市场仍然很热，但是庄家已经出货了。庄家的下一步就是杀，也就是把市场人气重新打回到低点的过程。庄家出货之后，成交量随着行情下跌，市场逐渐变得冷淡，散户逐渐失去信心，市场低靡，这就是杀的过程。

第三种对“养、套、杀”的解释，对市场行情概括得最为完整。在这里，庄家之所以能取得成功，是因为他们掌握了散户群体的情绪变化规律，能够以适当的操作来调动和利用市场群体的情绪波动；散户之所以会失败，是因为他们的情绪操纵在庄家手里，被庄家调动得剧烈起伏波动。庄家的坐庄技巧就是这样一套调动和利用散户情绪的操作技巧，其中包括盘面技巧和与消息配合等多种技巧。所以按照“养、套、杀”的思路，庄家的对手是明确的，对付对手的办法也是明确的，这类庄家赢得明明白白。

在市场上，庄家大多是主动的，调动和抑制散户的情绪，就像驱赶羊群的牧人；散户是被动的，情绪操纵在庄家手中，就像被放牧的羊群。只要不出现特殊情况，牧人就可以通过放牧来获利，所以，一般而言，庄家总是赢家。

散户和庄家正面对局的原理在于，股价虽然是在庄家的操控下运动，但庄家不可能让股价做随机运动，庄家还要利用散户的行为规律，所以操作也必然是带有规律的。虽然不太可能形成长期规律，但总会形成短期规律。如果能在这些规律刚刚形成的时候就及时发现和利用，在这些规律刚刚作废的时候也能立刻发现和停止使用，则可以从这些规律中获取利润。一般的人都是按照这种思路在做股票，一般的技术分析方法也是从这个角度来研究股价运动的规律。

为了对付按这种思路研究股票的散户，庄家可以采用先训练后利用的办法，先故意形成某种规律，让人看懂，给散户“洗脑”，再利用这种规律反做，就可以达到目的。那些只知在行情起伏中捕捉规律而对宏观的博弈局面没有清晰意识的人必然会中这个套。按这种方式做股票不叫跟庄策略，而是在正面地和庄家玩猫捉老鼠的游戏。

从整体上看，这群人最终必然会输给庄家。

2. 庄家与散户的主要区别

庄家与散户具有两种完全不同的操盘心理。庄家除了在资金和信息方面的优势外，最主要的是庄家的思维方式和操作方式与散户有极大的不同。通过对庄家操盘心理和散户操盘心理进行对比分析，不难发现，散户为什么炒股总是亏钱。庄家与散户的区别：

（1）庄家动用几个亿、十几个亿做一只股票，而散户用十万、几十万做十几只股票。

（2）庄家一只股票可以做一年甚至几年，而散户做一只股票做几周甚至几天。

（3）庄家一年做一两只股就大功告成，而散户一年做几十只、上百只股还心有不甘。

（4）庄家喜欢集中资金打歼灭战，做一个成一个，而散户喜欢买多只个股做分散投资，有的赚，有的赔，最终没赚多少。

（5）庄家在做一只股票之前，对该股的基本面、技术面要做长时间的详细调查、分析，在制订了周密的坐庄计划后，才敢慢慢地付诸行动，而散户看着电脑屏幕，三五分钟即可作出买卖决定。

（6）庄家特别喜欢一些较冷门的个股，将其由冷炒热赚钱，而散户总喜欢一些当前最热门的个股，由热握冷赔钱。

（7）庄家虽然有资金、信息等众多优势，但仍然不敢对技术理论掉以轻心，道氏理论、趋势理论、江恩法则等基础理论早已烂熟于胸，而散户连 K 线理论、盘面常识等都还没能很好掌握，就开始宣扬技术无用论。

（8）庄家总是非常重视散户，经常到散户中倾听他们的心声，了解散户的动向，做到知己知彼，并谦虚地说："现在的散户越来越聪明了。"而散户总是对庄家的行动和变化不屑一顾，并说："这个庄真傻，拉这么高看他怎么出货。"

（9）庄家做完一只股票后就休假去了，说："忙了这么长时间，也该让钱休息了。"散户做完一只股票说："又没赚多少，还得做，绝不休息。"

（10）庄家年复一年地做个股赚钱，而散户年复一年地看指数涨却赔钱。

第三节　筹码结构的三个阶段

目前，我国股市没有卖空机制，只能买多，不能卖空；只有买股，才能卖股；只有卖股，才有赚钱的机会，因此建仓是庄家坐庄的第一步。

庄家建仓需要一个过程，大致可分为三个阶段：初仓阶段、主仓阶段（集中建仓）、加仓阶段（补仓），这三个阶段也叫筹码结构。

一、初仓阶段

庄家最初吸纳或持有的筹码，叫初仓，吸纳初仓的整个过程，称为初仓期或初仓阶段。初仓筹码的形成有三种可能：一是新资金入场，直接从市场上吸纳；二是前一轮行情的少量仓底货；三是前面两种情况都有，既有新吸纳的筹码，也有过去的仓底货。初仓筹码的仓量不大，一般占庄家总持仓量的20%以下。

这部分仓位的成本价有时候远远高于平均持仓成本价，有时候却大大低于平均持仓成本价，而有时候则与平均持仓成本接近。比如，在下跌过程中，用于砸盘的这部分筹码，或者庄家对市场判断失误，在股价没有真正见底之前吸纳的筹码，这些筹码的成本显然要高于平均持仓成本价（见图1–6A）。

又如，股价受下跌惯性影响，而出现急速下跌，然后快速回升，在低位转折点附近吸纳的这部分筹码，其成本价往往低于平均持仓成本价（见图1–6B）。

再如，熊市下跌后，股价跌无可跌，低位窄幅波动，此时吸纳的初仓成本价与坐庄平均成本价相近（见图1–6C）。

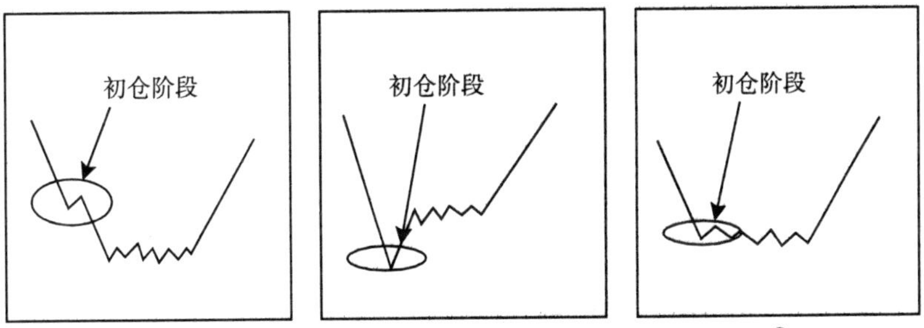

图1–6　初仓阶段（三种形态）示意图

操作股票，其实最简单的就是跟着庄家操作，同步买卖当然是要赚钱的。那么怎么去看庄家进场或者离场？如果庄家是进行强收集或者强派发的话，通过股价的变化就可以很明显地看出来，绝大部分庄家都在以“潜收集和潜派发”的动作来赚钱。初仓阶段的吸筹大都属于潜收集，庄家吸筹量不大，散户一般很难在盘面中发现庄家的举动。

潜收集一般发生在股价长时间下跌的末期，或者在一个低位弱势震荡平台中，庄家悄悄介入收集低价筹码，这就是潜收集。由于这一时期个股成交量很小，所以收集时间比较长，一般持续时间在一个月到两个月，随后紧接着再小力度强收集几天后开始震仓洗筹。

这里说一下潜派发，在股价经过一段时间的上涨后，在高位震荡中悄然派发筹码，这就是潜派发（庄家零售出货）。潜派发期间往往伴随着某些利好消息，一边维持股价一边温和派发筹码，如果股价滑落过快会转为强派发（庄家批发出货），会有很惨的快速暴跌。

初仓阶段的市场特征和意义：

（1）当股价下跌到一定的低位时，庄家开始进场收集筹码。

（2）如果指数还在下跌，庄家会采用潜收集的方法，一边打压股价，一边悄然介入，随着打压力度的加强，收集筹码的力度也会增强，从而转化为强收集。

（3）如果指数企稳回升，庄家会采用强收集的方法，不顾一切地向上买入，造成巨大成交量，股价快速上升。

（4）有时庄家会交叉运用潜收集和强收集的方法，其目的就是低位大量收集低价筹码。

（5）庄股在缓慢推高后，一般都会进入快速拉高阶段，这时拉高速度快，但风险也开始增加。

（6）有时候初仓筹码用于后市对股价的打压，以协助完成主仓吸纳计划。

图 1-7，科大国创（300520）：该股从 70 元附近下跌到 25 元之下后，庄家介入悄然吸纳了部分初仓筹码，由于这期间 A 股市场大势疲软，该股难以成功见底。

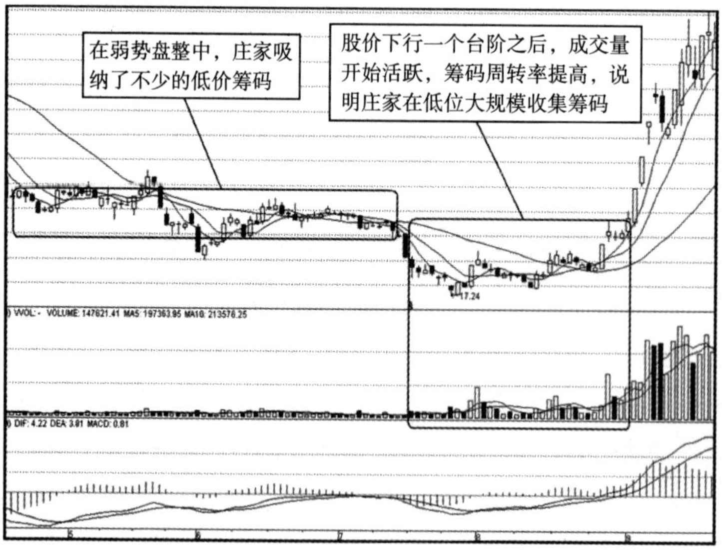

图 1-7　科大国创（300520）日 K 线走势

2017 年 7 月 17 日，庄家借势向下打压，导致技术破位，股价再下一个台阶，然后庄家继续在低位吸纳低价主仓筹码。从盘中可以发现，股价下行一个台阶后，成交量明显放大，这不是一般散户所能做到的，必定有庄家在盘中制造混乱，以加强筹码的周转率，从而达到建仓目的。当庄家完成建仓计划后，股价向上拔地而起，走出一轮主升浪行情。

图 1-8，岷江水电（600131）：该股庄家构筑一个完美的建仓形态，在股价急跌过程中庄家吸纳初仓筹码，但这部分筹码对于庄家来说还远远不够，可是也很难获得更加低廉的筹码。此后，股价回升到前期盘区附近时，完成主仓吸纳计划。

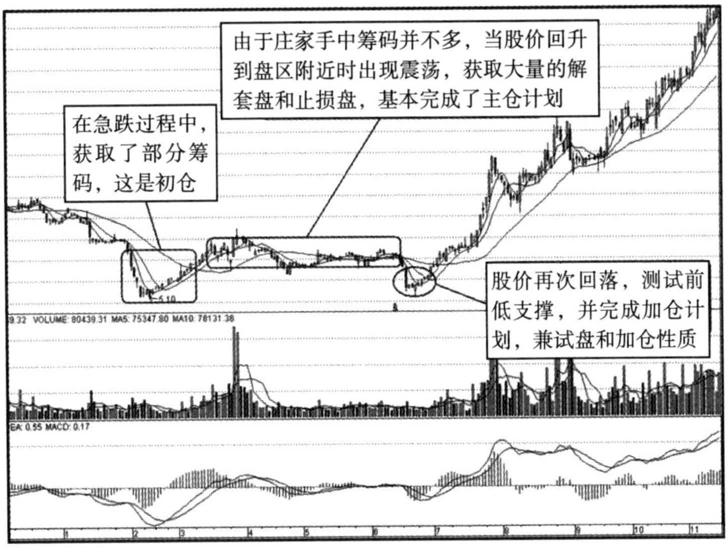

图 1-8　岷江水电（600131）日 K 线走势

2018 年 6 月 19 日，在建仓末期庄家故意制造一个空头陷阱，股价向下击穿盘区低点支撑，在此完成加仓计划。从图 1-8 中不难发现，在行情启动前的打压，只是虚晃一枪，这既是庄家加仓的需要，更是对底部支撑力度的一次试盘动作，在形态上构筑一个标准的 W 底形态，此后股价不断向上攀升，累计涨幅超过 120%。

这阶段的散户操作方法：

（1）如果遇到庄家一边打压股价，一边悄悄吸货的潜收集阶段，则可逢低买入。

（2）如果在低位出现由潜收集转化为强收集时，应毫不犹豫地买进。

（3）当意识到股价已经走完潜收集和强收集阶段时，应该坚决持股待涨，切不可轻易卖出，以免在最后快速拉升前踏空。

二、主仓阶段

庄家集中吸纳的筹码，叫主仓，其整个建仓过程，称为主仓期或主仓阶段。主仓是庄家建仓的主体部分，直接关系到后续的拉升高度及盈利空间。

主仓筹码基本反映整个建仓阶段的全貌，它是分析庄家持仓成本、持仓数量的依据，可反映庄家建仓方式、建仓时间、建仓空间等，因而是坐庄过程中的重中之重。无论是理论研究还是实盘操作，大都以主仓筹码作为技术分析、研判后市的重要依据。本书内容涉及的建仓指的也是主仓筹码。

主仓部分所占的比重较大，一般占庄家总持仓量的 60%~80%，有时甚至达到 100%，即没有初仓和加仓过程，庄家速战速决，一次性完成建仓计划，整个建仓过程只有一个主仓部分，因而此时也没有主次之别。

主仓期是建仓的主体部分，所需的筹码量大，所以时间比初仓期和加仓期都要长得多。一般短线庄家需要几周，中线庄家需要 1~3 个月，长线庄家需要 3 个月以上，并且要悄悄地进行。一旦泄密，被广大散户知悉，跟着庄家在底部抢筹，便会前功尽弃。

实盘中庄家建仓非常复杂，有时出现初仓量与主仓量非常接近，或主仓量与加仓量非常接近的现象。在初仓量、主仓量、加仓量非常接近的情况下，持仓成本价还会产生四种情形：初仓成本高于主仓成本；初仓成本低于主仓成本；加仓成本高于主仓成本；加仓成本低于主仓成本。无论是哪一种情形，在分析持仓成本时都以两者的均价为宜。当初仓量、主仓量和加仓量都接近时，就可以视为一个独立的主仓建仓过程，如图 1-9 所示。

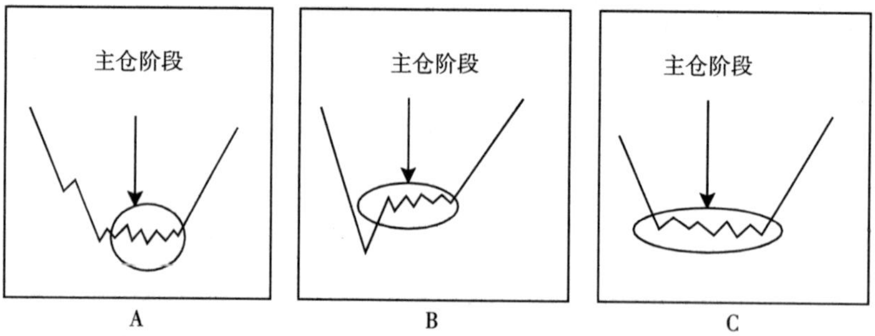

图 1-9　主仓阶段（三种形态）示意图

这是庄家集中吸纳筹码阶段，股价处于相对低位，在该区域庄家大规模收集低价筹码。这阶段所完成建仓量的多少，将直接影响庄家将来拉升股价高度能力的大小。收集的筹码越多，控盘程度越高，市场中的流通筹码就越少，拉升时的抛压就越轻，最后实现的利润也就越大。反之，收集的筹码越少，控盘程度越轻，市场中的流通筹码就越多，拉升时的抛压就越重，最后实现的利润也就越小。这就造成了庄家控盘度的大小与日后股票拉升时的累计涨幅成正比，也造成了市场中跟庄的散户投资者总是利用各种方法在挖掘具备“低位高控盘庄股”条件的个股。

主仓阶段的市场特征和意义：

（1）股价主跌期基本已经过去，大幅杀跌的可能性极小。

（2）市场比先前有所活跃，盘面震荡幅度加大，庄家吸筹手法转换频繁，股价大起大落，搅乱散户的持股信心。

（3）成交量出现间歇性脉冲放大，总体量能比前期有明显放大，大资金在暗流涌动。

（4）盘面还没有形成清晰的规律性走势，技术形态还处于整理之中，很容易出现假突破走势，诱多、诱空都有可能出现。

（5）主仓期的吸筹时间长短，与庄家吸筹的主要手法有关。通常以横盘震荡建仓手法为主的，吸筹时间最长，浮动筹码收集也比较彻底，后市一旦向上突破，上涨高度则无限；以打压建仓手法为主的，吸筹时间次之，因为虽然在打压过程中能够拿不少的恐慌盘，但在股价回升之后，需要一个修复过程，一般在前期平台需要整理，所以建仓时间也不短；最快的当数拉高建仓手法，可以短时间内完成建仓计划，但庄家付出成本相对较高，对大势判断也要有把握，所以也面临一定的风险。

图 1-10，华锋股份（002806）：该股见顶后大幅回落，庄家吸纳部分初仓筹码后，不断压低股价，以创造更加有利的主仓吸纳空间。经过不断打压，股价已经跌无可跌，庄家在此长时间压价吸纳筹码，顺利完成了主仓筹码收集计划。2018 年 4 月 17 日，股价放量涨停，直接展开主升浪行情，短期股价涨幅翻番。

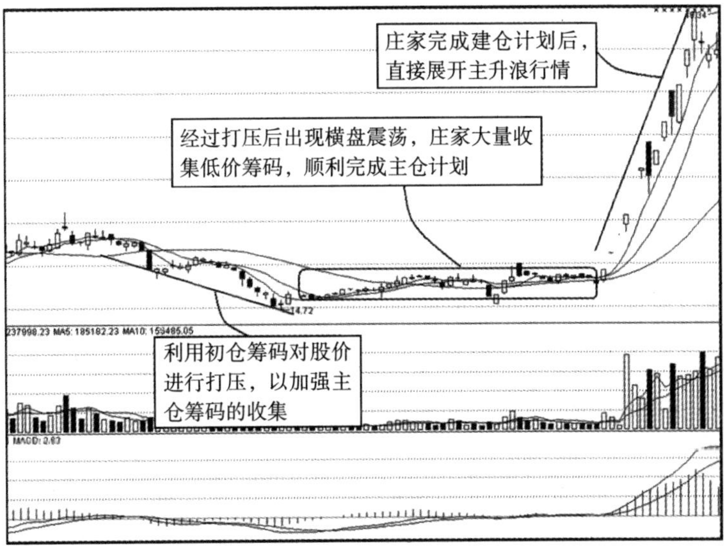

图 1-10 华锋股份（002806）日 K 线走势

图 1-11，永和智控（002795）：该股随着大盘的走弱而出现大幅调整，庄家在低位悄悄吸纳低价筹码，由于股价严重超跌，散户惜售心理强烈，浮动筹码不大，庄家只拿到部分筹码。然后股价渐渐回升到前期盘区附近，庄家借用盘区的压力展开震荡吸

筹。在长达 2 个月的大幅震荡中，庄家顺利地完成主仓阶段的筹码收集计划，2018 年 4 月 27 日放量涨停，开启一轮快速拉升行情。

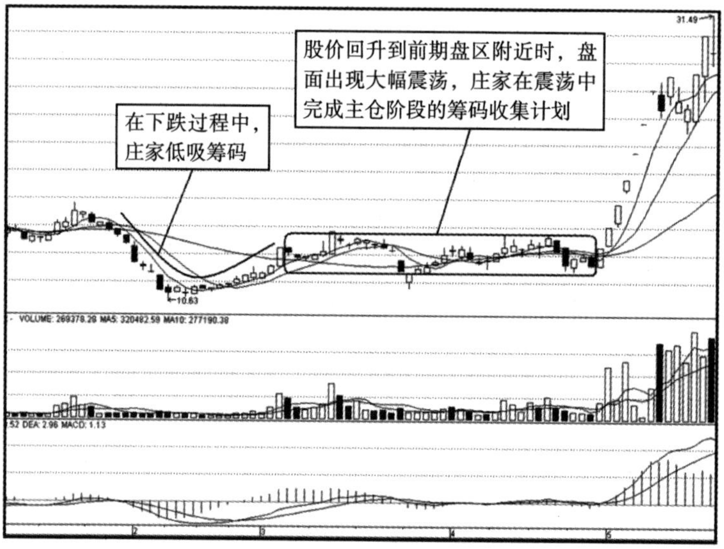

图 1-11　永和智控（002795）日 K 线走势

该阶段的散户操作方法：

（1）分析庄家的主要建仓手法，根据主要建仓手法采取相应的操作策略。比如，若是庄家以横向震荡为主要建仓手法，那么可以根据上下边沿进行高抛低吸；若是以打压为主要建仓手法，可在低位补仓，回升到前期高点附近减仓，等待突破时加仓；若是拉高手法建仓，则谨慎追涨，待股价回落到 30 日均线附近介入。

（2）当庄家完成建仓计划后，向上突破集中建仓区域时，应当积极跟进，大胆做多，坚定地与庄共舞到底。

（3）很多时候庄家完成建仓计划后，并不着急向上突破，而是反向打压洗盘，构筑“黄金坑”形态，这时散户应坚定持股信念，不要轻易上了庄家的当。

三、加仓阶段

庄家在主仓期后，有时可能还需要加仓，也叫补仓，加仓的整个过程，称为加仓期或加仓阶段。加仓期的时间大多短于主仓期和初仓期，成交量出现时大时小现象，且可能出现在打压过程中，也有可能发生在爬升过程中，这部分仓位视当时市场状况而定，但一般占庄家总持仓量的 20%以下。

这部分仓位的成本价跟初仓相似，有时候远远高于平均持仓成本价，有时候却大大低于平均持仓成本价，而有时候则与平均持仓成本接近。比如，在主仓期过后股价向上爬高出现洗盘整理时，庄家如果还没有达到坐庄计划所要求的持仓量，就要在相对高点加仓，这部分筹码的成本价就会高于平均持仓成本价（见图 1–12A）。

又如，股价受消息影响或庄家打压，而出现新的下跌走势，此时庄家在低位实施加仓计划，那么这部分筹码的成本价往往低于平均持仓成本价（见图 1–12B）。

再如，在长时间的底部过程中，股价低位窄幅波动，此时完成最后加仓计划筹码的成本价与坐庄平均成本价相近（见图 1–12C）。

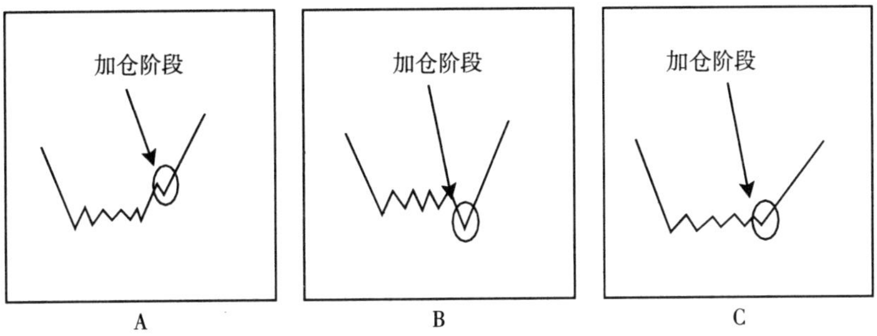

图 1–12　加仓阶段（三种形态）示意图

庄家完成主仓期建仓计划后，基本上达到了坐庄的控盘要求，但持仓不一定很理想，这时也不可能进入拉升阶段，还需要进行仓位调整，这时往往出现加仓现象。加仓大致有两方面的内在因素：一方面庄家本身吸筹量还不足，不得不再行加仓操作，这部分的仓位大多通过试盘来完成；另一方面也有可能是市场出现某些突变，而不得不进行加仓操作。比如，受市场突发性利空消息影响，散户大量抛售筹码，此时庄家不得已要做加仓处理，否则会危及坐庄计划。

加仓阶段的市场特征和意义：

(1) 庄家完成主仓计划后，往往通过试盘的方式进一步完成加仓目的，所以这一阶段具有试盘和加仓两重意义。

(2) 盘面的波动方式上下都有可能，但幅度都不会很大。此时庄家尤其喜欢向下制造空头陷阱，故意击穿下方支撑，造成新一轮下跌之势。这时散户应冷静观察，淡然对待，不要落入庄家设置的圈套。

(3) 打压或震荡的幅度与加仓量多少有关。如果庄家加仓量较大，可能会出现较大幅度的打压动作；若是庄家不需要加太多的筹码，则点到为止，测试一下盘面就可以了，否则会产生反作用，对庄家不利。

(4) 当庄家完成空头陷阱之后，股价重新返回到盘区之内，并很快向上突破盘区高点时，意味着庄家开启拉升行情。

(5) 庄家经过试盘（加仓）后，需要对走势进行短期的修整，散户应等待突破信号的出现。

图 1-13，建新股份（300107）：该股庄家通过拉高完成加仓计划。股价经过长期的下跌调整后，庄家在低位吸纳了大量的低价筹码，但并没有达到控盘要求。由于低位投资者惜售心理较强，庄家很难获得足够多的低价筹码，于是在 2018 年 1 月 3 日股价向上拔高到前高位置附近形成震荡。这时前期有的套牢盘会选择解套或止损离场，而低位跟庄介入的抄底盘会选择获利退出，这样庄家就可以获得不少的浮动筹码。经过 6 个交易日震荡整理后，盘中浮动筹码渐渐减少，庄家展开向上拉升行情。

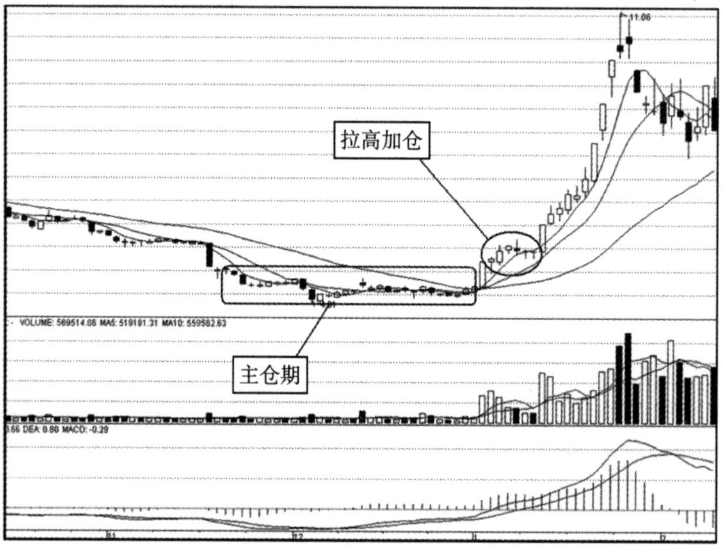

图 1-13　建新股份（300107）日 K 线走势

图 1-14，恒立实业（000622）：该股庄家通过打压完成加仓计划。经过长期的下跌调整后，股价严重超跌，投资价值显现，庄家开始介入收集部分低价筹码，使股价渐渐企稳回升，在低位形成长时间的横盘震荡走势，庄家在此期间基本完成主仓吸纳计划。

2018 年 10 月 11 日，突然股价跳空低开 3.51%，盘中逐波走低，一度触及跌停价位，在形态上造成技术破位之势。此后的连续小阴线，给散户造成很大的心理压力，不少散户在恐慌中割肉离场。庄家通过向下试盘的方式，完成最后的加仓计划后，股价出现快速回升。当股价回升到前期盘区附近时，盘中出现短暂的震荡，给在盘区附近介入的散户一个套解离场的机会。庄家把浮动筹码清洗出局后，股价出现飙升行情，短期股价涨幅超过 200%。

该阶段的散户操作方法：

（1）在股价大幅下跌的后期，庄家刻意打压股价时，应积极介入做多。

（2）低位庄家故意击穿底部技术支撑（看似技术破位，实则未能形成有效突破），

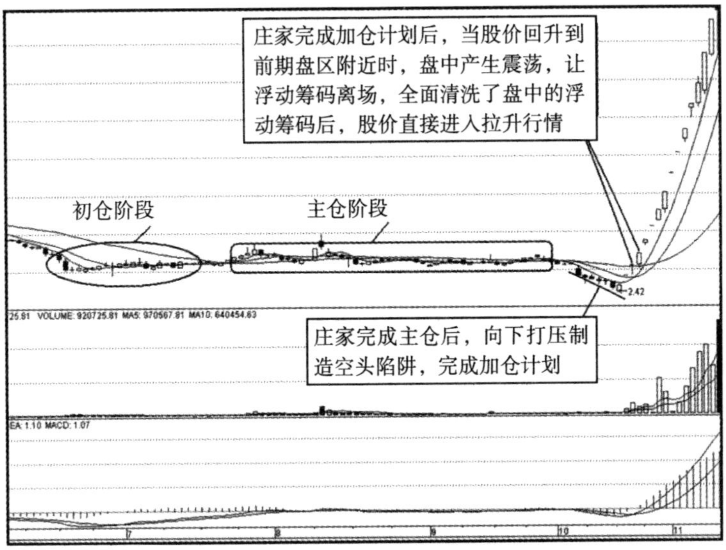
庄家完成加仓计划后，当股价回升到前期盘区附近时，盘中产生震荡，让浮动筹码离场，全面清洗了盘中的浮动筹码后，股价直接进入拉升行情
初仓阶段
主仓阶段
2.42
庄家完成主仓后，向下打压制造空头陷阱，完成加仓计划

图 1-14 恒立实业（000622）日 K 线走势

纯属虚晃一枪，当股价回升到原先的运行格局之中时，可以大胆跟进。

（3）当股价首次回落考验支撑时，在支撑位附近大胆做多。如果再次考验支撑时，应谨慎做多，小心股价真突破。当第三次及第三次以上考验支撑时，应放弃做多操作，极有可能出现向下有效突破。

（4）当股价放量向上脱离底部盘区时，应毫不犹豫地介入。特别是突破之后，经回抽确认突破有效，股价再次突破回抽高点时，后市股价坚定看高一线。

通过对上述庄家建仓三个阶段的分析，不难发现，庄家的筹码构成有以下四种可能：一是由初仓和主仓构成；二是由主仓和加仓构成；三是由初仓、主仓和加仓构成；四是由主仓独立构成（如庄家在长时间的横盘震荡中建仓）。

需要指出的是，这三个阶段是连贯的，没有清晰的时间划分界限，凭的是市场感悟和理性的判断，实盘中也无须在此刻意纠结。

从上述初仓期、主仓期、补仓期这三个阶段的建仓过程，还可以引申出多种庄家建仓形式，由于篇幅所限不再展开解析。

分析和掌握庄家的建仓过程，对投资者跟庄很有帮助，可以使投资者了解庄家在什么价位大规模建仓、建仓成本在什么位置、庄家持仓数量多少等，进而决定自己的跟庄策略。

第四节 庄家建仓的三大要素

庄家想要坐庄，必须有一个买股——吸筹建仓的过程。虽然庄家实力强大，可以在市场中呼风唤雨，但需要一定的市场环境来配合，否则很难获得坐庄成功。庄家建仓必须具备时间、价格、数量三大要素。

一、建仓环境——时机

时机，要符合天时、地利、人和。

天时，指投资环境被认同，宏观经济向好，政策面支持股市的繁荣，从时机上具备了炒作的条件。最好的进庄时机应当在宏观经济运行至低谷而有启动迹象之时，此时的股市经过漫长的下跌，风险释放殆尽，渐近熊市尾声，在日后的炒作过程中能得到来自基本面的正面配合，能顺应市场发展的大趋势。

地利，指选择合适的个股，选中的股票必须有其适合于炒作的理由。庄家选中某只股票、某个价位入庄，必然对它进行全面的调查，对该公司所处行业的国家产业政策、经营情况有全面的了解，能得到上市公司的默许或配合。

人和，指与各方面关系协调，包括对管理层意图的理解。大的机构庄家与上市公司、交易所均有十分密切的联系，各大机构庄家之间也常通气，这样在今后的拉升中才能一呼百应，八面来风。

当天时、地利、人和必备而又有资金实力的时候，庄家会毫不犹豫地投身于股市。建仓的时机选择，一般有三种类型：一是行情启动之前悄悄建仓；二是行情启动时同时建仓；三是行情启动之后快速建仓。

从历史实践证明，我国股市真正意义上的大底，往往是双重底，一是政策底，二是市场底。通常先有政策底，后有市场底，因政策而引发的反弹行情需要第二次探底，进而构筑完善的双重底形态。

例如，在 2012 年 12 月上证指数跌破 2000 点后，市场得到政策底支撑而出现反弹，然后再度回落，在 2013 年 6 月创出 1849.65 点后企稳回升，形成了市场底，此后股价渐渐走高，2015 年 6 月股指突破 5000 点。又如，2018 年 10 月 18 日，上证指数跌破 2500 点后，管理层出面喊话，市场得到政策底支撑而出现反弹，但没有持续走强，很快转入弱势震荡。直到 2019 年 1 月 4 日再创新低后，才渐渐企稳回升，从而形成了市场底，此后股价渐渐走出底部。

当市场经过长期的熊市调整，出现下列市场现象时就是最佳的建仓时机：经济出现积极向好的拐点；盘面出现明显的企稳现象；公司新消息（重组、高送配、业绩提升等）将要发布；市场热点板块即将产生；公司利空消息出尽、基本面出现改善；相关利好政策出台等。无论什么情形的建仓，个股超跌或者大盘大跌之后就是庄家进场的最佳时机。

二、持仓成本——价格

价格，要获得尽可能低廉的筹码。

庄家坐庄的根本目的是从市场中获取利润，价格是庄家也是所有投资者最敏感、最关注的焦点，获取低价筹码是这个阶段的中心任务。大家知道，庄家坐庄是需要成本的，股价高，成本大，获利则小；股价低，成本小，获利则大。庄家在什么价位介入，在什么价位出货，获利区间有多大，都是经过精心计算的。凡是庄家认可的低价筹码，一概通吃；庄家认为高价的筹码，拒不接盘。

庄家入驻后，往往采用各种各样的手段，获取中小散户手中低廉的筹码。庄家入驻前，会尽可能选择一个阶段性低点建仓，如熊市末期、长期下跌、无故暴跌等。如上证指数创出 6124.04 历史高点后，一路盘跌而下，调整时间达 7 年之久，股指跌幅超过 70%，两市市值缩水过半，大批个股跌破发行价和净资产，市场重现多只 1 元股。这时的庄家瞄准低价超跌股，5 元以下的股票大受庄家青睐，随后股指在 2014 年 7 月开始出现大幅反弹行情，到 2015 年 6 月 12 日沪指创出 5178.19 反弹高点，然后再度出现调整。到了 2018 年下半年，中美贸易战的不断升级，以及周边环境中的不利因素，导致股指一跌再跌，10 月 19 日上证指数跌破 2500 点，一大批个股已经跌到了“股灾”以来的新低。此时，志在高远的庄家渐渐瞄准中长线潜力股悄悄进场吸纳筹码，短线游资庄家也明显地在超跌反弹股中活跃起来。2019 年开年后，股市出现活跃景象。

三、控筹程度——数量

数量，要拿到尽可能多的筹码。

庄家坐庄的前提就是控制筹码，实力强大的庄家在“时间”和“价格”合适时，尽可能多地收集低廉筹码。庄家坐庄要符合“一个中心和两个基本点”，即以追求利润为中心，以价和量为基本点。价和量是庄家坐庄的核心部分，价高量多不能坐庄，价低量少也不能坐庄，只有价低与量多同时具备时才能坐庄。

那么，控制流通盘的多少才可以坐庄呢？是 30%、40%、50%，还是 60%、70%、80%？不同的庄家，在不同的时期，有不同的控筹标准。

一般短线庄家控筹在 20%~30%，中线庄家在 40%左右，长线庄家在 50%以上，个别绝对高度控盘的甚至达到 80%以上。如果庄家手中筹码不够，是不可能进入拉升阶段的。

投资环境欠佳时，庄家控筹会低一些（筹码分散）；投资环境良好时，庄家控筹会高一些（筹码集中）。所以，无论是哪一类庄家，应根据市场环境、坐庄计划和资金实力而定。

在建仓阶段，时间、价格、数量三大要素必须同时具备，缺其一就会影响坐庄效果，影响坐庄利润，甚至造成坐庄失败。

第五节　庄家建仓的三大战术

一、折磨——盘整建仓

1. 横向盘整建仓

在经过漫长的下跌调整后，股价到了一个底部区域，这时庄家开始悄然介入建仓，使股价逐渐止跌企稳。股价虽然没有继续下跌，但也没有形成上升走势，而是出现横向震荡整理格局。虽然庄家在这一区域调动资金进行收集筹码，强大的买盘使股价表现得十分抗跌，图形上形成一个明显的平台整理区域，但股价方向不够明确。

横向盘整建仓往往持续时间较长，少则几个月，多则半年，甚至更长。期间股价起伏不大，盘面极度疲软，成交量持续萎缩。但是，如果单纯长时间横盘的话，将会使市场中的抛盘迅速减少，很容易出现没人抛售的现象，这时只能采用震荡的手法，继续驱逐部分意志不坚定的投资者，成交量会略有活跃迹象。由于没有大阳线、大阴线，不容易引起短线投资者的注意，所以庄家在横盘中吸货的意图会得到极好的隐蔽。

这种盘面走势的庄家意图在哪里呢？主要就在于庄家以时间取胜，在长时间的横盘过程中，折磨持股者的信心，拖垮投资者的意志。持股者因无利可取又费时间而出局，持币者因无钱可挣而不愿入场，从而达到建仓目的。经过一段时间的横盘震荡后，庄家完成了 70%~80%的总建仓计划，距离完成整个建仓计划只差一点了，通过后面的加仓过程就可完成整个建仓计划。这时盘面上可能会出现以下三种走势。

第一种走势：庄家在盘整中完成主仓期后，故意向下打压股价制造空头陷阱，在打压过程中继续逢低加仓，然后进入爬高阶段。在此过程中全部完成建仓计划，股价开始进入上涨行情。

图 1–15，二六三（002467）：股价见顶后逐波走跌，经过最后的快速下跌后，渐渐

企稳筑底，这时庄家悄悄入场逢低吸纳筹码，股价呈现横向震荡走势，持续时间较长。在这段时间里，大盘处于上涨走势中，而该股却丝毫没有上涨迹象，一些前期被套的持股者经不住长时间的震荡折磨，而选择了退出换股操作，特别是一些激进的投资者被套后斩仓出局。此时，持币者一般也不会选择这样的弱势个股作为操作对象，一些抢反弹的投资者由于没有出现持续上涨也将筹码还给了庄家，所以庄家在横盘中建仓效果非常好。

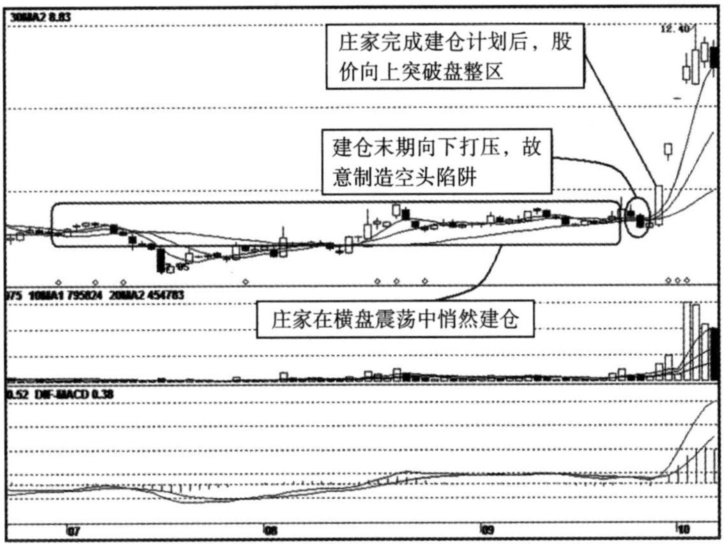

图 1-15　二六三（002467）日 K 线走势

2017 年 9 月 26 日，庄家在建仓末期制造了一个空头陷阱，采用向下打压手法，将股价大幅压低，击穿 30 日均线的支撑，造成技术破位走势，形成恐慌的盘面气氛。这时又有一部分人抛售出场，而庄家悉数吃进完成加仓计划，可是股价没有持续下跌，第二天出现企稳迹象。第三天，一根放量涨停大阳线拔地而起，股价向上突破底部盘区，展开一波快速上涨行情。

这种建仓手法在实盘中经常见到，一些实力强大的长线庄家大多采用这种手法建仓，而且这种建仓方式大多出现在一些冷门股或大盘蓝筹股里。在小市值个股中，由于股本小，庄家很少采用这种手法。

在实盘操作中，投资者遇到这种横盘建仓时，可采取以下投资策略：

（1）已经介入的持股者，不宜盲目杀跌，应当学会与庄家比耐心、比意志。当然，这也是无奈之举。其实，庄家花巨资入场炒作，不会等待太长的时间。如果时间拖得过长，势必会增加坐庄成本，这对庄家来说是不合算的。因此，庄家建仓后，股价上涨是迟早的事。

（2）持币者不要急于介入，保持观望，等待时机。一旦时机成熟，立即行动，以80%左右的仓位介入，波段滚动操作为佳。

（3）如果是短线高手，找准中轴位置，以前期高、低点作为参考点进行高抛低吸。建仓阶段的利润目标不要过高，定在10%左右，仓位控制在30%左右，一旦被套切莫补仓。

（4）如果是战略性投资者，不妨在低位跟随庄家逢低少量吸纳。仓位控制在15%以下，中线持有，与庄共舞，涨跌不为所动。

第二种走势：庄家直接将股价向上盘升，小幅爬高后出现洗盘整理。在洗盘过程中继续吸货，完成清洗浮动筹码和加仓目的之后，股价拉高进入主升段行情。

图1-16，招商银行（600036）：作为蓝筹大金融股，在2017年2月至4月这段时间里，股价在一个平台区域运行，盘面波动幅度非常小，许多散户对这样的盘面并不感兴趣，而这期间庄家却大量吸纳筹码，成功地完成主仓建仓计划。

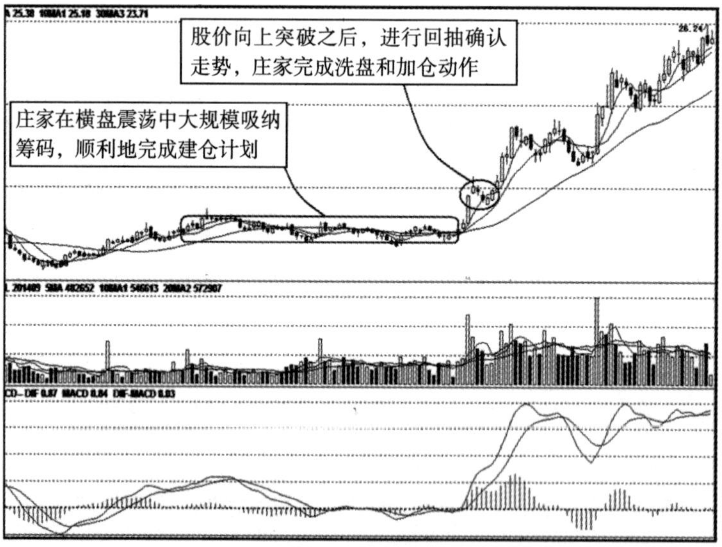

图1-16 招商银行（600036）日K线走势

当建仓接近尾声时，庄家并没有采取打压的手法，而是直接采用向上突破方式。5月12日，一根大阳线向上突破长期盘整区域，但股价并没有出现持续的上涨行情，而是进入短暂的洗盘走势，这也是突破后的正常回抽现象，此时庄家继续完成了加仓计划。然后，股价逐波向上盘高，走出一轮盘升牛市行情，截至7月26日仍然运行于上升通道之中，累计涨幅已经超过40%。

在这只股票里，庄家的建仓意图同样是通过长时间震荡整理来折磨散户，不同之处就是加仓期出现在股价拉高之后，让散户获得小利出局，以此达到洗盘和加仓目的，一举两得。因为有的散户在此前长时间被套，对于亏损心有余悸，害怕股价再次下跌，当股价停止上攻并出现震荡时，这部分散户就很容易作出减仓或退出的决定。另外，多数散户有与生俱来的满足感，特别是在低位介入的散户，当股价出现停止爬高时，就会迅速落袋为安，所以庄家很容易拿到这部分筹码。

在实盘操作中，庄家完成建仓计划后直接拉高的做法所占的比例也是比较大的，特别是一些资金实力雄厚的庄家经常采用这种手法建仓。短线庄家或游资庄家很少采用这种方式，因为这类庄家讲的是速度，不会在建仓阶段花费很长的时间。所以，投资者对庄家的性质要有一个适当的了解和掌握，这样才能摸准庄家的脾性，与庄共舞到底。

第三种走势：庄家在横盘震荡过程中，顺利地完成主仓阶段的建仓计划，甚至超过了主仓建仓计划要求。这时如果大势环境具备，就有可能直接进入主升段行情，这类庄家资金实力往往非常强大，且坐庄手法极其凶狠。

图 1-17，上峰水泥（000672）：股价完成一波反弹行情之后，回落做横向震荡整理，调整时间长达 4 个多月，股价波动幅度较窄，成交量萎缩，盘面上大多以小阴小阳或带较长上下影线的 K 线出现。在这段时间里，散户的操作难度非常之大，一般失去持股耐性，而庄家却耐心地低吸筹码，直到完成建仓计划。不久，股价一跃而起，直接进入主升段行情，一口气将股价从 7.38 元拉高到 15 元上方，短期涨幅巨大。

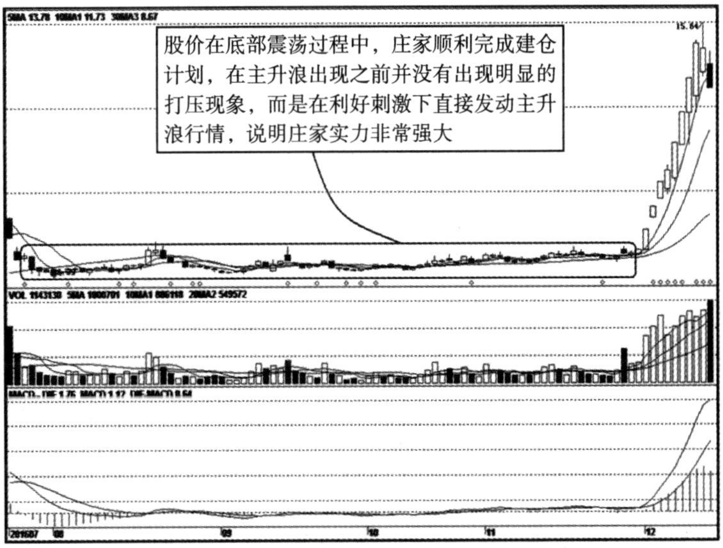

图 1-17 上峰水泥（000672）日 K 线走势

在这只股票里，庄家的阴谋就是依靠时间来磨灭散户的意志和信心。在 4 个多月的时间里，股价上不去也下不来，盘面不温不火，成交量时大时小，但总体成交量呈低迷状态，多数技术指标进入“盲区”。散户很难在这段时间里获利，从而使散户产生强烈的换股欲望，最终抛下筹码悻悻离场。庄家则如愿以偿，将筹码收于囊中，顺利地完成建仓计划。

在实盘操作中，投资者遇到这种横盘建仓时，可采取以下投资策略：

（1）前期套牢者，坚决持股不动，等待解套或获利机会。

（2）场外持币者，密切关注，不要急于介入，免得受庄家折磨，等待入场信号。一旦突破盘整区域，则立即介入。

（3）如果是短线高手，将前期高低点作为参考点进行高抛低吸，利润目标在 10%左右，仓位控制在 30%左右，一旦股价向上突破，则加仓操作。

（4）如果是战略性投资者，在横盘期间少量低吸，仓位控制在 15%以下。当股价向上突破后，仓位可以加大到 80%以上，并一路持有，到卖出信号出现时离场。

2. 跳跃震荡建仓

这种建仓方法相对横盘建仓来说，其震荡幅度大一些。庄家的手法极为凶悍，盘面大起大落，股价快跌快涨，让投资者真正领略到“乘电梯”的感觉，总体趋势保持在一个横向运行过程中。采用这种方式建仓的庄家一般实力都比较强大，在很短的时间内把股价拉上去，散户还在暗暗盘算利润时，股价又已经回落到原来的位置上，获利的希望又一次破灭。

就这样，庄家反复地将股价快速拉高，又快速打压，拉高和打压相结合。很多散户经不住庄家的几番折腾，就选择了离场操作，把廉价筹码送给了庄家。出现这种现象的股票一般股性比较活跃，成交量也较温和，基本上运行在一个不规则的箱体之中。

图 1-18，光洋股份（002708）：该股在低位经过一段时间的横盘震荡之后，在 2018 年 10 月 11 日出现向下杀跌破位走势，股价向下击穿了前期盘区的支撑，造成极度的恐慌气氛，使大量的止损盘割肉离场，庄家则全部吃进散户的筹码。

10 月 25 日开始，股价出现快速拉高，重新返回到前期盘整区域中，这时受惊吓的散户可以离场。紧接着，股价在前期盘区附近呈上下大幅震荡走势。庄家采用大起大落的跳跃式建仓手法，成交量大幅放大，股价上蹿下跳，日 K 线大阴大阳交错，盘面毫无轨迹可循，搅乱了散户的操作思维。这时，庄家在震荡中高抛低吸做差价。当庄家完成建仓计划后，股价于 11 月 8 日发力向上突破，开启一波快速拉升行情。

分析该股走势图，不难发现庄家的建仓意图。在前期股价调整中，成交量呈现持续的萎缩状态，表明下跌动能已经衰竭，这时庄家进场悄然吸纳了部分筹码。这是建仓计划的初仓筹码，庄家持仓比例并不大，并且由于该股上市以后就逐波走低，此时抛售筹码的人已经寥寥可数，庄家很难吸纳到大量的低价筹码。因此，庄家特意制造盘面波动，形成上蹿下跳走势，股价快涨快跌，散户无法把握规律，难以获利，因而

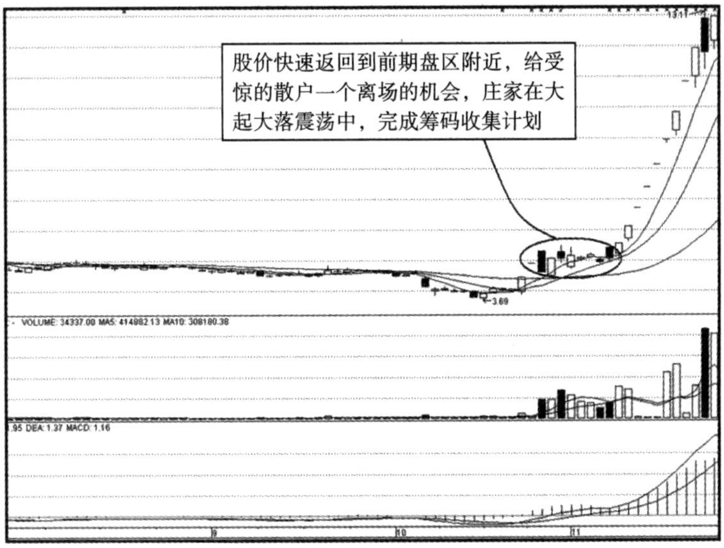

图 1-18 光洋股份（002708）日 K 线走势

在大幅震荡过程中被甩了出去，散户手中的低价筹码被庄家获得。

其实，有经验的散户已经发现了庄家的建仓举动。其中一个重要的疑点就是：量价失衡。成交量大幅放大，而股价却没有形成明显的涨幅，难道是对倒放量出货吗？显然不是。最笨的庄家也不会在如此低价区域进行放量对倒出货，因此完全可以排除庄家出货的可能。既然庄家不是在出货，那么在低位持续放量而股价不涨就有点蹊跷了，这就是庄家吸货所留下的蛛丝马迹。而且，该股从形态上构成一个不规则的箱体形态，因此散户可以在前期低点介入做多，当股价向上突破箱体上边线时，可以将仓位大胆加仓到 80%以上。

图 1-19，同力水泥（000885）：该股庄家在横盘震荡中，已经吸纳了不少的筹码，但还没有达到庄家坐庄所需要的筹码，于是就展开大幅震荡走势。在 2016 年 12 月 6 日至 2017 年 1 月 17 日这段行情中，股价上蹿下跳，盘面剧烈波动，K 线大阴大阳，把不少散户驱赶出局，将加仓和洗盘融合在一起。在拉升之前，庄家还故意下杀制造一个空头陷阱，赶走最后一批散户后，股价出现快速大幅拉高。

这种建仓手法通常有两种盘面走势：一是在分时走势中，盘中出现大起大落现象，多数散户经不住这种盘面波动而选择退出；二是在日 K 线组合中出现大阴大阳，让许多技术高手也找不出破绽。

3. 上下夹板建仓

这种建仓方式的特点就是股价基本上运行于一个不规则的箱体形态中，盘面走势与跳跃式建仓相似。其盘面特点：股价在箱体内上蹿下跳，形成一个下有支撑、上有压力的夹板，庄家在这个区域内高抛低吸，既当买家又当卖家，价格跌下来则低吸筹

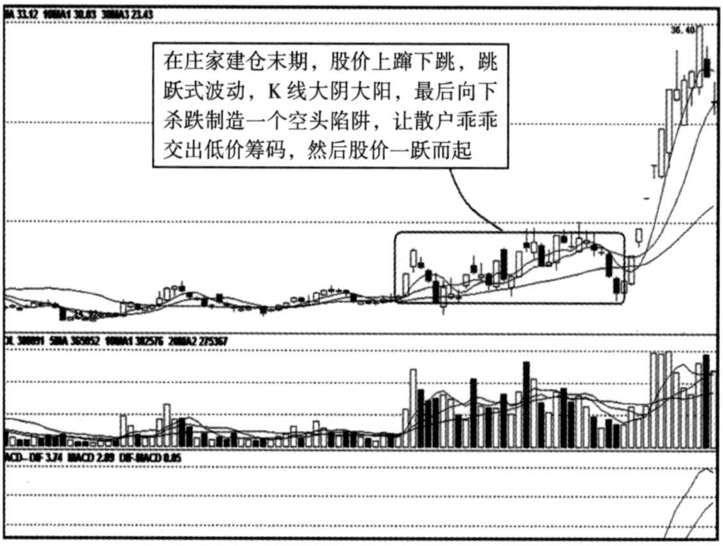

在庄家建仓末期，股价上蹿下跳，跳跃式波动，K线大阴大阳，最后向下杀跌制造一个空头陷阱，让散户乖乖交出低价筹码，然后股价一跃而起

图 1-19　同力水泥（000885）日 K 线走势

码，价格涨上去则用大单打下去。在分时图上多为急跌后缓慢爬升，升时成交量逐渐放大。庄家对持仓者时而用小阳线来诱使其抛出筹码，时而用高开低走的阴线来吓唬其离场。这种现象通常有以下两种情况。

第一种情况：压顶式建仓也叫压盘式建仓。庄家将股价控制在某一价位以下低吸筹码，当股价碰触该价位时便将股价打压回落，在 K 线上往往形成长长的上影线。这被市场认为是上行压力重大，股价难以突破，因而散户纷纷将筹码抛给了庄家。有时，庄家为了偷懒干脆在目标价位处挂出大笔卖单压盘，任凭散户在下面自由操作，以此获得低价筹码。

第二种情况：保底式建仓也叫护盘式建仓。这种建仓方式与压顶式建仓正好相反。当股价下跌到某一价位后，庄家先确定一个仓底价，然后在此价位附近震荡，这是庄家的基本成本区。若股价随大势上行后再下跌，通常会在仓底价附近悉数吸纳，这种方式通常以延长时间来吸筹。

这两种建仓方式就是庄家通过压顶和保底手法，将自己的坐庄成本控制在一个理想的范围以内，防止股价大幅波动而影响持仓成本和建仓计划。这种走势通常借助于低迷的市场来实现建仓计划。同时，使股价在一个狭小的范围里波动，大大减小散户的获利空间和机会，增加散户的操作难度，使其选择离场，从而完成建仓计划。

图 1-20，厦门国贸（600755）：该股反弹结束后进入箱体整理，形成一个上有压力、下有支撑的箱体整理形态。在长达 9 个多月的箱体震荡中，庄家吸纳了大量的低价筹码，基本完成了建仓计划。在建仓末期，庄家故意将股价打压到箱体的底边线附近，盘面再次形成弱势格局，但股价并没有击穿箱体底边线的支撑。经过上上下下的

箱体运行后，多数散户已经没有中长线持有意愿了，短线高手可能在箱顶高抛离场，新股民有可能就抛在地板价上，而庄家顺利地完成建仓计划。庄家完成建仓计划后，于 2017 年 7 月 21 日放量向上突破，股价出现快速拉升行情，短期涨幅较大。

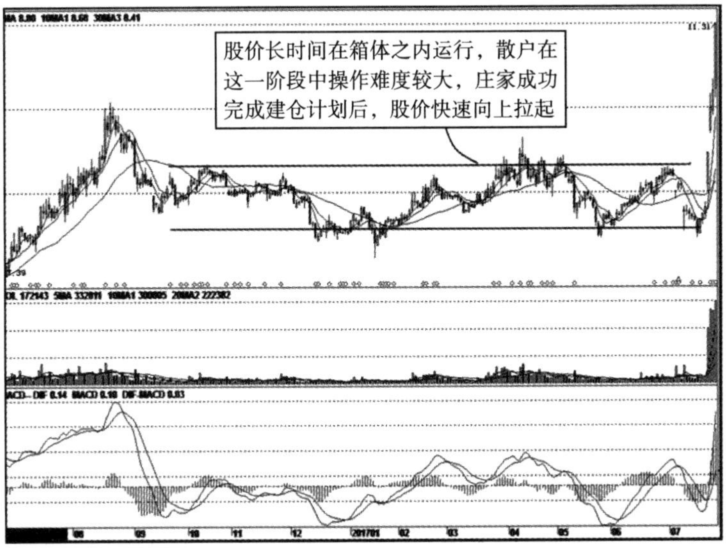

股价长时间在箱体之内运行，散户在
这一阶段中操作难度较大，庄家成功
完成建仓计划后，股价快速向上拉起

图 1-20　厦门国贸（600755）日 K 线走势

从该股走势图中可以看出，庄家的建仓阴谋就是在上有压力、下有支撑的箱体里，通过压顶和保底的手法完成主仓吸纳计划，这个过程就是庄家建仓的主仓期。如果初仓筹码和加仓筹码数量相差不大的话，那么箱体的中间价基本上就是庄家的持仓平均成本价，因此这类庄家的持仓成本价很好掌握。散户知道了庄家的这个阴谋后，接下来的操作就得心应手了。从技术方面分析，股价在向下突破箱体的底边线后，并没有出现持续的下跌走势。这就有矛盾了：既然是向下突破，那么肯定要有一定的跌幅才是，该跌不跌，表明下跌动能不强，盘中筹码已经锁定，浮动筹码很少，无量空跌走势肯定是一个空头陷阱。所以股价很快止跌企稳，进入牛市上涨行情。

在实盘操作中，投资者遇到夹板式建仓时，不要追涨杀跌。短线技术高手可以在箱体内进行高抛低吸，即前期低点附近买入，前期高点附近卖出。一般散户不参与为宜，在股价有效突破箱顶后，可以加大仓位介入。据实盘经验，箱体一般出现 2~4 个高点或低点，如果股价在箱体形态中出现 5 个以上的高点或低点时，大多数股票会出现变盘走势，投资者应注意。

二、恐吓——诱空建仓

股价快速或持续下跌，制造恐慌盘面，迫使散户离场。这种恐吓式建仓可以分为两种盘面现象：快速杀跌建仓和持续盘跌建仓。

1. 快速杀跌建仓

这种建仓手法非常凶猛，股价经常出现暴跌行情。庄家运用手中已有的初仓筹码，向下不计成本地大幅打压股价，日 K 线或分时走势出现断崖式下跌。在日 K 线上股价持续下跌 20%~30%的幅度之后，股价才出现企稳整理或略微向上盘升，庄家在这一过程中大规模建仓，主仓期就出现在这一阶段。在分时图上股价急跌三四个点之后再形成横盘震荡，集中了主要的成交量，庄家通过这一平台吸纳筹码。

这种走势使散户在心理上产生极大的恐惧，从而争先恐后纷纷出逃，而庄家则一一笑纳筹码。这种建仓方式，在大势向下调整时，或个股有较大利空出现时，建仓效果更佳。但要求庄家控筹程度高、实力强大，且跌幅不要过大，时间也不要太久。一方面，过分地打压可能引发更多的卖盘涌出，吃进的筹码将比预期的要多得多，很难控制局面，一旦失控，满盘皆输；另一方面，若是实质性利好时，还会遭到其他对手的抢货，从而造成低位筹码丢失。

这种建仓手法的庄家意图就是通过快速向下打压股价，特别是深幅打压或造成技术破位，加重散户心理负担直至其崩溃，从而夺取散户手中的低价筹码。其盘面特点：一是下跌速度快；二是瞬间跌幅大。

图 1-21，群兴玩具（002575）：该股长期处于弱势盘整中，成交量大幅萎缩，许多散户已经不肯离场，这时庄家为了吸纳到更多的筹码，就采用了恐吓性建仓手法。

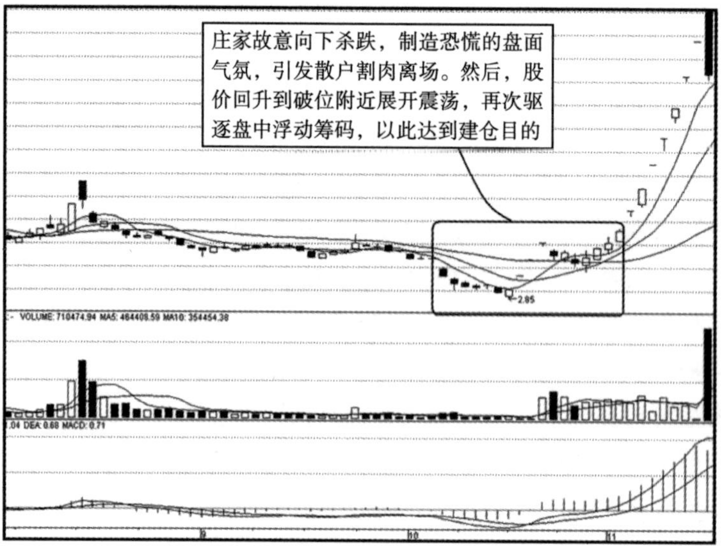

图 1-21 群兴玩具（002575）日 K 线走势

2018 年 10 月 11 日，股价向下破位，当日跌停收盘，之后多日收出阴线，在盘面上造成极大的恐慌气氛。不少散户见此情形时，担心股价继续下跌而纷纷抛出筹码。然后，股价快速回升到破位附近展开震荡，继续对盘中散户进行干扰，再次驱逐盘中浮动筹码。经过几个交易日震荡后，有的散户已经忍受不住庄家的折腾而选择了离场换股操作，而庄家在这期间悄然大量收集散户的抛盘。当庄家顺利地完成建仓计划后，11 月 2 日股价放量向上突破，成功脱离底部盘整区域，股价从此开启了快速拉升行情。

该股走势图明显暴露出庄家建仓意图。庄家先利用手中的初仓筹码向下打压股价，造成一定的恐慌盘面，让散户在慌忙中离场，然后在低位呈现横向窄幅震荡，再次折磨没有退出的散户，从而迫使其交出筹码。

投资者遇到这种盘面走势时，如果是浅套，股价又刚刚起跌时，可以少赔出局，等待企稳后低点补仓。如果股价累计跌幅已达到 50%以上，不要盲目杀跌。持币者等待底部企稳时买入中线持有，或者在股价向上突破底部盘区时跟进。

2. 持续盘跌建仓

这种建仓方式比起快速杀跌走势来得温柔一些，但建仓效果并不差。通常出现在冷门股或长期盘跌类个股里，因为这类股票已基本为市场所遗忘或抛弃。庄家在缓跌过程中完成主仓吸纳计划，股价下跌期就是主仓期。在走势上阴气沉沉，呈小阴小阳下行，疲弱态势不见终日。

一般情况下，盘跌过程中很少出现跳空走势，股价总体下跌速度缓慢，单日下跌幅度也不大。但下跌周期很长，很难判断股价在什么时间可以真正见底，因而引发散户止损盘出现。期间震荡幅度不大，成交量萎缩，开盘以平开为多，有时庄家为了做盘的需要，故意以低开高走的方法，制造出实体很大的假阳线。但当日股价仍在下跌，而且可能连续以这种方式下跌。投资者多持悲观态度，对后市的涨升不抱太多的希望，认为每次盘中上冲都是解套或出逃的最佳时机，早一天出局、少一分损失。因此，不断有筹码相继抛售，这样庄家就可以吃进大量而便宜的筹码。其主要特征如下：

（1）整个盘跌期间的成交量总体水平是萎缩的，盘跌途中遇反弹时成交量可能略有放大，但不会很充分，也不能持续，单日突发巨量的反弹不太正常，多方显得过急。但到了后期特别是逼多的时候，成交量可能会放大不少。

（2）股价缓跌中不断以反弹的方式进行抵抗，甚至走出局部小型的 V 形、W 形或头肩底等反弹形态，盘面维持一段虚假的繁荣以后，股价又继续下跌。这种反弹为继续回落积蓄下跌的能量，直到无力反弹时股价才有可能真正见底。只要股价还有较大的反弹，股价就无望看到底部，这叫反弹无望或反弹衰退。

（3）股价运行似波浪运动。只不过像退潮的海水一样，一个波浪比一个波浪低。也就是说，股价反弹的每一个高点都不及前期高点，高点一个比一个低，低点一个比一个矮，而且从波浪形态和数量很难判断股价何时真正见底。在一个波浪形态内，股价一般紧贴 5 日均线下行，反弹时很少突破 30 日均线压力（一个波段下跌结束以后的弱势反弹，股价可能上摸到 30 日均线附近）。股价回落整体角度一般在 30 度、45 度、60 度左右。

图 1–22，鄂尔多斯（600295）：该股从盘面上看，2017 年 4 月经过快速冲高后，出现放量大幅下跌走势，股价阶段性跌幅达到 35%。在这轮下跌行情中，庄家持续压低股价，造成股价跌势远不见底的感觉，让大批散户在恐慌中离场，而早有准备的庄家却大量收集散户抛出的筹码。

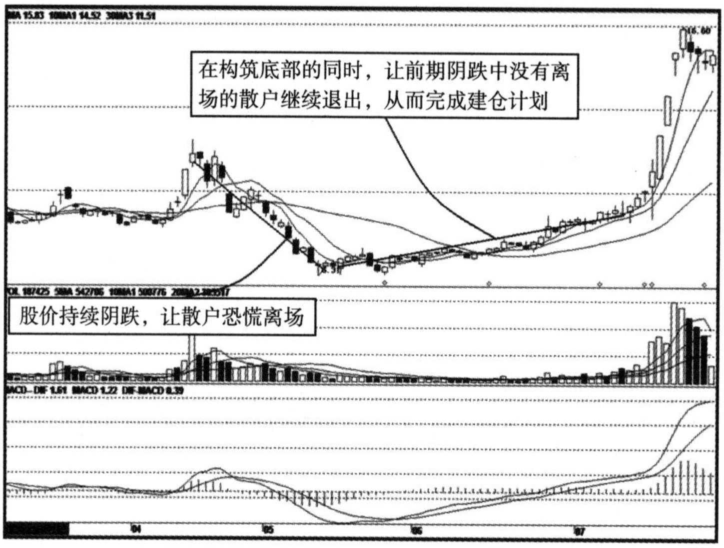

图 1–22　鄂尔多斯（600295）日 K 线走势

此后，随着散户抛盘的结束，股价渐渐企稳回升。那么，为什么庄家采用缓慢地推升走势呢？因为，在前期暴跌过程中，仍有一部分散户没有来得及退出，而庄家采用推升手法主要是给这些散户一个离场出局的机会。所以，庄家边推升边建仓，将股价慢慢抬高，当庄家建仓基本完成之后，股价进入加速上升阶段。

该股庄家的建仓阴谋非常明显，通过边建仓、边打压的手法，导致股价缓缓向下走跌，使散户失去投资信心，加之基本面不佳，很快就达到主仓期的吸筹计划。这种建仓方式能培养少数高位套牢者的承受能力，不至于一下子完全击垮其持股信心，当后市股价上涨时也不会构成威胁。

遇到这种盘面走势时，持股者应在反弹高点卖出或减仓，在急跌或跌幅较大时逢低买入或补仓，以摊低平均持仓成本。持币者不要过早介入，因为这类股票没有明显的底部，正确的做法是密切跟踪观察盘面走势，待放量突破压力位（均线、趋势线或成交密集区等）时适量介入，在回抽确认突破有效时加仓买入。

三、安慰——利诱建仓

1. 快速拉高建仓

快速拉高建仓方式大多出现在熊市末期和平衡市况中，或冷门股和长期下跌的股票里，往往反映出庄家实力雄厚或作风凶悍的一面。庄家在低位吸不到低价筹码，或个股背后隐藏着某种潜在利好时，就采取拉高手法建仓，迅速将股价抬高，甚至创出股价历史新高，让散户获利了结，从而顺利完成建仓计划。

这种建仓手法的优点就是：牺牲价位，赢得时间。其原因是：背后蕴藏着重大题材，一旦被公布将直接导致股价大幅上升，时间较为仓促，来不及于低位吸筹或出于严格的保密需要，担心其他资金在低位抢筹码，提前打市场的“突袭战”。

从逻辑上说，既然庄家肯出高价急速建仓，表明股价未来应该有极大的上涨潜力，拉高建仓事实上反映了庄家急于吸货的迫切心态。如果该股后市没有极大的炒作空间，庄家是不会把大量资金投入其中的。

在实盘中，这种建仓手法比较多见，特别是一些资金实力雄厚的强庄股经常采用这种手法建仓，给散户一份“心灵鸡汤”，给一份安慰，散户很容易交出低廉筹码。有时候一些短线庄家或所谓的游资庄家也会采用这种方法，因为这类庄家讲的是时间而不是价位，一般不计较几个价位。

图 1-23，华资实业（600191）：该股经过长时间的下跌调整后，股价到了底部区域，这时庄家开始逢低吸纳低价筹码，但由于低位抛售筹码并不多，庄家很难如期完成建仓计划。于是在 2017 年 5 月将股价向上快速拉高到前期高点附近，但其非常狡

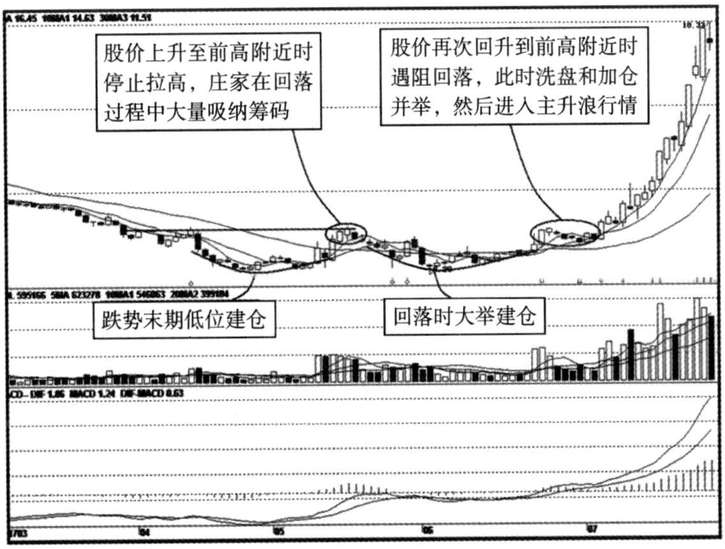

图 1-23 华资实业（600191）日 K 线走势

猾，当股价回升到10元上方时，马上停止了拉升步伐，造成股价上涨遇阻的假象，让股价慢慢回落，庄家在股价回落过程中再次大量收集筹码。6月下旬，当股价再次回升到该价位时，出现同样的回落走势，但这次回落具有洗盘和加仓双重意义。

从盘中可以看出，6月27日开始连续收出四根缩量调整阴线，虽然阴线实体不大，下跌幅度不深，但给散户造成很大的心理压力，以为股价无法突破前期高点，担心股价再次回落遭套，从而做出离场举动。当股价回调到30日均线附近时，洗盘适可而止，洗盘调整结束，股价于7月5日开始放量向上突破，从此走出一波上涨行情。

2. 持续推高建仓

这种建仓方式是市场成功见底后，股价缓缓向上爬升，在盘升过程中完成建仓计划，庄家边拉升、边吸筹。这种方式大多是由于股价已被市场慢慢推高脱离底部，市场前景普遍看好，投资者出现惜售，只能逐步推高股价来收集筹码。在图表上会出现阶段性特征，即进二退一或进三退一，先拉出两三根小阳线，再拉出一根小阴线。由于庄家无法在相对底部吸到足够的筹码，因而持仓成本较高，风险也相对较大。

所以，庄家通常选择那些具有丰富市场题材的股票作为目标股，否则很难得到市场的认同。后市股价很难大幅炒高，根本没有获利派发的空间。采用这种建仓方式的前提，通常是在大势已短期见底，并开始出现转跌为升的迹象时进场。当然，其有时也反映庄家实力弱小的一面，不敢将股价大幅拉高。其主要盘面特征如下：

（1）成交量总体不大，但能够维持活跃的市场人气。

（2）单日涨跌幅度都不是很大，在日K线上呈小阴小阳形态。

（3）小浪推升，30日均线稳健有力，很少形成大型的技术形态。

图1-24，方大炭素（600516）：该股在2016年10月完成反弹走势后，就有实力强大的庄家开始建仓，庄家非常狡猾，采用了打压和推升建仓手法，在2016年12月12日至2017年4月25日先后进行了5次明显的打压动作。当庄家拿到部分筹码后，改用推升的方法继续吸纳筹码，在4月17日至6月22日这段时间里，股价缓缓上行，盘面不温不火，重心不断上移。期间，一些前期套牢者得以解套或少亏后，便在中途选择退出观望，而一些低位入场者也选择获利了结，这样庄家基本上就完成了整个建仓计划。由于庄家采用了边拉升、边洗盘的手法将股价推高，所以庄家没有必要再次进行洗盘，于是从6月23日直接进入拉升阶段。

从图1-24中可以看出，庄家通过缓慢推升股价，达到边建仓、边洗盘、边换手的目的，不断夯实底部，为日后拉升奠定基础，表明庄家不给短线投机者入场的机会，不温不火的缓升走势，让投机者无利可图远而观之，而且也使庄家保持低调走势，不过分袒露盘面信息，免得大户进场捣乱。

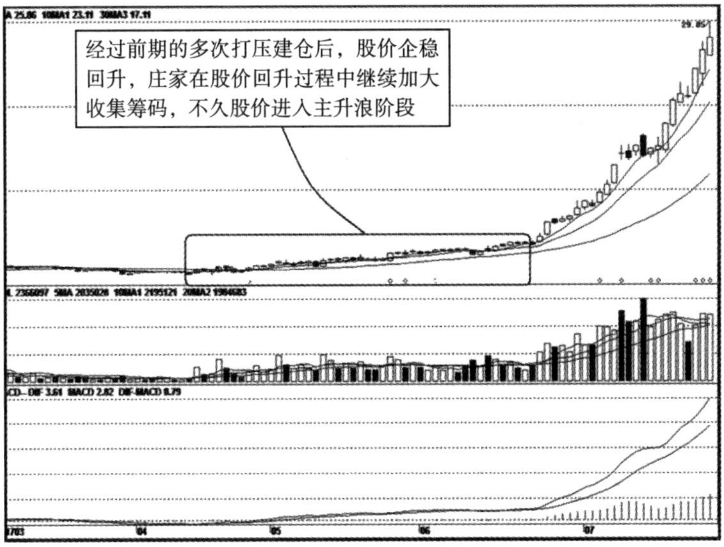

经过前期的多次打压建仓后，股价企稳回升，庄家在股价回升过程中继续加大收集筹码，不久股价进入主升浪阶段

图 1-24 方大炭素（600516）日 K 线走势

遇到这种建仓方式时，持股者应坚定持股信心，持币者买阴不买阳，即在股价下跌收阴线时买进，不在冲高收阳线时介入。介入后捂股不放，以中、长线操作为主，等待盘面放出巨量，进入快速拉升时出局，并以 30 日均线为重要参考指标，一旦有效跌破 30 日均线的支撑，则立即卖出。

第六节 庄家建仓的五大路径

一般而言，流通筹码的转换过程是：①散户卖出，散户买进；②散户卖出，庄家买进；③庄家卖出，散户买进；④庄家卖出，庄家买进。其中第④种可能是庄家自己对倒所为，也可能是庄家之间的换庄转让所为。

庄家建仓的基本手法是通过主动震荡来完成的。在某个价位上守株待兔，等待散户抛售而接盘，是难以达到既定持筹要求的。同样，纯粹的横盘式震荡整理，也是很难吸到筹码的。盘面看起来虽杂乱无章，没有规律，但透过现象，认真分析，可发现庄家建仓是围绕一定的路径进行的。

综观庄家建仓手法，一般有以下五种建仓基本路径。

一、横盘式的建仓路径

这种路径的表现是，股价在一个投资价值区域里，呈现横向小箱体运行（不是单纯的横盘震荡），震幅很窄，时间较长（至少一个月）。这是庄家为了避免提高建仓成本，在一个窄小的区间里，悄悄收集筹码所致。在盘面上，往往是在某一个高点堆放大卖单，封堵股价的继续上涨，避免建仓成本过高。当股价遇阻下跌到某一个低点时，又有买盘介入，阻止了股价的继续下跌。久而久之，股价走势几乎呈一条横线形状。吸筹量分布呈"均匀"状态，整个横盘期均为吸货期。

一些散户经不住股价长时间横盘震荡整理的考验，不得不抛出手中的筹码，而庄家就会趁机吸纳，逐步完成建仓计划。采用横盘震荡方式建仓，庄家一般都是在股价下跌之后，在底部潜伏下来，慢慢地吃进筹码，不会让股价有太大幅度的上涨，同时也不会让股价有过度的下跌，因此在建仓阶段，股价会在一个比较小的区间内来回震荡。

一般来说，这类股票的横盘时间越长，后期股价上涨的空间就越大。如果庄家处于横盘震荡的建仓阶段，散户就要密切关注，因为这是极好的逢低买入机会。

这种建仓方式在成交量方面可分为两阶段。第一阶段是庄家建仓之前，当股价刚开始从顶部下跌时，成交上呈现出放量的现象，但随着股价的不断下跌，成交量反而会呈现出缩量的现象，当股价大幅下跌之后，成交量又会呈现出一段地量的走势。第二阶段就是庄家开始建仓后，为了收集筹码在成交量上会留下一些迹象，在整个底部横盘的过程中，成交量也呈现出低迷的状态，并且偶尔出现一两天的放量现象。

图 1-25，本钢闽光（002110）：该股前期经过一波拉升后，长时间形成横盘震荡走势，股价在一个较小的范围内上下波动，庄家暗中悄然吸纳筹码。经过 7 个多月的吸纳、试盘、整理，庄家完成了建仓计划，达到了控盘能力。2017 年 7 月 10 日，股价放量向上突破盘区，开启一波主升浪行情。这类个股投资者可密切关注，一旦突破，立

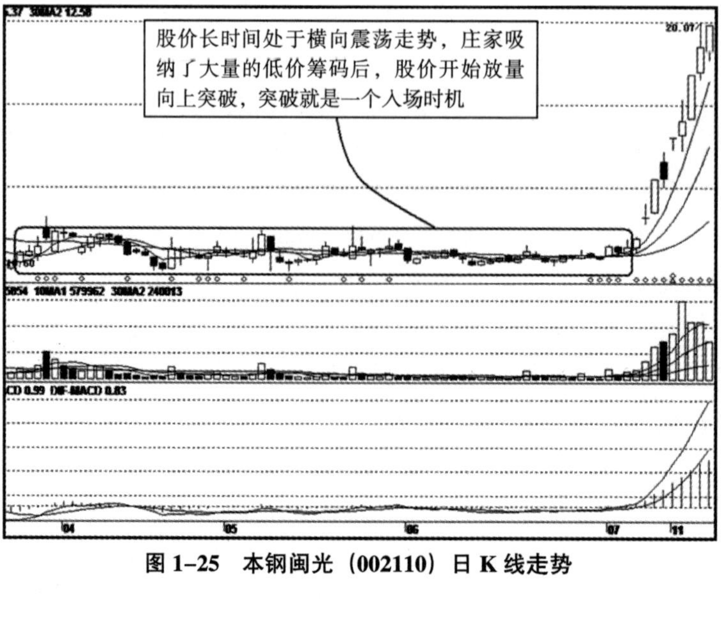

图 1-25　本钢闽光（002110）日 K 线走势

即追进，切莫过早介入。

这种建仓方式在 K 线走势上，可以发现个股在横盘震荡之前，股价是在下跌通道中运行的。在下跌过程中，盘面上收出的主要是阴线。庄家开始建仓后，K 线图上就会呈现出小幅震荡的走势。在整个建仓过程中，K 线上表现出阴阳交错的走势形态，以小阴小阳收盘。当庄家收集到一定数量的筹码之后，有时也会突然在某一天把股价迅速拉高，此时 K 线上就会出现大阳线。但是庄家这种拉高，一般都不会超过 3 天。股价被拉高后，也会很快回落到大平台里继续进行横盘整理。

这种建仓路径的庄家意图，就是给散户在精神上、心理上造成压力，消磨散户的持股意志和信心，让散户从内心深处对所持个股后市走势产生绝望，逼迫散户产生强烈的换股欲望和冲动，从而悻悻地抛出筹码，庄家则如愿达到吸筹目的。

在横盘式建仓路径中，有两个散户比较容易识别的特征：一是股价经历了一波长期大幅的下跌过程后，已经到了跌无可跌的状态；二是庄家开始建仓之后，股价会在底部区域形成长时间的横盘走势，这个时间至少在两个月以上。中短线的散户都不应该在股价处于下跌通道时参与操作，而是要等到庄家建仓到了尾声的时候，才可以趁股价回落进场。

散户基本操作策略：应在平时多关注一些"市场弃儿"，特别是那些一年半载无人理睬的个股，这些个股如果庄家完成建仓计划后，一旦放量启动，后市上涨潜力较大。不要天天盯着涨幅榜前列的个股，那是别人的"媳妇"，看也白看。关注长期横盘之后出现的第一根大阳线，它代表庄家已吹响冲锋陷阵的号角，此时是大家与庄家抢钱的大好时机。具体操作策略如下：

（1）密切关注，但不要过早介入，免得受庄家折磨。一旦突破，就是买入信号。

（2）横盘时间越久，突破的威力越大，升跌幅越大。横盘时间越短，升跌幅也越小。可以根据横盘时间长短，采取对应的操作策略。

（3）盘局打破之后，不管升跌，如成交量大增，则升跌力量强大，狂升狂跌推测更有把握。这时要关注两个方面：一是突破；二是放量。突破与放量一致时，就是重要的买卖时机。

二、下行式的建仓路径

庄家建仓时，股价是呈下跌态势的，整个下跌过程就是庄家建仓过程（实际上是跌势的中后期），下跌过程中几乎没有像样的反弹行情出现，甚至也没有平台震荡整理的走势，股价止跌即是庄家建仓结束之时。吸筹量分布呈"少开头，多后头"状态，在开始入驻时吸取少量的筹码，随着股价的持续下跌，庄家的进一步打压，逐步增加吸筹量，到最后庄家见筹就收，一概通吃，从而全面完成建仓任务。

庄家在建仓初期，利用手中少量的筹码不断压低股价，有时甚至造成大跌的走势，以便在低位吸纳便宜筹码，并随着股价的持续下跌，逐步加大筹码收集力度，到底部时一概通吃。有时候，这种下行式建仓路径是庄家打压的结果，庄家运用早期手中少量的筹码，不计成本地大幅向下砸盘、打压股价，甚至以连续跌停的方式出现，同时庄家也借助大盘的调整或利空消息轻松地使散户割肉。这种方式使庄家可以用较低的成本收集较多的低廉筹码，但是若股价太低，庄家行为被市场发现，就会极容易引起其他散户跟进吸筹，从而影响庄家的建仓计划。

图 1–26，蓝晓科技（300487）：当股价反弹到前期盘区中枢附近时（观察压缩图），遇阻渐渐回落，中间经过一次小反弹后再次下滑，从而形成两段缓缓下行走势。庄家在跌势过程中，悄然入驻接纳筹码。当股价回落到前期盘区附近时，得到有力的技术支撑。当庄家完成建仓计划后，股份渐渐返回到均线系统之上。2018 年 1 月 15 日，股价以涨停板开盘，当日 K 线收出涨停 T 字线，成功突破了下降趋势线和底部盘区的约束，股价出现井喷式上涨。

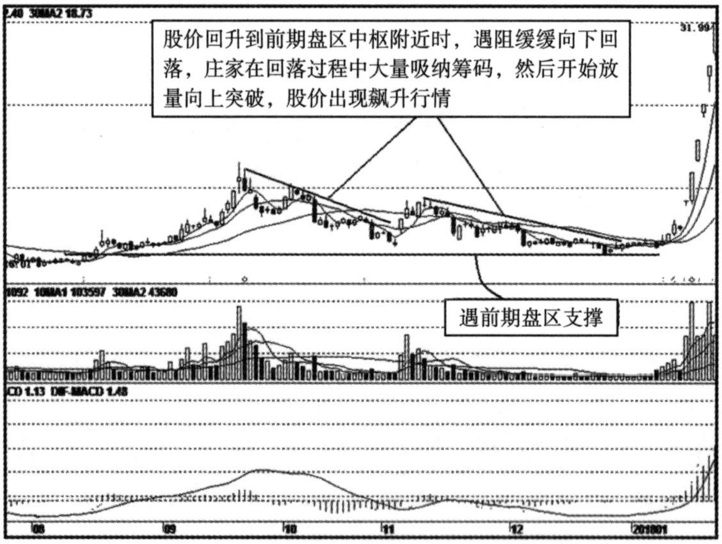

图 1–26 蓝晓科技（300487）日 K 线走势

这类个股庄家在建仓过程中，K 线走势上表现出来的是单边式的一路下跌。如果庄家打压手法不是很凶狠的话，K 线会呈现不断下跌的小阴线；如果庄家性子急，想要快速打压，K 线图上就会出现大阴线。当建仓接近尾声时，会收出带下影线的探底 K 线形态，或者在股价下跌后的低位出现一根长长的大阳线。

在成交量方面，总体上处于放量的状态。如果庄家是个慢性子，而不过多地打压股价，成交量也就比较温和，不会出现过大的放量，也不会出现缩量；如果庄家是个急性子，那成交量就会不断地出现放量现象。

这种建仓路径的庄家意图，就是通过持续的下跌走势，一方面继续加大先前套牢者的亏损额度，另一方面把低位介入者加入套牢者之中，使他们的资金出现亏损，这样场内所有散户全线被套，庄家每打压一个点位，散户就增加一分损失，最后散户因承受不了巨大损失而被迫离场观望，筹码轻而易举落入庄家仓中。

这阶段对于散户来说是比较难以操作的，在股价下跌过程中几乎没有反弹行情出现，短线很难从中做差价，散户如果想参与的话，就必须准确地判断出庄家建仓的进展情况，并且最好是在其建仓接近尾声时入场参与操作，短线散户等到庄家进入拉升阶段再入场也是可以的。散户基本操作策略：在成交量萎缩至地量后，股价出现跌无可跌时，试探性介入；在股价放量向上突破下降趋势线，或均线系统出现多头排列时，可以大胆加仓介入。

三、上行式的建仓路径

这种建仓路径与“下行式”的建仓路径相反。庄家在建仓时，股价呈微升态势上涨，整个升势过程就是庄家建仓过程（实际上是升势的中前期）。

庄家在建仓过程中，吸筹量分布呈现“多开头，少后头”状态，刚开始时股价相对较低，就会吸收大量的筹码，基本上达到计划仓位的70%以上。随着股价的不断上涨，庄家吸货力度放慢，直至最终吸足筹码。如果遇到目标股很好，个股隐藏着重大利好消息，或者大盘突然由下跌反转为上升，庄家将会采用逼空式单边上涨的建仓方式，往往表现出放大量涨停的特征。

这种建仓路径在K线特征上可以分成两个阶段。第一个阶段是庄家建仓之前，个股K线走势呈现出下跌的形态，或者是底部横盘的形态。如果庄家建仓之前股价是处于下跌趋势的，那么K线图上可以看到股价的跌势会逐渐放缓；如果股价是处于底部震荡徘徊态势的话，那么K线走势图就会呈现出阴阳交错的形态。第二个阶段是庄家建仓之后，K线走势图上就可以看到股价慢慢地被拉起，盘面上阳线实体也逐渐增加，偶尔也会出现大阳线的走势，并且随着庄家不断地收集筹码，股价也不断向上盘升。K线走势图上就会看到股价是一路上行的，依托5日均线向上运行，收出的阳线实体要远远多于阴线实体。

上行式建仓路径的成交量特征，也可以分成两阶段。第一阶段是庄家建仓之前，成交量也呈现出缩量的形态，或者是出现时大时小的不规则形态；第二阶段是庄家建仓之后，成交量同前期相比会有明显的放大。

这种建仓路径经常出现在中长线大牛当中。这种方法对于庄家来说要求也非常高，对于底部判断要绝对准确，否则也容易套牢其中。

这种路径的建仓方式，在庄家完成建仓后，通常有一个短暂的洗盘整理过程。盘面上有三种表现形式：

1. 加速上涨

庄家完成建仓计划后，不经过专门的洗盘整理环节，而是出现加速上涨，直接形成主升浪行情。

图 1-27，方大炭素（600516）：上证指数在 2017 年 4 月 12 日至 5 月 10 日处于下跌调整走势，不断创出调整新低，绝多大数个股弱势下跌，而该股在此期间却不受大盘下跌影响，股价不断向上走高，重心渐渐上移，走势明显强于大盘，为典型的逆大势而行的盘面表现，说明庄家在此期间吸纳了大量的筹码，等待大盘企稳回升。

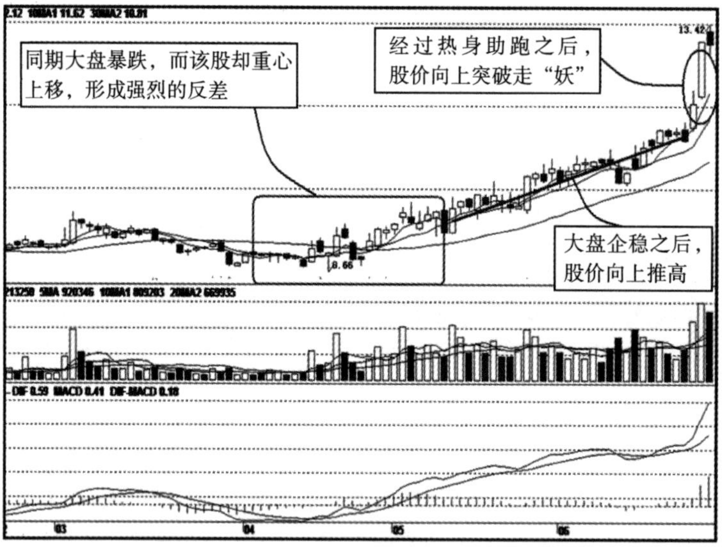

图 1-27　方大炭素（600516）日 K 线走势

5 月 11 日，当大盘探底成功后，该股立即出现快速上涨行情，借助去产能（涨价概念）利好，股价涨了又涨，成为两市的“妖股”。该股庄家完成建仓计划后，没有出现明显的回落洗盘走势，直接进入主升浪行情。其实，庄家在前期盘升过程中，就已经完成了边建仓、边推高、边洗盘的过程，所以此后也就没有必要专门展开洗盘环节。

2. 短暂整理

庄家完成建仓计划后，股价出现短暂的横向震荡整理，然后开始放量向上突破走势。

图 1-28，沪电股份（002463）：2018 年 6 月 26 日，庄家为了测试底部支撑力度，开盘后出现急速下跌，盘中跌幅一度接近跌停价位，之后股价逐波回升到前一个交易日的收盘价附近，当日收盘时仅下跌 1.35%。此后出现盘升走势，股价渐渐走高，并返回到 30 日均线系统之上，在回升过程中庄家吸纳了大量的低价筹码。当股价回升到前

期盘区附近时，盘面出现短期的横向震荡整理走势，可充分消除上方的压力。此时，出现两次明显的试盘动作，第一次是在7月18日，庄家对前期盘区压力进行试盘，以观察上方压力大小及市场跟风情况；第二次是在8月2日，对下方30日均线的支撑力度进行测试，以检验市场抛压大小。经过洗盘整理和试盘后，股价在8月9日收出攻击性大阳线，从此股价加速上涨行情。

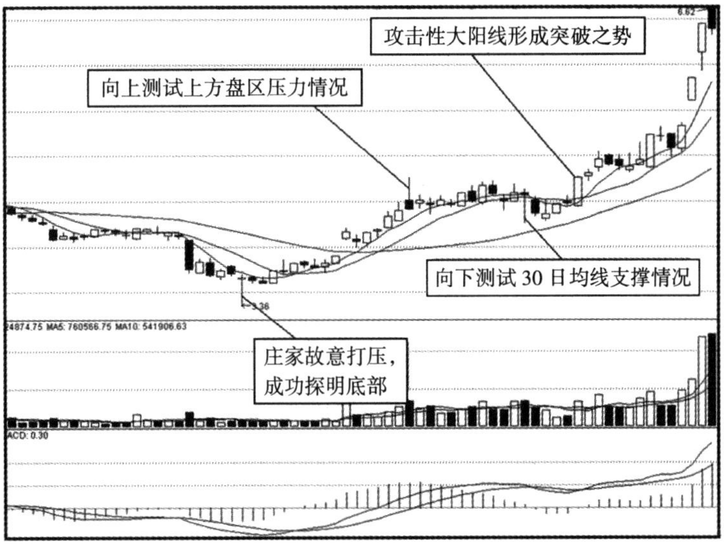

图1-28 沪电股份（002463）日K线走势

图1-29，岷江水电（600131）：该股在低位经过一段时间的盘整后，庄家为了在底部吸纳大量的低价筹码，2018年6月19日故意向下打压股价，一根大阴线击穿盘区低点的支撑，从而造成技术形态破位，吓退了不少胆小的散户。之后，股价企稳出现缓慢的回升态势，当股回升到前期盘区附近时，盘面出现震荡整理走势，此时不少散户以为股价遇到新压力而无法突破，纷纷选择离场观望。

经过一段时间横盘整理后，盘中浮动筹码渐渐减少，达到了庄家的运作意图。7月18日收出攻击性放量大阳线，股价形成突破之势，此后出现快速上涨行情。其实，从盘面可以发现，在技术破位之后，并没有出现太大的抛盘，这从不大的成交量上可以得到验证，说明盘中筹码稳定性好，几天后股价重回技术位之上，均线系统渐渐趋向多头，盘面不断走强，成交量温和放大。这种走势是测试支撑位的经典，股价一旦向上突破，就可以大胆买入。

3.“挖坑”洗盘

庄家完成建仓计划后，股价向下回落构筑一个“黄金坑”形态，然后出现放量向上突破走势。

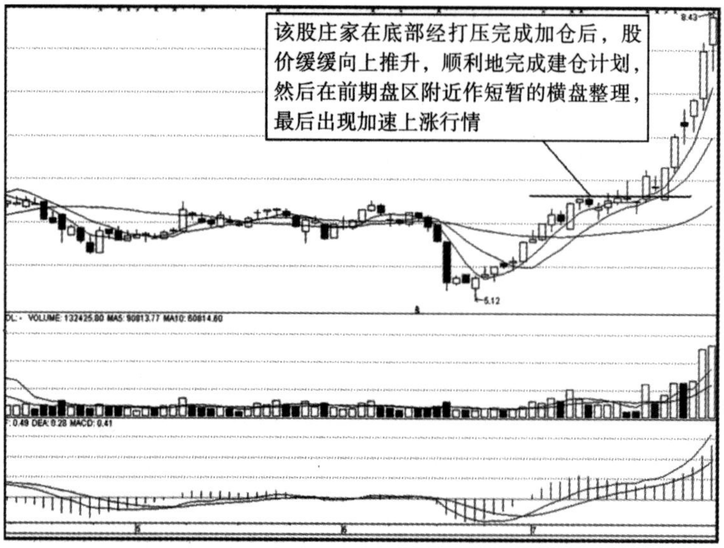

该股庄家在底部经打压完成加仓后，股价缓缓向上推升，顺利地完成建仓计划，然后在前期盘区附近作短暂的横盘整理，最后出现加速上涨行情
8.43
5.12

图 1–29　岷江水电（600131）日 K 线走势

绝大部分牛股，在行情启动之前，都有下蹲挖坑动作。挖坑之后，股价扶摇直上、鹏程万里，所以坑中的筹码显得无比珍贵，被形象地叫作“黄金坑”。根据运行方式和盘面强弱，“黄金坑”形态可以分三种情况，如图 1–30 所示。

强势		技术特征 向下破位或向上复位时，动作迅速，V 形形态较多，常有缺口	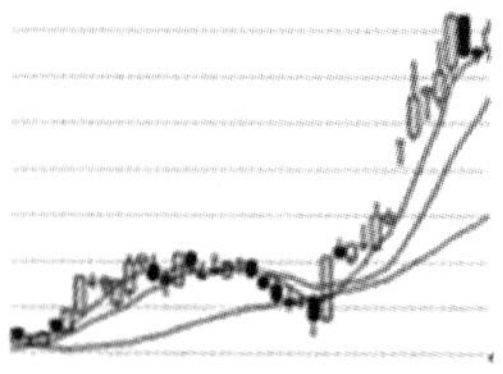
中势		技术特征 向下破位或向上复位时，动作较慢，W 形形态较多，很少缺口	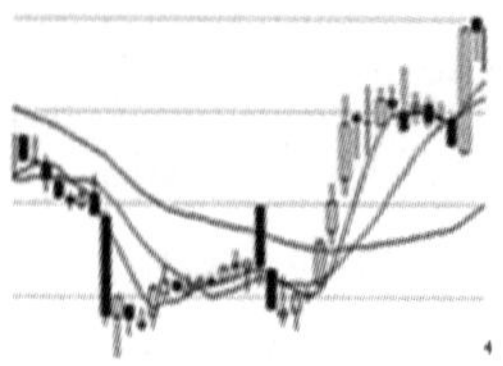
弱势		技术特征 向下破位或向上复位时，动作迟缓，圆形形态较多，罕见缺口	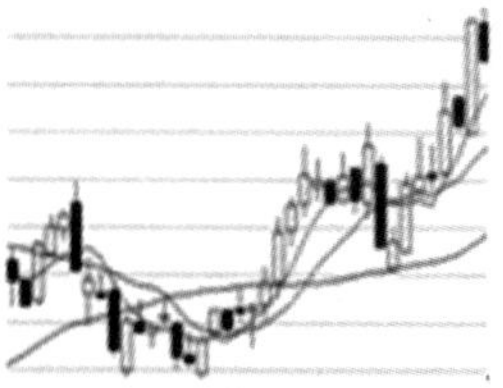

图 1–30　“黄金坑”标准图形

（1）“黄金坑”技术形态和分析要点：

第一，股价在筑底和探底的过程中，出现一根中阴线或大阴线向下破位。

第二，经过短期、快速下跌后，以一根长下影的 K 线止跌回升。

第三，股价经过短期、快速反弹后，回到破位阴线上方，完成“挖坑”任务。

第四，“黄金坑”向下破位时可以有下跳缺口，反弹回升时可以有上跳缺口。

第五，“黄金坑”的典型案例，在单针探底时，常放出较大成交量。

（2）“黄金坑”形态主要有三个买点：

买点一：“挖坑”低点的长下影线，类似于左侧交易。

买点二：完成“挖坑”动作，回升到坑口的位置，典型的右侧交易。

买点三：股价放量向上突破“挖坑”时形成的高点。

（3）“黄金坑”在使用过程中要注意以下三点：

一是在前期底部区间震荡中，必须有庄家建仓迹象。

二是当“黄金坑”形态出现的时候，股价下杀过程一定是快速下跌，并且是缩量下跌的。

三是在“黄金坑”的底部停留时间不宜过长，越短越好，一般不能超过 20 个交易日，否则失去技术分析意义。既然庄家构筑“黄金坑”形态的目的是最后的压价逼仓，那么就不应停留太长的时间，否则导致底部买入的人逐渐增多，为以后拉高制造了麻烦。

图 1-31，白云山（600332）：该股庄家完成建仓计划后，股价小幅回落构筑一个“黄金坑”形态，然后股价向上突破，形成主升浪行情。

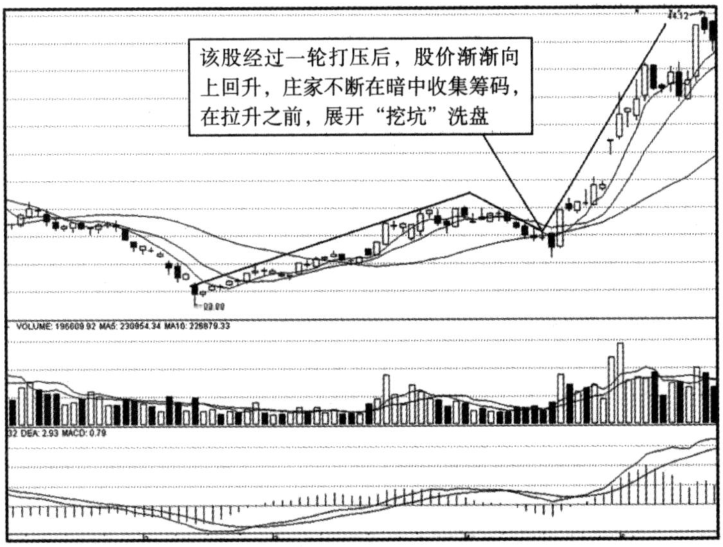

图 1-31　白云山（600332）日 K 线走势

从图 1-31 中可以看出，该股经过大幅调整后，庄家悄然介入，盘面出现企稳回升走势，股价稳步向上攀升，表明庄家实力相当强大，操盘手法稳健，在形态上构成上行式建仓路径。当庄家吸足筹码后，在拉升前来一个短暂的下蹲洗盘动作，构成“黄金坑”形态。2018 年 4 月 19 日，放量涨停收阳，股价快速复位，此后进入拉升行情。

这种建仓路径的庄家意图，就是通过股价的微幅上涨，一方面为先前套牢的散户提供一个解套的机会，由于散户长期被套后心急如焚，一到解套之日，便心花怒放，兴高采烈地解套离场，以防再遭套牢之苦；另一方面给低位介入的散户以小恩小惠，让他们高兴而来，微笑而去，这样庄家就可以顺利完成建仓。股价总体涨幅不能过大，应当控制在庄家的成本线以内，否则会增加坐庄成本。

在上行式建仓股价脱离底部的上涨过程中，散户首先要判断此时是有庄家在建仓，还是只是下跌过程中的一次技术反弹。如果是技术性反弹的话，成交量不会持续地放大，并且盘中不会有持续上涨的动力。在庄家建仓过程中，股价也会有不小的上涨空间。如果做短线的散户把握好了，就能在这个阶段获得不少的利润。当庄家完成建仓之后，会让股价进行一段时间的休整。做短线的散户应该密切关注股价接下来的动态，一旦发现股价再次启动，就应该及时跟进。做中长线的散户，可以跟随庄家在建仓过程中逐步建仓，在庄家进入休整阶段时，趁股价回落，分批再次吃进筹码，然后等待股价拉升。

散户基本操作策略：如果遇到加速上涨形态，可以参考 BOLL 指标，当股价向上突破 BOLL 上轨线压力，并出现放量加速之势时，可以突破当天介入；如果遇到横向震荡整理走势，在股价放量向上突破整理平台时跟进，或者在突破后的回抽确认时介入；如果出现“挖坑”走势，当股价回落到 30 日均线之下，然后很快又返回到 30 日均线之上，且 30 日均线保持上行状态时，投资者可以在股价返回到 30 日均线时介入，或者在股价突破前期小高点时积极追进。

四、先下后上式的建仓路径

先下后上式建仓路径是指股价还在下跌时，庄家就开始对该股进行建仓，不断地收集低价筹码，也叫“V”形建仓。这里所说的庄家在股价下跌过程中就对其进行建仓，并不是说股价刚开始下跌，庄家就入驻建仓，而是当股价已经下跌了一段行情之后，庄家在股价继续下跌的过程中不断地收集筹码，并且随着股价的不断下跌，逐步增加筹码收集的力度。可见，在股价下跌时，庄家已经收集到了一部分筹码，当股价真正见底后，庄家遇到抛出的筹码就买入。没有收集够筹码，庄家会在股价见底回升过程中继续收集，直到收集到足够坐庄和控盘的目标仓位。

庄家采用“V”形建仓时，会用少量的资金进场收集筹码。在下跌阶段中，盘面呈现出缩量下跌的走势。当股价下跌接近尾声时，有的庄家为了能够在低位收集到更多的低价筹码，会采用对倒的手法大幅度地打压股价，这时盘面上就会突然出现成交量放大的现象。

这种建仓路径的吸筹量分布呈现“多中间，少两头”状态，在开始入驻时吸取少量的筹码，随着股价的持续下跌，逐步增加吸筹量，见底时通吃筹码，然后股价回升时补足少量筹码，这样可以顺利完成建仓任务。

图 1-32，顺鑫农业（000860）：股价见顶后逐波下跌，2017 年 2 月出现一波加速下跌态势，此时庄家大举吸纳低价筹码，股价得到企稳回升。在该股中，庄家就采用了“先下后上”式的建仓路径，在底部吸取了大量的低价筹码，然后慢慢盘升而上，经过洗盘换手后，股价坚挺上行，累计涨幅较大。该股庄家意图非常明显，就是在打压中造成恐慌盘出现，在回升中造成解套盘出现，整个建仓过程十分顺利。

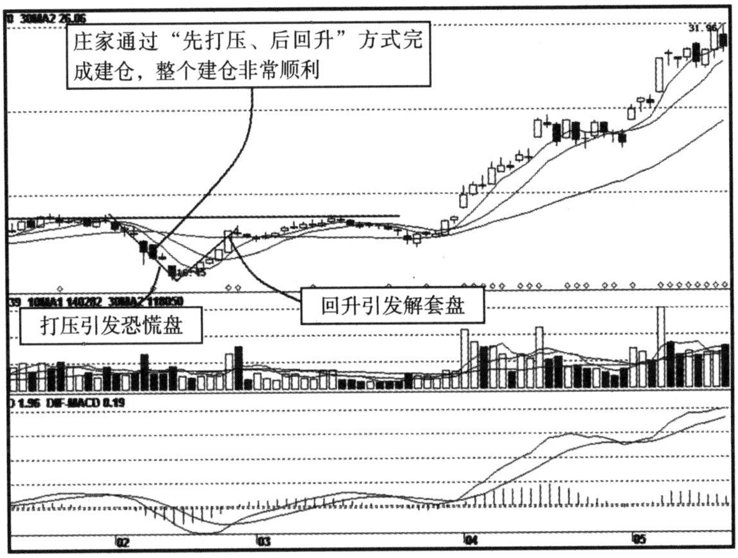

图 1-32 顺鑫农业（000860）日 K 线走势

采用“V”形建仓，在 K 线图中股价会呈现出一路阴跌的现象。在股价下跌过程中，经常会出现向下跳空的大阴线或者连续出现小阴线的阴跌形态，很难见到大阳线出现，并且 K 线图上主要是以阴阳交错的小阳线和小阴线收盘。

这种建仓路径的庄家意图，就是先通过下跌走势，将盘内散户套牢，使他们的资金处于亏损状态，让一部分经不起亏损的散户割肉出局。庄家夺得这部分散户的筹码后，股价反转向上推升。这时，先前没有割肉出局的散户得到解套，在低位介入的散户得到微利，让他们解套或微利出局。这样经过“一下一上”，庄家就可以轻松地完成建仓计划。

采用这种路径建仓的庄家，选择的目标个股必须是经过一段时间下跌以后的股票。在盘面上可以看到股价一直处于下跌趋势之中，股价走势表现得非常低迷，在底部往往形成“圆弧底”形态。

一般散户在股价下跌过程中，是很难判断庄家是否在该股进行建仓的，因为在股价下跌过程中，庄家的建仓行为一般是很隐蔽的，整个下跌过程中不会出现任何形式的反弹走势。所以，在跟庄过程中，无论是做短线还是中长线，看见股价已经下跌了一波行情之后，不要觉得一定会有庄家入驻而急于买进操作，有些股票虽然价格很低，但不一定就能得到庄家的青睐。当股价见底开始回升时，如果散户只看回升这一阶段盘面上呈现出来的迹象，也不足以判断出来一定有庄家入驻该股，因为当股价深幅下跌后，本身有技术性反弹的要求。没有庄家入驻的股票，当股价下跌到关键技术位时，也会呈现出这些迹象。散户在实际操作过程中，遇到这种走势形态的个股，一定要结合整个下跌和回升过程中该股表现出来的各种迹象，然后综合判断是否有庄家入驻。

散户基本操作策略：在长期下跌的底部区域，当股价远离 30 日均线时，可以轻仓介入；当股价向上遇到 30 日均线压力时，可以适当加仓；当 30 日均线掉头向上时，在均线附近积极做多。

五、先上后下式的建仓路径

这种路径与“先下后上式”的建仓路径相反。当个股的股价处于较低价位时，庄家入场建仓，在低位吸纳一部分筹码，然后股价呈微幅上升。此时由于庄家持筹并不多，还不足以达到坐庄控盘的要求，并且盘中散户出现惜售心理，不愿意抛出手中的筹码。于是，庄家又把股价压下来，形成下跌的趋势，使盘中散户担心股价进一步下跌而抛出手中的筹码，此时庄家再次大规模建仓，直到完成建仓计划。

这种建仓路径也叫倒“V”形建仓方式，股价经过一波下跌行情之后，庄家才会采用倒“V”形建仓，其中表现最明显的一个特征，就是股价在底部迎来一波反弹行情，但股价反弹的幅度很有限，一般不会超过 20%。反弹之后，股价就继续回落下跌，有的甚至会回落到刚开始反弹的低点位置。大家一般把这种现象称为二次探底。

这种建仓路径的吸筹量分布呈现“多两头，少中间”状态，在开始入驻时就吸取大量的低价筹码，随着股价缓升吸取少量筹码，然后在再次下跌时通吃筹码，以此完成建仓目的，在底部形成“双重底”形态。

图 1-33，武汉凡谷（002194）：该股经过大幅下跌后，于 2017 年 9 月企稳震荡，庄家吸取了大量的低价筹码。在底部抛盘减少后，庄家将股价拉到前期盘区附近，此时大量的前期盘区套牢盘抛给了庄家，庄家成功获取了这部分筹码。然后打压回落，股价回落到前期低点附近，此时一批新恐慌盘出现，庄家再次吃进了部分筹码。庄家

通过“一上一下”震荡，顺利完成建仓计划。9 月 21 日，突然发力将股价拉起，7 个交易日中拉出 6 个涨停板，庄家短期获利十分丰厚。

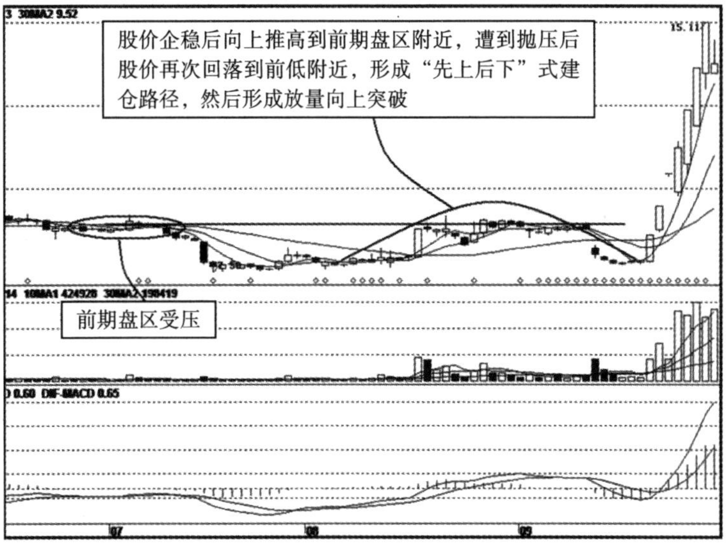

股价企稳后向上推高到前期盘区附近，遭到抛压后股价再次回落到前低附近，形成“先上后下”式建仓路径，然后形成放量向上突破
前期盘区受压

图 1–33 武汉凡谷（002194）日 K 线走势

从 K 线走势图中可以看到，当股价从底部开始上涨时，一般都是小幅度地盘升，很少出现急速上涨的走势。庄家收集到一定数量的筹码后，为了能够再吃进低价的筹码，就利用已经收集到的筹码，通过抛售或对倒，对股价进行打压。在这种情况下，K 线走势上就会看到股价调头向下。当股价回落临近结束的时候，K 线走势图上会收出止跌信号的 K 线，比如十字星形态，或者收出一根带长长下影的 K 线等。

这种建仓路径的庄家意图，就是先将股价缓慢地向上推升，成交量小幅放大（不排除偶尔放量），在推升过程中，一部分先前套牢者和获微利者陆续抛盘离场，庄家即可顺利接盘。当股价推升到一定的幅度后，庄家就将股价慢慢地向下压，形成下跌态势。这时散户误以为反弹结束，庄家开始出货，股价有下跌之势。此时前期没有出局又缺乏持股信心的散户，便会作出抛售离场的决定。这样经过“一上一下”的运作，庄家能吸的筹码就吸到了。

在这种建仓路径中，散户如果仔细观察盘面，就可以在成交量上发现庄家建仓的一些迹象。股价长期下跌之后，成交不会很活跃，有的甚至会出现地量现象。庄家采用倒“V”形开始对该股进行建仓时，不但股价会呈现出上涨的走势，而且成交量也会出现温和放量的现象，并且在股价上涨阶段是逐步放量的。当股价上涨到一定程度时，庄家开始打压股价，在低位再次收集筹码，成交量则表现出先放量后缩量的现象。

散户在跟庄过程中，要结合种种盘面特征，综合分析庄家是否已经开始对目标个股入驻建仓。庄家采用倒“V”形方式来建仓的个股，对于做短线的散户来说，在庄家建仓阶段没有什么获利空间，最好不要进场操作，摸透了庄家的操作手法和风格后，在其马上要启动拉升股价时，再进场参与短线操作。

做中长线的散户，可以逐步跟随庄家进场布局。在庄家刚开始建仓的阶段，散户不要因为想在低位拿到低价筹码而急于买进，因为这样操作风险是相当大的，一旦庄家发现该股不适合坐庄操作，那么庄家就会改变注意，放弃建仓计划，股价随后将会继续下跌。中长线散户应该待庄家再次打压股价收集筹码的时候逐步进场，也就是在前期低点附近轻仓介入，当股价放量向上突破“双重底”颈线时，应加仓介入。

第二章 庄家建仓手法

股谚云："头部一日，谷底百日。"庄家资金雄厚，阵容强大，要想顺利拿到足够多的低价筹码，非一日一时之功，庄家往往需要各种手法，巧取豪夺。或长期横盘，令短线高手无法适从；或上蹿下跳，引诱散户"低抛高吸"；或刻意打压，让散户恐慌离场；或"升一日，盘半月"，模仿小脚女人走路，让人忍无可忍，最后敬而远之。

庄家建仓的手法是比较复杂的，有时很难从盘口中予以分辨，特别是打压建仓和拉高建仓，与"出货"之间的区别很难分清。庄家建仓按盘面走势划分，有横盘建仓、打压建仓、拉高建仓；按开盘方式划分，有低开高走式建仓、高开低走式建仓（与下跌式承接有相似之处）；按吸筹力度划分，有强收集式、缓收集式；按时间快慢划分，有快速扫货建仓、慢速承接建仓；按坐庄周期划分，有短线建仓、中线建仓、长线建仓；等等。

虽然庄家进场悄无声息，秘而不宣，但在盘面上，总会留下一些进场的蛛丝马迹，在图表上多少也会表现出一些疑点。根据中国股市多年的运行特点，本章就庄家常用的建仓手法作深入剖析。

第一节 横盘建仓的特征和形态

股价在经过漫长的下跌后，庄家悄然入驻，股价止跌企稳。此时庄家只让黑马"埋头吃草"，不让其"抬头看路"，从而形成横向盘整格局。这类个股抗跌也拒涨，其他个股纷纷高调涨停"争艳"，它闷声不响；别的个股争先恐后跌停"减肥"，它纹丝不动。

庄家在这一区域调动资金收集筹码，强大的买盘使股价表现得十分抗跌，图形上形成一个明显的平台或箱形整理形态，股价方向不够明确。这种方式往往时间较长，一两个月、半年甚至更长，期间股价起伏极度疲软，也没有明显的放量过程。但是，如果单纯横盘的话，将使市场中的抛盘迅速减少，不久就会出现没人抛售的现象，这时只能采用震荡的手法，逐出部分意志不坚定的散户，成交量会略有活跃迹象，但由于没有大阳线、大阴线，不容易引起散户的注意，使庄家在横盘中吸货的意图得到极好的隐蔽。

在低位长期横盘的股票一旦启动，其涨幅往往十分惊人，“横有多长，竖有多高”说的就是这种形态。对于中长期投资者而言，是一种很好的选择。

一、横盘式建仓的主要特征

（1）股价处于相对低位。所谓低位就是说这只股票经过了长期的调整，下跌幅度超过 50%，甚至跌幅超过 70%。在下跌初期，会形成放量过程，但在低位开始横盘之后，成交量渐渐萎缩，盘面较为清淡，似乎被市场遗忘。

（2）盘整时间相对较长。一般横盘时间在 3 个月左右，有的股票长达半年，甚至更长。通常横盘时间越长，割肉盘就越多。散户中很少有人能看着手中持有的股票长时间纹丝不动而无动于衷的，大盘在此期间肯定是来回好几次了。通常，大家都会割肉去追随强势股，以期获取短线利润，庄家则恰恰希望这种情况出现，悄悄地接纳廉价筹码。

（3）整理期间相对无量。庄家横盘吸货时基本没有明显的放量过程，如果在某一时段庄家吸筹过快，就很容易导致股价上升较快。成交量也会放大，容易引起大家的关注。庄家在没有完成吸筹计划之前，并不希望大家看好这只股票。所以，总是少量的一点一点地吃进，尽量避开大家的视线。当然，偶尔会出现脉冲式放量情况，隔一段时间出现一两根小幅放量的中阳线。之后股价不涨反跌，大大出乎人们的意料，过几天大家自然又将它忘记了。

（4）震荡幅度相对狭窄。横盘并非一成不变，纹丝不动。通常来讲，横盘总是发生在一个较小的箱体中，这个箱体上下幅度不大，一般在 20%以内。但上下的差价，也是很长时间才能到达，短期内根本无利可图，不会吸引短线跟风盘。在大部分时间里，上下不过 10%，谁也没兴趣去做。庄家连续吸筹一段时间后，股价上升了一点，但为了降低成本，一般会在三五天内，把股价打回原处，然后重新再来。有的庄家很狡猾，做出的箱体十分不规则，震荡的周期来回变，震幅也不固定，有的时候根本触不到箱体的上下边沿。这时只要把握“总的箱体未被破坏”就可，中间有许多的细节不去管也罢，免得受捉弄。

二、横盘式建仓的三种形态

横盘可细分为低位横盘、中继横盘和高位横盘三种基本形态。一只股票在一轮行情中，可能出现其中一种形态，也可能出现其中两种或三种形态。

1. 低位横盘

第一，窄幅震荡。股价经过大幅下挫后见底，这时庄家进场压顶吸货，形成长时间（3 个月左右）的横盘走势。在盘面上股价波动幅度较小，短线技术高手难以施展操作技能，一般没有兴趣介入这类个股当中，所以庄家可以长时间在底部磨蹭。由于长时间不能上涨，先前高位持股者继续割肉出局，低位介入者也平仓或微亏出局，以此完成建仓任务。

图 2-1，新疆浩源（002700）：该股经过长期下跌调整后，在低位再次遭到庄家的诱空式打压，然后在低位呈现横盘震荡，成交量大幅萎缩，维持盘局 1 个多月时间。在这段时间里，盘中不少散户选择离场操作，庄家却一一将筹码收于囊中。当庄家完成建仓计划后，股价慢慢回升，底部向上抬高，并有效站于均线系统之上。股价在 30 日均线上方做拉升前的预演后，在 2018 年 8 月 2 日拔地而起，发力向上脱离底部盘区，连续拉出 6 个涨停。

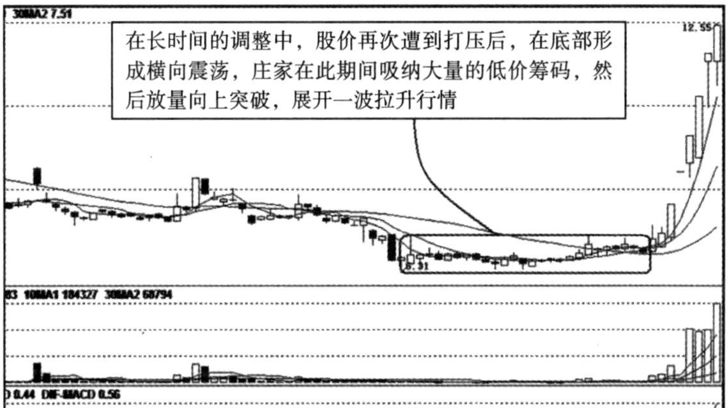

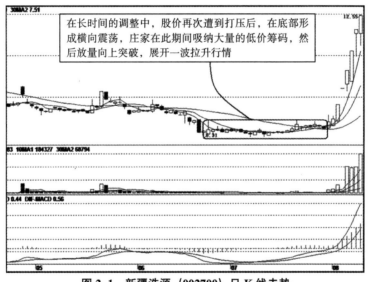

图 2-1 新疆浩源（002700）日 K 线走势

这种建仓方式的庄家意图，就是以时间拖垮投资者的持股信心和意志，使持股者无利可取又浪费时间而无奈出局，持币者因无钱可挣而不愿入场，从而实现低位建仓目的。

散户基本操作策略：面对这种盘面走势，已经介入的投资者，应当学会与庄家比耐心，这也是无奈之举，当然也要知道庄家花巨资入场炒作，不会等待太长的时间，股价迟早要上涨的。持币者不要急于介入，保持观望，养精蓄锐，时机成熟立即行动，最好的入场机会就是股价放量向上突破盘整区域之时。当然，如果是战略性投资者，不妨在低位跟随庄家逢低买进。

第二，宽幅震荡。这种建仓方法震荡幅度相对较大，庄家的手法极为凶悍，来回拉锯，上打下拉，股价大起大落，快跌快涨，让投资者真正领略到“乘电梯”的感觉。庄家的实力一般都较强大，在很短的时间内把股价拉上去，散户还在暗暗盘算利润时，股价又已经回到原来的位置上，获利的希望又破灭。庄家反复地将股价快速拉高，又快速打压，拉高和打压相结合，很多散户经不住庄家的几番折腾，继而以离场为幸，把廉价筹码送给了庄家。出现这种现象的股票一般股性比较活跃，成交量也较温和，基本上运行在一个不规则的箱体之中。

图 2-2，生意宝（002095）：股价小幅上涨后，形成平台整理，期间股价大起大落，呈现拉锯式走势，盘面毫无轨迹可循，搅乱了散户的操作思维，而庄家也在震荡中做高抛低吸的差价。当建仓计划完成后，股价开始向上突破，从此走出一波较大的上升行情。

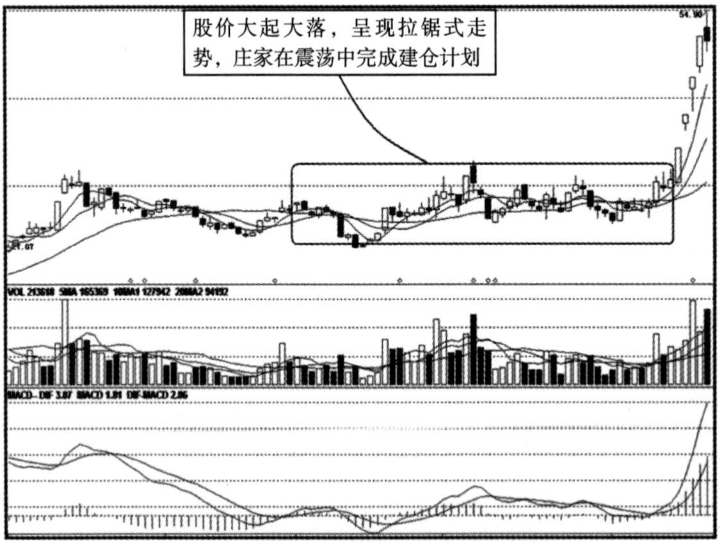

图 2-2　生意宝（002095）日 K 线走势

这种建仓方式的庄家意图，就是通过股价的快速涨跌，不给散户获利机会，动摇散户持股信心，从而获得散户手中的筹码。

散户基本操作策略：遇到这种盘面时不要追涨杀跌，短线技术高手可以高抛低吸，以前期高点和低点的上下限为买卖点位进行操作，一般散户不参与为宜，可以在股价有效脱离盘整区域后再做买卖决策。

2. 中继横盘

庄家在底部收集到一定数量的筹码后，股价向上反弹一段距离，庄家此时由于仓位不够，便停滞上涨脚步，但又不敢把股价压下来而丢失筹码，从而形成平台走势，使散户误以为反弹结束而退出。庄家在平台盘整中继续收集筹码，同时对在底部介入的筹码进行一次清洗，消除后市股价上涨的阻力。通常，形成一个中继平台需要 1~2 个月时间，成交量也会出现萎缩现象，一旦放量向上突破中继盘区，其上涨力量和幅度也是相当惊人的。

图 2-3，招商银行（600036）：该股出现一轮向上爬高行情后，在 2017 年 2 月至 4 月这段时间里，股价在相对高位出现横盘整理，盘面波动幅度非常小，许多散户对这种盘面并不感兴趣，而这期间庄家却大量吸纳筹码，成功地完成主仓建仓计划。5 月 12 日，一根大阳线向上突破长期盘整区域，但股价并没有出现持续的上涨行情，而是进入短暂的洗盘走势，也是突破后的正常回抽现象，此时庄家继续完成了加仓计划。然后，股价逐波向上盘高，走出一轮盘升牛市行情。

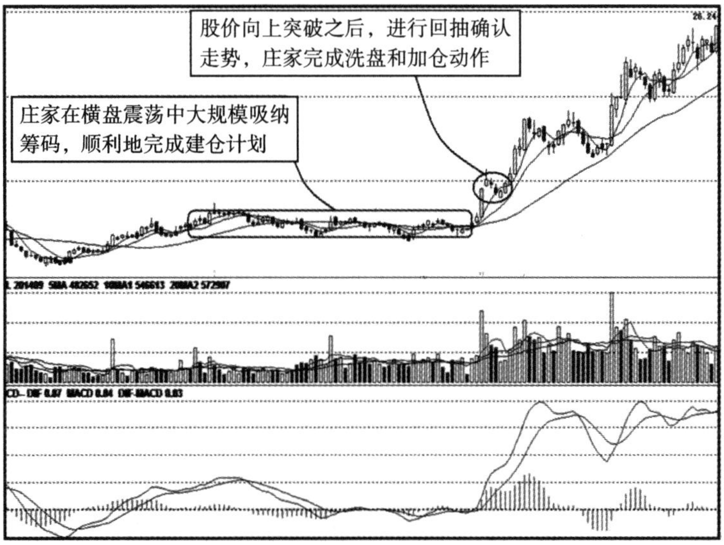

图 2-3　招商银行（600036）日 K 线走势

图 2-4，蓝帆医疗（002382）：该股洗盘结束后，当股价回升到前期高点附近时，盘中遭到一定的抛压，市场形成横盘震荡走势，以消化上方的压力。期间庄家进行充分的洗盘、试盘、加仓，2018 年 4 月 27 日，放量向上突破平台整理区域，股价进入一个新的上涨行情。投资者在股价向上突破时，应积极跟进做多。

这种建仓方式的庄家意图，主要有以下四种：

（1）让先前介入者出局，继续收集筹码。

（2）庄家自己高抛低吸做差价。

（3）进一步夯实底部基础。

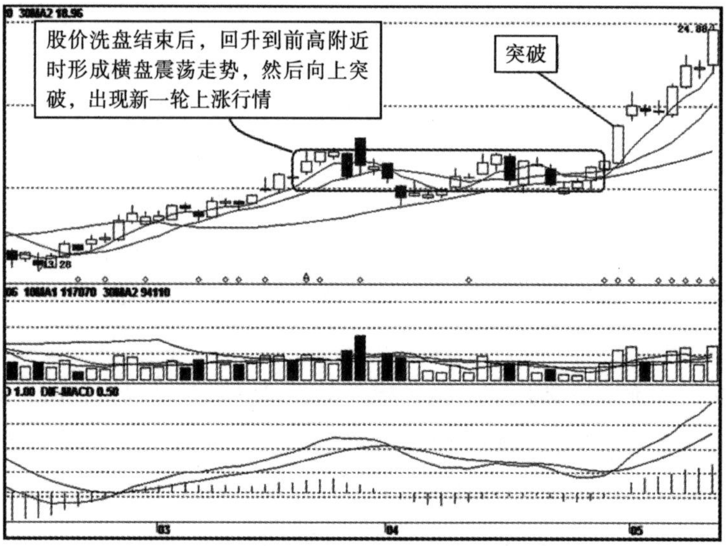

股价洗盘结束后，回升到前高附近时形成横盘震荡走势，然后向上突破，出现新一轮上涨行情
突破

图 2-4 蓝帆医疗（002382）日 K 线走势

（4）有的庄家可能是等待拉升时机。

散户基本操作策略：遇到这种盘面走势时，在先前底部介入者，不妨逢高先行退出，等待股价回调低点再介入，可以获得小幅度差价，或者干脆与庄家告别，另觅他股。持币者可以在横向盘整的后期，盘面出现放量向上突破时择机介入。

3. 高位横盘

高位横盘一般是完全控盘的强庄所为，这是建仓的特殊方式之一（在实盘中多数是在此做换手工作，真正的建仓已经在此前完成）。大多出现在近一两年或历史的高位密集区附近，依庄家习惯，可能略高于或低于该位置。横盘的时间通常为 1~2 个月，整体成交量比较低，盘中成交稀疏。有些庄家不喜欢操盘，就让股票随波逐流，只有达到预定的低点附近时，才会拉上一把，或者达到预定的高点时，打压一把。有些庄家希望靠盘中走势多吃一些筹码，偶尔会放巨量拉出大阴线。

高位平台的初期，盘面技术形态与头部非常相似，所以初期庄家往往会砸出一个低点，以后的横盘多在此点以上运行。高位平台与低位平台、中继平台所起的作用是相同的，与出货平台有所区别，主要是看盘中走势，因为日 K 线上，往往会出现假突破。

需要指出的是，高位横盘是对于建仓当时来说的，对中长线来讲又属于底部或中继横盘。

图 2-5，营口港（600317）：从该股走势图中可以看出（复权图），超级强庄入驻后，在低位吸纳了大量的低价筹码，然后股价拔地而起，出现二波较大拉升，股价已经翻番。然后，在高位出现横盘震荡走势，波动幅度渐渐缩小，成交量明显萎缩。经

过 2 个多月的蓄势整理后，股价再次向上突破，展开新一轮拉升行情，涨幅依然十分巨大，成为沪深两市的超级大黑马。

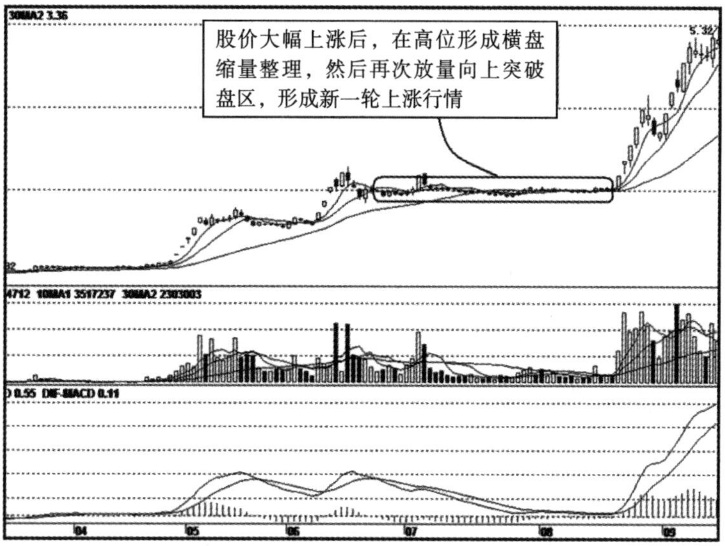

图 2-5 营口港（600317）日 K 线走势

这种建仓方式的庄家意图，就是经过一轮涨升后，获利盘较丰富，但由于股票本身潜在的投资价值还没有充分被挖掘，或者没有达到庄家预定的炒作目标，所以在中途停止涨势，以便做好充分的换手工作，同时庄家也可以做高抛低吸的差价。

散户基本操作策略：如果是股价经持续下跌后形成的横盘走势，或者是经过一波反弹行情后形成的横盘走势，可以在向上成功突破盘局时介入或加仓买进；如果是涨幅较大或经过两波行情后形成的横盘走势，则要特别谨慎操作，进行综合分析，不可贸然而动；如果是三波以上行情后形成的横盘走势，不论后市走势如何，千万不要碰，晚餐虽美但不好吃。

第二节 缓慢建仓的两种方式

庄家在建仓过程中，股价往往是窄幅波动，从而形成一条盘整带。这条盘整带通常是一个小通道，可能呈向上倾斜走势，也可能呈向下倾斜走势。所以，缓行式建仓可以分为缓升式建仓和缓跌式建仓两种方式。

一、缓升式建仓

缓升式建仓，也叫推高式建仓或边拉边吸式建仓。庄家采用这种方式，多是由于股价已经跌无可跌，被市场慢慢推高股价，投资者出现惜售，庄家只能逐步推高进行收集。在图表上会出现阶段性特征，即进二退一或进三退一，先拉出两三根小阳线，再拉出一根小阴线。由于庄家无法在相对底部吸到足够的筹码，因而成本较高，风险也相对较大。因此，庄家在选股时必须配合丰富的市场题材，否则得不到市场的认同，根本没有获利派发的空间。采用此方式建仓的前提，通常是在大势中短期已见底，并开始出现转跌为升的迹象时进场。当然，其有时也反映庄家实力弱小的一面。主要盘面特征：

(1) 成交量总体不大，但能够维持活跃的市场人气。

(2) 单日涨跌幅度都不是很大，在日 K 线上呈小阴小阳形态。

(3) 小浪推升，30 日均线稳健有力，很少形成大型的技术形态。

图 2-6，白云山（600332）：该股经过打压后，庄家介入建仓，股价企稳回升。由于此前庄家仓位不够，但过度打压容易导致低位丢失筹码，而快速拉升建仓也不切实际，于是庄家就采用缓升式建仓，边推升、边建仓。在盘面上呈进二退一、涨多跌少的走势，边拉边吸来完成建仓任务，让一些持股不够坚定的散户离场。在拉升之前，庄家再次进行打压洗盘，接走最后一批浮动筹码。2018 年 4 月 19 日，股价出现加速上涨行情。

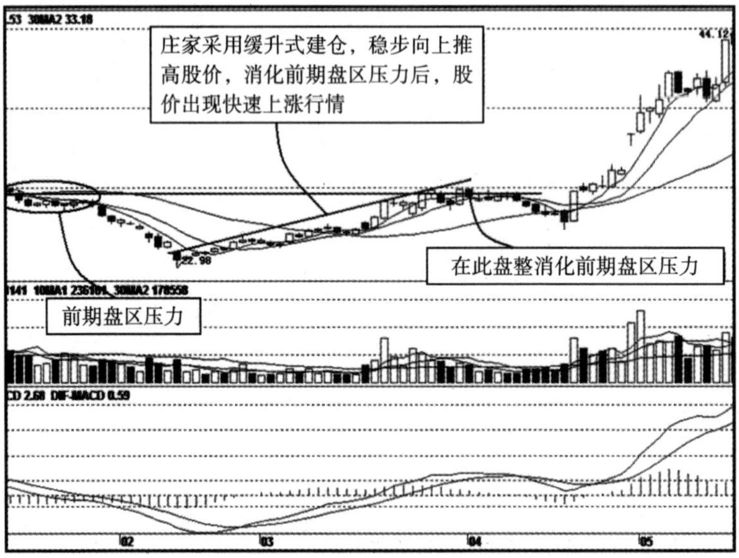

图 2-6　白云山（600332）日 K 线走势

这种建仓方式的庄家意图，就是通过股价的缓慢上涨，达到边建仓、边洗盘、边换手的目的，逐步抬高底部，为日后拉升奠定基础，表明庄家不愿意与短线投机者合作。不温不火的缓升走势，让投机者无利可图，而且也使庄家保持低调走势，不过分袒露于散户面前，有利坐庄的开展。

散户基本操作策略：持股者坚定持股信心，持币者买阴不买阳，在股价下跌收阴线时买进，不在冲高阳线时追涨。介入后捂股不放，以中、长线操作为主，待盘面放出巨量进入加速拉升时出局。在技术指标方面以 30 日均线为重要参考依据，一旦有效跌破 30 日均线的支撑，则立即卖出，或者在股价加速上涨，远离均线时退出。

二、缓跌式建仓

缓跌式建仓也叫边压边吸式建仓，与缓升式建仓相反。这种手法大多出现在冷门股或长期下跌的股票里，庄家在吸货时常以缓跌的方式完成，因为这类股票已基本为市场所遗忘。在走势上阴气沉沉，K 线小阴小阳下行，疲弱态势不见终日。通常，K 线图中很少出现跳空现象，股价总体下跌速度缓慢，单日下跌幅度也不大，但下跌周期很长，很难判断股价在什么时间才能真正见底。期间震荡幅度不大，成交量萎缩，开盘以平开为多，有时庄家为了做盘的需要，故意以低开高走的方法，制造出实体很大的假阳 K 线，但当日股价仍在下跌，而且可能连续以这种方式下跌。投资者多持悲观态度，对后市的涨升不抱太多的希望，认为每次盘中上冲都是解套或出逃的最佳时机，早一天抛售少一点损失，于是纷纷抛售股票，这样庄家就可以吃进大量便宜的筹码。其主要特征：

（1）整个缓跌期间的成交量总体水平是萎缩的，缓跌途中遇反弹成交量可能略有放大，但不会很充分，也不能持续，单日突发巨量的反弹不太正常，显得过急。到了后期特别是加速赶底的时候，成交量可能会放大不少。

（2）股价缓跌中不断以反弹的方式进行抵抗，甚至走出局部小型的 V 形、W 形或头肩底等反弹形态，股价维持一段虚假繁荣以后，又继续下跌，这种反弹为继续回落积蓄下跌的能量，直到无力反弹时股价才有可能见底。只要股价还有较大的反弹，股价就无望看到底部，这叫反弹无望或反弹衰退。

（3）股价运行似波浪运动，只不过像退潮的海水一样，一个波浪比一个波浪低，也就是说，股价反弹的每一个高点都不及前期高点，高点一个比一个低，低点一个比一个矮，而且从波浪形态和数量很难判断股价何时真正见底。在一个波浪形态内，股价一般贴 5 日均线下行，很少突破 30 日均线（一个波段下跌结束以后的弱势反弹，股价可能上摸到 30 日均线附近）。股价回落整体角度一般在 30 度、45 度、60 度左右。

图 2-7，荣安地产（000517）：该股见顶后随大势一路向下阴跌，股价不断创出调

整新低，K 线形成小阴小阳形态，成交量大幅萎缩，盘面走势深不见底。让散户产生早一天退出、少一分损失的错觉，误导散户割肉离场。期间，庄家顺利地吸纳了大量的低价筹码，股价企稳后，2018 年 1 月 5 日向上突破，成交量大幅放大。

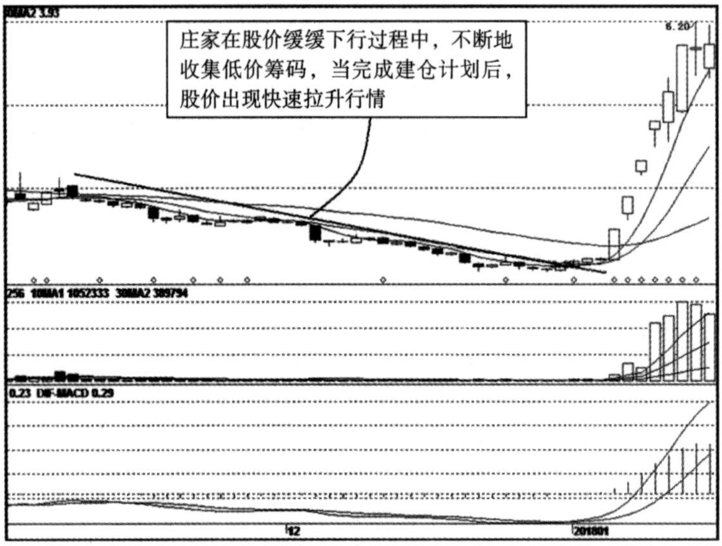

庄家在股价缓缓下行过程中，不断地收集低价筹码，当完成建仓计划后，股价出现快速拉升行情
6.20

图 2–7　荣安地产（000517）日 K 线走势

这种建仓方式的庄家意图，就是通过缓慢的下跌走势，使散户失去投资信心，达到边建仓、边打压、边换手的目的，为日后上涨腾出空间（如果下跌 50%的空间，就有 100%的上涨空间）。同时，通过缓跌的方式培养高位套牢者的“承受能力”，不至于一下子击垮投资者的信心。

散户基本操作策略：持股者在反弹高点卖出或减仓，在急跌时逢低补进，以摊低平均持仓成本。持币者勒紧钱袋不松口，密切跟踪观察盘面走势，待放量突破压力位（均线、趋势线或成交密集区等）时适量介入，在回抽确认突破有效时加仓买入。

第三节　拉高建仓的两种手法

拉高吸货，哄抢筹码，表明庄家实力雄厚或作风凶悍。这种形式大多出现在大盘下跌阶段末期和平衡市况中，或冷门股和长期下跌的股票。庄家在被市场认为是不可思议中将股价迅速抬高，甚至个别凶悍的庄家可以使股价连续冲破前期阻力，创出历史高点，从而顺利完成建仓。其优点是：牺牲价位，赢得时间。其原因是：背后蕴藏着重大题材，一旦公布将直接导致股价大幅上升，时间较为仓促，来不及在低位吸筹或出于严格的保密需要，担心其他资金在低位抢筹码，提前打市场的“突袭战”，即使拉涨停板也在所不惜，往往在较短的时间内完成建仓计划。

从逻辑上说，既然庄家肯出高价急速建仓，表明股价未来应该有极大的涨幅，拉高建仓事实上反映了庄家急于吸货的迫切心态，如果将来没有极大的上升空间，庄家是不会把大量资金投入其中的。这类个股的庄家实力一般都比较雄厚，对股价底部判断精确，操作手法也非常凶悍。否则，庄家就会身陷泥潭，无法自拔。

这种吸筹方式，通常表现出以下几种盘面现象：一是股票在很短的时间内换手率高并迅速从分散到集中；二是市场利好消息不断，炒作氛围较好，并形成明显的联动效应；三是洗盘手法凶悍，狂涨暴跌，使骑马者纷纷落马。

拉高建仓主要有两种手法：一步到位和连续拉高。

一、一步到位建仓

有些庄家性子急，不喜欢推高建仓，就采用逼空式的方法，在一两天时间突然拉升，快速放大量拉出一两根大阳线或一两个涨停板，将股价迅速拉高到目标位。然后，通过出现大幅震荡，形成高位平台或旗形、三角形整理态势，给散户造成出货假象。庄家悄悄接手散户获利盘抛盘，以达到自己建仓的目的。一般这种股票往往是市场中的“黑马”。

庄家这样做成本要高一些，但是建仓时间可以缩短（也降低了坐庄利息）。有这种形态的股票，易于推断启动时间，而且短期涨幅往往很大。这种情况大多出现在个股流通盘小、业绩不好、股价不高，庄家对目标股大肆建仓，造成短线技术指标超买引发抛盘，利用投资者见好就收的心理，迅速完成建仓。

图 2-8，吉大通信（300597）：该股庄家采用打压和拉高并举的手法完成建仓计划。股价经过大幅下跌后，在低位企稳盘整，这时场内该卖的人早已卖出，持股的人怎么也不卖了，此时庄家很难继续收集筹码，于是庄家采用打压手法，造成恐慌盘出现。

2017 年 7 月 17 日，向下击穿整理盘区支撑，股价破位跌停，大阴线让人毛骨悚然。然后，再通过一段时间的横盘整理，进一步吸纳低价筹码。之后，再次变换建仓手法，8 月 25 日放量拉出一个涨停板，第二天高开低走，第三天冲高回落，让低位介入者获得小利出场，也给前期套牢者一个解套离场的机会。庄家通过这种打压和拉高并举手法达到建仓目的，同时也带有试盘性质，其后经过一段时间的蓄势整理，9 月 22 日股价出现向上突破，顺利完成一波短炒过程。

这种建仓方式的庄家意图，就是通过短期的大涨诱惑散户，使其产生落袋为安心理而纷纷抛出股票，同时场外持币者也会因短期涨幅过大，而不敢意追涨买进，以此

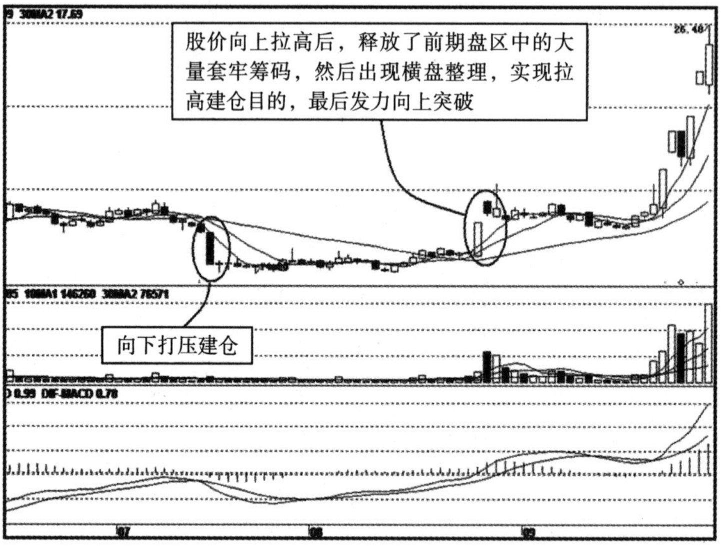

图 2-8　吉大通信（300597）日 K 线走势

完成建仓任务。

散户基本操作策略：持股者在股价暴涨、乖离率偏大时，可以先在高位卖出，待股价回落到均线附近时重新买入，做一波短线差价，这样就能跑赢庄家。持币者此时不要看到股价快速上涨而贸然去追高，否则很容易造成短线被套，可以待股价回落时逢低买入，或者在随后股价突破该高点时跟进。

二、连续拉高建仓

股价底部已经出现，投资者存在惜售心理，庄家无法在底部收集到足够的低价筹码。为了赶时间、抢筹码，庄家使用连续拉高的建仓方式，短期均价线陡峭，日 K 线连续上涨，乖离率偏大。庄家在此制造大幅震荡，引发散户抛盘出现（庄家也在做高抛低吸的差价）。

图 2-9，超频三（300647）：该股见顶后大幅下跌，庄家再叫散户割肉已难以奏效，股价在底部获得企稳，陷入沉闷的盘局走势。2018 年 3 月 8 日，向上突破 30 日均线压制后，庄家连续拉高股价，成交量温和放大，然后进入震荡调整走势。由于盘面出现震荡，不少散户以为反弹结束而纷纷抛售筹码离场，而庄家却悄悄吃进筹码。庄家完成建仓计划后，在利好消息配合下，股价出现快速拉升行情，短期股价涨幅超过 140%。

拉高建仓在庄家入驻前后，在成交量上有很明显的区别。庄家入驻之前，股价呈现出绵绵下跌的走势，此时成交量相当低迷；庄家入驻建仓后，成交量就会逐步放大。当庄家把股价推高到一定程度后，成交量会持续地温和放量。随着股价不断拉高，成

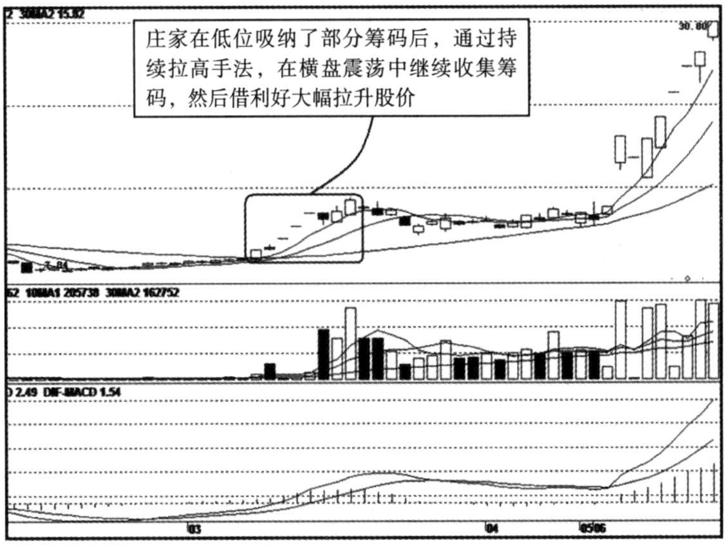

庄家在低位吸纳了部分筹码后，通过持续拉高手法，在横盘震荡中继续收集筹码，然后借利好大幅拉升股价

图 2-9　超频三（300647）日 K 线走势

交量也不断地放大，当股价上涨到一定幅度之后，会出现放量冲高回落的走势。出现这种情况的原因，是庄家故意快速地把股价拉起，之后又让其快速回落，其目的就是震走那些短线获利筹码。

这种建仓方式的庄家意图，就是在持续涨升中，盘内积累了一定的获利盘，也解放了一定的套解盘，当股价出现波动时，散户就会蜂拥而出，庄家可以达到与底部建仓相同的效果。

这种盘面走势，散户一般很难判断出股价上涨是技术性反弹还是庄家在建仓。散户在跟庄时，一定要结合股价从下跌到拉高整个过程中，盘面所表现出来的特征进行综合判断。一定要注意整个下跌和上涨过程中，成交量和分时走势上表现出来的盘面特征，因为只要庄家在吃货，就不可能不在成交量和分时走势上留下迹象，所以要耐心看清楚股价每天的走势情况，只有长时间盯住一只股票的走势，才能了解其中的动态，从而更加准确地判断股价的后期走势。

散户要想比较准确地区分拉高式建仓和技术性反弹，有一个比较实用的办法。一般在拉高式建仓过程中，庄家把股价拉高到一定幅度后，为了把里面的短线获利筹码赶出去，会让股价在这个价位来回震荡或者是横盘整理。K 线走势图上，就会发现股价进入一段时期的横盘走势，或者是进入一段时期的小幅震荡走势形态。技术性反弹走势，则是当反弹到位后，股价很快就会继续下跌。所以，一旦股价回落幅度达到这次上涨幅度的一半后，还继续下跌的话，就可以判断这次上涨只是技术性反弹，而不是庄家在其中建仓。

散户基本操作策略：低位介入者可以逢高先出局观望，持币者不要急于跟庄，应观察随后几天的股价走势。如果股价回调确认后，放量强势上涨，则及时跟进；如果股价持续走弱，量能萎缩，则后市不容乐观，不宜跟进，可以判断先前的上涨可能是多头陷阱。具体掌握以下几个要点：

（1）启动突破行情是两到三个实体阳线形态，或者突破历史成交区，显示出资金向上运行趋势的确立。

（2）阶段量能必须放大，当日换手率超过 20%，越大越好。

（3）最好带较长下影线，显示在抛盘汹涌之际，买盘承接依然十分有力。

（4）连续涨停板启动阳线是相对普遍出现的，涨停速度越快代表股价后期上涨动力越足。

第四节　反弹建仓的两种形态

股价下跌到一个低点以后，散户见股价已经很低，而不舍得抛售筹码，庄家无法在底部吸到足够的筹码。为了节省吸筹的时间，庄家就采用反弹式吸筹方法，拉高股价，利用散户“反弹出货”或“高抛低吸”的心理，利诱散户抛出筹码。通过反弹方式，大口吃进筹码，从而快速完成建仓计划。

反弹式建仓在 K 线图上往往是股价经过一波下跌行情后，基本已经没有继续下跌的动力，当股价没有下跌空间时，K 线走势图上收出一根或者几根大阴线，然后很快就会收出一根或者几根大阳线，将前面的 K 线阴线实体全部覆盖住，或者出现连续的小阳线实体，也有可能是收出止跌性十字星形态。

多数情况下，K 线上呈现出以小阳线为主的形态，股价慢慢地回升。总体上，每一次反弹的高点高于前一次反弹高点，而每一次回落的低点也高于前一次回落的低点，股价重心呈现出不断向上移动的走势。

在股价向上反弹时，成交量就会呈现出放大的现象，在庄家打压回落时，成交量会呈现出缩量的现象。

股价反弹到位之后，往往出现这样两种基本的运行形态：回落和横盘。

一、反弹后回落

股价经过反弹后回落整理，但未到前期低点位置就再次拉起甚至飙升，使“高抛低吸”者踏空而后悔，被迫到高位去追涨。

图 2-10，罗牛山（000735）：该股经过一波急跌后，该抛的人都已经离场了，不抛

的人死活抱着股票不动，所以庄家无法再吃到低廉筹码。于是在 2018 年 2 月 14 日展开一波反弹行情，当股价反弹到前高附近时，庄家可以轻而易举地拿到一定的筹码。然后，出现大幅震荡，4 月 17 日收出大阴线，成交量十分异常。散户见此情形，纷纷选择离场或高抛低吸，庄家却在暗中继续吃货。不难看出，庄家通过这一轮反弹行情，吃到了大量的低价筹码。5 月 8 日，股价开始向上拉起，展开一波拉升行情。

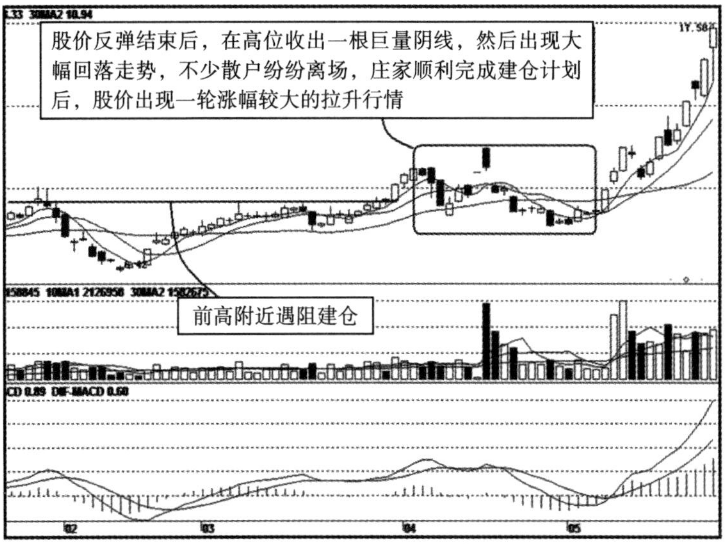

图 2–10　罗牛山（000735）日 K 线走势

这种建仓方式的庄家意图，就是投资者在长期的下跌行情中，亲历了股价涨了又跌、跌了还跌的辛酸场面，熊市思维一时难以改变。庄家就抓住这一点，在低位通过反弹走势，引诱散户抛出手中的筹码，以此达到建仓的目的。

对于这种盘面走势，做短线的散户可以在整个过程中不断地参与短线操作，采取高抛低吸的策略获取差价利润。但是在操作过程中，一定要把握好每一次的反弹高点和回落低点，并且要准确地判断出庄家建仓结束的时间。做中长线的散户，可以在庄家每一次向下打压股价时，跟随庄家慢慢地吃进筹码，然后等待庄家的拉升行情。

散户基本操作策略：持股者在反弹高点卖出或减仓，卖点可以选择在大阳线或盘中冲高时，此时不宜采用杀跌动作。然后在急跌时逢低重新补进，买点可以选择在均线或前期低点附近。稳健型投资者可以不理会短暂的下跌调整，坚持以中长线的投资眼光。持币者不追涨，在回调低点买入。

二、反弹后横盘

股价反弹到一定价位后不随大市涨跌起落，而是长时间做平台整理。人们看到大盘走软，便萌发高抛低吸的念头。岂知，庄家照收不误，硬是不让股价回落，轻松吸到足够的筹码。但这种吸筹法必须对后市有一个正确的判断，对所建仓的个股前景了如指掌，有充足的资金做后盾，才可以为日后的飙升奠定良好的基础。

有时候庄家把价位推高一个台阶后，若大盘走弱，庄家无法抵挡蜂拥的抛盘，只好且战且退。待空方力量消化殆尽时，庄家再调集重兵，做好打歼灭战的准备。此类个股往往具有未来大黑马的潜质。

图 2-11，永和智控（002795）：该股经过最后的杀跌后见底企稳，股价开始向上反弹，成交量温和放大。2018 年 3 月 13 日，当股价反弹到前期高点附近时，回升势头戛然而止，股价出现明显的滞涨现象，此后形成横盘震荡。那么，庄家这么做是为了什么呢？目的就是逼迫在底部介入的投资者获小利抛售，同时让前期盘区套牢者解套离场，以此完成建仓计划。当庄家目的达到后，从 4 月 27 日开始股价展开连续上攻行情，波段累计涨幅巨大。

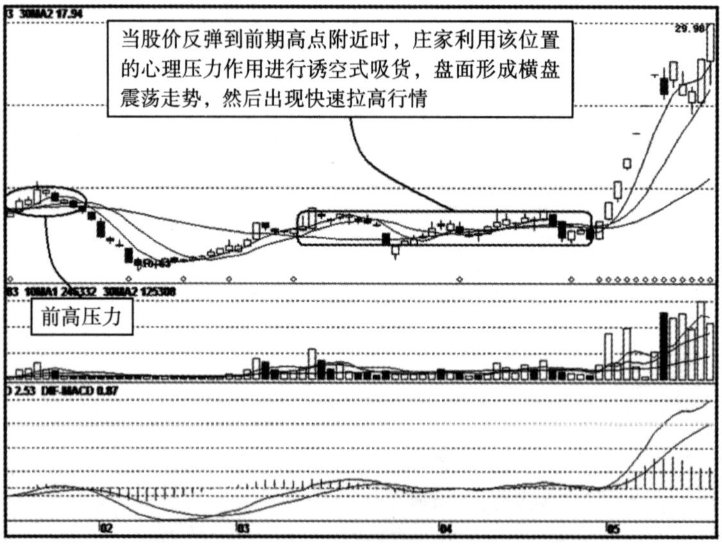

图 2-11 永和智控（002795）日 K 线走势

这种建仓方式的庄家意图，就是股价在长期的下跌行情中运行，散户还没有摆脱熊市思维，当出现一波短期的反弹行情时，不少获利盘、浅套盘、割肉盘就会抛出，庄家在盘中悄然接走筹码，同时庄家也利用反弹时机做高抛低吸的差价。

散户基本操作策略：如果在底部介入的，可以先出局观望，待股价回落到前期低点附近重新买入，可以做一把倒差价。此时买入比较安全，被套牢的可能性不大，即使后市没有涨升行情，通常庄家在此位置也有一个震荡过程，散户应有机会退出。如果反弹后横盘走势，可以待股价放量向上突破时买入或加仓。

第五节　打压建仓的盘面现象

市场中庄家与散户总是处于博弈的两端，庄家总是力图制造出假象迫使散户低价交出筹码。正因如此，在底部区域的低端，庄家往往发布各种利空，或从技术面上制造空头形态，使市场产生恐慌心理，主动促使股价下跌，引发技术派炒手止损离场。

这种吸筹方法下，庄家的操盘风格非常凶悍，股价常是暴涨暴跌行情。庄家运用手中已有的筹码，向下不计成本地大幅打压，图上出现股价直线式或瀑布式地向下走。通常，股价在图表上急跌三四个点之后，在低位横盘震荡，集中了主要的成交量，庄家通过这一平台吸纳筹码。这种走势使散户在心理上完全崩溃，走为上策，纷纷争先恐后地出逃，而庄家则一一笑纳。这种建仓方式，在大势向下调整时，或是个股有较大利空出现时，效果更佳。但要求庄家控筹程度高，实力强大，且跌幅不要过大，时间也不要太久。这是因为：一方面，过分地打压只能使更多的卖盘涌出，吃进的筹码将比预期的要多得多，很难控制局面，一旦失控，则满盘皆输；另一方面，若是实质性利好时，还会遭到其他对手的抢货，从而造成筹码损失。

打压式建仓可以分为直线式快速打压建仓和缓慢式震荡打压建仓两种。在直线式快速打压过程中，当庄家收集到一部分筹码之后，会快速地把股价大幅打压下去，有的甚至是打压到跌停板或者是跌停板附近，然后又快速地将股价大幅拉起，庄家的目的是制造恐慌性抛盘。在缓慢式震荡打压建仓过程中，股价在下跌过程中会不断地出现反弹的走势，但反弹的力度都比较弱，反弹幅度也是非常有限的。在这个过程中，股价的重心一直处于下移的状态。

根据盘面运行方式不同，可以分为日 K 线打压和分时打压两种。

这种吸筹方式通常表现出以下几种情况：

（1）市场或个股在底部时利空消息不断，成交量急剧萎缩。

（2）大盘及个股跌破重要的技术支撑位，比如均线、颈线、密集区等，引发投资者恐慌性抛售。

（3）股价长期阴跌，底部量能创新低。在打压建仓过程中，庄家不但要吃进筹码，而且还要用一部分资金来打压股价，这在成交量方面还是能够看得出来的。在直线式打压过程中，成交量出现价跌量增的现象。在震荡式打压过程中，成交量呈现出不规则的放大，也就是说成交量时大时小。

（4）低价区反复出现带有长上下影线 K 线，有时出现逐级向上的小阳线。

图 2-12，创业黑马（300688）：该股反弹结束后回落，在低位形成整理平台。2018 年 1 月 31 日，一根跌停大阴线击穿平台低点支撑，引发股价持续下跌，均线系统呈现空头排列，盘面形成加速下跌势头。此时，不少散户选择离场操作，而庄家成功地在低价接纳筹码，顺利地完成建仓任务。3 月 2 日，庄家发力向上拉起，股价强势上涨，盘面气势如虹，尽显强庄风范。

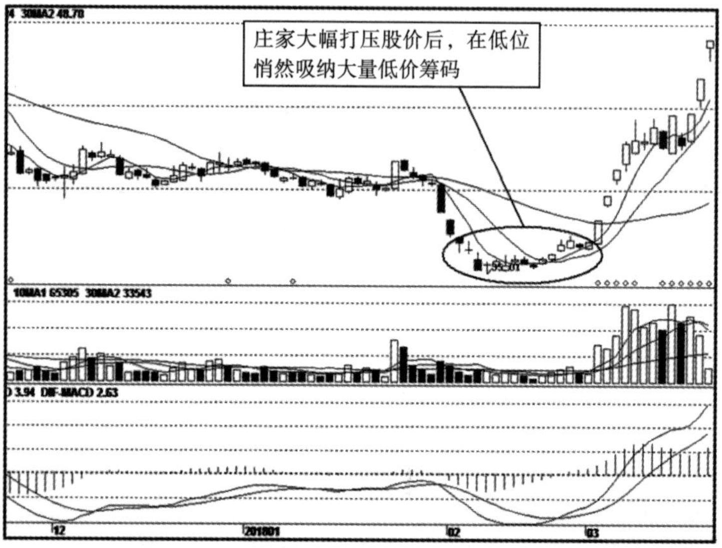

图 2-12　创业黑马（300688）日 K 线走势

打压建仓方式在 K 线上最明显的特征就是股价处于下跌趋势，但又与其他股票下跌走势不太一样。从时间角度来看，采用打压方式建仓的庄家，不会长时间打压股价。庄家开始建仓之后，K 线走势图上的跌势持续时间一般不会太长。

这种下跌要与建仓失败的图形区分开来，如果庄家在下跌途中坚定持筹，并且继续逢低吸纳，这时股价就不会下跌到前期成本密集区以下，而出货形态就没有这种情况。

有时候，当股价回落到接近某些重要的技术支撑位（线）时，如黄金分割线、短期均线、形态颈线位、重要心理关口、成交密集区、前期的甚至历史性的底部等，庄家会用事先已吸进的部分筹码进行疯狂的打压，故意击穿支撑位（线），极力制造一种恐慌气氛，使投资者产生恐惧的心理，造成股价还有很大下跌空间的感觉，从而迫使散户争相斩仓割肉，庄家则顺利地吃进大量的廉价筹码，然后又立即将股价拉回支撑位（线）之上。一只股票在建仓的阶段，这种情况可能会出现多次，随着庄家筹码的增加，震荡幅度会减少。另外，当大盘急跌，那些震幅很小的个股，更是庄家持仓位大小的表现。

图 2-13，麦达数字（002137）：该股经过大幅调整后，在底部企稳震荡整理，庄家为了继续加强低价筹码的收集，从 2018 年 1 月 31 日开始持续打压股价，收出多根下跌大阴线，均线系统呈现空头发散，盘面看空气氛强盛。按常规的研判，这是中长期走势变坏的标志，后市可能继续下跌。可是，经过连续几天打压后，股价企稳盘整，当庄家成功完成建仓后，股价出现快速上涨行情。可见，如果在出现大阴线的时候出局，那真是割肉割在地板价上。

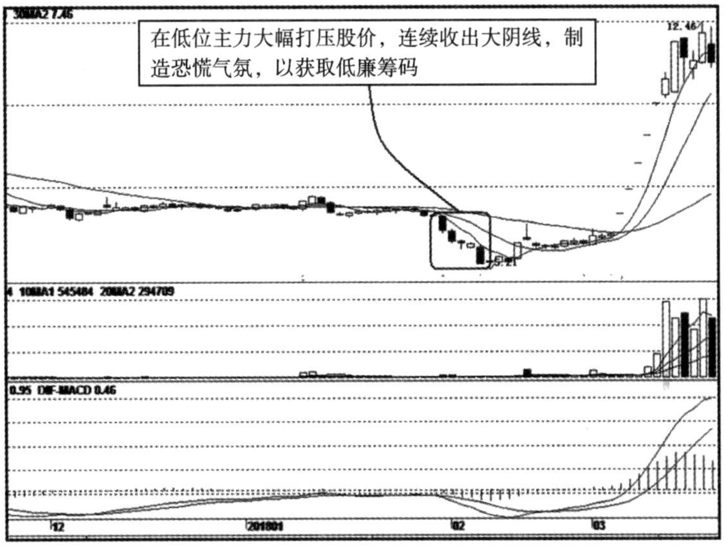

图 2-13　麦达数字（002137）日 K 线走势

为什么这时候股价没有继续下跌，反而成为下跌的尾声呢？从位置观察，这些大阴线出现在大幅下跌低位，股价下跌空间有限。从形态上分析，均线系统空头发散后，没有出现持续下跌走势，而是在前期低点附近获得支撑。从量能上看，在股价向下破位时，没有出现明显的成交量，说明底部惜售意识增强。因此，这种没理由的杀跌值得大家密切关注，很可能是庄家诱空的伎俩，投资者别轻易被甩出局。

这种建仓方式的庄家意图，就是利用技术骗人。庄家通过向下打压股价，特别是深幅打压，加重散户心理负担，直至崩溃，从而夺取散户手中的筹码。庄家经常运用技术手段制造各种虚假形态、虚假信号，引诱散户上当受骗，从而完成建仓计划。

散户基本操作策略：千万不要盲目杀跌，这样可以避免上庄家的当。要仔细观察盘口，看下跌是否有理由，目前的价位高低，庄家是否抽身逃离，跌停后是否迅速关门，成交量是大是小，换手率是高是低，以及庄家持仓成本和坐庄意图，然后再决定操作方向。

当然，如果是浅套，股价又刚刚起跌时，可以斩仓出局，待低点补仓介入。买点可以选择在前期低点附近，或者在股价突破重要位置后不跌反涨时买入，或者在股价远离均线系统时买入。如果股价跌幅已达到50%以上，不能盲目杀跌。持币者待底部企稳时买入。

一般来说，庄家建仓接近尾声的时候，股价的下跌速度会明显放缓，并且K线走势图上会出现止跌信号，比如底部十字星之类的信号。有的会在股价下跌一定幅度后，在底部收出一根长长的大阳线，并且在接下来的几天里股价都处于比较强势的态势，这些都是庄家建仓接近尾声的特征。散户可以在出现这些特征之后进场参与操作，但前提必须是确定有庄家进场建仓。

第六节　隐蔽建仓的基本特征

隐蔽式建仓一般不是通过二级市场来完成的，而是在一级市场上通过认购、配售新股或承销商包销而获得了大量的筹码之后在二级市场中进行炒作。有时几个庄家同时看准某一只股票，且持仓量相当，但任何一方都不敢担当主庄而拉升股价，最后只好协议转仓，让其中一方独揽筹码，这样双方得利。由于不通过二级市场进行交易，一般投资者难以在盘面上发现庄家建仓行为。这种方式通常被上市公司庄家或券商庄家采用。

在二级市场中，隐蔽式吸货手法大多出现在冷门股中，庄家不露声色，在相对较低的价位进行箱形盘整，与大盘的趋势一致，成交量很小，尽量不让人察觉有大资金介入，不会出现大手笔买单，而将大资金拆小，这对资金量大的庄家来说，相对建仓时间较长，必须要有足够的耐心和耐力，因为在底部吸的筹码越多，其建仓的成本越低。通常，在低位盘整时间越长，未来涨幅越大。

图2-14，暴风集团（300431）：该股庄家从一级市场中获得了大量的低价筹码，上市后在二级市场进行疯狂炒作，股价一路飙升，在35个交易日中拉出34个涨停，调整2个交易日后，再拉3个涨停，被誉为新股涨停王。股价从上市首日的3.54元飙涨到了123.84元，涨幅十分巨大。

这种走势散户没法用技术去把握，庄家不跟市场讲什么道理，凭的是自己雄厚的资金实力。当然，股价一旦见顶，其跌幅也是惊人的，一般散户尽量不要参与此类个股的后续操作。2018年上半年的明德生物（002932）、锐科激光（300747）、深南电路（002916）、越博动力（300742）和天地数码（300743）等都属于这种类型。

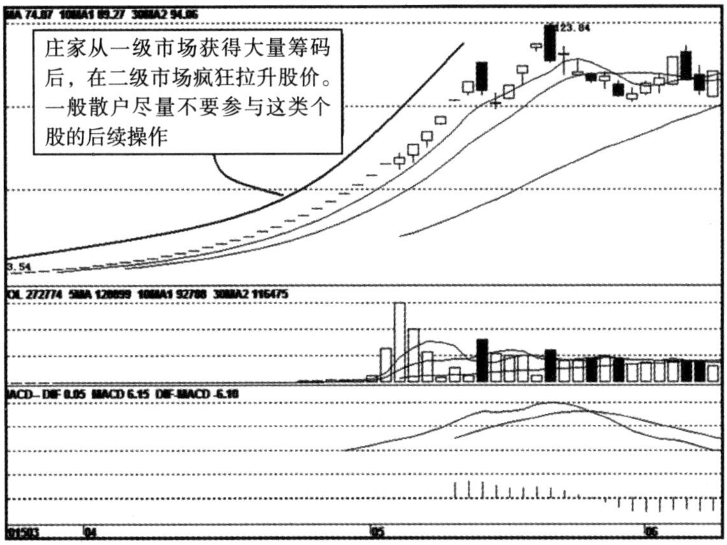

庄家从一级市场获得大量筹码后，在二级市场疯狂拉升股价。一般散户尽量不要参与这类个股的后续操作

图 2-14　暴风集团（300431）日 K 线走势

这种建仓方式的庄家意图不十分明显，主要根据一级市场所获得的筹码多少而定，有的甚至是被迫坐庄，也很无奈。

散户基本操作策略：投资者如果中签持股，二级市场定价合理，可以在一字开板时卖出。场外投资者应以观望为主，尽量不参与。对于冷门股，投资者只要注意就可以了，不必介入其中和庄家比耐心。

第七节　利空建仓的操作技巧

利空建仓是庄家借助政策面、基本面上的利空消息，来加强操盘力度的一种常用坐庄手法。由于庄家具有信息优势，往往先于市场获得内幕消息，从而可预先做好接货的准备。在利空来袭之际，部分投资者因为忍受不了压力而出局，庄家轻而易举地接走散户的恐慌性杀跌盘，达到迅速建仓或洗盘的目的。有时，庄家与上市公司联手，制造一些非实质性的利空消息或故意夸张利空消息事实，人为制造恐慌气氛，损人利己来完成建仓计划。如从技术面上制造空头陷阱，引诱技术派炒手上当。这些都是最快也是效果最好的建仓或洗盘方式，故长期成为庄家戏弄散户的伎俩。

一、利空建仓的主要特征

（1）利空消息具有不可预见性，由于一般散户不可能事先获得某些内幕消息，消息一旦突然公布，便会使人措手不及，恐慌效果极盛。在盘面上，前几天还十分坚挺甚至涨得好好的，突然受消息的打击，股价大跌，一根大阴线吃掉了前面的数根 K 线，这种形态十分可怕。

（2）成交量明显放大。庄家往往通过大单刻意向下砸盘，造成抛单出现。如果成交量低于或平于前几日而股价大幅下跌，则属于无量下跌，一般假消息的可能性较大。

（3）股谚语："利空出尽变利好，利好出尽变利空。"据经验总结，此谚语在假消息中实盘效果较好，但在真消息中就不管用了。如果在实盘中据此操作，恐怕吃亏得多。比如，利空消息出来是真的，可能引发股价持续下跌，股价不会在短期内产生升势，如果按"利空出尽变利好"而介入，必将深套于其中。同样，利多消息出来是真的，可能引发股价持续上涨，股价不会在短期内产生跌势，如果按"利多出尽变利空"而出局，必然损失一大截利润。所以判断消息的真假十分必要，也是投资者必须具备的技能。

二、利空消息的主要种类

在目前市场中，能够产生个股具有恐慌性的消息，主要有以下几类：

（1）公司遭受突发性自然灾害、高管层涉嫌经济问题、公司面临破产、公司造假、行业衰退、业绩下降、原计划（包括项目、题材）被取消、重大资产重组计划搁浅、公司涉诉或担保、股权质押或冻结等，这些消息是真是假、是大是小，扑朔迷离，投资者无法做出正确的判断，因此更能引起恐慌气氛。

（2）公司公告债务缠身的消息，给人的感觉就是这家公司形象很差，且面临亏损甚至马上要摘牌，其实这不过是庄家的计策。

（3）公司公告将出现严重亏损。并非所有公告亏损的个股都能变成黑马，但不少黑马确实是从那些让人唯恐避之不及的亏损股中诞生的。大家可关注那些公告亏损之后，股价连续跳空下行，随后在低位连续放量的个股，这类个股多是庄家利用"亏损"来骗筹。

（4）公司公告将被 ST 或暂停上市。庄家在低位骗取散户筹码并非易事，ST 制度变相帮了庄家的一个大忙，庄家利用人们对 ST 的恐惧将股价大幅打低，然后在低位将筹码一一吸纳。

三、判断消息真假的方法

如何判断消息的真假？主要有以下几种方法：

（1）辨别消息来源。来自正规渠道的，可信度高；道听途说的，可信度差。

（2）观察盘面变化。真消息会大涨大跌，一去不回头；假消息虚涨虚跌，很快会反转运行。

（3）判断消息性质。重大消息会引起股价的大幅波动；一般性新闻不会引起股价的大幅波动。

（4）看消息的透明度。公开明朗的消息可以作为买卖依据，朦胧传言可信度差，不能作为买卖依据。

（5）看涨跌幅度。假消息跌幅较浅，一般在10%~20%；真消息跌幅较深，一般超过30%。

（6）从时间上看。假消息持续时间较短，股价很快复位甚至超过前期峰点，可以追涨介入做多；真消息持续时间较长，股价难以回升，可以割肉杀出做空。

四、消息应用的基本原则

在实盘操作中，如何应用消息？可以参考以下基本原则：

（1）任何可以预知的消息，对市场影响微小。

（2）任何已经明朗的消息，不能作为买卖依据。

（3）任何处在朦胧的消息，有可能成为暴炒理由。

（4）任何处在发酵的消息，有可能把股价炒上天。

图2-15，宝泰隆（601011）：该股因公司涉嫌操纵股价被监管机构立案查处，受此利空消息影响，股票以跌停板收盘，次日继续下跌，盘面形成一定的恐慌气氛，散户也纷纷止损出局。但股价很快企稳回升，庄家利用利空消息，以向下跳空缺口的方式进行诱空打压，然后逢低吸货筹码。当庄家达到建仓计划后，股价步入上升通道。

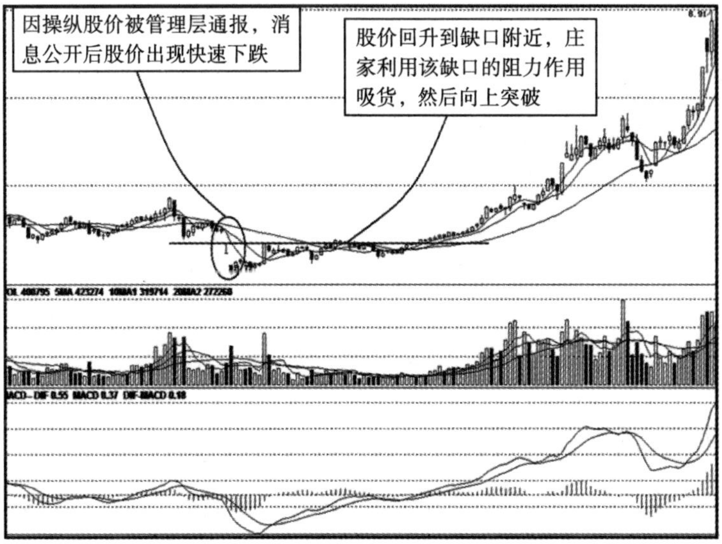

图2-15 宝泰隆（601011）日K线走势

这种建仓方式的庄家意图，就是运用舆论手段，制造盘面恐慌气氛，恐吓散户离场。

散户基本操作策略：持股者首先判断消息的真假，然后再做买卖决定。持币者保持观望，不要贸然介入，以免造成误判而影响财富缩水。

第八节　箱体建仓的两种模式

这种建仓方式与拉锯式建仓方式相似，其特点：股价走势犹如关在箱体内的顽鼠上蹿下跳，庄家此时左右开弓，围追堵截，既扮买家又演卖家，价格跌下来则吸，价格涨上去则压，用“大棒加胡萝卜”的两手策略。在分时图上多为急跌后缓慢爬升，升时成交量逐渐放大。庄家时而对持股者用小阳线之类的小恩小惠诱使其抛售，时而用高开低走的阴线之类的大棒逼使其吐出筹码。这里介绍两种特殊的建仓方式：压顶式建仓和保底式建仓。

一、压顶式建仓

压顶式建仓也叫压盘式建仓，就是庄家经过研究策划后，在某一目标价位以下低吸筹码，每当股价碰触该价位时便很快回落，在 K 线上往往形成长长的上影线，被市场认为上行压力重大而纷纷将筹码抛给了庄家。有时，庄家为了偷懒而干脆在目标价位处挂出大笔卖单压盘，任凭散户在下面游动，以此获得低价筹码。

图 2-16，普利制药（300630）：该股庄家就采用了压顶式建仓。股价在底部获得支撑后，形成横向盘整走势。但股价每次反弹到前期高点附近时，似乎都遇到很大的阻力，无法形成突破走势，股价转而出现回落。庄家在震荡中不断获取低价筹码，2017 年 8 月 14 日股价放量向上突破，从此走出一波上涨行情。

这种建仓方式的庄家意图，就是庄家将自己的坐庄成本控制在一定的范围以内，防止股价大幅波动而影响持仓，这种走势通常借助于低迷的市场。

散户基本操作策略：激进型持股者可以跟随庄家在箱顶附近抛出，在低位买入，进行高抛低吸。稳健型持币者不必急于介入，可以待股价有效突破箱顶时买入。

二、保底式建仓

保底式建仓也叫护盘式建仓，与压顶式建仓正好相反。股价形成底部后，庄家先确定一个仓底价，然后在此价位附近震荡，这是庄家的基本成本区，若股价随大势上

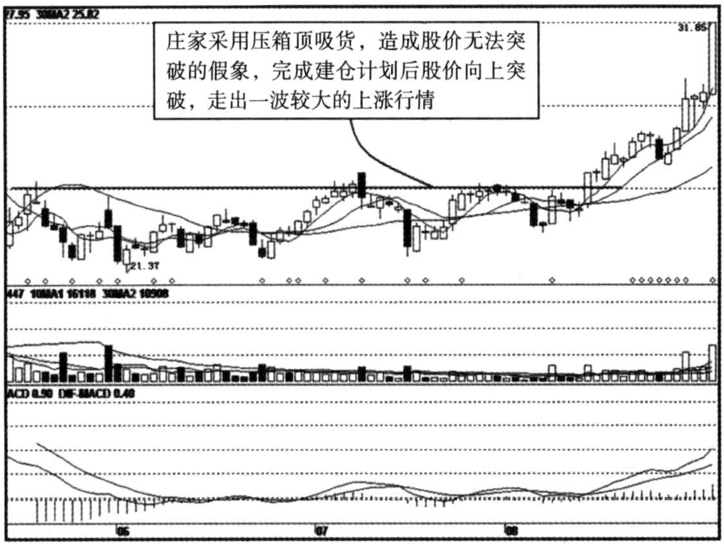

图 2-16 普利制药（300630）日 K 线走势

行后再下跌，通常会在仓底价的底边线价位上护盘，这种方式通常以延长时间来吸筹。

图 2-17，美联新材（300586）：该股庄家就采用了保底式建仓。该股调整到位后，在低位出现横向窄幅震荡走势。2018 年 2 月 6 日，在整理末端庄家制造一个空头陷阱，股价向下突破底部盘区的支撑，盘面产生新一轮下跌假象，以此误导散户卖出。可是，股价没有出现持续下跌走势，次日就出现一字涨停回归线，从此开启一波大涨行情。

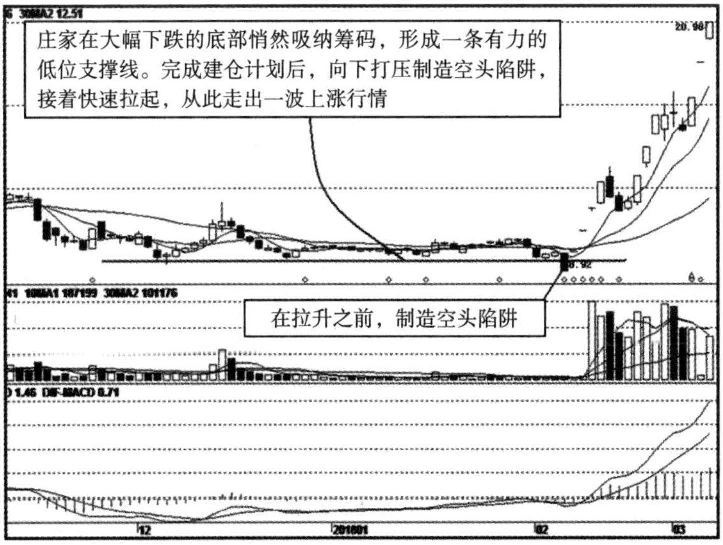

图 2-17 美联新材（300586）日 K 线走势

从图 2-17 中可以看出，庄家潜伏在盘区的底边线附近，悄悄吸纳筹码。完成建仓计划后，制造空头陷阱来忽悠散户，但盘面产生明显的疑问，在股价向下突破时成交量没有放大，表明下跌动能不强，盘中筹码已经锁定，浮动筹码很少，属于无量空跌走势。另外，股价经过长期的下跌调整后，已经处于底部区域，下跌空间不大，向下突破是一个空头陷阱。

这种建仓方式的庄家意图，就是通过压顶和保底手法，将股价控制在一个狭小的范围里，减小散户获利空间，增加散户操作难度，使散户离场，从而完成建仓任务。同时，庄家也可以将自己的坐庄成本控制在一个理想的区间内。

散户基本操作策略：遇到这种盘面走势不要追涨杀跌，短线技术高手可以在箱体内进行高抛低吸，即前期低点附近买入，前期高点附近卖出。一般散户不参与为宜，可以在股价有效突破箱体后介入。据观察经验，箱体一般出现 2~4 个高点或低点，如果股价出现在箱体的 5 个高点或低点附近时，大多数股票会出现变盘走势，投资者应注意。

第九节　逆势建仓的盘面特点

逆势就是逆大势而行，逆市上涨的股必然有庄。高位逆势飘红是庄家护盘，逆市翻绿是庄家出货；在低位逆势飘红或翻绿都是庄家吸筹，而且敢于逆市建仓的庄家应该是实力庄家。

在大势上涨时，庄家压价在底部徘徊或微幅上涨（或下跌），给人以“无庄家”之感。由于暴富心理强烈，散户看到其他的股票大幅上扬，自己捂的股票却纹丝不动，心急如焚，从而动摇持股信心，纷纷抛出股票去追热门股。在大势下跌时，庄家竭力托价或微幅下跌（或上涨），散户以为自己持的股票也会出现补跌行情，于是先走为快，免得其套，拿着庄家赐给的小惠夺门而出，离场观望，庄家皆大欢喜去接筹。这种进庄方式由于庄家常常不按规律操作，怪招频出，让投资者捉摸不定，建仓效果较佳。但庄家这种操作有一定风险性，毕竟逆市操盘难度要大，一旦失手，便会作茧自缚，最终无法兑现利润。

图 2-18，方大炭素（600516）：上证指数在 2017 年 4 月 12 日至 5 月 10 日处于下跌调整走势，不断创出调整新低，绝多大数个股弱势下跌，而方大炭素却不受大盘下跌影响，股价重心不断向上抬高，走势明显强天大盘，为典型的逆大势而行的盘面表现。说明庄家在此期间吸纳了大量的筹码，等待市场企稳回升。5 月 11 日，当大盘探底成功后，该股立即出现快速上涨行情，借助去产能（涨价概念）利好，股价涨了又

涨，成为两市的“妖股”。

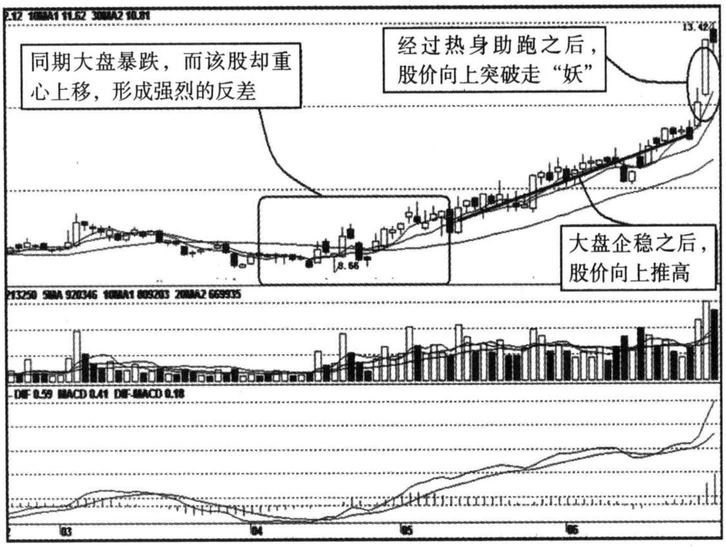

图 2-18　方大炭素（600516）日 K 线走势

这种建仓方式的庄家意图，就是在顺势操作不奏效时，庄家通过反大众心理操作，迫使散户交出筹码，是建仓的一种特殊方式，能够快速建仓。

散户基本操作策略：如果大盘已经启动一轮行情，该股若是底部区域，应持股不动；若是高位区域，要谨防庄家出货，一旦开始出货就会迎来“跳水”走势，如果大盘已经见顶回落，无论该股处于底部还是高位，都应防止庄家出货。

第十节　放量建仓的庄家意图

庄家在建仓过程中，突然在某一天或几天时间里放出巨大的成交量，以制造“天量天价”“放量不涨”的假象，引发场内抛盘。以高开低走的形式，K 线在相对高位产生大阴线，或以低开高走的形式，K 线产生带长上影线的阳线，给人留下“很不舒服”的感觉，使散户认为庄家出货或撤庄，以此引诱投资者抛盘。这种吃货的好处是庄家利用较高的成本、缩短资金投入时间，减少运作风险。这种方式既可以是一天放巨量，也可以是连续多日放巨量；既可以是间歇性放巨量，也可以是持续性放巨量；既可以出现在底部，也可以出现在相对高位。

图 2-19，鲁西化工（000830）：该股庄家在底部进场后，吸纳了大量的低价筹码，

然后股价渐渐脱离底部区域。2017 年 7 月下旬，股价发力向上突破盘区，形成加速上涨态势。在拉升过程中，庄家发现跟风盘很大，于是就展开洗盘整理。盘面出现放量滞涨现象，让人感觉到庄家在放量出货，误导散户抛售离场，庄家实现建仓计划。经过一段时间的蓄势整理后，盘中浮动筹码所剩无几，庄家达到高度控盘。之后，股价在不知不觉中，形成了强劲的盘升行情，成交量保持温和健康状态，不像先前那样着急了。

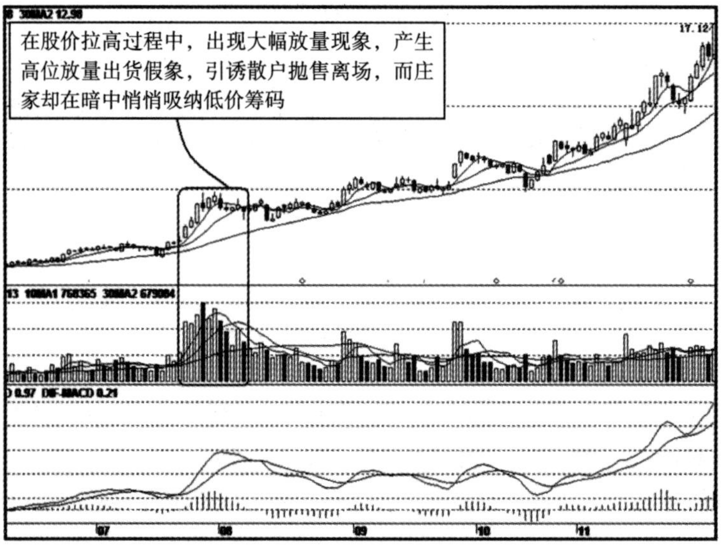

图 2–19 鲁西化工（000830）日 K 线走势

这种建仓方式的庄家意图，就是通过对倒手法制造巨大成交量，给散户以庄家放量出货的假象，从而达到快速建仓的目的。

散户基本操作策略：若是股价处于底部放量，可能是大黑马启动的征兆；若是股价有一定的涨幅，可以进行高抛低吸操作，待股价回落时重新介入；若是股价经过充分炒作后放量，要谨防庄家出货，应选择逢高离场。

上面介绍的几种庄家建仓方式，是庄家坐庄过程中常用的运作手法，有时只采用其中的一种建仓方式，有时可能将多种建仓方式组合运用，但无论庄家采用什么样的建仓方式，只要领悟了上述建仓方式的坐庄意图，就能从盘面上察觉到庄家的建仓迹象，也就能顺利地找到克庄方法。

第三章 庄家骗筹阴谋

第一节 技术假破位建仓

一、大阴假杀跌

股价经过长期的下跌后，庄家为了达到吸货目的，刻意向下打压股价，在底部区域或阶段性底部收出最后下跌大阴线，或连续收出多根最后杀跌大阴线，形成加速下跌走势，以加强市场空头气氛，误导散户抛售离场。因此，这时出现的大阴线，反映中、短期股价跌幅过大，市场出现非理性杀跌，一般是最后的下杀动作，具有最后杀跌性质，往往反映股价下跌或调整即将结束，这是加速赶底走势，后市有望止跌回升或形成反转走势，因此投资者应当逢低吸纳，持股待涨。

图 3-1，卫士通（002268）：股价经过长期的下跌调整后，市场处于底部区域，也就是说，市场已经到了跌势的后期，但庄家为了继续收集低价筹码而刻意向下打压股价。2017 年 7 月 17 日股价放量下挫，在底部区域收出了光头光脚的跌停大阴线，从而使技术形成加速下跌势头。但是，第二天股价只是小幅下跌，后由于买盘逢低介入，股价止跌走稳。经过一段时间的筑底走势后，股价渐渐盘出底部，走出一波快速上涨的行情。因此，在底部遇到加速下跌的大阴线时，应密切关注股价后市走势，只要不出现维持下跌，就可以逢低介入，中线做多。

判断这根大阴线的关键，就在于股价所处的位置。当时股价处于长时间调整的低位，每一次下跌都有可能是诱空行为，或是股价惯性下跌所致，因此大阴线出现的背景是大家最关注的。虽然当天出现这根大阴线时成交量有所放大，但总体成交量是呈缩量态势的，此前成交量也呈持续低迷现象，说明下跌动能渐渐衰竭，属于无量空跌。因此，这就是最后杀跌大阴线，属于庄家诱空行为，投资者可以逢低吸纳。

在实盘操作中，投资者遇到低位最后大阴线时，应把握以下技术要点：

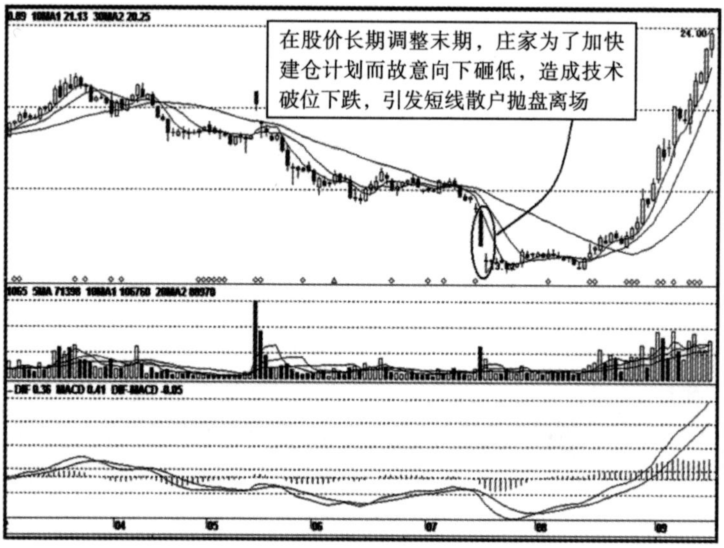

图 3–1　卫士通（002268）日 K 线走势

（1）分析股价所处的位置，通常股价阶段性跌幅超过 50%时，说明下跌幅度比较大，市场有反弹或反转的要求。此时出现最后大阴线时，投资者可以试探性建仓，如果出现明显的止跌信号，可以加仓做多。

（2）在前期下跌过程中成交量持续萎缩，说明空头能量释放完毕，最好的情形是在最后大阴线出现的当天也没有出现明显的放量现象。这时可以逢低介入。

（3）股价止跌之后，不见得马上会出现上涨，往往是横向盘整走势，因为市场总是下跌容易上涨难，需要更多的时间进行筑底走势。遇到这种情况时不要动摇持股信心，只要不出现持续性的放量下跌，后市股价就会震荡上行。因此，重点关注“放量”和“持续”两种盘面，这样就可以与庄共舞了。

二、均线假突破

移动平均线具有提示运行趋势、行情强弱、支撑压力、助涨助跌以及技术骗线较少等显著优点。当股价由上向下突破均线时，股价由均线上方转为均线下方，预示股价涨势结束，后市将出现下跌行情，因此其是一个普通看跌信号。

在建仓过程中，庄家为了加强建仓效果，在低位刻意打压股价，向下跌破均线系统，形成技术破位走势，加强市场恐慌气氛，目的是让散户在恐慌中出局，从而达到顺利建仓目的。根据移动平均线周期长短，均线：突破包括股价突破短期均线、中期均线和长期均线三种类型。在此仅就股价向下突破 30 日均线为例进行分析，对于其他类型的突破走势，投资者可以根据提供的思路，在实盘中进行研判总结。

1. 三个前提条件

根据多年的实盘经验，识别这种建仓方式，重点要把握三个前提条件：

（1）股价前期经过充分调整，累计跌幅超过 50%，盘面符合“一波急、二波缓、三波企稳”的特性。

（2）股价前期出现持续缩量过程，而此时又出现放量现象，说明庄家建仓基本结束。

（3）股价突破后没有出现持续下跌走势，此时缩量更好。

如果个股盘面符合上述三个前提条件，就基本可以确认为庄家在盘中建仓。此时可少量介入，仓位控制在 30%左右，当股价回升到突破位置上方或均线系统形成多头排列时，可把仓位加到 80%以上，介入后以中、长线持有为主，一般这类个股是中长线庄家所为。

2. 三种盘面现象

当股价向下突破 30 日均线时，大致可以分为三种盘面现象。

第一种情况：在大幅下跌后的低位，股价向下跌破下行的均线系统，均线系统继续呈空头发散，盘面进一步走弱，恐慌气氛浓烈，散户止损盘出现，此时庄家建仓非常好。

图 3-2，华资实业（600191）：股价见顶后出现大幅下跌，调整时间长达两年，累计跌幅超过 65%，而股价依然没有见底迹象，30 日均线不断下行，对股价起到压制和向下牵引作用，股价每一次反弹结束后，均出现不同程度的下跌走势。

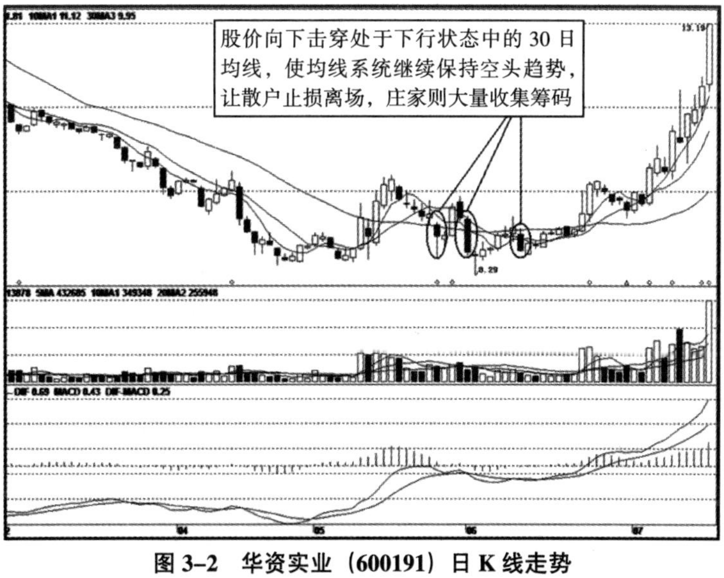

图 3-2　华资实业（600191）日 K 线走势

2017 年 5 月中旬，出现一次放量反弹行情，股价向上突破 30 日均线的压制，而此时 30 日均线仍然保持下行状态，从而导致股价未能形成持续上涨走势，且很快出现向下回落，随后分别在 2017 年 5 月 24 日、6 月 1 日和 6 月 12 日股价再次向下击穿 30 日均线的支撑，在盘面上出现加速下跌之势，均线系统继续空头发散，恐慌气氛进一步加剧。不少投资者受前期下跌影响，担心股价再次下跌，因而纷纷斩仓出局。可是，市场总是有着太多的意外，股价没有下跌多少就企稳回升了，很快走出一波牛市行情。

从图 3-2 可以看出，庄家建仓迹象非常明显，主要体现在以下几个方面：

（1）从总体分析，股价调整时间充分，下跌幅度较大，这是庄家进场建仓的前提。

（2）从成交量分析，出现异动放量迹象，表明有庄家资金在里面活动。根据股价处于低位，此时可以排除庄家出货的可能性，那么这个量就是建仓量，而非出货量。

（3）从盘面分析，股价向下突破 30 日均线后，并没有出现持续的下跌走势，特别是第二次、第三次向下突破 30 日均线后，股价并没有出现持续下跌，而是紧贴均线下方盘整，且成交量有所活跃。这就使人纳闷了，既然是突破，为什么股价没有脱离突破位置？这种现象是假突破的可能性大。

在实盘操作中，股价跌破 30 日均线支撑是极为常见的事。因此，散户非常难以把握这种建仓方式，经常把反弹行情当作庄家建仓行为，结果介入后被套牢在半腰中。

第二种情况：在大幅下跌后的低位，股价向下跌破上行的均线系统，均线系统走平或转为空头发散，形成新一轮下跌之势，恐慌气氛再次形成。散户获利盘和止损盘出现，庄家以此达到建仓目的。

图 3-3，华联控股（000036）：该股长时间处于底部盘整状态，成交量持续萎缩，

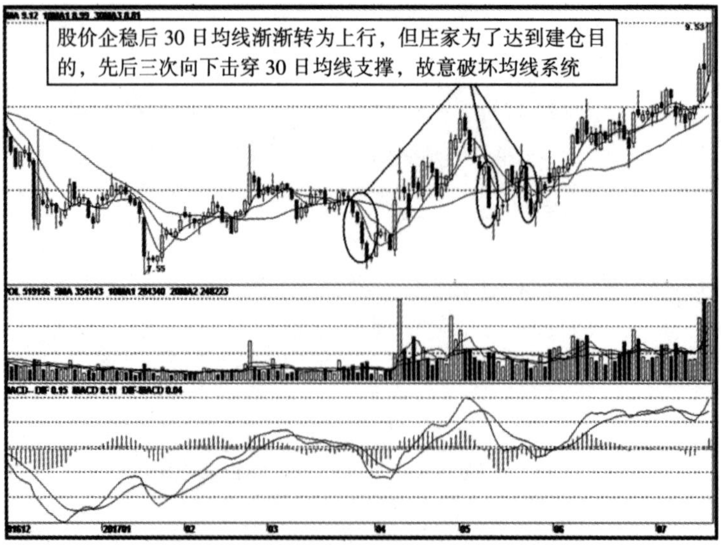

图 3-3 华联控股（000036）日 K 线走势

股价企稳后渐渐见底回升，30 日均线由下行状态渐渐转为上行状态。庄家为了加快建仓步伐，分别在 2017 年 3 月底、5 月 10 日和 5 月 22 日故意将股价打压到 30 日均线之下，对均线系统造成破坏，对技术爱好者造成打击，产生一定的恐慌气氛，让低位获利盘和前期套牢盘相继抛出，庄家如愿以偿地获得低廉的筹码。可是，股价向下突破 30 日均线后，并没有出现持续下跌走势。经过一段时间的整理后，7 月 14 日股价向上突破，形成加速上涨行情。

根据上述识别这种建仓方式的三个前提条件可以发现，在向下突破 30 日均线之前，股价已经有了较长时间的调整，庄家完全有可能在此价位建仓。股价前期出现持续缩量过程，在企稳回升时成交量温和放大，说明有买盘资金介入。在股价向下突破 30 日均线后，按理说有一波下跌行情出现，但盘中并没有出现持续下跌走势，且在前期低点附近获得了技术支撑而回升，说明这是一次假突破行为。

可见，庄家利用向下跌破 30 日均线支撑，制造一个空头陷阱，既是一次建仓行为，也是一次向下试盘动作。当投资者遇到这种盘面走势时，可在前期低点附近轻仓试多，当股价向上突破双重底颈线位后，可以加仓到 80%以上的仓位做多。

第三种情况：在大幅下跌后的低位，股价向下跌破水平移动的均线系统，均线系统出现向下发散，形成向下突破之势，恐慌气氛开始形成。散户抛盘出现，庄家悄然完成加仓计划。

图 3-4，濮耐股份（002225）：该股经过长时间的下跌调整后，股价渐渐止跌企稳，成交量持续萎缩，实力强大的庄家悄然入驻，均线系统横向运行，后市股价方向并不明确。这时庄家由于前期筹码并不多，为了加快建仓步伐，在 2017 年 7 月 17 日向下

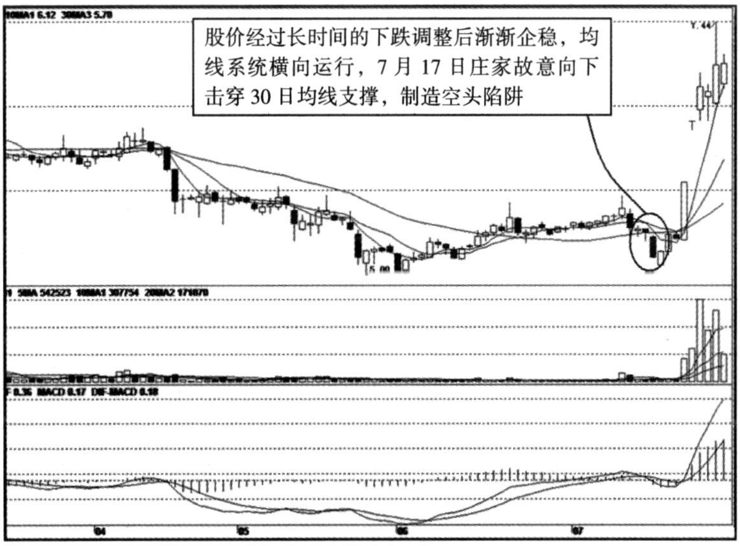

图 3-4　濮耐股份（002225）日 K 线走势

大幅打压股价，制造空头技术陷阱，一根跌停大阴线击穿了30日均线，短期均线向下发散，盘面恐慌气氛开始出现。此时，有的散户持股信心开始动摇，继而将筹码抛给了庄家。可是，股价向下击穿30日均线后，并没有出现持续下跌走势，很快股价企稳回升。7月21日，一根涨停大阳线拔地而起，向上突破了底部盘区，从此股价拉开上涨序幕。

该股庄家的建仓轨迹就是先在前期震荡过程中吸纳大部分筹码，然后在企稳过程中继续加大吸纳力度，最后通过制造空头陷阱再次完成加仓动作。总之，庄家通过这次打压跌破30日均线，在整个坐庄过程中具有至关重要的作用，一来加快筹码的收集，二来夯实底部根基，还可以起到试盘作用。

那么针对这种盘面走势，散户如何分析判断庄家的建仓阴谋呢？通过盘面细节分析，不难发现以下几个关键问题：

（1）在股价出现反弹之前成交量持续萎缩，说明下跌动能不强，股价距离底部区域不远，因此排除庄家出货的可能性。

（2）重点在于股价向下突破这一环节上，这里有几个问题值得关注，即庄家为什么打压股价？打压的力度有多大？打压之后将要干什么？只要弄清这几个问题，盘面情况就可以迎刃而解了。

从该股盘面分析，庄家打压的目的只有两个：一是打压建仓；二是向下试盘。在股价向下突破30日均线后，没有出现持续的下跌走势，到了前期低点上方就得到技术支撑，说明打压力度不强，只是点到为止，持续打压可能会起到相反作用。打压之后股价渐渐向上回升到原来的盘区附近，这就很难理解了，股价打压下去了又上来，庄家岂不白打压了吗？不会的。在股价回升过程中，有不少散户看到“大山压顶”而选择离场操作，这样庄家会获得很多的低价筹码。散户知道庄家的这些阴谋后，操作思路就明确了，安全的买入点是在股价突破前期平台或30日均线附近（30日均线必须再次上行，否则买入过早，仍有风险）。

3. 技术分析要点

通过上述几个例子的分析，投资者在实盘操作中遇到股价向下突破均线时，应注意以下技术因素：

（1）均线系统的排列。均线系统空头排列时，市场处于弱势之中，股价向下运行，此时股价向下突破均线时，真突破的可能性较大；均线系统多头排列时，市场强势仍将持续，股价向上运行，此时股价向下突破均线时，假突破的可能性较大；均线系统水平移动时，市场处于横盘态势，股价方向不明，此时股价向下突破均线时，应用其他技术分析方法进行研判。

（2）股价所处的位置。股价必须处于长期下跌后的低位，盘面经过充分调整，累计跌幅超过50%，盘面最好符合“一波急、二波缓、三波企稳”的特性。

（3）成交量的变化。在股价前期下跌过程中，出现持续缩量现象，而向下突破均线时又出现放量走势。

（4）突破后的走势。无论是向哪一个方向突破，盘面必须有气势、有力度，走势干脆利索，不拖泥带水。突破后要能持续发展，既然是突破就不应该磨磨蹭蹭。如果突破后股价仍不愿意离开突破位置，那肯定是假突破，股价将很快返回到原来的位置，并朝原来的运行方向继续发展。

三、形态假突破

股价在长期的震荡整理过程中，可能会形成某些技术形态，如常见的双重形、头肩形、圆弧形、三角形、楔形或旗形等。股价一旦成功向下突破这些技术形态，说明顶部技术形态成功构成，股价将沿着突破方向继续向下运行，达到最小“量度跌幅”，这是一个普遍看空的卖出信号。但是，庄家往往是反其道而行之，与大众散户的思维定式反着做图形。“反大众心理”操作是庄家的最大阴谋，也是最有效的坐庄手法。庄家在底部建仓时，为了骗取散户手中的低价筹码，便会制造一些虚假的头部形态，恐吓散户离场操作。

1. 双重顶形态向下假突破

双重顶形态大多出现在上涨趋势的顶部，有时也在整理过程中出现，是一个重要的反转形态，具有强烈的看跌意义。但在实盘中，双重顶形态形成之后，后市出现继续上涨的情况也经常发生，这就给判市测势增加了不少难度。尤其是庄家为了达到坐庄目的，常借题发挥，夸大效果，故意发出虚假的盘面信息，导致散户做出错误的买卖决策。

图3-5，西水股份（600291）：该股充分表现出了庄家奸诈狡猾的特性，将建仓和洗盘手法运用得淋漓尽致。2017年2月3日开始，在大幅调整后的底部采用打压建仓手法，让股价破位走低，引发大批散户恐慌离场，从而掠走散户的大量低价筹码。从5月2日开始，股价快速反弹到前期盘区附近，但此时庄家停止拉升步伐，股价出现震荡走势，不少散户感到上涨无望而选择离场观望。经过一段时间震荡整理，形成一个双重顶形态，6月2日向下跳空低开后，庄家顺水推舟，略施阴谋诡计，顺势轻松一击，股价向下击穿双重顶的颈线，同时也击穿了30日均线，从而形成技术破位之势。不少散户见此情形，心慌意乱，纷纷抛出筹码，而庄家如鱼得水，轻而易举地骗取散户的低廉筹码。可是，股价并没有出现持续下跌走势，企稳后很快回升到整理形态之内。经过一段时间的整理后，于6月21日开始放量上攻，一匹“大黑马”就这样奔向市场。

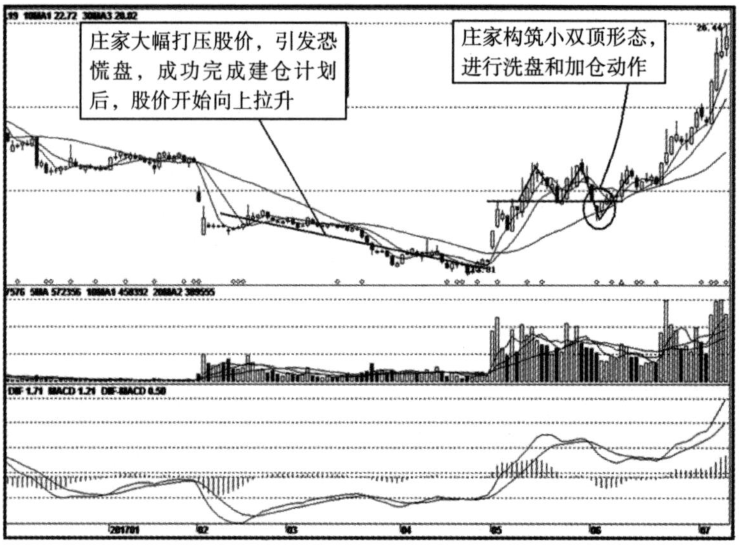

图 3-5 西水股份（600291）日 K 线走势

这种建仓方式就是利用某些技术形态，借题发挥，故意击穿形态的颈线位，造成技术破位走势，从而渲染头空气氛，使散户在恐慌中抛出筹码。那么，如何解读该股的盘面走势呢？

从图 3-5 中可以看出，庄家故意让股价跌破双重顶的颈线，是为了引起市场的恐慌，达到建仓和试盘的目的，同时进一步构筑扎实的底部基础。从盘面观察，当股价跌破双重顶的颈线时，成交量没有明显放大，说明庄家没有大量派发筹码，抛出的仅仅是散户的恐慌盘，做空动能并不充足。按理说这种形态向下突破后，股价将会有一波下跌走势，但股价并没有出现持续的下跌，而且很快止跌回升，说明这是假突破动作，庄家大量地吃进筹码，封堵了股价的下跌空间。所以当股价重返形态后，散户可以密切关注，一旦其发力上攻就可以积极跟进与庄共舞了。

可见，该股一个重大疑点就是股价突破双重顶的颈线位后，没有恐慌盘涌出，股价没有持续下跌，显示筹码已经被锁定，该抛售的散户已经在前期抛售离场了。而且，虽然股价击穿了双重顶的颈线位，但股价距离前期低点非常接近，又有 30 日均线的支撑，这是多头的一道防线，只要这道防线没有被成功击穿，散户就大可不必为之担心。

2. 头肩顶形态向下假突破

头肩顶是一种典型的顶部反转形态，也是最著名、最可靠、最常见的技术形态，在理论和实盘中具有十分重要的技术分析意义。股价经过三次上冲后，力度已明显减弱，后市看淡已为越来越多的投资者所认同，庄家也难以再度引领市场人气，盘中缺乏承接力，成交量出现大幅萎缩，股价表现疲软，无法穿越头部高位，并随着股价的再次回落，跌破颈线位的支撑，预示大级别的下跌行情即将出现。但在实盘中，有时看似一个非常标准的头肩顶形态，而实际上却是庄家制造的一个空头陷阱，让不少散户上当受骗。

这种虚假的图形通常表现为，股价经过长时间的下跌调整后，处于市场底部区域，这时庄家开始逐步建仓，然后股价出现一波小幅反弹行情，当股价反弹达到一定的幅度后，遇到上涨压力而出现震荡，在震荡过程中形成头肩顶形态。或者，庄家为了吸纳更多的低价筹码，往往采用压箱顶方式建仓，在震荡过程中形成头肩顶形态。为了加强恐慌盘面气氛，故意向下击穿头肩顶颈线，造成技术破位之势。这时，就有不少投资者以为股价后市将会出现下跌走势，因而纷纷抛空筹码，可是不久股价企稳回升，步入上升通道之中，从而成为低位头肩顶陷阱。

图 3-6，沧州大化（600230）：该股随着基本面的好转，股价出现较大幅度的上涨，然后在相对高位出现盘整走势，在震荡过程中形成一个疑似头肩顶形态，2017 年 6 月 1 日股价向下击穿头肩顶形态颈线位，这时前期不少散户获利退出。

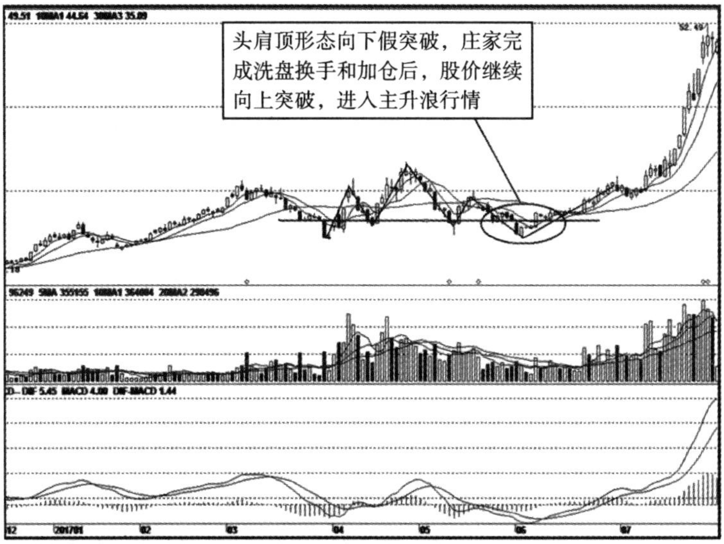

图 3-6 沧州大化（600230）日 K 线走势

其实，庄家志在高远，炒作目标远没有达成，继续暗中吸纳筹码。在充分的洗盘换手之后，股价再次步入升势，形成主升浪行情。

庄家故意让股价跌破头肩顶的颈线位，目的是在主仓期收集到更多的低价筹码，同时进一步构筑扎实的底部，这也是建仓、洗盘和试盘的综合反映。更为重要的一点就是，股价跌破头肩顶的颈线位虽然引起了市场散户的恐慌，但股价没有出现持续的下跌走势，而是盘踞在突破位置附近，这就成了假突破嫌疑。散户不妨想一想，为什么一个标准的头肩顶形态向下突破后，股价没有出现持续下跌呢？这不是假突破又是什么？在此，庄家的建仓意图暴露无遗，投资者应当逢低介入，与庄共舞。

通常，头肩顶是一个顶部反转形态，向下突破是形态的基本特征，但经常看到向下假突破的情形。当股价成功构筑右肩向下回落时，庄家借力使其一举突破头肩顶的颈线位，一个标准的头肩顶形态即告完成，这样看空后市的人就会多起来。但是，股价却在颈线位附近盘整数日后，又回升到颈线之上，随后出现升势行情。至此，一个头肩顶向下假突破的陷阱即告形成，这就是庄家意图所在。

在实盘中还有不少类似的形态假突破现象，如倒 V 形、岛形、潜伏形、圆形、盘形、旗形、楔形、N 形和长方形等向下假突破走势。投资者可以根据提供的相关技术要点，综合分析盘面，切实提高甄别庄家阴谋的能力。

四、趋势假突破

股价在长期的下跌过程中，形成一条明显的下降趋势线，呈现一波比一波低的弱势盘跌走势，场内交投气氛冷淡。投资者对市场丧失信心，导致抛盘加重，股价向下跌破趋势线，出现进一步下跌之势头，这通常是一个卖出信号。股价在明显的上升趋势线中运行，如果回落到上升趋势线时，得不到趋势线的有力支撑而向下击穿上升趋势线，也是一个卖出信号。在长期的运行过程中形成水平支撑线，股价向下有效击穿了这条水平支撑线，同样也是一个卖出信号。可是在实盘中，在散户纷纷抛出筹码之后，股价却没有下跌多少就企稳回升，进而出现一波上涨行情，从而成为一个空头陷阱。

1. 向下突破下降趋势线

在跌势末期，庄家故意打压股价，进一步制造市场恐慌气氛，让散户恐慌离场。

图 3-7，正海磁材（300224）：股价反弹结束后再次下跌，低点一个比一个低，从而形成一条明显的下降趋势线，表明市场十分疲软，调整并没有结束。这时，庄家为了吸纳更多的低价筹码，在 2017 年 5 月下旬连续故意打压股价，向下击穿了下降的趋势线，形成加速下跌之势，使散户心理产生极大的恐慌，不少散户担心深套而不得不选择离场。可是，当散户卖出股票后，并未见股价下跌多少，很快企稳进入盘升行情。

那么，该股为什么不会持续下跌呢？庄家阴谋在哪里？

（1）股价总体跌幅较大，继续大幅下跌的概率较小，长线投资价值凸显，因此低位向下突破成为空头陷阱的可能性大。

（2）该股在击穿水平趋势线支撑后，并没有出现放量现象。表明庄家没有出逃，筹码比较稳固，只是一些恐慌的散户抛出，因此不会有较大幅度的跌势出现。

（3）虽然一度向下击穿下降趋势线，但并没有出现持续下跌走势，也没有出现加速下跌之势。这是庄家欺骗散户的一种常用手法。

（4）庄家先前介入的初仓筹码基本被套，鉴于股价处于底部区域，庄家基本不会大

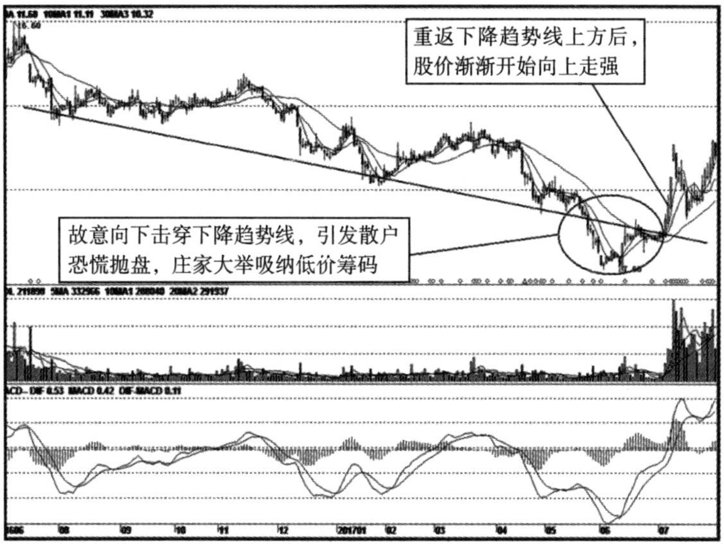

图 3-7 正海磁材（300224）日 K 线走势

幅打压股价，否则容易给坐庄造成负面影响。

2. 向下突破上升趋势线

在股价止跌企稳后，庄家故意打压股价，向下击穿刚刚形成的上升趋势线，形成阶段性行情结束的假象，让散户主动离场。

图 3-8，方大炭素（600516）：该股经过充分的调整后，庄家入场收集筹码，股价渐渐企稳回升，并形成一条清晰的上升趋势线，股价沿着小通道向上爬高。由于这时庄家手中筹码并不多，于是庄家在 2017 年 3 月下旬故意向下击穿了这条上升趋势线。

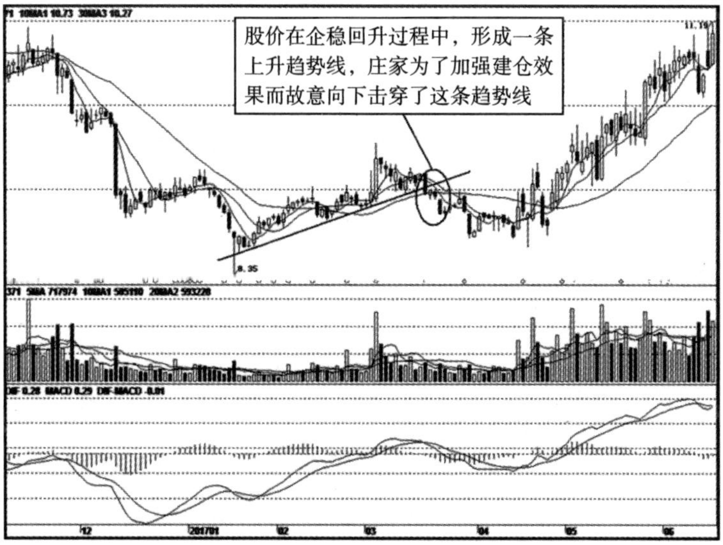

图 3-8 方大炭素（600516）日 K 线走势

通常，股价跌破上升趋势线，说明反弹行情结束，股价再次步入下跌走势，从而构成卖出信号。可是卖出股票后，股价并未下跌多少就企稳盘升而上，因此形成一个空头陷阱。随后，在股价向上盘升过程中，庄家继续采用边洗盘、边加仓的手法，完成了整个建仓计划，从 6 月 23 日开始股价进入加速上涨阶段。

那么，该股反映出什么技术问题呢？从该股的走势图中可以看出以下问题。

（1）股价向下突破上升趋势线时成交量不大，通常股价下跌时不强调成交量的大小，但在突破的关键位置有成交量的放大，才能加强突破的有效性。该股的盘面分析可以说明没有恐慌盘出现，庄家对筹码掌握得非常好，向下突破则进一步加强了筹码的稳定性。

（2）该股步入上升通道之后，没有进行一次充分的调整洗盘，庄家有必要进行一次洗盘调整，短期下跌当属合理，且洗盘是为了更好地上涨。

（3）从价位情况分析，股价总体下跌幅度较大，基本处于历史性底部区域，即使出现下跌走势，估计跌幅也不会很大。炒股票只要获取中间一截利润就可以了，对市场也不可能预测得那么精确，有时过于精算往往会犯因小失大的错误。

据此，可以认定该股突破上升趋势线是一次庄家建仓行为。投资者遇到这种走势时以逢低吸纳为主，不宜盲目杀低，或者等待回抽有效时再做定夺。

在实盘中，一条业已形成的上涨趋势线，对股价上涨起到助涨和支撑作用，反映市场持续做多势头，应当继续看多做多。可是，有时股价在上升趋势运行一段时间后，突然间被一股巨大的做空力量打破了上升趋势线的支撑，一时间搅乱了投资者的思维，使其认为股价涨势行情末了，因而纷纷抛售股票离场，这种现象在上涨初期经常出现。但是，股价在趋势线下方做短暂的停留后反转向上，步入了强劲的上涨行情，让出局者深感悔意。

3. 技术分析要点

通过上述两个例子的分析，投资者在实盘中遇到股价向下突破趋势线时，可从以下几个方面进行判断：

（1）股价突破趋势线后，要分析均线系统发散情况和乖离率的大小。

（2）股价累计下跌幅度较大，处于市场底部区域，此时向下突破为假突破的可能性较大。

（3）从价量上看，向下跌破趋势线时虽然并不强调成交量是否放大，但在突破的那几天成交量也要出现放大，否则也容易演变为假突破走势。

（4）在股价跌破下降趋势线后，形成加速下跌走势，表明趋势即将走向尽头，空方在做最后的挣扎，股价下跌的趋势不会维持太长的时间。如果股价跌破上升趋势线后，没有出现持续下跌走势，表明庄家继续加仓或洗盘筑底走势，后市升势行情可期。

(5) 分析原先趋势线的下降角度，若原先的趋势线本身已经较陡峭，此时若继续向下突破的话，则会使新的趋势线进一步陡峭，这样容易出现超跌反弹或产生市场反转走势。

(6) 是否得到其他技术面的进一步验证。如技术形态、K 线组合等是否向好，技术指标是否出现背离、交叉或方面性提示。

在实盘中，庄家坐庄手法多变，趋势假突破现象也非常多见，而且在技术分析领域也有各种各样的趋势线，如轨道线、黄金分割线、百分比线、角度线、扇形线和速度线等。这些趋势线都有可能成为庄家制造虚假盘面信号的工具，投资者应综合分析盘面，深刻领悟庄家意图，密切注意庄家阴谋。

五、前低假突破

股价在调整过程中形成的阶段性低点，一般具有重要的支撑作用，给投资者心理也产生重要的预期作用。如果股价向下跌破这个位置时，说明后市股价下跌空间被打开，则具有普遍看跌意义，投资者应及时退出观望。但在实盘操作中，股价向下突破前期低点经常是庄家故意打压建仓而设置的空头陷阱，股价突破后没有下跌多少就企稳盘整，庄家在此吸纳大量的低价筹码后，股价渐渐向上回升并走出亮丽的上涨行情。

图 3-9，市北高新（600604）：该股见顶后逐波下跌，不断创出调整新低，每一个低点被有效击穿后，股价均出现不同程度的下跌行情。2017 年 4 月，股价经过再次暴跌后，在低点形成弱势震荡，这时庄家悄然吸纳大量的低价筹码。庄家为了达到建仓效果，在 7 月 17 日故意向下打压股价，一根接近跌停的大阴线一举击穿了前面 5 月 24

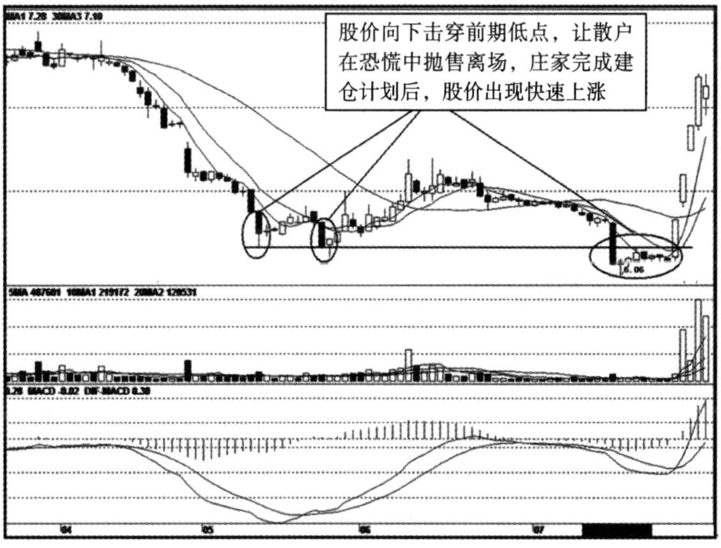

图 3-9 市北高新（600604）日 K 线走势

日出现的明显低点，技术形态遭到严重破坏，大有加速下跌之势。这时持有筹码的持股者开始恐慌了，认为股价还要再下一个台阶，于是纷纷止损离场观望。然而，市场总是有着太多的意外，股价很快出现企稳走势。经过 7 个交易日的震荡整理后，庄家成功地完成了建仓计划，7 月 27 日发力而上，短期出现飙升行情。

从该股走势图中可以看出，股价向下突破前期低点时，成交量没有放大，表明突破没有气势、没有力度。股价没有大幅压低而迅速脱离突破位置，而是缠绵于突破位置附近，这不得不让人产生假突破怀疑。而且，突破时没有成交量，说明下跌动能不强，盘中缺乏做空动能，筹码已经被庄家锁定，浮动筹码很少，属于无量空跌走势，为庄家故弄玄虚而已。另外，该股经过长期的下跌调整后，已经处于底部区域，下跌空间不大，向下突破是庄家故意打压的一个空头陷阱。因此，这是一次假突破行为，投资者应坚定持股信心。

图 3-10，云海金属（002182）：该股随着大盘的回落调整，在 2017 年 1 月 19 日创出一个明显的低点，然后出现一波有力的反弹行情，但是反弹结束以后，股价再次回落走低。一般来说，前面这个低点具有较强的支撑作用，一旦有效跌破往往预示出现新的下跌走势，因此庄家就抓住这一点制造空头技术陷阱。从 5 月 26 日开始庄家故意打压股价，连续收出三根阴线，向下击穿了前面的调整新低，从而导致市场出现一定的恐慌情绪，不少散户因此抛售筹码离场。可是，市场似乎与抛空的散户过不去，当恐慌的散户离场后股价却止跌了，随后股价渐渐企稳回升，成交量也逐步放大，庄家大举吸纳筹码，很快出现一波上涨行情。

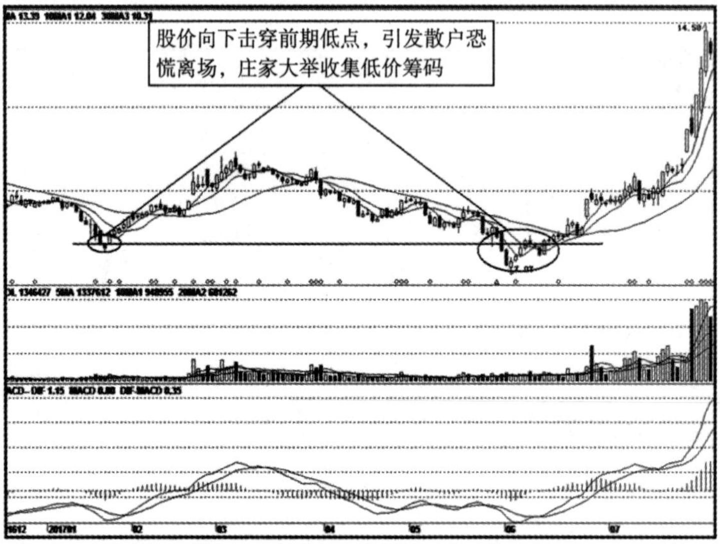

图 3-10 云海金属（002182）日 K 线走势

这两个例子的盘面走势基本相似，一个共同特点就是庄家利用散户对某一个技术点位的心理预期采用“反大众思维”操作。庄家利用手中的初仓筹码进行打压，突破前期低点支撑，从而使散户的心理预期破灭，继而做出抛售离场的决定。可见，在股市中庄家与散户之间，既是一种技术较量，又是一种心理博弈，在技术背后往往隐藏着更大的阴谋。

股价无论向那个方向突破，一定要有气势、有量能、有力度，一气呵成，不拖泥带水，迅速脱离突破区域，大有一去不回头之势，这样的突破才是真实有效的突破。如果股价突破某一位置后，仍然在这一位置附近逗留而不愿意离去，那么这样的突破就值得怀疑，往往是假突破行为。

六、盘区假突破

股价在某一个区域出现长时间的震荡整理或者巨大的换手时，就会形成一个成交密集区域或盘整区域。该区域对后市股价发展起着至关重要的作用，若是股价向上突破，该位置则起着强大的支撑作用；相反，若是股价向下突破，该位置则起着重大的压力作用，后市股价大多会出现一波持续的下跌行情，因此投资者应及时退出观望。

但是在实盘中，这种走势经常出现假突破现象，成为庄家拉高出货或打压吸货的一种坐庄手法。在股价真正进入上涨行情之前，先向下跌破成交密集区域或盘整区域，造成股价向下破位之势，引发投资者离场。当大家纷纷抛空筹码后，股价却不跌反涨，正式步入上涨行情，从而形成向下假突破的空头陷阱。

图 3-11，北方稀土（600111）：股价见顶后逐波下跌，在低位出现长时间的震荡盘整走势，在震荡过程中形成一条长方形盘整带，股价在一个狭窄的通道内运行时间较长。2017 年 7 月 24 日，股价向下击穿了长方形下限支撑，脱离盘整区域并创出市场新低，预示股价将产生新一轮下跌行情，因此构成卖出信号。不少散户看到这样的破位大阴线而心生恐惧，最后做出低位止损离场的决定，而庄家却在暗中吸纳筹码。值得注意的是，股价向下破位后，并没有出现持续下跌走势，反而很快企稳并形成新的盘整区域。庄家在此区域完成建仓计划后，在 7 月 6 日放量向上突破底部盘整带，从此股价步入上升行情。

该股为什么向下突破盘整带后股价没有出现持续下跌行情呢？从该股技术图形分析，存在以下两个方面的技术疑问：

（1）股价向下突破时没有成交量，无量空跌说明没有恐慌盘涌出，庄家对盘面掌控比较好，筹码已经被锁定，盘中浮动筹码较少。

（2）股价累计跌幅较大，基本处于市场底部区域，下跌空间已经不大，庄家也不敢大幅打压股价，以免在低位丢失低价筹码。

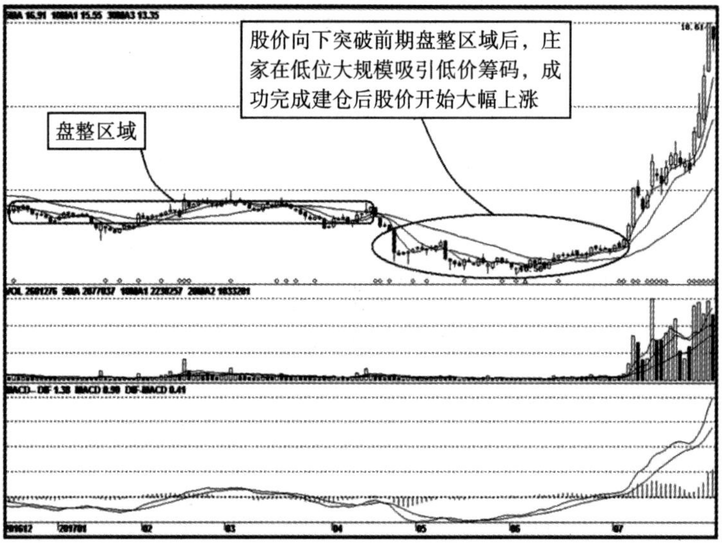

股价向下突破前期盘整区域后，庄家在低位大规模吸引低价筹码，成功完成建仓后股价开始大幅上涨
盘整区域

图 3-11 北方稀土（600111）日 K 线走势

散户只要认真分析盘面细节，总会找出庄家阴谋之处。从该股走势图中可以看出，股价向下突破时成交量没有放大，表明下跌动能不强，盘中筹码已被庄家控制，浮动筹码很少，属于无量空跌走势。而且，股价经过长期的下跌调整后，已经处于底部区域，下跌空间不大，因此再次向下突破是一个空头陷阱。另外，从压缩图中还可以观察到股价下跌时出现“一急、二缓、三企稳”的现象，料想股价已是跌势的末期，后市股价下跌幅度不会太大。

在实盘中遇到这种盘面时，持股者盲目杀跌显然不可取，应密切关注突破是否有效，然后再做买卖决策；持币者可以等待股价重返 30 日均线之上或向上突破盘整带时介入。

图 3-12，北京文化（000802）：该股见顶后一路走低，不断创出调整新低，2017 年 4 月 19 日一根大阴线向下击穿前期低位盘区，从而引发新一轮下跌行情，然后在底部再次呈现横向弱势整理格局，这时庄家大量收集低价筹码。庄家为了继续吸纳低价筹码，在 7 月 17 日采用同样的打压手法，向下击穿前期盘区支撑，技术形态遭到严重破坏。此时，不少散户由于受到前期股价向下突破盘区后出现大跌的影响，担心出现新的下跌走势，于是纷纷止损离场观望，而庄家却一一吃进散户的抛单。7 月 27 日，股价发力而上，快速脱离底部盘区。

该股经过前期的大幅调整后，股价下跌空间已经很小，市场明显缺乏做空能量，说明庄家已经获得不少的筹码，股价突破后不会出现持续下跌走势。该股一个明显的盘面特征，就是股价向下突破盘区时，成交量持续萎缩，说明这时抛出的是胆小的散户，而不是庄家。如果庄家大量减仓，那么成交量肯定会有所放大，否则无法出货。

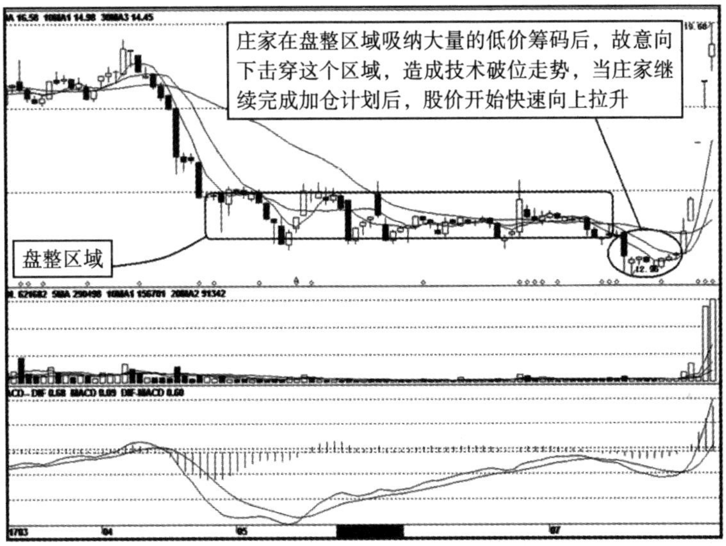

庄家在盘整区域吸纳大量的低价筹码后，故意向下击穿这个区域，造成技术破位走势，当庄家继续完成加仓计划后，股价开始快速向上拉升
盘整区域

图 3-12 北京文化（000802）日 K 线走势

再说，股价见顶后的下跌幅度较大，最笨的庄家也不可能在这个价位出货；相反，庄家正在这个位置大量吸纳筹码。既然庄家在建仓，想必股价不会大跌，否则套牢的将是庄家自己。投资者如果分析了这些市场因素，那么庄家意图就清楚了，庄家阴谋也就不攻自破，然后就可以其人之道还治其人之身，这是炒股的乐趣和境界。

在实盘操作中，如果出现以下盘面现象时，可以认定其为假突破：

(1) 在向下突破盘区之前，股价累计下跌幅度较大，在低位出现明显的止跌迹象。通常，下跌幅度越大、盘整时间越长，则股价止跌企稳的可能性越大。

(2) 在股价向下突破时，无气势、无力度，突破后股价没有持续下跌。

(3) 在向下突破之后，股价很快企稳回升，或很快收复大部分失地。

成交密集区域和盘整区域的区别：成交密集区域往往以大成交量为特征，时间长短并不重要，而盘整区域往往持续时间较长，但累计成交量也不少。

在这类个股中，通常盘整时间越长，成交量越大，堆积的筹码越多，筹码换手就越充分，从而形成一个成交密集区域，一旦股价向下突破这一区域，将成为中长期的一个重要阻力位。多头要想重新突破这 区域，需要很大的力量和良好的市场环境，也就是说需要技术面和基本面的配合才能使行情发生逆转。庄家在此制造空头陷阱，其建仓效果非常明显，因此多数庄家在股价正式启动之前，往往做出这种盘面形态。

第二节　技术假压力建仓

一、均线假压力

根据葛氏移动平均线八大法则，均线具有支撑和压力作用。当股价在均线之下向上反弹，未能向上突破均线压力而受阻回落时，显示均线附近压力较重，此为卖出信号。在实盘中，庄家为了加强建仓效果，当股价回升到均线附近时，故意不予以突破，形成均线有重大压力的假象，让散户选择离场。当散户退出后，股价很快向上突破，从而成为均线假压力陷阱。根据移动平均线周期长短，可分为短期、中期和长期三种类型的均线压力。在此仅以 30 日均线为例进行分析，对于其他类型的均线压力，投资者可以根据提供的思路自行判别。

图 3-13，厦门钨业（600549）：该股经过大幅下跌后，跌势有所放缓，在底部区域出现震荡走势，庄家在此吸纳了大量的低价筹码，顺利完成主仓期吸筹计划。从图 3-13 可以看出，2017 年 4 月 24 日股价向下击穿前期低点之后，引发了散户恐慌盘，然后企稳回升到 30 日均线附近时，庄家略施阴谋诡计，使盘面出现震荡走势，股价多次攻击 30 日均线，均无法形成有效突破，股价紧贴 30 日均线渐渐下滑。这时不少散户认为 30 日均线对股价压力明显，短期股价无法向上突破，因而选择了离场操作，庄

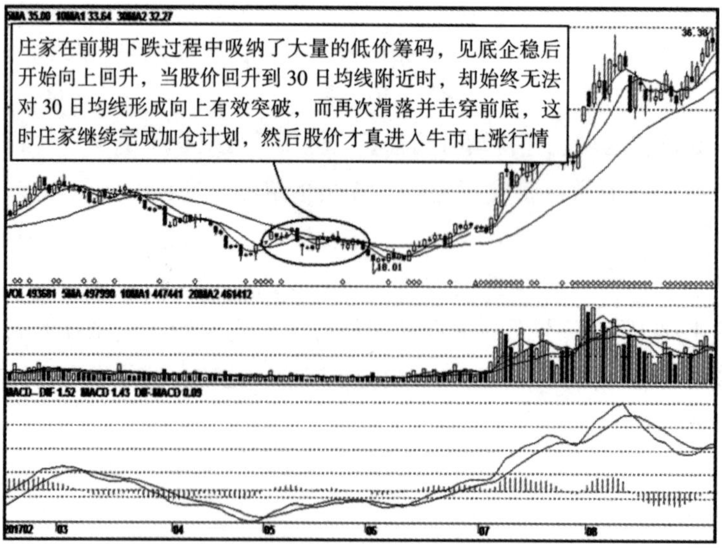

图 3-13　厦门钨业（600549）日 K 线走势

家此时大举加仓。6 月 2 日，股价再次向下创出新低，当最后一批散户恐慌离场后，股价渐渐企稳回升，走出一波震荡上涨行情。

其实，庄家在该股中有两大阴谋：一是故意打压阴谋，给散户造成心理压力；二是 30 日均线阻力阴谋，当股价反弹到 30 日均线附近时，形成股价反弹受阻的假象，使散户持股心态出现动摇，产生强烈的卖出欲望。

需要注意的是，该股的主仓期是在前期的低位盘整期间，最后的打压和 30 日均线的假压力只是坐庄过程中一个次要的过程，其目的是完成最后的加仓计划和向下测试底部支撑。

图 3-14，西水股份（600291）：股价见顶后逐波走低，然后出现一段较长时间的横向震荡走势，此时庄家手中筹码并不多，于是在 2017 年 2 月 3 日和 6 日连续两天大幅打压，造成股价向下击穿前期整个盘区，引发大量的散户抛盘。然后，呈现“L”形整理，持续时间超过一个月，在此期间庄家吸纳了大量的低价筹码。3 月中旬，当股价与 30 日均线接近时，由于受到下降的 30 日均线的下压，股价并没有形成向上突破走势，而是再次加速下跌，此时再次引发散户恐慌性抛盘。但很快股价企稳回升，分别在 4 月 12 日和 14 日两次对 30 日均线发起攻击，可股价到达 30 日均线附近时，无法对 30 日均线形成突破，在股价回落过程中又有一批散户担心股价继续下跌而选择离场观望，这时庄家全部通吃散户抛盘。当庄家成功完成建仓计划后，5 月 2 日股价放量向上突破，成功开启一轮牛市行情。

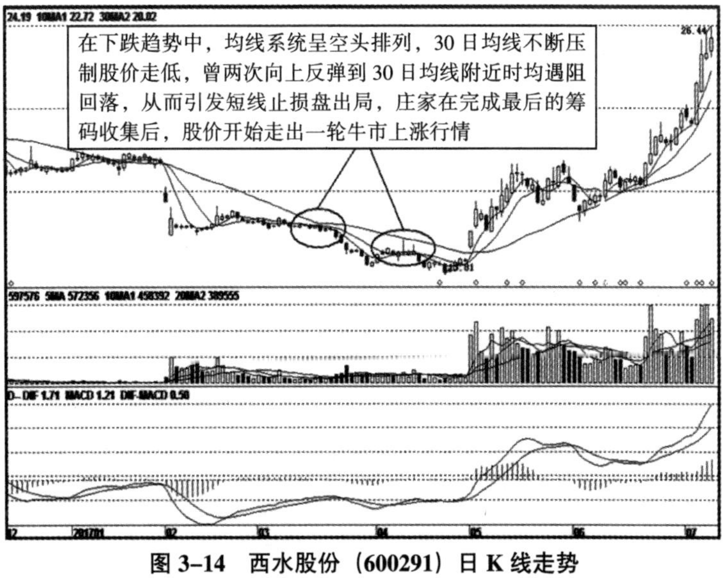

图 3-14 西水股份（600291）日 K 线走势

该股庄家显然是利用下降的 30 日均线压力作用，“放大”了这种压力效果，形成股价突破失败或无法突破的假象，制造虚假的向下加速走势，使散户感觉到股价仅仅是一次弱势反弹而已，认定后市股价仍将会继续下跌，所以有不少散户争相在均线附近卖出股票。

二、趋势假压力

在实盘操作中，下降趋势线一旦有效形成，将对股价构成重大的压力。股价回升到下降趋势线附近时，大多遇到压力而再次出现下跌走势，因此趋势线附近是一个卖出信号。但是，这种情况也经常出现许多虚假的现象，往往成为庄家操控盘面的惯用手法。不少庄家阴谋就发生在这里，投资者只有综合分析研判，才能避免中了庄家阴谋。

图 3-15，马钢股份（600808）：该股反弹后逐波下跌，高点一个比一个低，形成一条向下倾斜的下降趋势线，股价每次反弹到趋势线附近时，均遇到强大的压力而再次下跌，因此在趋势线附近卖出是一个较好的止损点位。

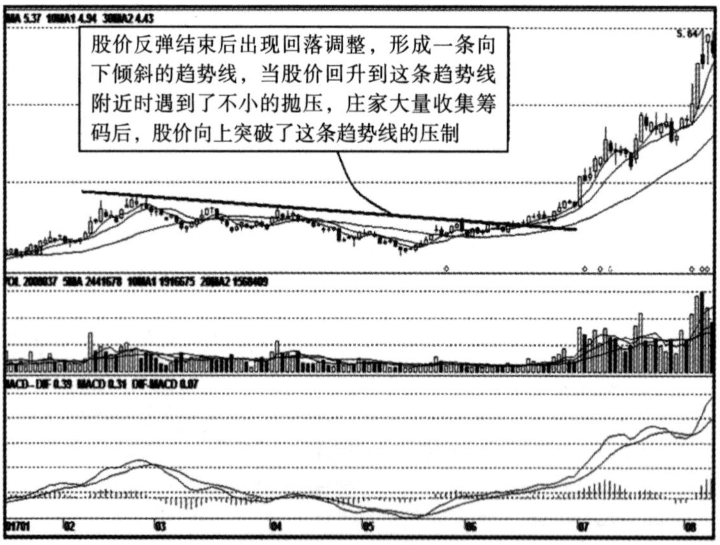

图 3-15　马钢股份（600808）日 K 线走势

但是，下降趋势线终将有被突破的时候，特别是长期下跌后的低位，很容易被庄家控制。在 2017 年 5 月底至 6 月初的走势中，当股价再次反弹到趋势线附近时，盘面同样出现震荡走势，上方显得压力重重，无力向上突破。不少散户看到这种情况后，认为股价上涨遇到趋势线压制而纷纷抛空操作，这样庄家就能轻松地拿到抛出的筹码。此后，该股并没有出现下跌走势，经过一段时间的蓄势整理后，股价开始向上爬高，从此走出一轮上涨行情。

那么，如何分析该股的庄家手段呢？从图表中可以看出，股价反弹到趋势线附近时，庄家故意在趋势线附近磨蹭，使盘面产生股价上涨受阻的假象，误导盘中散户离场操作，同时警示场外的散户慎重操作，不要轻易介入。于是，在趋势线下方形成小幅盘跌走势，以逐步消化上方压力。通过一段时间的较量之后，多空双方的意志被消磨殆尽，最终放弃了原来的计划。

在实盘中遇到支撑或阻力时，庄家常常采用磨的手法，最终将支撑或阻力消化殆尽。该股庄家就稳扎稳打，不急于攻克阻力，而是采用“磨杵成针”的手法，磨掉了持股者的意志，消化了上升阻力，最终成功地完成了建仓计划。

其实，从该股盘面分析，就能发现庄家手段所在。虽然股价反弹到趋势线附近时，看似遇到了不小的压力，但股价再次下跌的力度已大不如前，说明下方有一股承接力量。这股力量绝非散户所为，因为散户难以充当跌势的中流砥柱，而只有庄家才能封堵下跌空间，这就说明庄家在此大量建仓。而且，在震荡过程中成交量与前期相比出现明显放大，显示有资金在暗中活动，大多属于建仓量。

图 3-16，同济科技（600846）：该股在震荡下跌过程中形成一条下降趋势线，股价每次反弹到这条趋势线附近时均遇阻回落，无法形成有效的向上突破。散户看到这种情况后，多数选择在 30 日均线附近减仓或离场。

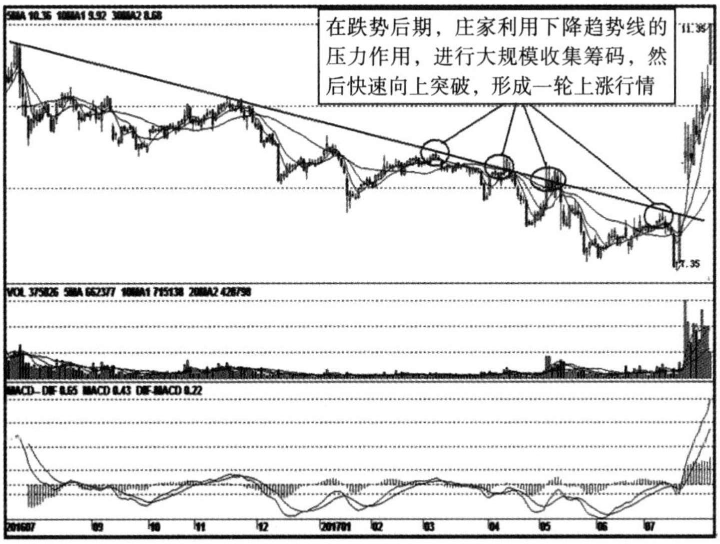

图 3-16　同济科技（600846）日 K 线走势

从图 3-16 中可以看出，2017 年 4 月中旬股价回升到趋势线附近时遇阻回落，股价再创调整新低。然后在 5 月上旬和 7 月中旬出现同样的走势，这时又有一批散户“逢高”退出观望，一些先前已经退出的散户也不敢入场。这样经过几次震荡后，庄家就能轻松地拿到大量的低价筹码。7 月 19 日开始股价连拉两个涨停板，成功向上突破了下降趋势线的压力，从此开启一轮牛市上涨行情。

其实，从价位分析，股价经过长期的下跌调整后，已处于底部区域，下跌空间不会很大。通过这些盘面分析就能发现庄家在此大量建仓，投资者就可以积极入场，与庄共舞。

在实盘操作中，当股价遇到趋势线压制时，对于其可靠性如何，还可以从以下几方面进行验证：

（1）趋势线所经过的次级下降顶部越多就越有意义。换句话说，若股价回到趋势线之上后再度下跌，如果下跌的次数越多，趋势线的有效性就越可以获得确认。

（2）趋势线延伸越长，股价离开趋势线而停留在低价位一段时间后才产生中级上升，并向趋势线靠近才有意义。如果股价距趋势线所连的两个次级底部相当远，并在此期间大幅度下跌，则它的可靠性越大。

（3）趋势线和它的两个顶部连线所形成的角度是估量中级趋势线的标准。一条角度非常陡峭的趋势线容易被一个横向的整理形态突破，对技术分析来说，这条趋势线的测量价值会降低。因此，集体突破发生时，投资者都应提高警觉并采取对策。

（4）在下降趋势中，当股价上涨到阻力线附近时，如果成交量出现萎缩，股价受阻的可能性较大；如果放量上升则有可能形成股价突破阻力线并进一步上涨，摆脱原先的下降趋势。在这种情况下，在阻力线附近抛出股票就操之过急了。

（5）下降趋势线并不是固定不变的，它通常会随着下跌行情的展开而改变斜率。因此，应当根据实际情况适时调整下跌趋势线，以便更准确地判断行情走向和把握买卖时机。

三、前高假压力

股价在震荡过程中形成的阶段性高点，对后市股价上涨具有重要的压力作用，容易出现技术性共鸣，对投资者心理也产生重要的影响。当股价反弹到该位置附近时，大众散户往往不约而同地卖出筹码，加之庄家的阴谋诡计，盘面效果将会更加突出而逼真，因此假压力就会应运而生。

图 3–17，洛阳钼业（603993）：该股反弹结束后回落，形成一个明显的高点。2017 年 4 月初，股价再次回升到这个高点附近时明显遇到压力，然后股价回落渐渐走低。不少散户看到股价不能突破，而选择离场观望。这期间，庄家暗中悄悄大量吸纳筹码，然后在 6 月中旬股价回升到前期高点附近时，庄家并不急于向上突破，于是出现同样的滞涨走势，此时又有一批散户在前高附近抛售离场。庄家成功完成建仓计划后，股价在 7 月 6 日开始放量向上突破，此后股价盘升而上，中线走强。

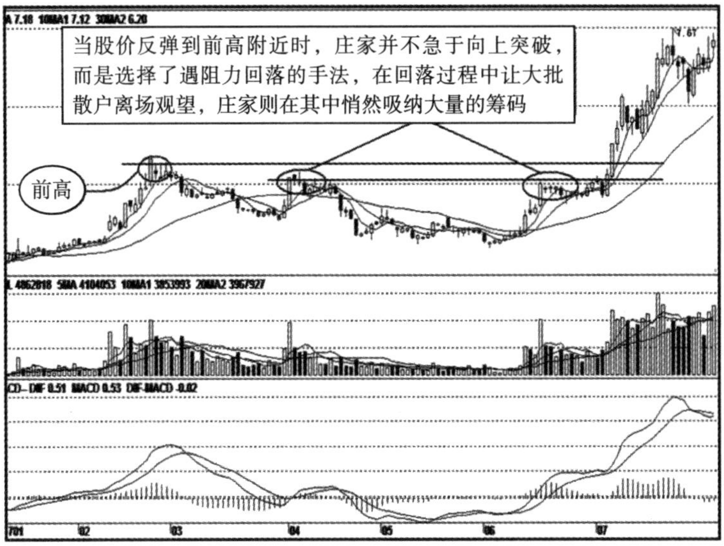

当股价反弹到前高附近时，庄家并不急于向上突破，而是选择了遇阻力回落的手法，在回落过程中让大批散户离场观望，庄家则在其中悄然吸纳大量的筹码
前高

图 3-17 洛阳钼业（603993）日 K 线走势

那么，该股庄家阴谋在哪里呢？通过图表分析可以发现，庄家巧妙地利用前期高点这个显而易见的压力位，制造虚假的技术图形，让散户在前期高点附近抛出，从而实现自己的建仓目的。

其实，只要认真分析盘面细节，投资者就能揭穿庄家的阴谋。当股价回升到前期高点附近时，虽然没有出现突破走势，但股价并没有出现大幅回落走势，这从坐庄逻辑上讲就有问题了。大家不妨想一想，如果这是一个无法突破的压力位，那么股价就会很快回落，不会给散户逢高出逃的机会，既然庄家将股价长时间维持在压力位附近震荡，等待散户的抛售，敢于在此承接筹码，那么后市股价肯定有名堂。还可以再想一想，如果这是一个真正压力位的话，奸诈的庄家肯定会设一个多头陷阱，可以一口气将股价冲到前期高点之上，让散户感到股价突破压力而纷纷跟进之时，股价快速回落将散户全数套牢在高位之上。通过这样的假设就可以轻松看破庄家手段，接下来的操作就顺手了。

图 3-18，柳钢股份（601003）：该股出现一波放量反弹行情后回落震荡整理，经过一轮缩量下杀后，在 2017 年 5 月上旬出现快速拉高走势，股价迅速回升到前高附近，但股价并没有形成突破走势，而是出现快速回落，这时不少散户仓皇离场，庄家悉数接走散户的筹码，随后股价渐渐向上走高。庄家这样做的目的就是利用前面已经出现的高点压力，制造无法突破的假象，让散户主动抛出筹码，以顺利建仓。因此，投资者在分析此类个股时，一定要做时空上的区分，不可以一概而论之。

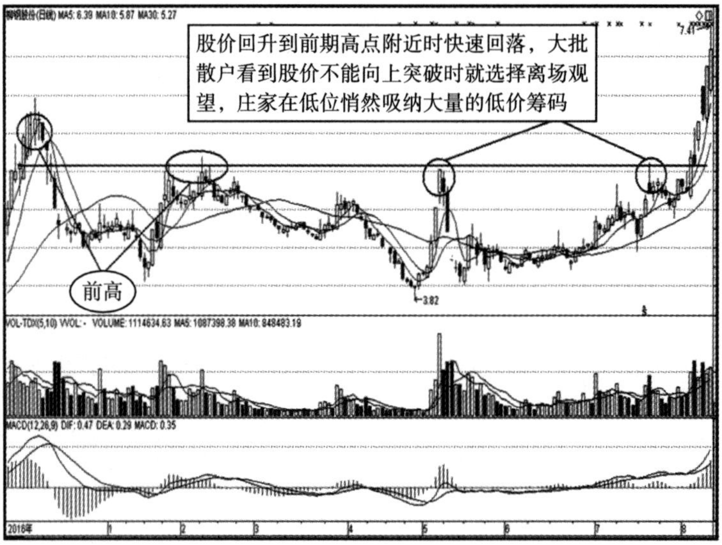

图 3-18　柳钢股份（601003）日 K 线走势

通过上述两个实例的分析可知，在实盘中遇到这类个股时应注意以下几点：

（1）股价前期下跌幅度较大，累计跌幅超过 50%的，此时假压力的可能性较大；如果在见顶后的下跌初期，或向下突破某一个重要技术位置后回抽确认时遇阻回落，可能是真正的压力位。

（2）当股价遇到前期高点压力后，如果没有出现明显的下跌走势，可能是假的压力位；相反，当股价抵达压力位附近时，出现快速回落的，可能是真正的压力位。

（3）在股价前期高点附近，成交量出现明显的放大，但股价始终不能突破的，可能是真正的压力位，庄家在此进行诱多动作。理想的盘面形式就是股价以温和的形式，向上突破前期高点，这样持续性会更强。

四、盘区假压力

盘区包括成交密集区，股价在某一个区域出现长时间的震荡或者巨大的换手时，就会形成一个盘整区或成交密集区，这个区域对后市股价发展起着至关重要的作用。当股价由下向上回升到这个盘整区域附近时，通常会遇到较大的压力而出现继续调整走势，特别是当股价无法向上突破这个区域时，该盘区附近就是一个较好的卖出位置。但是在实盘中，庄家经常将盘整区域演变成虚假的压力区，让散户产生股价突破无望的感觉，从而引发散户抛盘，然后庄家在此位置下方大量吸纳筹码。

图 3-19，盛和资源（600392）：该股经过长时间的调整后，在渐渐止跌企稳盘整，形成一个盘整区，庄家在盘区内进行高抛低吸。2017 年 1 月中旬，庄家采用打压手法吸货，股价向下击穿了盘区低点支撑。然后，股价企稳回升，但是回升到盘区附近时，

股价受盘区压力而不能有效向上突破，底部获利盘和前期套牢盘涌出，导致股价再次回落到前期低点附近。在股价回落过程中，有大批散户选择离场操作，而庄家却在暗中吸纳低价筹码。庄家顺利完成建仓计划后，7 月 7 日股价放量涨停，一举向上突破前期盘区和高点的压力，从此开启一轮上涨行情。

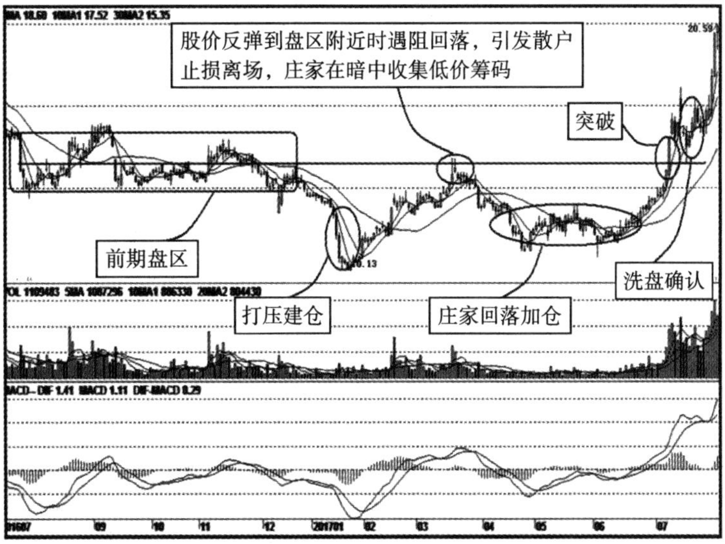

图 3-19　盛和资源（600392）日 K 线走势

该股庄家就是利用前期盘整区的压力作用来完成建仓、加仓计划和洗盘整理，因为这个盘整区存在一定的技术压力是不可争议的，这也是投资者的共同看法。因此，当股价回升到这里的时候，多数庄家会在这里耍一些花招来欺骗散户。更多的是制造假的技术压力，形成股价上涨遇到阻力而不能有效突破的假象，误导散户选择离场操作，以此达到建仓和加仓目的。通常在这里具有加仓和洗盘两层意思，当庄家完成启动前的最后动作后，就会等待时机进入主升段行情。需要注意的是，在这种盘面中庄家的主仓期大多在前面的盘整区及下滑过程中，后面只是加仓和洗盘的辅助过程，因此有时候可能就出现直接拉升的现象，投资者需要结合即时盘面走势进行综合分析。

图 3-20，通威股份（600438）：该股经过长时间的下跌调整后，在底部形成横向震荡整理走势，在盘整震荡末期庄家采用打压手法向下击穿盘区，然后股价渐渐企稳回升。当股价回升到这个盘区附近时，庄家志在高远，并不急于向上突破，而是在前期盘区附近展开震荡走势，这时不少散户认为股价无法形成突破走势，担心股价再次下跌被套，进而选择抛售离场操作。其实，图表背后隐藏着重大的庄家阴谋，庄家利用上方盘整区的压力，并故意"放大"压力效果，从而误导散户抛售离场，以此达到建仓目的。当庄家完成建仓计划后，2017 年 7 月 31 日股价放量涨停，一举向上突破了盘

区的压力，然后经过回抽确认成功，股价进入新一轮上涨阶段。

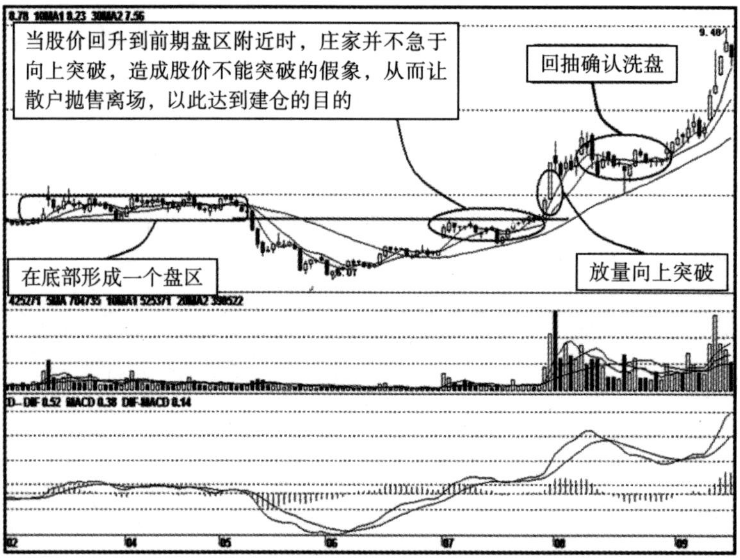
当股价回升到前期盘区附近时，庄家并不急于向上突破，造成股价不能突破的假象，从而让散户抛售离场，以此达到建仓的目的
回抽确认洗盘
在底部形成一个盘区
放量向上突破

图 3-20 通威股份（600438）日 K 线走势

从该股图表分析，也能发现一些技术疑点。一是股价前期调整时间长，累计下跌幅度也超过 50%。二是股价遇到上方压力后，没有再次出现大幅下跌走势，而是在前期低点附近获得企稳，说明股价下跌空间有限。三是股价能够回升到盘整区附近，显示下方有买盘介入，而这不是散户的零星买盘，应当有庄家持续吸纳，才使股价出现止跌企稳。所以，这是庄家利用假的压力位进行建仓，投资者可以逢低跟进。

在这两个实例中，庄家就是利用散户对上方压力位的担心和恐惧，采用“反大众心理”进行吸货。由于大多数的散户存在暴富的思想，看到短期股价久攻不破时，就会对未来股价不抱希望，最终在低位将筹码抛出，这是很可惜的。在这个市场里，牛股天天有，但牛股总是与缺乏分析的人擦肩而过。只要认真分析盘面细节，观察盘面变化，就能看穿庄家的阴谋。

这两个实例的共同特点就是，股价已经处于低位，前期股价下跌幅度大，调整时间长。而且当股价向下脱离成交密集区后，并没有出现持续的下跌走势，这是值得怀疑的。另外，股价能够在压力位附近长时间震荡，说明有一股力量支撑着股价，这也是非常重要的盘面分析要点。

第三节 低位跌停、涨停建仓

一、跌停——诱空出局

1. 低位跌停的庄家意图

股价跌停确实令人心寒，意味着股价有加速下跌之势。但在股价大幅下跌后的低位出现跌停，不一定就是坏事，它可能是一个空头陷阱。表明庄家在刻意打压股价，以逢低吸纳廉价筹码。在实盘操作中，总有一些散户被庄家蒙骗，在恐慌之中抛出筹码。那么庄家是如何利用股价跌停进行吸货的呢？

图 3-21，盐湖股份（000792）：股价见顶后大幅下跌，庄家不断压制股价上涨，在低位形成一个盘区。2017 年 4 月 17 日再次向下破位后，股价不断向下探求底部支撑，直到做空动能完全衰竭，股价才渐渐企稳回升。但是，股价经过小幅反弹后，在 7 月 17 日低开低走直至跌停收盘，同时跌破 30 日均线的支撑，又回落到前期低点附近，在盘面上形成了极大的恐慌。不少散户担心股价破位下跌，便在跌停板价位上挂单卖出，庄家多次开板不断在跌停板位置上吃进散户卖单。可是，第二天股价并没有出现持续性下跌，股价企稳后渐渐向上推高。经过回调整理后，9 月 8 日开始股价出现快速上涨。

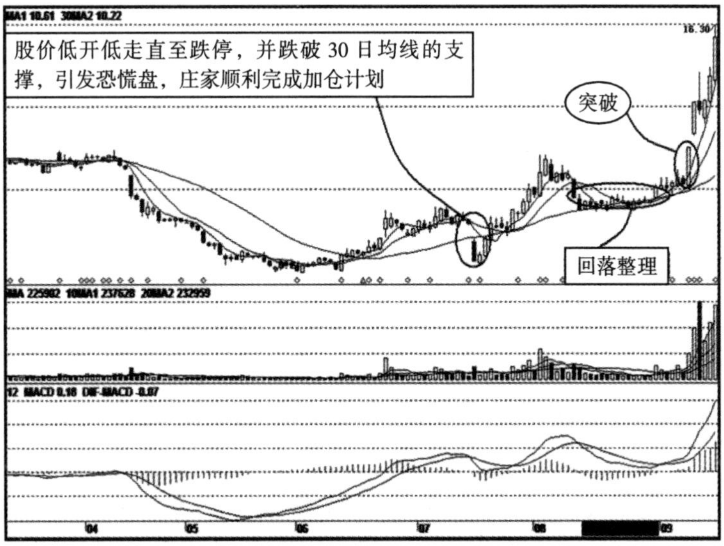

图 3-21 盐湖股份（000792）日 K 线走势

该股庄家就是利用低位跌停板来诱导散户抛出，这种吸货方式在实盘中经常遇到。在低位，庄家把股价打到跌停板价位，然后故意在跌停板上堆放较大的封单，此时有的散户看到封盘这么大，认为短期股价难有回升行情，因此也加入抛售行列之中。当盘中堆积了许多散户的抛单时，庄家把自己先前的抛单逐渐撤掉，用同样数量的卖单同时挂出，以此欺骗散户。

这样盘口上的抛单基本上没有明显的变化，庄家自己的抛单已改挂在后面，而排在前面的抛单都变成是散户的了。并且，庄家非常清楚盘口上的抛单，有多少是自己的，有多少是属于散户的。此时庄家根据散户抛单大小，悄悄接走散户的卖单，按照时间先后优先交易原则，散户的抛单就会很快得到成交。这样庄家在跌停板位置就可以轻松地拿到散户的筹码。当散户的抛单渐渐减少时，庄家又封上一笔抛单，再次诱导散户跟风抛出，然后又撤单，再次吸纳。这样反复操作，自然可以达到低位吸货的目的。所以在低价位区域，如果一只股票跌停后又多次打开，且成交量比较大，十有八九是庄家吸货行为。

可见，股价在有较大幅度的下跌后出现跌停，大多是空方的最后一跌，股价随时有见底回升的可能。虽然没有能够使股价马上上涨，但至少说明股价的下跌力度已经很弱，下跌空间也已经不大。此时应以逢低吸纳为主，股价走强后可以加仓买入。这种操作手法反映了庄家在盘中制造恐慌气氛，以便于低位吸取更多的廉价筹码的行为。此时庄家并无意做空，股价很快将出现企稳回升走势。这类股票一旦转强，便会使更多的买盘出现，股价将会出现较大的上涨行情。因此，散户千万不要盲目地追涨杀跌，以免上当受骗。应仔细观察盘口，跌停后是否迅速关门，观察成交量大小、换手率高低，然后再决定操作方向。

图 3-22，亿纬锂能（300014）：该股反弹结束后回落，2017 年 4 月 24 日开盘后股价破位逐波下跌，收出一根放量跌停大阴线，K 线图形十分难看，市场恐慌气氛加剧。不少投资者认为股价会大跌，因而纷纷抛空操作。可是，股价并未出现大幅下跌走势，第二天就企稳盘整，庄家在盘整过程中大量吸纳低价筹码。在建仓后期股价再次向下打压，造成诱空动作，然后股价缓缓向上回升，从此走出一波上涨行情。

从该股走势图 3-22 中可以看出，股价跌停后并没有持续下跌，而是在跌停价位附近维持弱势震荡，这给散户心理上造成不小压力，认为跌停后的弱势震荡是下跌中继整理走势，股价有可能再次出现新的跌势，认为早一天出局少一分损失，因而选择了离场操作的举动，这样庄家就可以顺利完成建仓计划。

其实，从该股技术方面分析也会发现一些疑点：

（1）该股调整时间长，下跌幅度大，做空动能得到较好释放，向下调整空间已经不大。

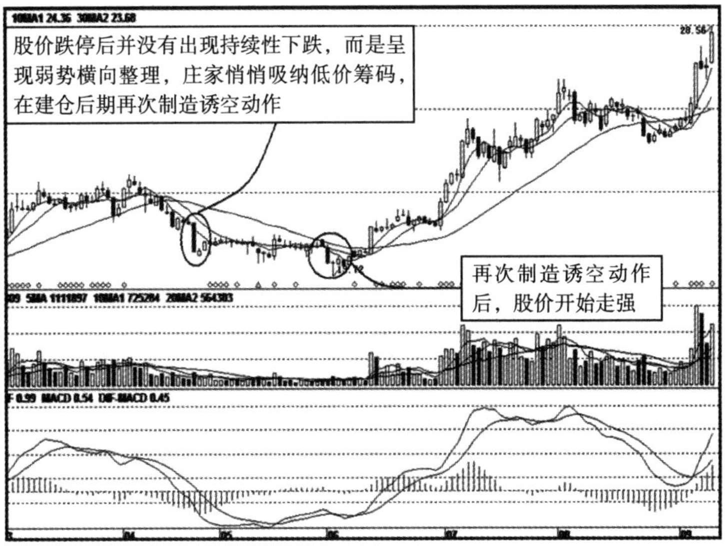

股价跌停后并没有出现持续性下跌，而是呈现弱势横向整理，庄家悄悄吸纳低价筹码，在建仓后期再次制造诱空动作
再次制造诱空动作后，股价开始走强

图 3-22　亿纬锂能（300014）日 K 线走势

（2）股价并没有击穿前期低点的支撑（观察压缩图），可以观察该位置的盘面反映。

（3）股价没有出现持续性下跌走势。这一点非常重要，这么一根跌停大阴线，股价却没有持续下跌，可谓“雷声大雨点小”。这就有问题了，说明下跌气势不盛，做空力量不强，因而是一个空头陷阱。

在涨跌停板制度下，根据时间优先原则，市场中个股涨或跌停是经常出现的。显然，在已经跌停的情况下，作为卖方，已经无法通过压价与其他卖方竞争，要想获得较大卖出机会，只有抢时间早些时候以跌停价挂卖单排队，越早越好，迟则可能痛失卖出机会。如果庄家想进货，他就会在跌停板价位处挂巨额卖单，吓得散户纷纷以跌停价杀出。此时，庄家悄悄撤掉原先挂出的巨额卖单，然后填买单将散户筹码一一吃进，与此同时再挂与撤单大小相近的卖单在后头，在表象上没有明显变化。这一过程可以反复进行，直到吸足筹码，或到大多散户发觉时为止。

图 3-23，科泰电源（300153）：股价小幅攀高后，庄家开始打压股价，连续两个交易日股价出现跌停，均线系统空头发散，形成加速下跌态势，而庄家则在跌停板位置挂单吸货。此后，股价企稳形成横盘整理，庄家利用向下跳空缺口继续加大建仓力度，经过 20 多个交易日的蓄势整理后，股价开始反转向上，脱离底部盘区，市场进入牛市格局。

这种建仓方式的庄家意图，就是通过股价跌停走势，制造盘面恐慌气氛，而跌停往往伴随着技术上的破位，从而形成后市还有较大的下跌空间假象，以此引诱恐慌盘涌出，庄家则在跌停板位置通吃筹码。

散户基本操作策略：要进行综合分析，不可盲目地杀跌，以防上当受骗。看盘口

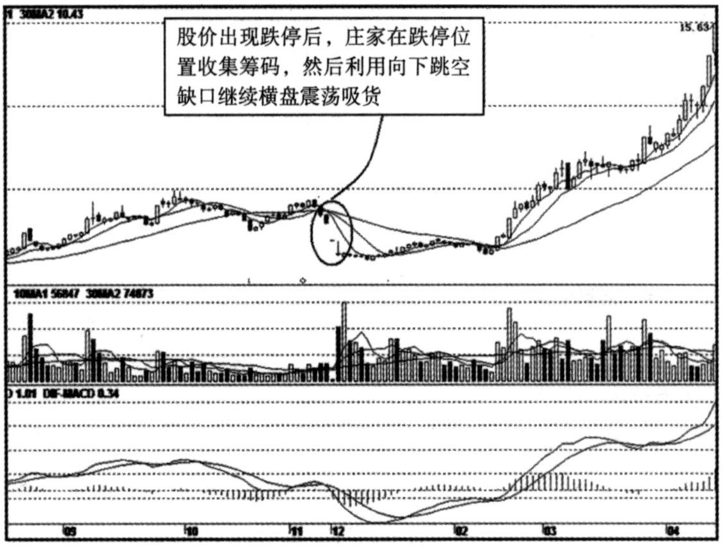
股价出现跌停后，庄家在跌停位
置收集筹码，然后利用向下跳空
缺口继续横盘震荡吸货

图 3-23　科泰电源（300153）日 K 线走势

走势，分析跌停的理由，并结合价位高低和成交量的大小、换手率高低，然后再作决定。如果股价出现在长期下跌后的低位，那么下跌空间就不大了，应当持股不动；若在涨幅较大的高位，谨防庄家打压出货。

2. 低位跌停的技术要点

在实盘操作中，投资者遇到低位跌停时，应掌握以下技术要点：

（1）股价跌停出现在大幅下跌的末期，累计跌幅超过 50%，或出现阶段性暴跌走势，说明空方短期能量消耗过大，股价随时会迎来超跌反弹或反转上涨行情。

（2）在出现跌停的当天，成交量出现异常。如果在接下来走势中，股价继续弱势下跌，但下跌的动力在逐步减弱，且成交量持续萎缩，那可以判断为庄家在诱空吸货，在股价下跌企稳时可以逢低买入。

（3）若在跌停的当天，放出巨大的成交量，挂在卖一位置的大量卖单被吃掉，这就说明盘中出现大量的主动性买盘。当卖一位置的挂单成交后，又有大手笔卖单挂出，如此反复出现，让散户感到卖盘沉重，这就完全可以确定是庄家在诱空吸货。

（4）在低位出现股价跌停时不要杀跌，这往往是庄家的诱空行为。这类个股最容易让那些心态不稳的投资者上当。不少踏空的投资者就是因为没有控制好自己的心态，看见股价快速下跌也跟着割肉出局，这显然是不可取的。

二、涨停——利诱离场

股价涨停是投资者最高兴不过的事，它能够给投资者带来暴利的机会。那么庄家是如何利用涨停板进行吸货的呢？

在实盘操作中，有的股票开盘后股价直奔涨停板，且瞬间堆放大单封盘，接着庄家用巨量抛单，打开涨停板。这时有的人一看股价即将打开涨停板，认为庄家封盘不坚决，担心股价再次下跌而急忙卖出股票。有的股票早上直接从涨停板价位开盘，把所有的集合竞价卖单都一网打尽。这时有的人一看到股价大幅高开，就会产生获利了结的举动，结果卖出后踏空。而且，庄家在涨停板位置打开又封盘，封盘又打开，反复进行着，如果第二天在收盘价附近再震荡一下，散户很容易卖出股票，落袋为安，这样庄家就可以轻易地拿筹码了。

图 3-24，华资实业（600191）：该股经过长时间的下跌调整后，股价到了底部区域，这时庄家开始逢低吸纳低价筹码，但由于低位抛售筹码并不多，庄家很难如期完成建仓计划。于是，在 2017 年 5 月 12 日庄家快速将股价拉到涨停板，但并不封盘，而是在高位横向震荡，给散户一个出局的机会，这样庄家就可以大量收集筹码。

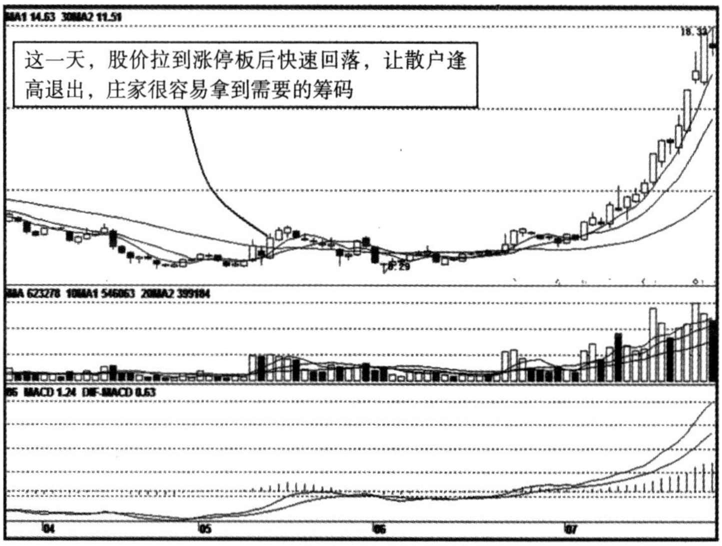

图 3-24 华资实业（600191）日 K 线走势

该股的这个涨停板暴露了庄家的建仓手段，从盘面不难看出有这样的疑点：

（1）涨停来得突然，没有任何技术方面的启动迹象，意外上涨，空穴来风。

（2）股价处于盘整之中，上方压力较大，受前期盘区制约，不可能有持续上涨行情出现。

（3）涨停后的第二天出现震荡走势，上涨势头遭到质疑。

由此可见，这是庄家明显的拉涨停建仓行为，庄家给散户送上“红包”，让散户得到“心灵鸡汤”，诱导散户在此逢高退出。当然，短线技术高手遇到这样的盘面时，还是应先逢高退出观望，然后等待回调低点重新介入，可以成功地做一把差价。

在实盘中，有一种现象要注意，这就是当天股价涨停后，盘面封得很死，并没有打开过，但第二天或随后几天股价却在涨停板价位之下运行，这种走势与当天在涨停价位反复开板的意义是一样的，请看下面这个实例。

图 3-25，凌钢股份（600231）：股价反弹结束后继续回落到前期低点附近，庄家在底部吸纳了一部分的低价筹码后，在 2017 年 6 月 26 日临近收盘时，快速扫单将股价拉到涨停板，当天庄家并没有在涨停位置打开过，可是随后两个交易日均小幅低开高走，股价在涨停板位置反复震荡，这种方式与分时走势中多次开板所起的作用是一样的，同样是一种吸货行为，此后股价稳步向上推高，走出一轮快速上涨行情。

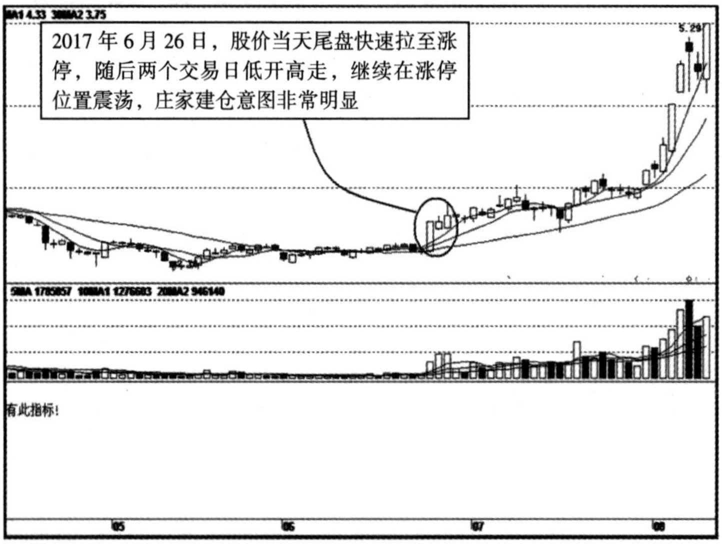
2017 年 6 月 26 日，股价当天尾盘快速拉至涨停，随后两个交易日低开高走，继续在涨停位置震荡，庄家建仓意图非常明显
5.29
有此指标！
05
06
07
08

图 3-25　凌钢股份（600231）日 K 线走势

三、低位跌停、涨停的真假

我国股市实行的是涨跌停板制度，一些控盘庄家常常利用涨停、跌停的方式来欺骗、诱导广大投资者进入其事先设好的圈套之中。那么，如何解读低位跌停、涨停的庄家意图呢？庄家之所以能利用涨停、跌停设置圈套，主要是因为停板有以下一些技术特征：

（1）封住涨停板时的买盘数量大小和封住跌停时的卖盘数量大小，说明了买卖双方力量的强弱程度。封盘数量越大，继续原有走势的概率则越大，后续涨、跌的幅度也越大，反之亦然。

（2）涨停的成交量小，将继续涨升；跌停的成交量小，将继续下跌。

（3）涨停的中途被打开的次数越多，时间越久，且成交量越大，则行情反转下跌的可能性越大；同理，跌停的中途被打开的次数越多，时间越久，且成交量越大，则行情反转上涨的可能性越大。

(4) 涨停封住的时间越早，后市涨升的力度也就越大；跌停封住的时间越早，后市下跌的力度也就越大。

庄家就是充分利用涨停、跌停的这些特殊性来迷惑散户的。在具体操作中，庄家如果想出货，就会先以巨量的买单封住涨停板，以充分吸引市场的人气。本想抛售的散户就会因此而改变计划，其他的散户则会以涨停板的价格追进，而此时庄家则会借机撤掉买单，挂上卖单，于是很快就将仓位转移到了散户手中。当盘面上的买盘消耗得差不多时，庄家又会在涨停板上挂出买单，以进一步诱惑散户，制造人气旺盛的假象；当散户再度追入时，庄家又撤去买单排到后面去。庄家通过如此反复操作，可以使筹码在不知不觉中高位兑现，从而保证自己顺利逃庄出局，而散户则捂住股票被套牢。

同理，庄家若是想买进筹码以达到建仓的目的，就会先以巨量的卖单封住跌停板，以充分制造空方的效应氛围，打击市场的人气，促使场内散户抛出自己所持的筹码。当吓出大量的抛盘之后，庄家就会先撤掉原先挂上去的卖单，让在后面排队的卖单排到前面来，自己则开始逐渐买进。当场内的抛单被自己吸纳得将尽时，庄家又重新在跌停板上挂出巨量的抛单。庄家就是通过如此反复的操作，保证自己进一步增大持仓量的。

在这种情况下，散户所见到的巨量买卖单其实都是虚假的，都是让散户看的，不足以作为判断后市行情发展的依据。在实盘操作中，为了避免被上述现象误导而做出错误的决策，就必须密切关注涨停、跌停后的买卖单的微妙变化。同时，也必须判断出其中是否存在频繁的挂单撤单现象，涨停、跌停是否正常被打开，以及每笔成交量之间的细微变化和当日成交量的增减状况等。据此做出正确的判断，相应地调整自己的具体操作方法，以免陷入庄家在涨停、跌停时设下的阴谋。

第四章　庄家建仓实录

第一节　庄家控盘股票的形态特征

一、庄家控盘股票的特点

价格波动是庄家资金操盘的直接表现。从价格波动的K线形态及量能变化之中，可以洞察庄家操盘意图。在短周期股价翻倍的个股，多数是庄家控盘后刻意操纵的结果，反映到价格及量能变化上，必然有着区别于其他个股的特点：

（1）在K线形态意义中，有明显大资金吸筹的迹象。

（2）拉升前有庄家砸盘打压、清洗浮动筹码的形态结构。

（3）有庄家锁仓或高度控盘的明显量能表现。

以上是判断强庄股控盘的必要分析条件。控盘庄股不同于其他个股走势，大机构炒着特定题材，有着明显的时间限制，其在介入的开始，操作手法上便有着明显的计划性、战略性。

庄家介入目标股后，其股价走势虽然有顺随大势的一面，在大盘下跌中股价也出现其相应的走势，在大势上涨时也出现股价的上涨，但是在其阶段型的走势中，更多地会表现出对市场波动、对市场投资心理和投资行为的反向利用和理解，表现出具体的K线形态中不符合市场思维习惯的一面。在吸筹阶段，经常出现突然拉高的大阳线，而在市场根本没有明白怎么回事的时候，又出现了跳空高开低走的大阴线，经常出现反叛线和归顺线，造成股价剧烈的震荡，让多数持股者因看不清后市或忍受不了剧烈震荡所带来的市值波动而被迫离场。同样，在吸筹、打压、洗盘、拉抬、出货等每一个控盘阶段过程中，都体现着庄家的独具匠心的计划性。

虽然，各种控盘个股有着各自的走势形态特点，但是在价格波动及量能变化上所显示的市场意义却是共同的。这里之所以对控盘个股的走势形态进行列举和分析，就是通过形态的概括分析研究，深刻揭示庄家操盘的意图及价格波动的意义，从而清晰、准确地捕捉目标控盘庄股。跟踪庄家运作动向，分析庄家运作阶段的意义，选择适当的参与时机，最终在短时间内最大获利。

二、剧烈震荡形态

股价突然拉高，又突然打压，又再次拉起，制造剧烈震荡进行吸筹，成交量阶段性放大，盘面 V 形或 W 形反转走势，最后拉升进入主升浪。

散户最烦什么？散户不怕股票下跌，股价下跌了，拿着就是了，心态好得很。最烦的是股价长期不涨。1 个月甚至两三个月的时间里，一会儿让你挣 10%，一会儿让你赔 10%，一会儿再让你挣 10%，一会儿再让你赔 10%。盘面走势折腾来折腾去，谁也受不了这样的心理折磨。股价的长期震荡横盘，散户往往会忍耐不住，在某个位置上把股票抛掉。

1. 形态示意图

剧烈震荡形态如图 4-1 所示。

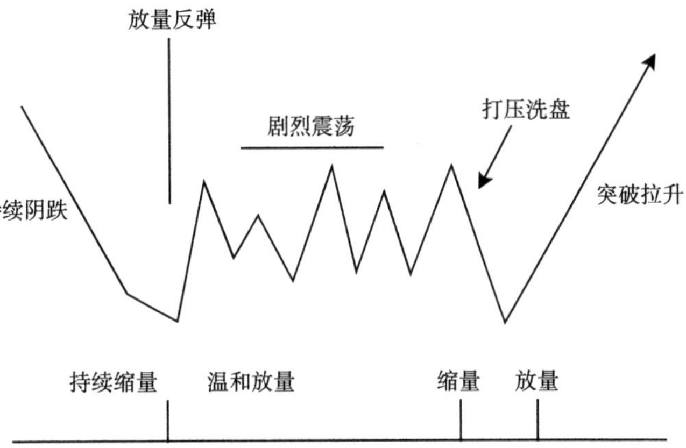

图 4-1　剧烈震荡形态示意图

2. 形态意义

（1）在股价走势的相对低位，庄家介入后突然放量拉高股价。

（2）在拉高的大阳线后，突然出现反叛大阴线，使追涨资金套于高位。

（3）在剧烈震荡中，股价再次接近第一次震荡高点，然后又快速下跌甚至创出新低，使场内散户持股信心大受打击，在多种市场心理下筹码极度松动。

（4）当股价第三次接近前期高点时，所有的场内前期被套筹码几乎一致选择了出局观望，从而达到了庄家强收集的目的。

（5）随后庄家进行拉升前的最后打压、洗盘，为拉升创造条件。

（6）几乎所有的控盘庄股，都表现出了拉升初期筹码高度集中与稳定这一共性。

3. 实录回放

图 4-2，永和智控（002795）：该股见顶后逐波回落，从 2018 年 1 月 24 日开始再次出现持续阴跌走势，庄家逼迫散户交出手中的筹码。但是，成交量持续萎缩，说明盘中浮动筹码已经很少，散户的心态基本已经麻木，有的散户早已扛不住亏损而割肉离场了，所以成交量出现萎缩。庄家也不敢在该位置轻易打压股价，担心过度打压会引起场外散户的关注，而导致低位筹码的损失，所以庄家只能悄然承接少量的散户抛售。

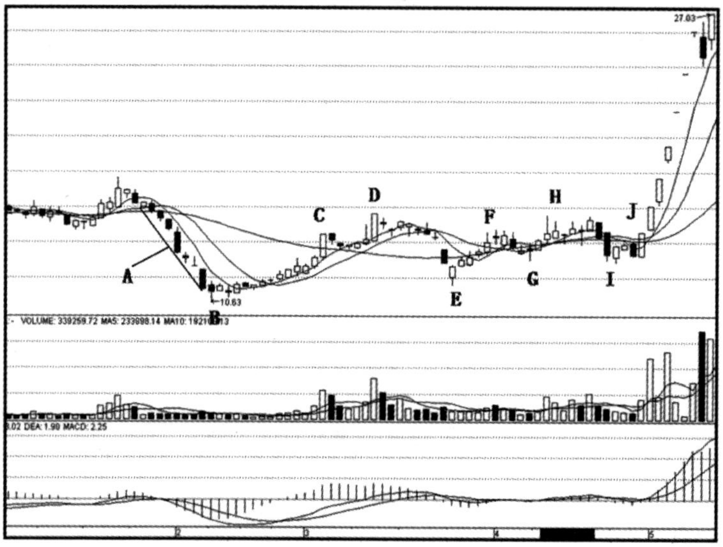

图 4-2 永和智控（002795）日 K 线走势

由于庄家的介入，使股价渐渐企稳回升，当股价回升到前期盘区附近时，庄家巧妙地利用前期盘区的压力作用，主动制造大幅震荡走势，目的就是继续加大建仓力度，让前期盘区附近的筹码解套或止损离场。因为，不少散户看到股价在前期盘区附近受阻，无法形成有力的突破行情，往往会选择暂时离场观望的操作方法，个别顽强拼搏的散户眼看股价马上又要下跌时，也不忍心抛出手中的筹码。

庄家正利用散户这样的心理，成功地完成建仓计划后，于 4 月 27 日放量涨停，开启一波快速拉升行情，一口气拉出 7 个涨停。

为了更好地了解庄家意图，下面对庄家建仓过程作实录回放：

（1）A 处股价持续下跌，击穿前期盘区支撑，产生技术破位形态，让散户恐慌离场。但庄家却露出了破绽，那就是无量空跌。在大幅下跌的低位，出现无量下跌，说明了什么？至少说明两个问题：一是庄家刻意打压行为；二是抛盘并不大，一方面浮动筹码很少，散户产生惜售心理，另一方面庄家也不愿意抛售低价筹码。所以，此处出现的持续下跌走势，是一个空头陷阱。

(2) 由于散户不愿意抛售，庄家也不敢继续打压股价，担心继续打压股价会引来场外资金进场抢筹，所以庄家进场承接少量的散户筹码，股价在 B 处获得企稳，形成向上回升态势。

(3) C 处和 D 处均收出放量涨停大阳线，期间大盘背景尚好，庄家扫掉当天的全部卖单。按理说，第二天会有惯性高开或冲高动作出现，可是涨停后的次日均出现回调走势，盘面出乎多数人的意料。

庄家这样做的目的有二：一是让散户感到前期盘区压力较大，股价暂时不能形成突破走势，或者让人产生怀疑庄家实力，无力突破的感觉，进而动摇持股信心；二是让在 B 处附近介入的散户微利离场。通过这种走势不断强化盘中持股者不宜久留和场外持币者不能追高这一心理思维定式，这样庄家如愿以偿地拿到不少的低价筹码。

(4) 在 C、D 处遇到阻力后，股价出现震荡，盘面上攻明显乏力。3 月 23 日，收出跌停大阴线，股价收在 30 日均线之下，次日大幅低 5.86%，在 E 处盘中一度接近跌停，虽然盘中有所回升，但无力回补当日向下的跳空缺口，技术上出现破位之势。这时在 C、D 处离场的散户暗暗庆幸自己及时离场，同时没有介入的场外散户也坚定了不能追涨的思维定式，也给没有在 C、D 处离场者以强大的心理压力。

(5) 此后庄家在 F、H 处，同样是利用 C、D 处和前期盘区阻力作用进行建仓，通过 G 处星线震荡，制造弱势盘面。庄家极其巧妙地对前期心理定式做出有效呼应，在此思维定式下，场内大部分筹码被快速收集到庄家手中，而场外资金又不敢轻易入场。通过大起大落的剧烈震荡，庄家基本完成了建仓计划。

(6) 庄家在拉升前，在 I 处打压洗盘，收出两根大阴线，但股价实际跌幅并不大，说明此时筹码集中、稳定，成交量的大幅萎缩就说明了这一点。

(7) 庄家完成建仓计划并经过打压洗盘后，在 J 处收出涨停大阳线，次日继续放量涨停，开启一波快速拉升行情。

可见，庄家在吸纳增持筹码中，有效地利用形态技巧和散户的思维定式，做出一些相应的图形。通过对该股庄家运作逻辑的剖析，大家对庄家的操盘意图应该有了进一步的了解和掌握。

三、技术破位形态

股价一段时间在一个平衡的趋势（上行、横向、下行）中运行，不久庄家故意打破这个平衡，股价出现破位或加速，然后出现缩量做底形态，最后向上突破形成主升浪行情。

1. 形态示意图

（1）震荡上行形态。股价企稳后形成缓慢的上升通道，中途股价向下砸低，跌破了上升通道的技术支撑，经过短期的缩量整理后，股价进入拉升行情，如图 4-3 所示（实例参考图 4-6）。

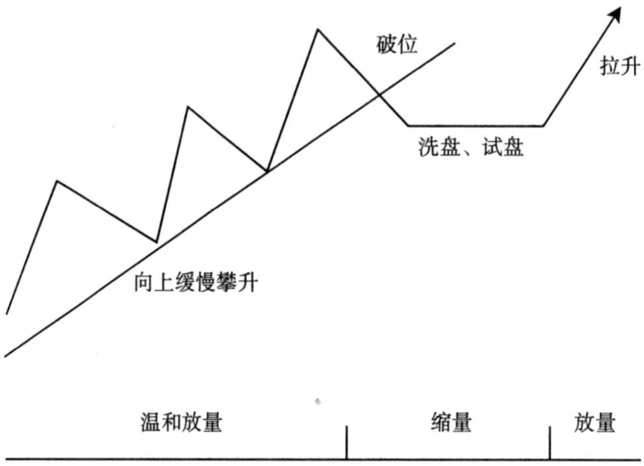

图 4-3　技术破位形态示意图（1）

（2）横向运行形态。股价经过充分的下跌调整后，渐渐企稳出现横向震荡走势，不久庄家故意向下击穿盘区的技术支撑，但没跌多少，股价反转上行，形成主升浪行情，如图 4-4 所示（实例参考图 4-7）。

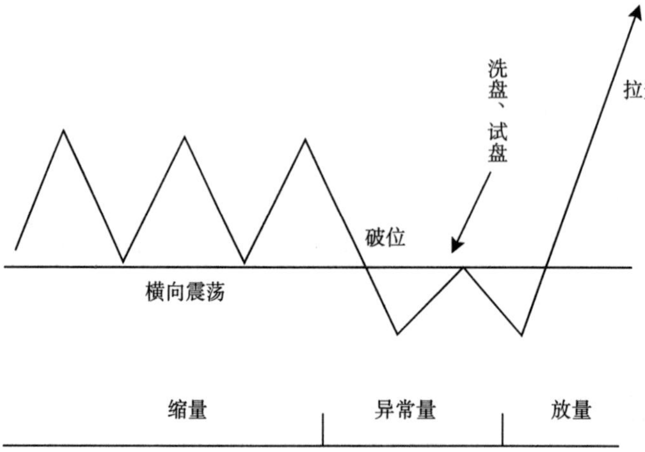

图 4-4　技术破位形态示意图（2）

（3）震荡下行形态。股价在一个下降通道中徐徐下行，然后庄家故意打压，盘面出现加速下跌，但很快股价企稳回升，出现主升浪行情，如图 4-5 所示（实例参考图 4-8）。

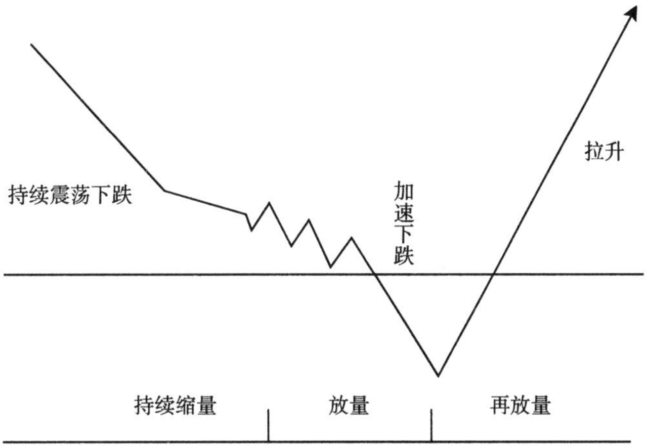

图 4-5　技术破位形态示意图（3）

2. 形态意义

（1）第一种形态收集目的比较明确，选择的洗盘大多是让筹码在前期高点附近放量换手，然后向下击穿上升趋势线，让低位持股者获利出局。

在这种形态中，庄家在控盘时间与市场中间意外风险控制上体现得更为完美，通过波段性震荡上行，除了庄家强收集外，可以在收集过程中，进行高抛低吸，有效地降低持仓成本，减少市场意外风险。

这是庄家缓慢推高股价的一种建仓方式，随着建仓的完毕，庄家进行刻意的打压股价，让股价在相对的低位长时间横盘，进行筹码的沉淀锁定。这一过程中，多数短线资金和一些中线持有者开始变得浮躁，慢慢被消磨出局。

（2）在第二种形态中，前期股价往往有了较大的跌幅，股价基本已经跌不动，出现“狐狸尾巴”形态。到了建仓后期，故意向下打压制造空头陷阱，收集最后的浮动筹码后，股价开始拉升上涨。

（3）在第三种形态中，很多庄家在筑底阶段，还利用市场利空气氛、故意打压等因素对持股者进行进一步的打击，迫使散户在拉升之前出局。

很多时候，由于庄家在收集包括打压拉升过程中，时间比较急迫，只能通过向下打压来加快坐庄进程。这种形态经常用于前期庄家建仓后的继续增持或在低位的再次收集。

（4）无论哪一种形态，庄家都是为了建仓，也是为了拉升作准备，随着筹码的高度集中与市场机会的到来，庄家开始大幅快速的拉升。

3. 实录回放

图 4-6，联创互联（300343）：该股逐波下探后，庄家悄然介入，股价渐渐企稳，形成一个小的上升通道，均线系统也呈多头发散状态。正当大家纷纷看好后市走势时，

庄家突然反手做空，股价快速大幅下跌，并击穿了前期的低点支撑，散户心中冉起的希望瞬间破灭，在恐慌中不断割肉离场。可是没多久，股价出现快速回升，一举向上突破前期高点压力，形成一轮强劲的主升浪行情，盘中连拉 19 根上涨阳线，涨幅达到 200%。

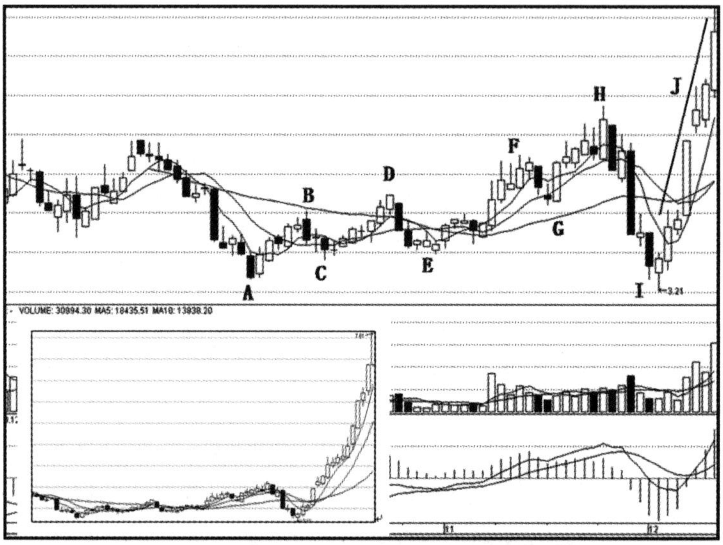

图 4-6　联创互联（300343）日 K 线走势

那么，该股中庄家的运作过程是如何的呢？下面做进一步实录回放：

（1）经过一轮下跌后，庄家悄然介入，股价在 A 处止跌回升。

（2）当股价反弹到 30 日均线附近时，由于受下降的 30 日均线压制，股价在 B 处滞涨回落，庄家在低位悄悄吸纳低价筹码。

（3）当股价回落到 C 处时，已接近庄家初仓的成本，且又遇前低支撑，股价出现止跌性企稳。庄家也不敢轻易在此价位打压股价，担心低位丢失低位筹码。

（4）D 处越过了 B 处，但 30 日均线仍然处于下降状态，且股价遇前期盘区压力，所以股价再次回落，庄家继续低吸筹码。

（5）在 E 处，遇到 A、C 低点的支撑，又是庄家初仓成本附近，股价渐渐企稳回升。

（6）在 F 处，短期均线已经上行，30 日均线出现上移，盘面出现转强迹象，但前期盘区附近压力较大，庄家利用盘区的心理压力作用，让股价回落，继续收集筹码。

（7）在 G 处，股价得到 30 日均线及前期低位盘整带的有力支撑，股价止跌回升。

（8）股价在 G 处遇到支撑回升后，均线系统继续走好，渐渐形成一条小的上升通道，使股价攀升到 H 处，但该位置同样没有摆脱前期盘区的制约，庄家借此位置进行打压洗盘兼向下试盘动作，完成最后的加仓计划。

(9) 盘面运行到 H 处时，庄家已经基本完成建仓计划，需要调整新的运行方式。所以，在技术位置上制造形态陷阱，形成股价无法突破前期盘区压力的假象，让部分散户选择逢高离场。对于不愿意离场的散户，庄家采用反向操作，向下打破均线及前低支撑，以大阴线的形成向下打压，制造恶劣的图表形态，让盘面呈现弱势形态，迫使心存期望的散户无奈割肉离场。这样做的目的有二：一是不让空仓资金低位介入；二是以较长的时间消磨场内以中线为目的的持股者。

(10) 当庄家完成空头陷阱后，股价止跌回升，一举向上突破前期盘区和 H 处压力，可见庄家控盘的实力与决心，同时也可以以此判断庄家在以后拉升中所采取的极端走势。

(11) 从盘中可以看出，在股价向上回升过程中，一些在打压中被套的散户终于有了解套出局机会，采取了保本离场的操作行为，此时庄家轻易拿到拉升前十分珍贵的加仓筹码。

(12) 该股整个运作过程可分为三个阶段，从 A 处到 H 处是庄家的整个建仓过程，从 H 处到 I 处是庄家洗盘和向下试盘阶段，I 处之后是拉升阶段，从建仓到拉升非常完美。

图 4-7，恒立实业（000622）：该股见顶后逐波走低，在低位继续遭到庄家的打压，然后庄家悄然入场建仓，使股价渐渐企稳盘整。在长达 2 个多月的横盘震荡中，成交量大幅萎缩，庄家顺利地完成了建仓计划。

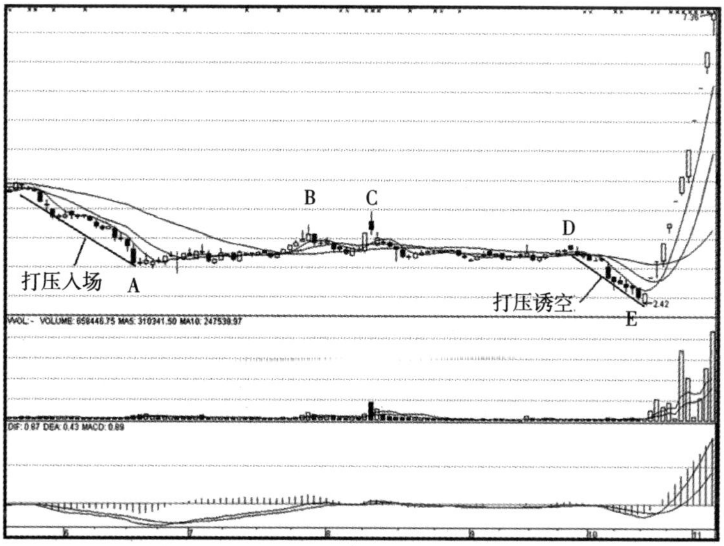

图 4-7 恒立实业（000622）日 K 线走势

在拉升之前，庄家向下打压制造空头陷阱，迫使盘中最后一批浮动筹码离场后，股价在 2018 年 10 月 19 日企稳回升，从此开启一轮飙升行情，18 个交易日中，拉出 14 个涨停板，短期股价涨幅超过 300%。

下面对该股做进一步的拆解，以领悟庄家的运作轨迹：

（1）股价持续打压下跌，将跌势中介入的散户全部套牢，在阴跌过程中成交量大幅萎缩，说明股价下跌空间已经不大，此时庄家悄然介入，股价在 A 处止跌企稳。

（2）股价企稳后，并未形成强势的反弹行情，而是出现了长达 3 个月的横向震荡走势。震荡过程中，在 B、C 位置出现两次明显的拉高动作，给先期在下跌中套牢的部分散户一个解套离场的机会。

（3）随后庄家继续采用横盘折磨的建仓手法，有的散户经不住心理折磨而离场，特别是一些短线技术高手，无利可图时往往选择换股，致使盘整走势延续到 D 处，此时庄家已经拿到大量的低价筹码。

（4）庄家完成建仓后，再次制造空头陷阱，以达到洗盘和试盘目的，争取最后的加仓机会。盘中浮动筹码被赶出之后，股价开始疯狂拉升，这就是庄家狡猾奸诈的特性的反映。

图 4-8，市北高新（600604）：该股在 2017 年 8 月反弹结束后，股价逐波下跌，形成一条清晰的下降趋势线，在跌势末期庄家不断打压股价吸纳低价筹码。

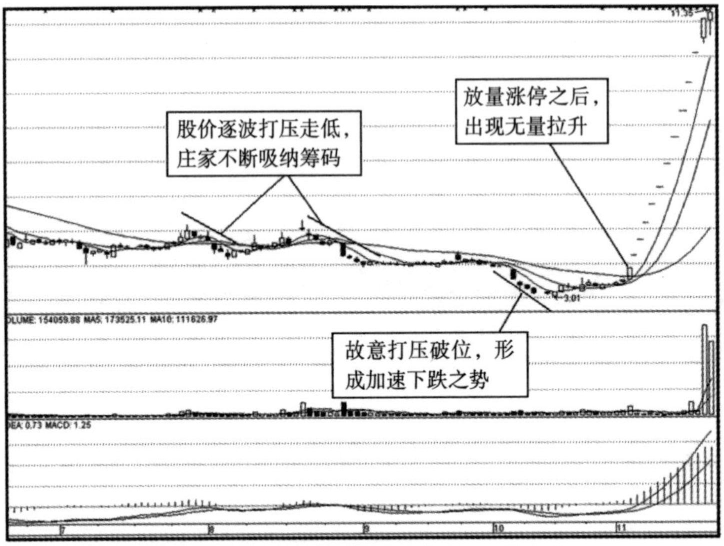

图 4-8 市北高新（600604）日 K 线走势

2018 年 10 月 11 日，股价低开 2.55%后逐波滑落，收出一根破位大阴线，盘面形成加速下跌之势。经过一轮恐慌性打压之后，盘中浮动筹码相继离场，庄家达到了试盘和加仓的目的，筹码已经渐渐集中。

11 月 5 日，股价收出放量涨停大阳线，开启飙升式主升浪行情，盘中因惜售出现无量拉升，一连拉出 12 个涨停。

四、震荡推高形态

放量震荡推高，较为深幅的下跌调整，做 W 形底，然后拉升进入主升浪。

1. 形态示意图

震荡推高形态如图 4-9 所示。

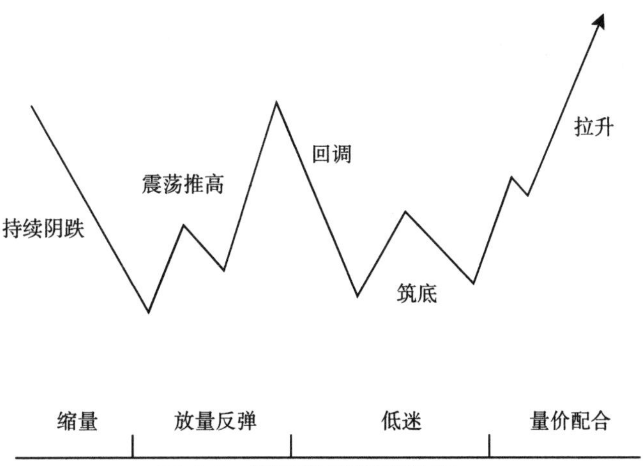

图 4-9　震荡推高形态示意图

2. 形态意义

(1) 由图 4-9 可以分析可知，在放巨量震荡中庄家快速收集到部分筹码，与前面控盘庄家相比较，其收集的时间较短，在股价快速震荡后调整的幅度明显较深，这就可以分析判断，此目标股中控盘庄家实力不强，或者说其运作目标价位不高。

(2) 股价在庄家介入后，出现深幅的调整，除了大势行情因素外，目标个股的基本面不被市场投资者所认可。在这种情况下，多数庄家所预期的就是未来基本面的变化。

(3) 按技术分析原理，股价深幅的调整，同时会带来抄底资金的介入，股价在未来的拉升中，面临着前期高点的抛压及抄底资金获利出局的双重压力，所以在后来的拉升形态中将出现明显震荡拉高走势，气势不会太凌厉。

(4) 由于庄家吸纳筹码不足，直接影响着庄家拉升的高度，未来的股价上升很多情况下取决于市场大势的向好与市场的跟风意愿，在面临市场风险的时候，庄家很容易出脱筹码。

3. 实录回放

图 4-10，世嘉科技（002796）：该股见顶后逐波走低，在低位继续出现持续阴跌态势，庄家悄然埋伏其中吸纳廉筹，成交量大幅萎缩，盘面极其低迷。之后，庄家展开放量对敲，股价在震荡中推高，连拉三个涨停后快速回落，不仅抹去了反弹的全部涨幅，还创出了调整新低，庄家在大起大落中顺利地完成了建仓计划。

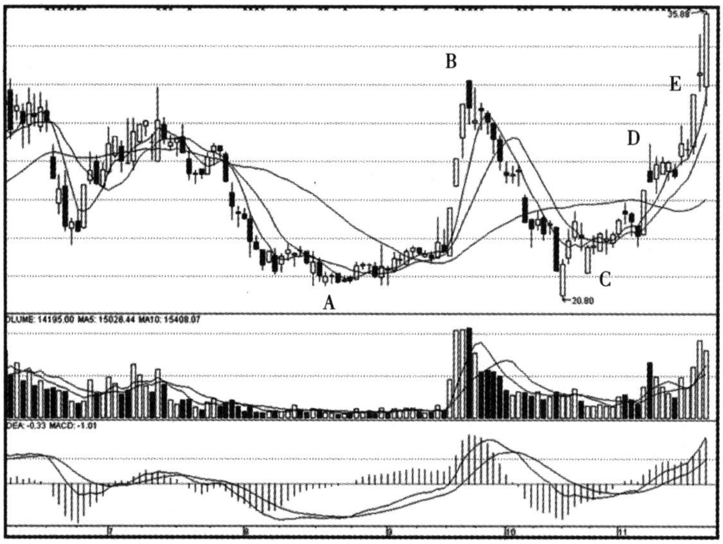

图 4-10　世嘉科技（002796）日 K 线走势

在完成筑底走势后，2018 年 11 月 7 日出现涨停，开始向上震荡走高，盘面量价配合理想，股价不断向上攀高。

为了更好地了解庄家意图，对庄家的运作逻辑做进一步的拆解：

（1）经过长期的下跌调整后，股价已经到了跌无可跌的位置，庄家暗中介入悄然收集筹码，使得股价在 A 处获得企稳，并构筑底部基础。

（2）庄家为了达到快速建仓的目的，快速将股价推高到 B 处，然后利用获利筹码的出局顺势打压，在 B 处高点收出一根大幅高开低走的大阴线，反弹见顶的视觉效果尤为突出。

（3）股价在前期被放量拉起后，吸引了市场短线散户参与其中，此时庄家从 B 处开始不断压低股价，中间没有任何形式的回抽行情出现，K 线形态剧烈震荡，走出了不符合常规思维惯性的形态，目的之一就是造成短线资金的巨大心理压力，迫使散户选择出局，以达到庄家增持筹码的目的。

（4）在剧烈的持续震荡下跌之后，持股者大量出局，股价回落原点，庄家为了试探底部支撑力度，故意击穿前期底部，但明显缺少继续下跌的动力，庄家只有顺势在 C

处即前低附近企稳震荡，以进一步夯实底部根基。

(5) 在完成筑底后，股价回升到 30 日均线之上，这时庄家没有急着向上拉高，而是在涨停大阳线上方（D 处）作强势整理，目的就是让在前期快速回落中套牢的散户退出。由于从 B 处到 C 处下跌过程中，仍有部分筹码没有出局，所以需要在 D 处作震荡洗盘。量价关系已经表现出了筹码的高度稳定性，拉抬的时机已经成熟。

(6) 经过 D 处的再次震荡洗盘后，浮动筹码已经很少了，在 E 处的盘口就变得轻松起来，股价将继续被拉升。

五、平台换挡形态

庄家放出巨量缓慢推高股价，然后在高位形成长时间的横盘整理，当上方阻力被有效消除后，股价直接展开拉升行情。

1. 形态示意图

平台换挡形态如图 4–11 所示。

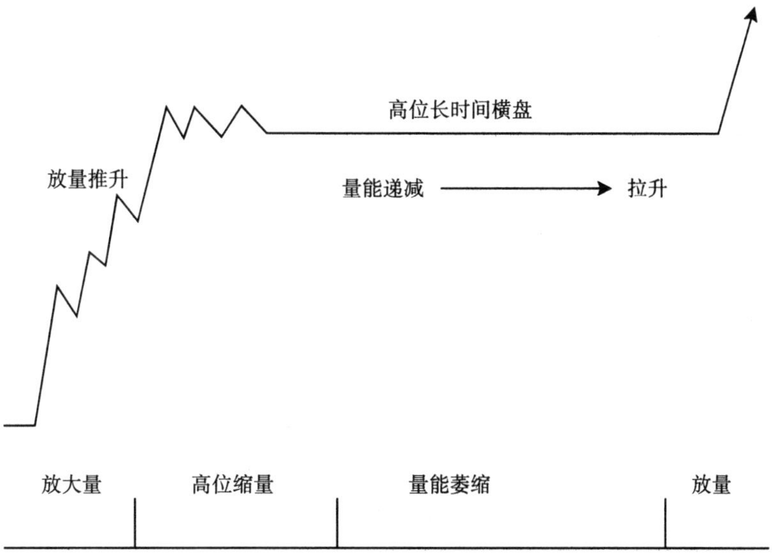

图 4–11　平台换挡形态示意图

2. 形态意义

(1) 股价从相对低位放巨量，缓慢向上推升，并在波段的高位相对量能萎缩。

(2) 股价在相对高位，长时间横盘整理，用时间消磨投资者持股信心。

(3) 在横盘中量能呈现递减状态，在 K 线形态中，庄家经常制造诱多诱空形态，加剧持股的心理压力。

(4) 这类股票采取在相对高位横盘，有两种原因：一是该股基本面业绩较好，如采取打压股价进行洗盘，反而会导致更多的短线资金逢低介入；二是庄家后续资金不足，缺少实力，采取更为彻底的形态洗盘，将有更多的中线筹码抛出，庄家无力承接。所以选择维持横盘之势等待大势机会，借助市场人气推高股价。

3. 实录回放

图 4-12，赣锋锂业（002460）：该股经过前一轮的成功炒作后渐渐回落，股价出现持续阴跌走势，成交量大幅萎缩，在回落过程中庄家不断收集低价筹码。但在十分低迷的市场中，庄家也很无奈，难以顺利地完成建仓计划，庄家在此价位也不敢无情地打压。

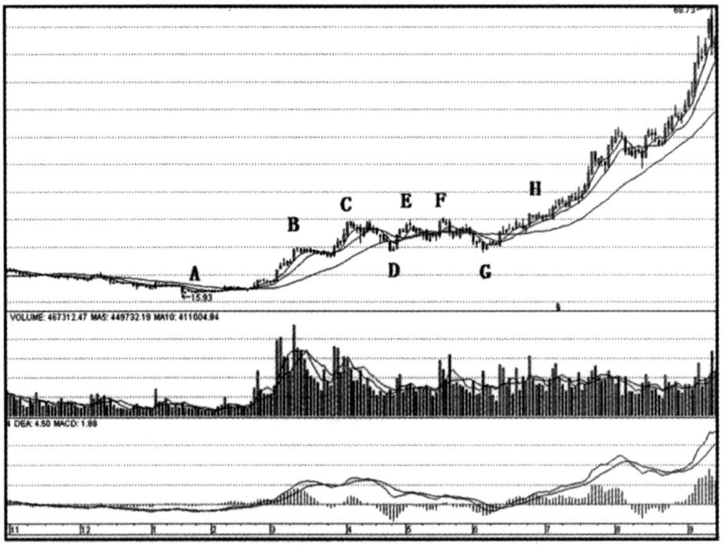

图 4-12　赣锋锂业（002460）日 K 线走势

由于该股基本面随着发展新能源汽车被列为国家产业规划，动力锂电池产业化为相关行业的上市公司带来重大历史机遇。公司从单纯的锂产品加工厂，逐步发展成全产业链布局的企业，上游掌控锂矿资源，中游将锂盐产业继续做大规模，下游进军锂电池和锂电池回收领域，致力于打造全产业链的龙头企业。所以，庄家只好选择拉升手法继续完成建仓计划，2017 年 2 月 23 日开始向上稳健推高，成交量出现同步放大，然后在相对高位出现横向震荡走势。目的就是让底部散户不能久留盘中，看不到大涨的希望而将筹码抛出，以此拿自己想要的筹码。

庄家完成建仓计划后，并没有采用快速向上拉高的方法突破，而是不慌不忙，以碎步前进的方式，缓缓将股价推高，这时的目的是让场外投资者进场接力，从而推动股价一波接一波地上涨。庄家借助“涨价题材”，在新入场散户的推动下，股价越走越“妖”， 累计涨幅超过 168%，成为 2017 年度“妖股”之一。

为了更好地了解庄家意图，下面再进一步拆解庄家在该股的运作逻辑：

（1）庄家在弱势中入场后，不断将股价压低，直到A处无法继续打压为止，股价渐渐止跌企稳盘整。

（2）2017年2月22日，股价放量冲高回落，庄家收集了部分“高抛低吸”散户的筹码。第二天，继续放量上涨收出大阳线，经过4天的缩量整理后，再次放量上涨，不给前面“高抛低吸”耍小聪明的散户再次进场的机会。由于此时市场意见不一致，散户意志薄弱，盘中筹码散乱，上方抛压较重。在股价上涨到A处时，随着滞涨性星线的出现，低位介入的获利盘及前期解套和高位亏损的割肉盘纷纷涌出，股价略作回落整理，但回落幅度非常有限，说明庄家收集筹码的决心非常。经过调整股价再次放量上攻，在持股心态极其不稳的情况下，又有部分筹码抛出。

在这一段的拉高过程中，看看3月3日和3月10日两天的盘面走势（见图4-13）可以发现，这两天的庄家意图基本相似，股价大幅推高后全天呈现高位震荡，收盘故意不封涨停，目的就是不让散户安心持股，利诱散户离场。如果庄家封死涨停，多数散户会选择持股不动，这样庄家难以拿到筹码。所以，股价在涨停价附近反复开板震荡，让浮动筹码离场。

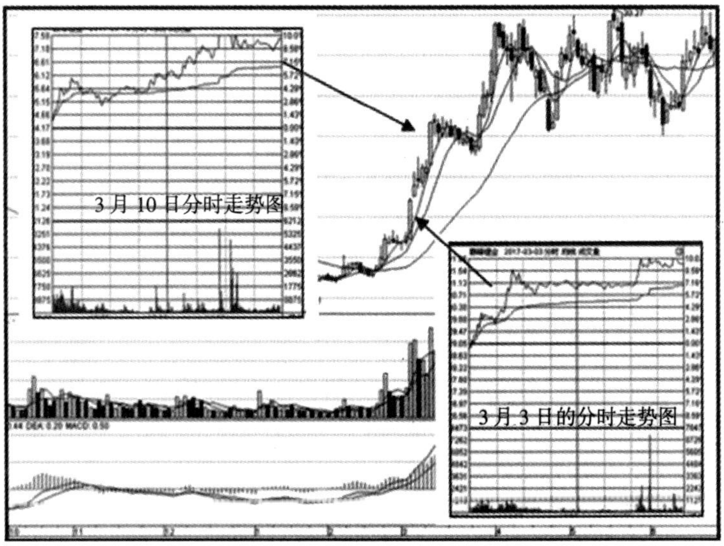

图4-13　赣锋锂业（002460）日K线和分时走势

（3）当股价持续走强到B处时，即使创出新高，量能也不能再度大幅放大了，说明前期庄家推高介入吸纳一部分筹码后，随着股价的走强和短线资金的出局，浮动筹码已经不多，盘中持股心态已经较为稳定。

（4）由于散户不愿意抛售筹码，庄家就停止推高节奏，展开洗盘调整走势，让股价再次滑落到 D 处，股价击穿了 30 日均线进行洗盘。D 处是 B 处之后的回调低点，此处有较强的心理支撑，所以又将股价再次拉起。

（5）当股价完成洗盘后，在 D 处开始回升，但在股价回升到 C 处附近时，庄家又停止向上推高步伐，造成 C 处压力较重而无法突破的假象。这时低位获利盘和前期套牢出现松动，庄家轻而易举地拿到这部分筹码，所以形成了 E、F 两处小高点。

（6）经过 E、F 处的纠缠后，仍然有部分顽强的散户持股不动，这时庄家开始压低股价，加大"顽固派"散户的心理压力，股价再次回落到 30 日均线之下，而到达 D 处价位附近止跌回升，形成 G 点。

（7）当股价回升到 H 处时，盘面已经构成一个完整的箱体震荡格局，这时有不少散户学"聪明"了，在此"高抛低吸"做差价。可是，庄家采用反大众思维操作，股价不回调了，让退出的散户失去重新介入的机会。此时一个庄家控盘的庄股形态完全展示出来，并被后知后觉的技术人士大力追随，持有者出现严重的惜售情绪。在场外买盘的推动下，股价渐行渐高，轻松创出新高，牛市上涨步伐加快。

（8）庄家利用长时间的横盘整理，消磨场内短线持股信心，同时保持着上行通道不被破坏，维持着中线持股心态。希望在未来的市场中，能借助市场人气推高股价。

通过对该股庄家建仓过程的解剖，就可以掌握坐庄意图的运作逻辑，为今后实盘分析提供了有益的借鉴。再看看下面这个实例，庄家建仓轨迹就一目了然了。

图 4-14，士兰微（600460）：在长时间的底部震荡过程中，庄家悄悄介入吸纳低价筹码，成交量大幅萎缩，持续时间长达半年之久，庄家完成建仓计划并达到控盘要求。

2017 年 9 月 18 日，拉出放量涨停大阳线，股价快速拉升，从此进入牛市上涨行情。

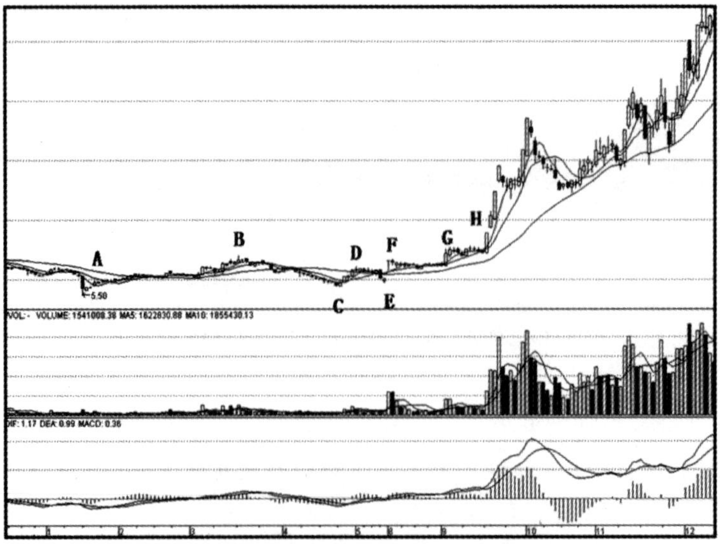

图 4-14　士兰微（600460）日 K 线走势

对该股庄家的建仓逻辑，下面做一简要回放：

(1) A 处庄家刻意打压股价，探明底部后股价渐渐回升至 B 处。

(2) 利用 B 处展开震荡走势，因为 B 处是前期的下跌盘区，利用该位置的压力作用进行震荡吸货，获取止损盘和解套盘的筹码。

(3) 庄家再次打压吸货，使股价回落到 C 处，给散户造成心理压力，获取恐慌盘的筹码。

(4) 股价回升到 D 处，利用 B 处的压力作用震荡吸货，然后股价再次回落到 E 处。

(5) 在 F 处拉出"T"字形放量涨停 K 线，接着股价出现横向缩量震荡整理，而股价没有下跌多少，这是庄家借用 B 点的压力作用，利诱散户退出。

(6) 在 G 处再次拉出大阳线，随后股价又出现横向缩量震荡走势，而股价没有下跌，这是庄家借用前期盘区的压力作用，利诱散户退出。

(7) 庄家通过打压、回升、横盘、再拉高、再横盘的手法完成了建仓计划，使筹码高度集中，达到了控盘要求。2017 年 9 月 18 日，放量涨停大阳线拔地而起（H 处），开启牛市上涨行情。

六、趋势突破形态

相对低位的放量震荡，然后推高建仓，顺利完成建仓计划后，股价进入拉升行情。

1. 形态示意图

(1) 股价受长期的下降趋势线压制而逐波向下走低，在低位出现一段时间的横向震荡整理走势，然后放量向上突破下降趋势线，但突破后股价未能形成持续上涨行情，而是再次形成回落走势，当股价回落到下降趋势的延长线或前期低点附近时，股价止跌上涨形成主升浪行情，如图 4-15 所示（实例参考图 4-17）。

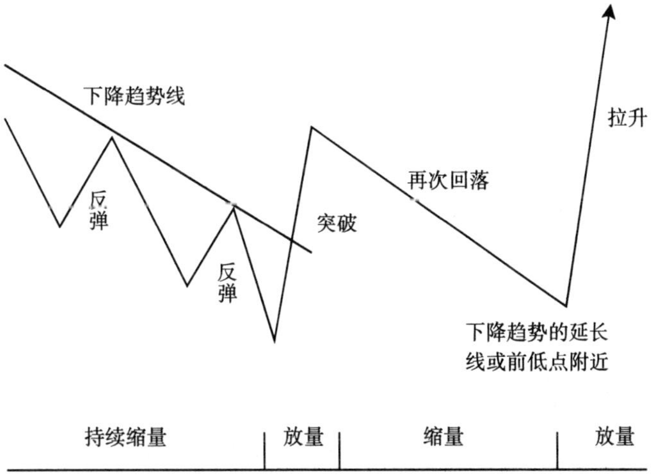

图 4-15　趋势突破形态示意图（1）

（2）在实盘中，庄家完成主仓计划后，并不向上突破下降趋势线，而是先向下打压制造一个空头陷阱，完成最后的筹码收集计划后，股价一举向上突破下降趋势线的压制，突破后股价不作回落调理，直接形成主升浪行情，这种盘面形式比前一种走势更加具有爆发性，如图 4–16 所示（实例参考图 4–18）。

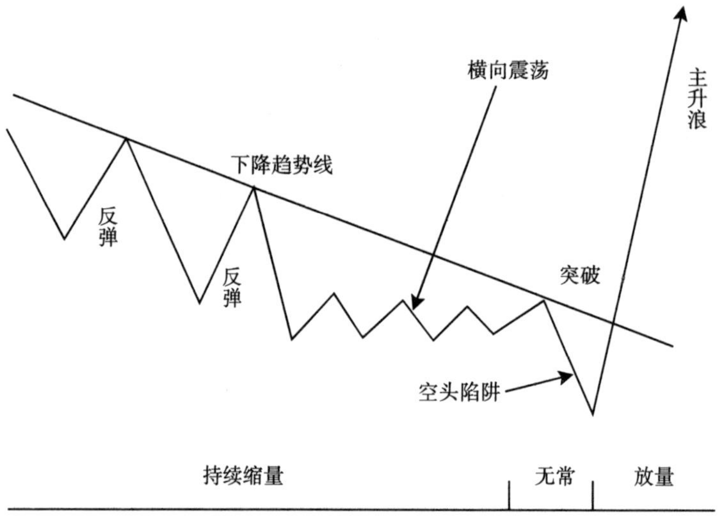

图 4–16　趋势突破形态示意图（2）

2. 形态意义

（1）股价经过长时间下跌和多次反弹，始终运行在下降的通道中，由于庄家的介入，股价出现以吸纳为目的的放量震荡推升，并突破了下跌趋势的压制。

（2）在当时空头气氛弥漫的市场中，一般投资者都判断这是反弹，在反弹后股价还将延续继续下跌的走势。所以大部分投资者采取了获利出局及逢高减持的手段，这也是股价在推升中放量震荡的原因。庄家以推高的手法快速达到了大量吸纳廉价筹码的目的。

（3）庄家吸纳了部分短线抄底盘和大量的割肉盘之后，在上推的过程中消化了前期下跌中的成交密集区，打开了未来的拉升空间。

（4）吸筹以后，由于大的市场空头气氛仍未有效扭转，庄家在高位放任股价以弱势形态随大势涨跌，不断沉淀筹码，等待市场机会的到来，一旦市场行情转暖，或出现板块的联手上涨，或此类庄家引导的未来阶段行情展开，控盘庄家就开始大幅拉升。

3. 实录回放

图 4–17，鲁信创投（600783）：该股见顶后逐波下跌，形成一条清晰的下降趋势线，每一次股价反弹时都受到下降趋势线的压制而继续走低。但趋势线总会被突破，低位庄家资金的介入，使股价渐渐企稳盘整，随着庄家仓位的加大，下降趋势线也渐

渐失去压力，最终在 2018 年 9 月被成功磨破，然后庄家继续震荡整理。

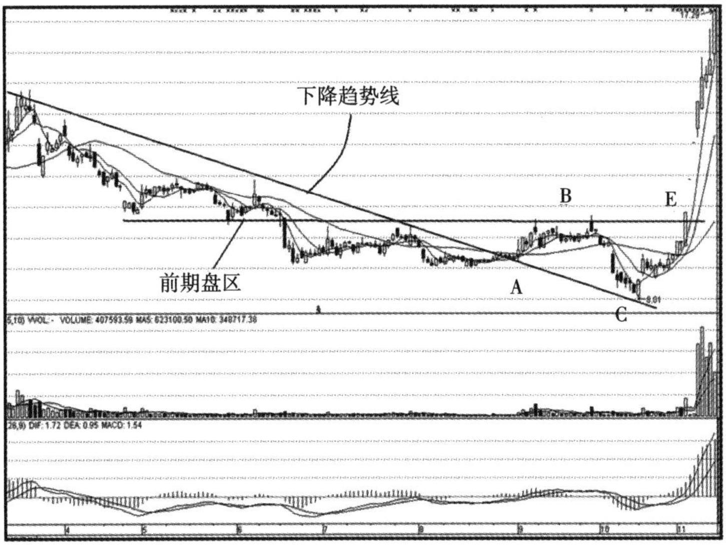

图 4-17 鲁信创投（600783）日 K 线走势

在股价拉升之前，庄家向下打压制造一个空头陷阱，股价击穿前期底部盘区的支撑，但在下降趋势线的上方得到有效支撑，股价渐渐企稳回升。

11 月 5 日，股价放量涨停，一根大阳线成功突破前期盘区的压力，从此开启一轮拉升行情。

那么，该股庄家是如何建仓的呢？下面对该股庄家运作逻辑做一回放：

(1) 在股价长期的下跌过程中，不少投资者失去信心，这时庄家悄悄介入吸纳低价筹码，所以出现横向震荡走势。到达 A 处时，庄家已经拿到大量的筹码，应该完成了一半以上的建仓计划，然后开始温和放量推高股价。

(2) 当股价反弹到 B 处时，庄家利用底部盘区高点和前期盘区低点之间的夹缝进行震荡整理，目的有三：一是让低位入场的散户出去；二是让前期部分解套的散户离场；三是对上方压力进行试盘。期间出现了两次明显的拉高回落走势，建仓和试盘的用意非常清楚。此时庄家主仓计划基本完成，接着就是等待时机或制造行情。

(3) 庄家完成主仓计划后，是拉升还是打压，要根据大势环境决定后面的操作计划。如果大盘趋暖，往往拉高一小截再加仓；若是大势欠佳，大多会选择打压一下，制造一个空头陷阱。由于 2018 年整体股市行情不好，所以庄家在 10 月 11 日向下破位跌停，形成新一轮加速下跌之势，引发恐慌盘。其实在严重下跌的末期，很多先知先觉的庄家就采取了刻意打压的方法，制造恐慌性的抛盘，加大吸纳低价筹码的力度。

(4) 在股价向下破位之后，一方面，下跌幅度并不深，没有出现大跌。若是有效突破，股价会迅速脱离突破位置。从该股盘面看，虽然连收 6 根阴线，但跌幅不大，特别是后面的 5 根阴线，累计跌幅不到 10%，大有故意收阴之嫌。另一方面，成交量萎缩，说明大资金没有离场，只是浮动筹码出现松动。可见，这是庄家故意制造的空头技术陷阱，是象征性的破位走势，随后股价渐渐企稳回升。

（5）C 处是下降趋势线的延长线，股价在下降趋势线上方止跌，说明下降趋势线已由原来的压力作用转化为现在的支撑作用，盘面收出两根大阳线，股价回归到前期盘区之内。C 处的性质是向下试盘动作，试探底部的同时，完成加仓计划。

（6）庄家通过一系列的冲高回落、横向震荡、打压诱空，浮动筹码基本已经拿到手，可以轻松驾驭盘面了，所以在 E 处股价直奔涨停后，再拉两个缩量“一”字板，股价出现飙升行情。

图 4-18，民丰特纸（600235）：该股从顶部逐波下跌，形成一条明显的下降趋势线，这条趋势线不断压制股价向下走低。在底部区域，经过一波急跌后，释放了大量的做空能量，随后股价企稳呈现横向盘整走势。在盘整末期，股价受下降趋势线的影响，紧贴趋势线重心渐渐下移。

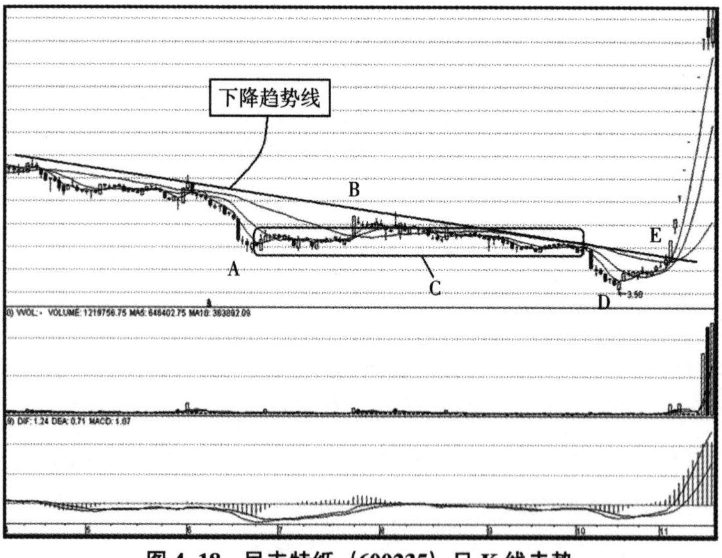

图 4-18　民丰特纸（600235）日 K 线走势

2018 年 10 月 11 日，一根接近跌停的大阴线向下突破盘区的支撑，打开向下调整的空间。但股价没有出现持续下跌走势，渐渐企稳形成筑底走势。

11 月 5 日，股价放量涨停，一根大阳线向上突破下降趋势线，突破后股价没有出现回落走势，也没有进行回抽确认动作，而是直接产生一轮主升浪行情，股价连拉 8 个涨停。

为了掌握庄家的坐庄意图，下面对该股庄家的建仓逻辑做进一步拆解：

（1）庄家在低位吸纳到部分筹码后，对股价进行打压诱空，使股价滑落到A处，然后继续低吸筹码。

（2）简单的横盘建仓手法是很难完成建仓计划的，所以庄家在B处拉出一个涨停。按理说，股价强势涨停后，次日多数个股会有冲高动作，但该股涨停后的第二天低开弱势震荡，连翻红的机会都没有，随后几个交易日继续盘整，显示庄家无做多意愿。庄家的意图就是利诱散户退出。而且，股价在A处破位之后，反弹到B处时正好是前期盘区低点的阻力位置，这个位置已经由原来的支撑作用转化为现在的压力作用，更重要的是B处又遇到下降趋势线的阻力，因此对散户具有一定的心理作用，庄家可以吸纳到大量的浮动筹码。

（3）股价反弹到B处遇阻回落后，受下降趋势线的渐渐下压，屡次挑战下降趋势线而受阻，导致股价紧贴下降趋势线重心渐渐下移，从而构成一个狭窄的横向盘整带（C处）。随着时间的持续，庄家手中筹码渐渐增多，在这一阶段里应该完成了一半以上的建仓计划，基本达到控盘要求。

（4）庄家完成主仓计划后，没有直接对下降趋势线发起攻击，而是顺着下降趋势线向下回落，轻松击穿盘区低点的支撑，刻意制造一个空头陷阱，引发浮动筹码的恐慌性离场，庄家在低位继续完成加仓计划，至此庄家筹码已经高度集中。整个建仓过程十分隐蔽，一切在看似顺理成章中完成，这就是庄家的高明之处。

（5）其实，从盘中可以发现庄家的阴谋。股价向下破位之后，一方面下跌幅度并不深，没有出现持续性大跌，股价在D处就止跌企稳，这是假突破的可能性较大；另一方面成交量萎缩，说明大资金持仓不动，出逃的只是一些浮动筹码。可见，这是庄家故意制造的空头技术陷阱，典型的诱空行为，随后股价渐渐企稳回升。

（6）在D处止跌后，股价出现震荡筑底走势，然后在E处形成突破。突破之后，股价不回调、不回抽，直接形成主升浪行情，可见当庄家完成一切的准备工作后，拉升手法是极其凶悍的，这也是庄家的本性。

在2018年10月下旬至11月中上旬的行情中，两市出现一大批个股类似于该股的技术形态，后市都走出爆发性行情，如恒立实业（000622）、弘业股份（600128）、市北高新（600604）、华控赛格（000068）、深赛格（000058）、光洋股份（002708）、张江科技（600895）、海泰发展（600082）、哈投股份（600864）、电广传媒（000917）、钱江水利（600283）、复旦复华（600624）、上海三毛（600689）、大众公用（600635）等。大家认真分析定能找到庄家的蛛丝马迹，不断总结，不断提高，达到“与庄共舞”的节奏。

这类个股最难以区分的就是在长期下跌中，股价经历几次反弹—下跌—再反弹—

再下跌的过程，而每一次反弹中，都会出现量能较大的放大。如何判断哪里是反弹，哪里是庄家推高建仓非常关键。大家必须从市场最本质的原理出发，深入分析如下条件：

一是在放量推升过程中的K线震荡形态，庄家为了快速吸纳筹码，会在市场气氛没有完全扭转的情况下，采取激烈的震荡，使持股者担心下跌而卖出；二是判断整个市场中个股与大盘的关系，市场多数个股止跌企稳，那么类似的技术形态也会有走好的可能；三是注意跟踪观察确认，如果后来股价重新回到下跌通道中，说明前期仍是反弹而已；反之，有转强之势。

七、加速下跌形态

在大跌末期的低位打压扫货，然后激烈反弹，经短期整理后，展开拉升行情，K线呈头肩底形态。

1. 形态示意图

加速下跌形态如图4–19所示。

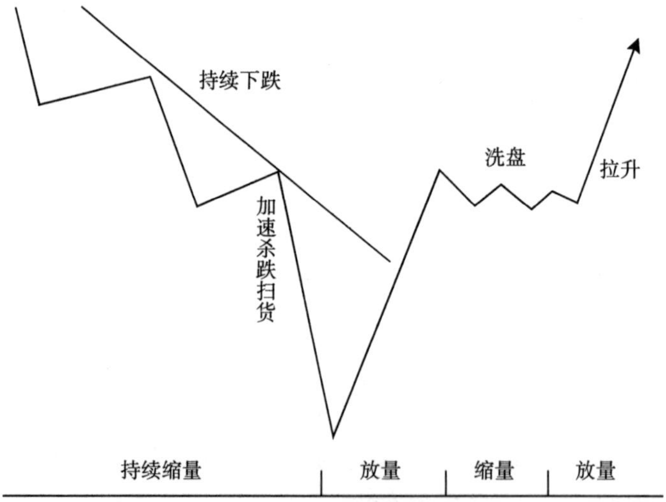

图4–19　加速下跌形态示意图

2. 形态意义

(1) 这种形态的意义都是在极端的空头市场末期，庄家故意打压操纵的结果。但其间存在着明显的方向性和目的性的差别。方向性是庄家以长期为目的的推高建仓，目的性是借助市场的空头气氛，承接市场的恐慌性抛盘。当恐慌性抛盘杀出后，股价见底反弹且反弹压力明显较小，从而快速突破下降趋势压力。然后经过短暂蓄势整理，股价进入拉升阶段，在被市场一片看好时，快速派发手中筹码。庄家的胆识、操盘技巧和对市场时机的利用堪称经典。

（2）一般在恐慌性下跌中，庄家多选择基本面一般的小盘股，其原因：一是在恐慌性下跌中，易于制造恐慌性气氛，极大地打击场内的持股信心，从而产生非理性的杀跌；二是由于盘子不大需要控盘资金较少，容易达到控盘目的，且在拉抬中手中筹码较少，在吸引场内资金追逐的同时，能在极短的时间内派发出手中筹码，达到套现赢利的目的。

（3）在前期的下跌中，一般投资者手中还持有其他股票，极易形成空头思维，在杀跌中很少敢于抄底买入，这是庄家扫货关键所在。

3. 实录回放

图 4-20，光洋股份（002708）：该股见顶后不断震荡走低，股价重心渐渐下移，成交量大幅萎缩。在长时间的下跌过程中，庄家吸纳了大量的低价筹码。为了测试底部支撑力度和加强加仓效果，2018 年 10 月 11 日向下打压，击穿了下降通道的下轨线支撑，盘面出现加速下跌之势。

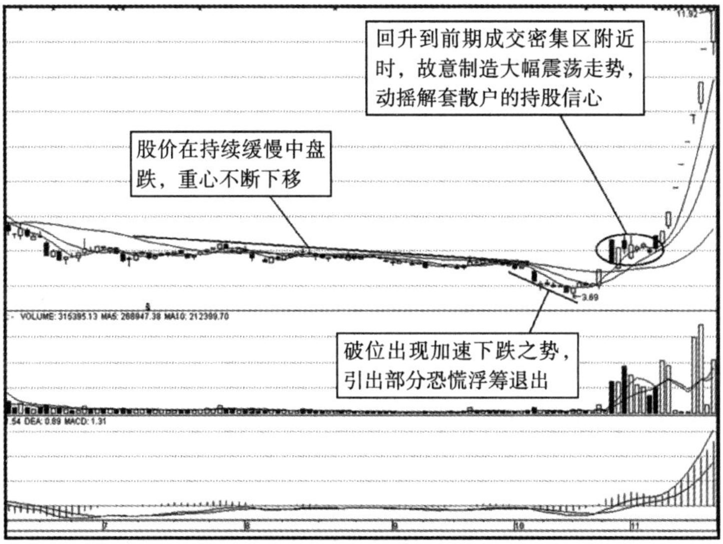

图 4-20　光洋股份（002708）日 K 线走势

但是，股价破位之后，既没有出现持续性大幅下跌之势，也没有引出大量的抛盘，说明割肉止损盘已经不多，所以股价很快企稳回升。当股价回升到前期成交密集区附近时，庄家故意制造大幅震荡走势，给前期套牢的散户一个解套退出的机会。当散户纷纷离场后，11 月 8 日股价放量涨停，开启一轮飙升行情，连拉 9 个涨停。

对该股庄家的建仓逻辑，仅做重点提示，点到为止，不做详细实录回放，请投资者对图表背后的坐庄意图多加思考。

（1）股价经过一轮打压后，初步形成平台整理，庄家埋伏其中悄悄吸纳低价筹码。

(2) 在盘整过程中，股价重心不断下移，加重散户的心理负担，折磨散户的持股耐性，达到吸纳筹码的目的。

(3) 在选择拉升之前，借助空头气氛，顺势打压股价，进行探底试盘，股价击穿了重要的技术支撑位置，制造盘面加速下跌的恐慌气氛。

(4) 在股价破位之后，出现连续的缩量星线，说明浮动筹码已彻底出局，庄家筹码已经高度集中。

(5) 当股价回升到前期成交密集区附近时，庄家停止了推高步伐，故意制造大幅震荡走势，动摇解套散户的持股信心。盘中浮动筹码纷纷离场后，庄家筹码进一步集中，随后出现“井喷”式拉升行情，11 个交易日里拉出 10 个涨停。

第二节　识别庄家建仓的主要手法

一、摸准庄家的嗜好和脾性

股市图表背后有庄家在运作，庄家是散户的敌人，看不见的对手。庄家是一个人或一群人，人是有个性和脾气的，也有自己的特长和爱好。生活因人而异，而多姿多彩；股市因庄有别，而涨跌纷呈。

在跟庄之前，散户必须摸清庄家的嗜好和脾性，是急性子，还是慢性子。庄家喜欢什么，擅长什么，现在正在干什么，继而推测庄家下一步将要干什么。“与庄共舞”要知道庄家是跟着曲子（市场）走的，散户在听着曲子的同时，还要跟着庄家的步伐节奏，了解庄家的动作手势，否则这个舞没法跳。在舞池里，如果经常踩庄家的脚尖，那你就不是一个好舞伴，这个舞就跳得非常别扭，迟早会被庄家甩掉。

在实盘操作中，庄家单独以某一种方式完成整个建仓计划的非常少见，在建仓过程中往往以某一种方式为重点，同时采用多种手法交替进行。也就是说，庄家采用多种建仓手法兼施的策略，绝对不是乱用一通，一起上阵，往往以其中某一种手法为中心，然后辅之以其他手法，有条不紊地进行着，这样才能发挥更好的建仓效果。在这方面，很多散户特别是老股民缺乏了解和分析，只知道庄家在建仓，却不知道庄家采用什么样的主要建仓手法，因而无计可施，以致造成被动挨套的局面。

庄家风格不同，脾性有异，加之操盘手本身对某一种技术的擅长或应用熟练程度不同，在操盘时会不知不觉地以某一种建仓手法为主要吸货手段，这就是说庄家倾向于那一种操盘手法。所以，在此提醒新老股民，必须掌握庄家采用什么样的主要建仓手法，看懂隐藏在图表背后的庄家真实意图，并针对庄家的主要建仓手法，采取相应的跟庄策略，抓住软肋，切中要害，这样你的跟庄水平将迅速提升一个等级，与庄搭配默契，共舞到底。

二、横盘为主，打压为辅

横盘建仓是庄家最基本的建仓方式，几乎每一种建仓方式中都或多或少地随着横盘震荡走势。庄家横盘建仓时，不是单纯地横向移动，这样盘面过于呆板，很难拿到低价筹码，所以在横盘的同时，会穿插一些其他建仓手法，快速有效地达到建仓目的和效果。

需要说明的是，“横盘为主，打压为辅”并非专指横盘和打压两种，当然也包括其他辅助手法。这里仅就几种常见的盘面现象，对横盘建仓做一实录回放：

1. 先打压，后横盘

股价经过大幅调整后，庄家入场接纳部分初仓筹码，然后利用手中的初仓筹码继续向下打压，产生更低的价位波动区域。庄家在低价位区域悄悄吸纳筹码，在低位形成横向盘整，完成主仓收集计划。对庄家来说，这种建仓手法的好处就是建仓成本低，但建仓时间较长，一两个月或三四个月，甚至时间更长。

图 4-21，蓝晓科技（300487）：该股在前一轮行情中，庄家完成批量出货后，流通筹码发散到散户手中，然后在低位进行筹码再集中，经过复杂的盘面运作后，股价出现一波小幅反弹行情。

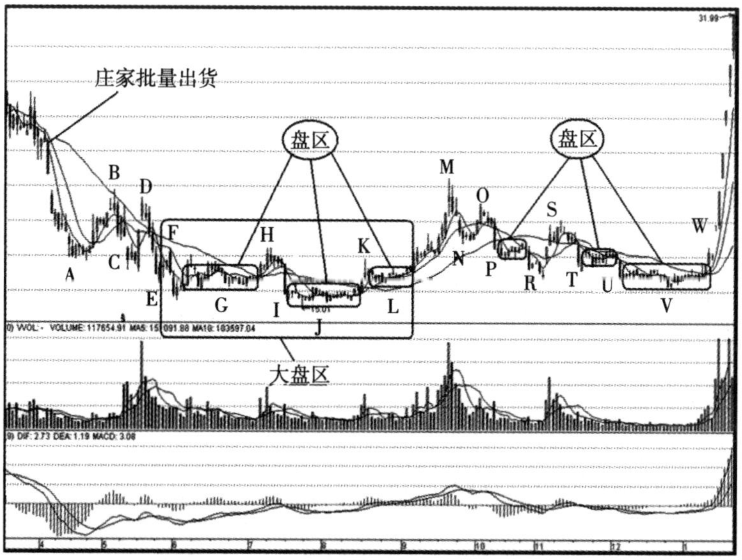

图 4-21　蓝晓科技（300487）日 K 线走势

当股价反弹到前期盘区中枢附近时，遇阻后渐渐回落，股价重新回落到前期低位盘区附近，盘面再次出现横盘整理，庄家完成了最后的筹码集中计划，股份渐渐返回到均线系统之上。2018 年 1 月 15 日，股价以涨停价开盘，当日 K 线收出涨停 T 字线，成功突破了下降趋势线和底部盘区的约束，股价出现一轮“井喷”式上涨行情。

该股庄家基本以“先打压，后横盘”的思路完成建仓计划，下面对庄家的运作逻辑做进一步的实录回放：

（1）庄家完成批量出货后，流通筹码发散到散户手中，股价出现两次跳空下跌，下跌到 A 处（此处是前期盘区低点，观察压缩图）时，庄家再次开始收集筹码，在 A 处初步企稳并出现小幅反弹。

（2）股价反弹到 B 处时，正好遇到前方下跳缺口，此处有一定压力作用。

（3）庄家借用下跌缺口压力，将股价从 B 处打压到 C 处，打压中获取了一部分浮动筹码。

（4）C 处遇 A 处支撑后，反弹 D 处。

（5）D 处遇 B 处和下跌缺口阻力，股价出现滞涨。

（6）股价在 D 处遇阻后，庄家再次打压股价，使股价回落到 E 处。E 处击穿了 A、C 两个低点，创出调整新低，但股价没有出现持续下跌。此时要引起思考了，说明股价下跌力度不大，有庄家在暗中活动。

（7）E 处该跌不跌，小幅回升 F 处，但上攻力度明显减弱。

（8）庄家再在 F 处开始打压，股价再次回落并创出新低，但没有出现持续下跌，说明打压力度有限，散户应当明白庄家在暗中吸纳筹码。

（9）上有阻力、下有支撑，庄家在 G 区域折磨散户，形成窄幅盘整走势。

（10）一味地横盘显然难以拿到散户手中的低价筹码，所以股价回升到 H 处。

（11）H 处遇前方盘区压力，庄家又在 I 处打压，再次创出新低。可以看出，股价在 E、G、I 三次创出新低后，跌幅却一次比一次小。这说明了什么呢？盘面分明在告诉你：庄家在吸货。

（12）庄家 J 处形成横盘，继续低吸筹码，然后股价回升到 K 处。由于 K 处受 H 处及前方盘区压力，股价在 L 处出现短暂的横盘震荡。

（13）经过低位一段时间的震荡后，庄家已经拿到不少的低价浮动筹码，股价开始缓缓推高到 M 处。M 处受到前方下跌缺口和 B、D 两处小高点的压力，使股价出现冲高回落走势。当然，庄家也在 M 处附近作了减仓处理。

（14）其实，从 G 处到 L 处，是一个较大的盘区，同时也是一个小型的头肩底形态，且此时股价已经站在中短期均线系统之上，所以股价有反弹到 M 处的动力。

（15）股价在 M 处受阻后，庄家又将股价打压至 N 处，由于下方受 30 日均线支撑，股价重新回升到 O 处。

(16) 股价在 O 处显然过不了前方的关口，所以庄家将股价打压到 30 日均线下方位置，并在 30 日均线下方形成小盘区。这时在 M 位置产生的反弹行情将告一段落，庄家在此吸纳到部分浮动筹码。然后，又将股价打压至 R 处，再次引发浮动筹码离场。

(17) 在低位持续打压也不切实际，所以股价又回升到 S 处。由于 S 处受到前方多个小高点的压力，又受下行的 30 日均线的压制，庄家借下跌之势将股价打压至 T 处，然后再次出现盘整。

(18) 受 30 日均线下压，在 U 处再次打压，使股价回落到前期盘区附近。

(19) 经过 V 处的震荡筑底后，庄家成功地完成了建仓计划，股价渐渐回升到 30 日均线之上。

(20) 2018 年 1 月 15 日，股价从涨停价开盘，盘中出现“开闸放水”后，当天收出涨停“T”字线，从此股价出现连续涨停行情。

2. 先横盘，后打压

股价经过持续的下跌后，做空能量得到充分释放，庄家在低位悄然介入吸纳低价筹码，使得股价企稳呈现横向盘整走势。当基本完成主仓筹码收集后，庄家故意向下打压股价，造成恐慌性技术破位之势。当浮动筹码纷纷离场后，股价渐渐企稳筑底，很快股价拔地而起，展开一轮量价齐升的主升浪行情。

图 4-22，大众公用（600635）：该股从“股灾”前的最高 16.70 元开始逐波下跌，直到股价跌破 4 元后，才出现一波反弹行情。反弹结束后，股价再次回落到 4 元附近。可以说，该股是市场凉透了心的冷门股，已经到了跌无可跌的境地，投资价值和投机

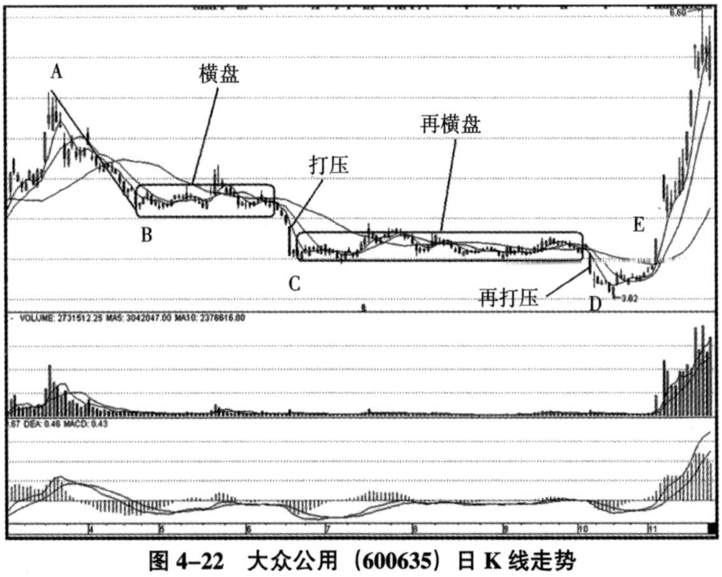

图 4-22　大众公用（600635）日 K 线走势

机会显现。

庄家开始悄然介入低吸筹码，股价出现企稳盘整走势。庄家拿到部分初仓筹码后，在 2018 年 6 月 19 日对股价进行打压，然后庄家在更低的盘区里吸纳低价筹码。庄家基本完成整个主仓计划后，在拉升之前再次向下打压制造一个空头技术陷阱，将盘中浮动筹码彻底清除后，股价在 11 月 5 日展开凌厉的拉升行情。

该股庄家建仓的特点就是坚持“先横盘，后打压”的操盘思路，下面对庄家的运作逻辑做进一步的拆解：

（1）在该股累计跌幅超过 76%的时候，出现一波反弹行情，使股价回升到 A 处，受遇前方盘区压力后，股价匆匆回落到 B 处。

（2）B 处距离反弹起涨点不远，股价渐渐企稳盘整，庄家悄然介入低吸筹码，盘面形成横向震荡走势。

（3）庄家在盘区内吸纳到一定的筹码后，随着浮动筹码的渐渐减少，无法继续吸纳更多的筹码，所以将打压下一个台阶，继续在低位完成建仓计划。

（4）6 月 19 日，在 C 处股价出现跌停大阳线，并创出调整以来的新低，给散户造成很大的心理压力。可是，值得大家思考的是 C 处之后股价没有持续下跌，成交量也没有放大，这就有问题了，既然技术已经破位，那么股价为什么不持续跌？这在逻辑上解释不通。唯一可以解释的就是庄家故意打压后，在低位吸纳更便宜的筹码。如果大家明白了这一点，接下来的操作策略就明确了。

（5）在 C 处之后的盘区里，运行时间长达 3 个多月，庄家在此区域吸纳了不少的浮动筹码，加上前期初仓筹码和打压中的恐慌盘，可以断定庄家基本完成主仓计划。

（6）庄家拿到大量的筹码后，在 10 月 11 日再次打压股价，造成技术破位之势。可是，破位之后股价没有持续下跌，成交量也大幅萎缩，说明盘中筹码比较稳定。庄家这样做的目的有二：一是技术破位之后，试探市场恐慌性程度，以测试底部支撑力度；二是庄家继续完成加仓计划。

（7）当庄家目的达到后，在 E 处收出放量涨停大阳线，从而开启一轮拉升行情。

3. 先打压，后横盘，再打压

股价见顶后大幅回落，做空能量得到较好释放，庄家入场接纳部分初仓筹码后，利用手中的初仓筹码继续向下打压，庄家在低价位区域悄悄吸纳筹码，从而形成横向盘整走势。到了建仓的后期，庄家为了最后的加仓计划，再次让股价造成破位走势。当最后的浮动筹码离场后，庄家成功地完成筹码的收集，股价很快拔地而起，展开一轮量价齐升的主升浪行情。

图 4-23，美德化工（002054）：该股从 2018 年 2 月 1 日开始出现一波大幅跳水 行情，股价从 14 元上方迅速回落到 6 元附近，然后出现大幅震荡走势，股价重心不断下移。

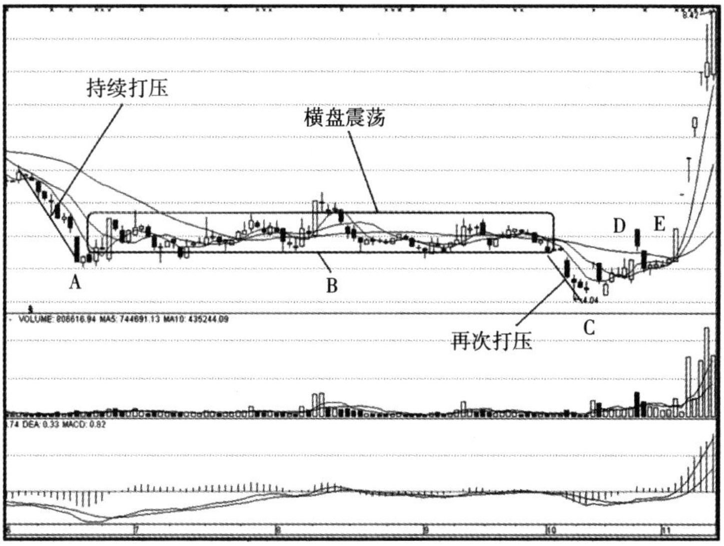

图 4-23 美德化工（002054）日 K 线走势

6 月份股价再次出现持续下跌走势，略作回抽后形成横盘震荡，整理时间长达 3 个多月，成交量持续萎缩。

10 月 11 日，一根跳空低开大阴线向下击穿盘区低点支撑，似乎展开新一轮大跌之势。正当大家在惴惴不安中离场时，股价止跌企稳了，11 月 5 日一根“站立式”大阳线结束了庄家的整个建仓过程，股价出现 4 连板。

该股庄家基本以“先打压，后横盘，再打压”的思路完成了建仓计划，下面对庄家的运作逻辑做进一步的实录回放：

（1）该股经过前期暴跌（观察压缩图）后，市场人气遭到重创，盘面走势萎靡不振，股价重心不断下移。在这期间有的散户已经崩溃，特别是融资盘面临爆仓，但仍有“顽固派”散户坚定不动，也有场外抄底盘介入（有的新散户钟情于暴跌股）。面对这部分散户，庄家就利用手中的初仓筹码，借下跌之势对股价进行持续打压，加剧了市场的恐慌气氛，所以 A 处不是市场跌出来的，而是庄家故意打压出来的。庄家目的有二：一是加大套牢盘的心理压力，引发止损盘；二是创造一个更加低的位置，继续完成主仓收集计划。

（2）在 A 处探出一个明显的低点后，股价略作回抽，然后进入横盘震荡整理，在 B 区长时间折磨散户的耐性。在 B 区出现两次涨停现象，分别是 6 月 26 日和 8 月 9 日，巧的是这两次都是在尾盘偷袭式直线拉涨停，这是庄家扫货行为的表现，而且涨停之后都没有出现强势上涨走势，这是庄家让利给散户，利诱散户退出。在 B 区以股价 5 元为中轴作上下窄幅震荡，时间长达 3 个多月，迫使散户离场。

（3）在 B 区拿到了大量的低价筹码后，庄家故意制造盘面动荡，向下制造空头技术陷阱。10 月 11 日，一根跳空低开低走的大阴线突破盘区的低点支撑，引发技术派高手选择离场。

（4）从盘中可以看出，技术破位之后股价并没有出现持续下跌走势，也没有成交量放大现象，说明盘中筹码比较集中。所以，C 处也是庄家故意打压所为，而非市场自然下跌产生的。只要庄家停止打压，股价就立即止跌，这就是说庄家可以对控盘股翻云覆雨，兴风作浪。

（5）10 月 26 日，在 D 处大幅高开 9.91%后，盘中渐渐回落收阴，次日继续收阴。这两根阴线有着特殊的意义，它是对盘区被突破后的一次试探性攻击。

（6）在 E 处股价拉出涨停大阳线，这根大阳线构成“站立式”形态，虽然大阳线当天在结构上没有产生突破性形态，但是一根“回归线”，同样具有突破性意义，所以股价从此直接出现拉升行情。这里着重补充一下“回归线”的技术含义，它是指股价向一个方向突破，运行一小段距离后（离突破位置较近），迅速反转向原来的形态回归收出阳线（阴线，向上假突破），这根 K 线就是回归线。它告诉人们前期的突破是假突破，且股价将迅速朝回归线的方向运行。该股就是一个很好的例证，投资者对回归线应多加感受和分析。

4. 先横盘，后推高，再打压，再横盘

股价经过大幅调整后，做空能量得到有效释放，庄家悄然介入吸纳低价筹码，股价渐渐企稳震荡。随后，股价渐渐向上攀高，但股价没涨多少就遭到庄家的打压，反弹行情很快夭折。股价又回落前期低点附近，再次出现长时间的盘整走势。庄家在股价起起落落中完成了低位浮动筹码的收集，很快股价出现一轮拉升行情。

图 4-24，美联新材（300586）：这是上市不久的次新股，经过一轮炒作后股价见顶回落，持续的调整使做空能量得到有效的释放，股价在低位渐渐企稳震荡。然后，股价向上缓缓爬高，当多头看到一丝希望时，却遇到庄家的干扰，使反弹行情过早夭折，随之而来的便是一轮无情的打压。

股价重新回归低迷环境后，庄家继续潜伏其中悄悄吸纳筹码。随着时间的推移，庄家对浮动筹码的收集越来越集中。在完成建仓计划后，庄家一个下蹲假动作后，股价从 2018 年 2 月 7 日开始迅速飞了起来。

那么该股庄家的建仓逻辑是什么呢？下面做进一步的实录回放：

（1）A 处是一个大盘区，庄家在这一阶段吸纳了不少的低价筹码，这在后面股价再次回落到该位置时得到有效支撑，可以说明这一点（虽然此时感觉不出什么，但当到了 G 处时，就可以倒推 A 处的建仓意图）。

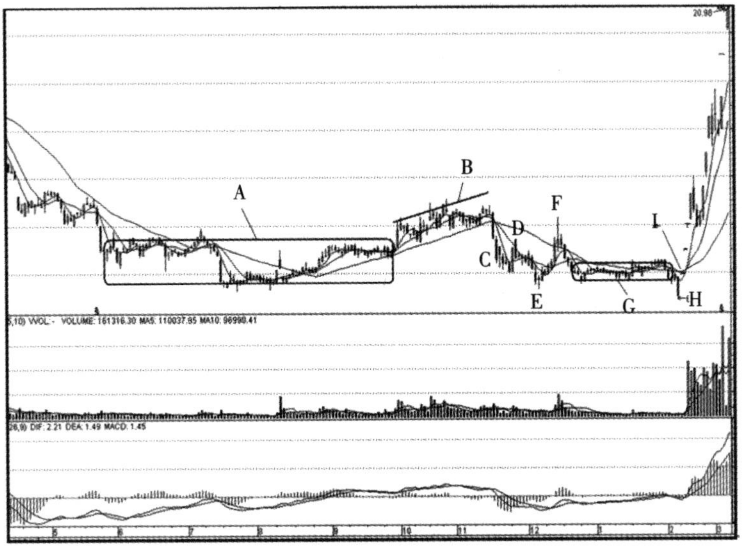

图 4-24　美联新材（300586）日 K 线走势

（2）A 区经历了三个阶段，持续下跌后形成平台整理，庄家获得部分筹码。然后向下打压击穿平台，但下跌幅度非常有限，说明庄家不愿意深跌。之后，股价回升到前一个平台位置，再次出现整理走势。经历了反复震荡后，庄家获得不少的低价筹码，同时也成为筑底的一部分。

（3）经过 A 区的震荡后，庄家试探性地向上摸高到 B 处。B 处也是前方一个盘区的阻力位，从盘面观察成交量明显不足，K 线组合上攻力量不强，所以在 B 处出现滞涨现象。

（4）不涨则跌，庄家将股价打回到 C 处，庄家在打压过程中获取部分浮动筹码。

（5）在 C 处遇 A 区支撑后，出击修复性回抽走势。

（6）当股价回升到 D 处时，庄家利用上方 B 处的压力作用，展开震荡走势。

（7）股价在 D 处受阻于 B 处后，庄家再次压低股价至 E 处。

（8）在 E 处遇 A 区支撑而回升，股价反弹到 F 处。

（9）在 F 处遇前方 B 处压力，成交量不足，无法形成突破走势，庄家旨在让 B 处套牢的散户平仓退出。

（10）股价在 F 处遇 B 处压力后，选择快速回落。当回落到 E 处和 A 区价位附近时，股价得到强大的支撑而企稳震荡，在 C 处形成新的盘区。这里可以倒推庄家在 A 区的建仓意图和大致的建仓成本，看懂了庄家背后的运行逻辑，接下来的操作策略就明确了。

（11）经过前面一系列的盘、拉、打，庄家建仓计划基本完成。2018 年 2 月 6 日，在拉升之前庄家故意向下制造一个空头陷阱，股价在 H 处向下突破底部盘区的支撑，盘面产生新一轮下跌假象，以此误导散户卖出。其实，在 H 处盘面有许多疑点，庄家露出了破绽，在股价向下突破时成交量没有放大，表明下跌动能不强，盘中筹码已经锁定，浮动筹码很少，属于无量空跌走势。而且，股价破位后没有出现持续下跌走势，表明市场经过长期的下跌调整后，已经处于底部区域，下跌空间不大，向下突破是一个空头陷阱。所以 H 处是一个空头陷阱，庄家在次日就出现一字涨停回归线，从此开启一波大涨行情。

（12）I 处是一根典型的回归线。回归的技术含义，见前面所述。

可见，该股庄家是以“先横盘，后推高，再打压，再横盘”的思路完成建仓计划，看懂庄家的这个思路，跟庄操作就能得心应手。

三、打压为主，推高为辅

庄家建仓离不开打压，但打压也要适可而止，过分的打压必然伤及自身，所以打压的同时应辅之其他手法。实盘中，庄家经常将打压与推高结合在一起使用，其建仓效果非常好。需要说明的是，“打压为主，推高为辅”也并非只有打压和推高两种手法，当然也包括其他辅助手法。这里仅就几种常见的盘面现象，对打压建仓做一实录回放：

1. 先打压，后拉高

股价大跌之后，庄家再将股价打压到一个新的低点，让散户从希望到绝望，以致崩溃，在加重散户心理压力的时候，庄家在低价大举吸纳筹码。浮动筹码渐渐减少之后，股价开始向上拉高，给没有在打压时止损的散户一个解套离场的机会，这样庄家就能轻而易举地拿到散户手中的低价筹码。这里选择两个短线游资经典建仓实例做一回放。

图 4-25，上海三毛（600689）：该股见顶后逐波回落，反弹结束后再次下跌，股价重心渐渐下移，不断创出调整新低。

2018 年 1 月 31 日，股价破位后，出现持续下跌，部分散户在恐慌中止损离场，庄家如愿获得这部分筹码。然后缓缓向上推高，给部分没有离场的散户一个涅槃重生的机会，通过小平台整理后，短线游资获取了一定的筹码。3 月 21 日开始，股价连续拉高后，游资也迅速撤离市场。

那么该股庄家建仓逻辑是什么？下面做进一步的实录回放：

（1）在 A 阶段，股价在弱势中运行，受下行的 30 日均线压制，重心不断下移。而且，该位置距离上方盘区位置较近，意味着股价将来拉高幅度有限，所以庄家不会在此选择大规模建仓。庄家反复斟酌考量后，选择顺势打压会更加轻松，顺水推舟，轻轻用力，就能事半功倍。

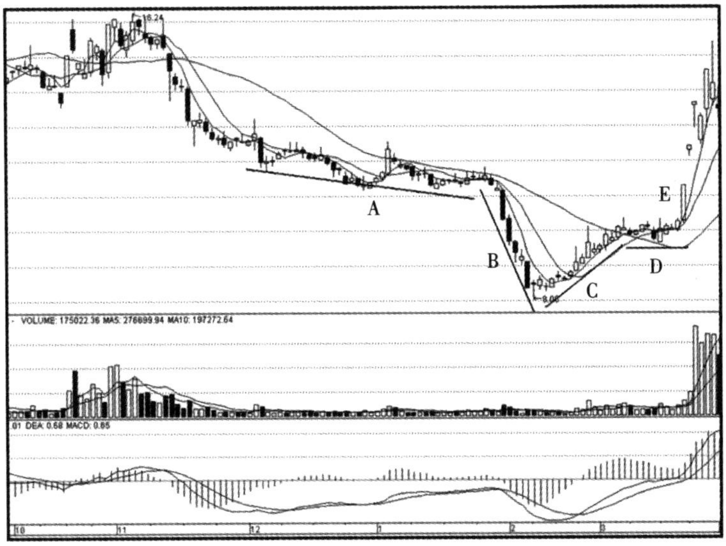

图 4-25　上海三毛（600689）日 K 线走势

（2）庄家在 B 阶段进行持续打压，加重散户心理负担，引发部分止损盘出现。在打压过程中，发现盘面有一个最大的疑点，那就是无量空跌。低位出现无量空跌，必是庄家故意行为，这一点散户心中要有数。

（3）经过一轮打压后，在 C 阶段形成推升走势，K 线连续收出小阳线。庄家意图很明显，场外散户看到这么多的阳线不敢介入，认为股价要调整；场内散户受惊打压之后，心有余悸，有的选择逢高止损。

（4）在 D 阶段，庄家既不上拉，也不下打，那为了什么？起什么作用？主要是消化上方的浮动筹码，不让散户介入，作用就是让筹码沉淀，以有利于后面的快速拉高。

（5）在 E 处，出现回归线。分时走势中，开盘后不到 10 分钟，直线单波式拉涨停，庄家的爆发力可见一斑，短线出现快速拉升走势。

关于庄家打压的问题，这里需要讲述一下。不少散户不理解庄家的打压原理，感到困惑，不禁会问：庄家打压不是把自己也套牢了吗？其实这是错误的理解。庄家打压实质是一次高抛低吸过程，在不增减筹码数量的情况下，也会降低持仓成本。比如，当前持仓成本在 10 元左右，然后从 10 元打压到 6 元，庄家需要从 10 元开始一路打压，筹码不断向外转移，此时筹码抛多进少。当股价打压到一定的幅度后，会出现抛少进多的状态，然后到达 6 元之后，从下方向上集中筹码，这样持仓成本就会大大下降，即使打个平手，也会下移到 8 元左右。实质上，这是一次筹码向下滚动的过程，采用先发散、后集中的运作方式。

但是，成本下降幅度与股价下跌幅度可能不一定成正比，通常成本下降幅度要小于股价下跌幅度。比如，从 10 元打压到 6 元，股价下跌了 4 元，而庄家成本可能只下降到 8 元或 9 元，但总体成本是下降的，股价稍有回升就到了成本区附近。如上个例子，上海三毛的短线游资成本，也就在 D 处附近，所以后面的拉升就能产生利润。再参考下面这个实例：

图 4-26，群兴玩具（002575）：该股经过前面的大幅跳水后，止损盘、割肉盘纷纷涌出，做空能量得到较好释放，但多头元气大伤，一时也难以提振士气，盘面陷入僵局，庄家逢低悄然吸纳筹码，在 A 区出现震荡走势。

2018 年 9 月 25 日开始，庄家向下持续打压股价，在 B 区连收 13 根阴线。虽然阴线实体不大，但显示出强大的空头气势，使不少散户选择止损操作。

10 月 19 日，股价在 C 处收出探底回升的止跌性小阳线后，连收两个“一”字涨停板和一个“T”字涨停板，股价重回前期盘区之内。

股价回升到盘区之内后，庄家戛然停止拉高步伐，回落在 D 处出现震荡。在 D 处停留时间不长，股价从 E 处开始进入主升浪行情。

从图 4-26 中可以看出，庄家总体还是以“先打压，后拉高”的思路，完成建仓计划的。你猜猜，庄家一路走来，在哪一个阶段里获得的筹码最多？你一定认为在 A 区获得的筹码最多。其实不是，庄家获得最多筹码的是 D 处，虽然在 D 处停留时间不长，但收获的浮动筹码可不少。因为，经过 B 处的打压和 C 处拉高后，给 A 区大量的散户创造了解套机会，多数在 A 区介入的筹码会在 D 处选择离场，甚至一些前期套牢的筹码也会在 D 处选择离场。在 B 处离场的人是无奈，在 D 处离场的人是平静，所以，D 处 7 个交易日的吸筹量超过 A 区 2 个多月的吸筹量。

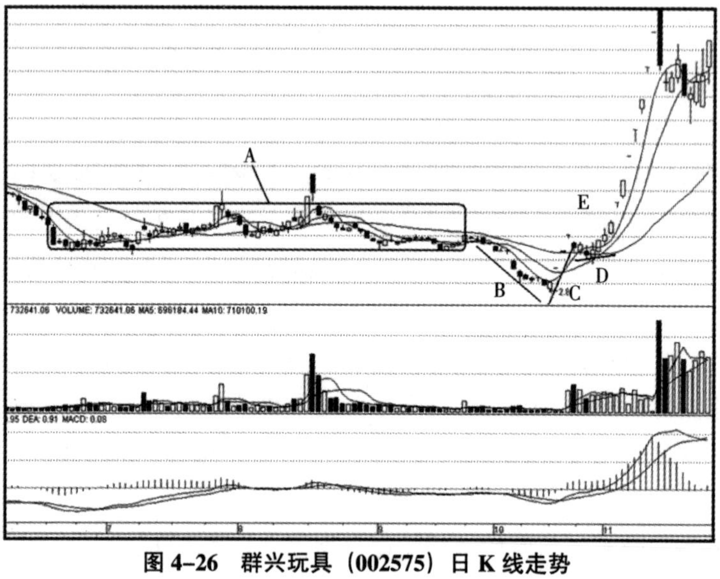

图 4-26　群兴玩具（002575）日 K 线走势

经过庄家的打压和拉高后，庄家的持仓成本有所下降，这是由于打压的幅度不大而回升的幅度过大，这与打压原理不会产生冲突。

在“打压为主，推高为辅”的建仓方式中，有一种盘面走势一定要注意，不要错误地认为其是“先打压，后拉高”建仓手法，以致造成入场被套的结局。

图 4-27，乐视网（300104）：该股停牌 9 个多月后，于 2018 年 1 月 24 日复牌，股价连续出现 11 个“一”字跌停，这可不是庄家在故意打压建仓，而是真正的一次暴跌走势。

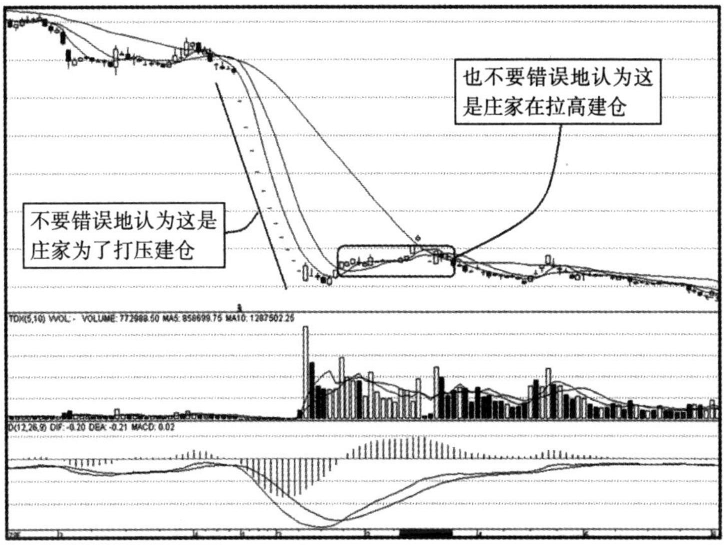

图 4-27　乐视网（300104）日 K 线走势

经过一轮暴跌后，做空能量得到大大释放，打开“一”字板形成震荡。股价小幅回升后，出现横向震荡走势，但这绝不是庄家在拉高建仓。可是，实盘中仍有不少散户在股价大跌后选择介入，结果很难获得盈利。

那么，庄家故意打压行为与市场真正下跌有哪些区别呢？

（1）价位不同。打压行为出现在市场大幅调整后的低迷时期，而下跌行情出现在市场的中高价位。

（2）阶段不同。打压行为发生在庄家建仓阶段，股价前期有了一定的跌幅，而下跌行情发生在庄家出货阶段，近期股价有过快速或大涨行情。

（3）形态不同。打压行为大多以大阴线或中阴线的形式出现，很少出现连续的“一”字跌停，而下跌行情并不局限于几个“一”字跌停板，超过 10 个以上“一”字跌停的也屡见不鲜。

（4）原因不同。打压行为是庄家人为造成的，而下跌行情是市场内在的反映。

（5）结果不同。打压之后股价很快会复位，一般不会出现持续性下跌走势，而下跌行情一旦形成短期难以回归，甚至一去不复返。

2. 先拉高，后打压

股价经过大幅调整之后，到了历史大底部区域，庄家进场收集筹码，由于散户惜售，庄家很难拿到足够多的廉价筹码，同时又不敢再次大幅打压股价，所以只好先向上拉高一截后，再将股价打回到原点，有时可能略低于起涨点。这样庄家很顺利地拿到浮动筹码，然后股价向上突破，形成新的上涨行情。

图 4-28，康泰生物（300601）：该股见顶后回落，调整幅度较大，庄家在低位悄然介入，股价渐渐企稳回升。股价拉高后，再次打压回落，庄家在反复震荡中完成了建仓计划。2018 年 2 月初，股价步入上升通道之中，累计涨幅较大。

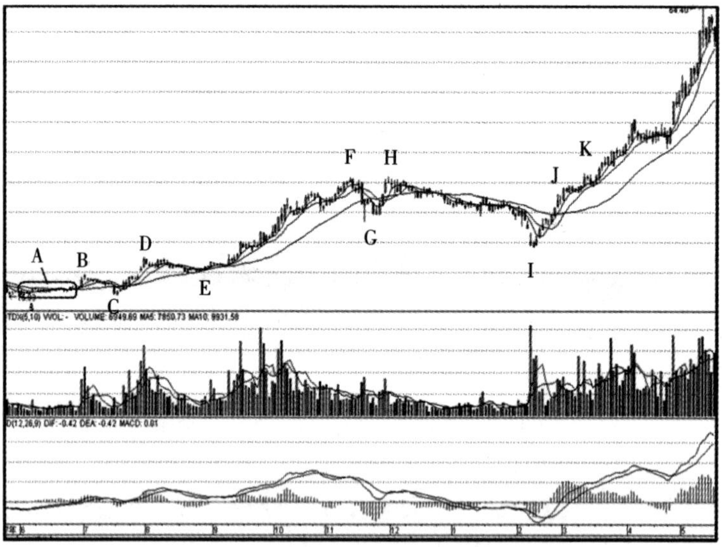

图 4-28　康泰生物（300601）日 K 线走势

那么，该股庄家的建仓逻辑是什么？下面做进一步的实录回放：

（1）股价大幅调整后，庄家悄然介入，在 A 区获得止跌企稳，从而形成底部盘区。

（2）在 B 处出现拉高动作，但股价没有持续拉高。

（3）在 C 处再遭庄家的打压，股价回落到 A 区附近，并击穿 30 日均线支撑，给散户一定的恐慌，但股价没有持续下跌，说明下跌空间有限。

（4）股价从 C 处推升到 D 处，但 D 处是前高压力位（观察压缩图），从而出现横盘震荡走势。

（5）在 E 处遇缓缓上行的 30 日均线支撑，股价渐渐回稳并向上爬高，形成一个上升通道，股价创出上市以来的新高。

(6) 股价到达 F 处时，庄家开始调整，同时做高位减仓，股价回落到 30 日均线之下。

(7) 股价从 G 处回升到 H 处时，遇 F 处压力，盘面再次走弱，构筑 M 头形态。此后，股价缓缓下行，同期的成交量持续萎缩，符合 M 头形态后的盘面特征。当股价下滑到一定幅度后，庄家借助下跌之势对股价进行打压。

(8) 在 I 处产生破位下跌，但成交量没有同步放大，破位后股价也没有出现持续下跌走势，止跌后盘面反而出现放量推升现象，说明 I 处是庄家人为制造空头陷阱。

(9) 在 J 处股价已经回升到 30 日均线系统之上，且接近 F、H 处的历史高点，从而进一步证明 I 处是庄家故意打压所致。既然庄家在此制造虚假的技术形态，后市必有反方向的行情出现。

(10) 股价在 J 处作短暂停留后，在 K 处展开攻势，创出历史新高，后经回抽确认后，股价出现强劲的上涨行情，累计股价涨幅较大。

下面再看一个也是比较典型的“先拉高，再打压”的实例。

图 4-29，金太阳 (300606)：该股在 2018 年 10 月 17 日在 A 处探出调整新低，然后企稳回升到 B 处，而 B 处遇到下降的 30 日均线下压以及前期下跌盘区的阻力，庄家主动在 C 区域展开调整，但股价重心渐渐上移，暗示盘中有庄家资金在逢低吸纳，同时也是等待浮动筹码的离场。

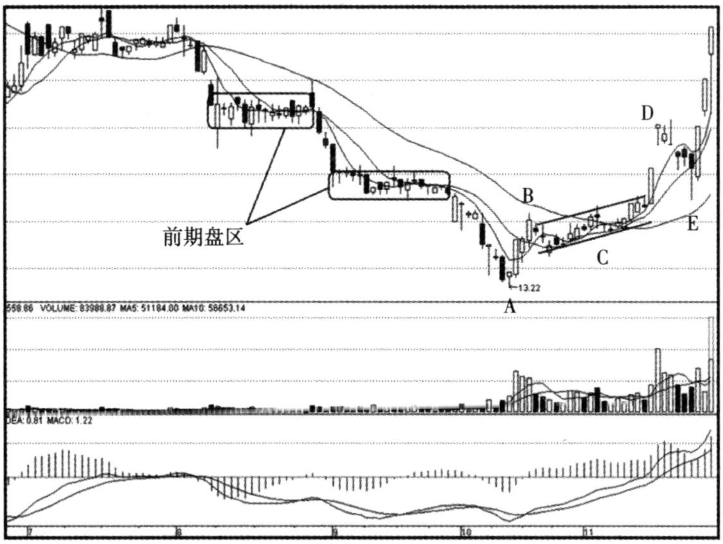

图 4-29 金太阳 (300606) 日 K 线走势

然后，股价连拉两个涨停至 D 处，而 D 处也是前期盘区压力位。接着，庄家进行猛烈的打压动作，连续 5 天的下跌，最低点几乎把前面两个涨停板的涨幅抹掉，可见庄家手法的凶狠。经过“先拉高，后打压”之后，股价出现连板飙升行情。

3. 先打压，后拉高，再打压

股价已经调整到了底部区域，但庄家为了建仓的需要，继续对股价进行无情的打压，使股价再下一个台阶。然后股价渐渐企稳回升，当有了小幅上涨后，庄家再次将股价压低。在低位反复折腾后，庄家如愿拿到足够多的廉价筹码，最后股价一跃而起，展开拉升行情。

图 4-30，盐湖股份（000792）：股价见顶后大幅下跌，庄家不断压制股价上涨，在低位形成一个盘区。2017 年 4 月 17 日，一根大阴线向下击穿了前面的盘区支撑，技术形态遭到严重破坏，股价不断向下探求底部支撑，直到做空动能完全衰竭，这期间庄家在低位吸纳了不少的低价筹码，然后股价才渐渐企稳回升。

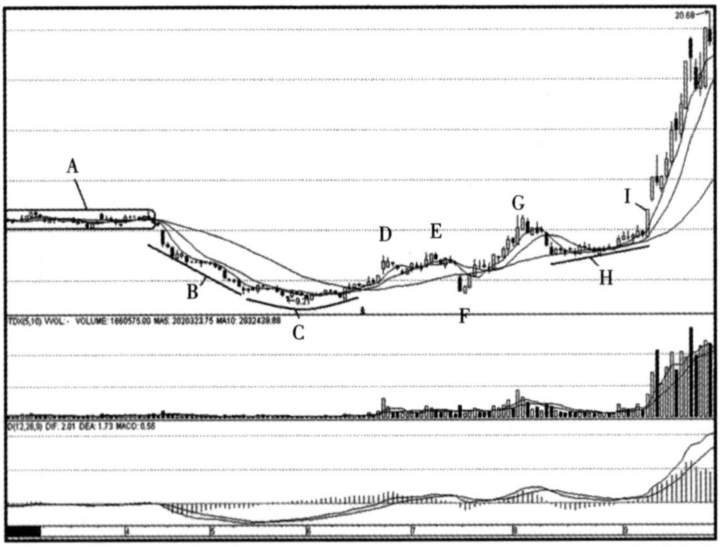

图 4-30 盐湖股份（000792）日 K 线走势

当股价有了小幅反弹后，在 7 月 17 日突然大幅跳空到 30 日均线之下开盘，盘中低开低走直至跌停收盘，股价又回落到前期低点附近，在盘面上形成了极大的恐慌。通过这样的打压后，有的散户担心股价破位下跌，便在跌停板价位上挂单卖出，庄家多次开板不断在跌停板位置上吃进散户卖单。可是，第二天股价并没有出现持续性下跌，该跌不跌必上涨，随后股价渐渐向上推高。

当股价回升到前期盘区附近时，庄家借用盘区的阻力作用，再次对股价进行打压，使股价回落到 30 日均线附近。经过短暂的盘整后，9 月 8 日庄家发力向上，开启一轮拉升行情。

该股庄家基本围绕“先打压，后拉高，再打压”的思路完成建仓计划，下面就该股庄家的建仓逻辑做进一步的实录回放：

（1）经过长时间的下跌调整后，股价在 A 区出现长达 2 个多月的横盘震荡整理，庄家在该区域吸纳了一定的筹码，但尚未达到控盘，需要变换手法才能完成建仓计划。

（2）股价向下破位后，在 B 区不断打压走低，盘面形成阴跌走势。庄家在这一过程中，吸纳了不少的浮动筹码。在盘面上也留下一些破绽，那就是成交量持续萎缩，说明庄家在进货而不是出货。

（3）经过 B 区的持续打压后，股价下跌动力衰竭，在 C 区渐渐企稳后形成小圆底走势，成交量继续萎缩，庄家非常有耐心地在低吸筹码。

（4）在 C 区完成筑底后，股价渐渐回升，成交量略有放大。当股价回升到 D 处时，庄家利用前方破位后形成的小盘区进行震荡，制造股价上方受压的假象，误导散户逢高离场。在 D、E 两处产生两个小高点，技术上构成 M 头形态。

（5）接着，庄家利用 M 头形态的看空意义，对股价进行打压。7 月 17 日，大幅跳空低开于 30 日均线之下，当日股价跌停收盘，股价又回落到 C 处低点附近。通常 30 日均线是中短线的强弱分界线，一旦被跌破，散户会产生一定的担忧，从而引发部分浮动筹码的抛出，这样庄家可以如愿以偿地获得散户手中的低价筹码。

（6）此时庄家的打压只是点到为止，不会在 F 处久留或深打，所以跌停后第二天股价就发出止跌信号。其实，仔细分析会发现庄家的破绽，一是 30 日均线已经上移，对股价有向上牵引作用；二是股价在 C 区价位附近有一定支撑作用；三是成交量不大，说明庄家的筹码没有松动。

（7）当股价回升到 G 处时，庄家利用 A 区盘区的压力作用展开震荡，再次造成股价上涨受阻的假象，误导散户逢高离场。

（8）对不愿意离场的散户，庄家就采取“你不离场，我就打压”的操盘策略，让股价再次回落，在 H 区形成震荡。

（9）庄家在该股经历了复杂的建仓过程：盘整—打压—拉高—再打压—再拉高—又打压，散户在这一阶段中的心情也是不稳定的。庄家与散户的博弈中，最终庄家取胜的概率较高。庄家完成建仓计划后，又具备拉高时机，最后在 I 处向上突破，形成一轮涨升行情。

4. 先拉高，后打压，再拉高

在大幅调整后的底部区域，股价下跌空间已经十分有限，庄家只有先拉高股价，让利给散户，然后向下打压，最后再次拉高，才能顺利完成建仓计划。

图 4-31，平安银行（000001）：该股经过一段时间的低位盘整后，股价继续缓缓下滑。在庄家资金的介入后，股价出现企稳震荡，盘面逐波推升，重心开始上移。当庄家完成建仓计划后，2017 年 7 月 11 日收一根放量突破的上涨大阳线，此后股价出

现强劲的盘升行情。

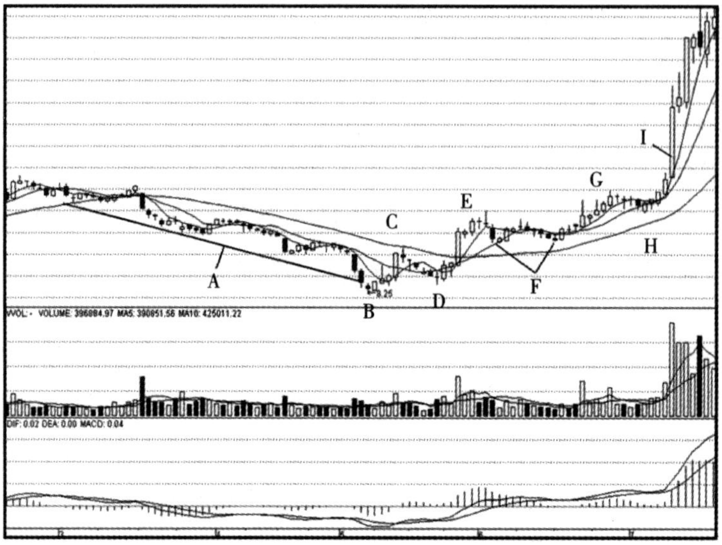

图 4-31 平安银行（000001）日 K 线走势

该股庄家采用“先拉高，后打压，再拉高”的思路完成建仓计划，下面就该股庄家的建仓逻辑做进一步的实录回放：

（1）在 A 阶段股价随大势震荡下跌，形成一条清晰的下降趋势线，当然不排除庄家的故意压低行为，此间庄家也会低吸一些筹码。

（2）经过连续 3 天加速下跌后，庄家在 B 处入场接盘，因为此处是前期低位盘区（观察压缩图）附近，也是下降趋势线的底边线，它具有一定的支撑作用，所以庄家选择在该点位介入。

（3）股价从 B 处反弹到 C 处，而 C 处是下降通道的上边线，且又遇下行的 30 日均线，庄家借该位置的压力作用展开震荡，并实施打压运作。虽然打压力度不大，但所起的市场作用比较明显。

（4）当股价回落到 D 处时，遇前方 B 处低点的支撑，庄家在此展开拉升动作，技术上构成 W 底形态后，股价出现回升。

（5）股价首次穿越 30 日均线到了 E 处，而 E 处遇 A 阶段下降趋势中的压力位，盘面出现滞涨震荡。

（6）庄家借助上方的压力作用，在回落过程中出现两次明显的打压，但打压力度都不大，在 F 处形成两个低点。F 处是 C 处的高点，通常高点被突破往往转化为支撑，所以 C 处有支撑作用。

（7）然后庄家再将股价推升到 G 处，而 G 处同样遇到 A 阶段的高点压力，此时庄家并不急于拉高，而是在 H 处形成小盘区，进一步对浮动筹码进行获取。

（8）经过庄家的拉高—打压—再拉高后，庄家已经具备上攻条件，7 月 11 日在 I 处收出放量突破的大阳线，此后股价稳步走高。

下面再看一个多次拉高和多次打压的实例。

图 4-32，罗牛山（000735）：该股经过长期的弱势调整后，做空能量得到有效释放，庄家入场悄然吸纳筹码，但此时该抛的人都已经离场了，不抛的人死活抱着股票不动，所以庄家无法在很低的位置吃到低廉筹码。

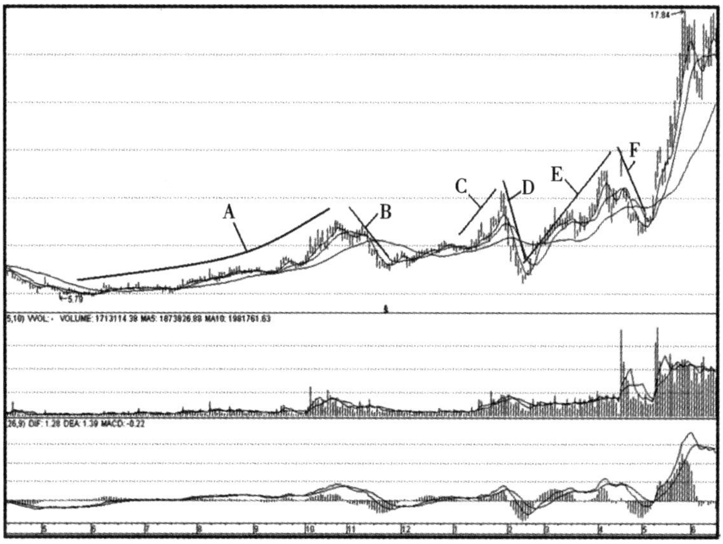

图 4-32　罗牛山（000735）日 K 线走势

于是，庄家在 A 阶段渐渐推高股价，让散户逢高离场。然后在高位构筑一个圆形顶形态，在 B 阶段进行快速打压，引发散户离场。

当股价回落到前期盘区附近时，出现一段时间的横向震荡走势。然后在 C 阶段拉高，并创出反弹新高，但拉高幅度并不大。很快在 D 阶段出现大幅杀跌，并击穿 B 阶段的低点，技术形态遭到严重破坏，此时不少散户退出了。

但遇到 A 阶段盘区支撑后，股价在 E 阶段出现盘升行情。反弹过程，也是一波三折，说明庄家有条不紊地收集筹码。当股价反弹到前高附近时，盘面出现大幅震荡，2018 年 4 月 17 日收出一条高开低走大阴线，成交量十分异常。散户见此情形，纷纷选择离场或高抛低吸，庄家却在暗中继续吃货。不难看出，庄家通过这一轮反弹行情，吃到了大量的筹码。5 月 8 日，股价开始向上拉起，展开一波主升浪行情。

需要提醒的是，庄家在拉高和打压过程中，不会是简单的拉和打，筹码总是在集中和发散中滚动。庄家也是利用拉高和打压在高抛低吸做差价，如果恰到好处，差价利润也非常丰厚。

四、拉高为主，盘整为辅

庄家拉高建仓在实盘中非常多见，通常这种情况发生在股价大幅下跌后的末期，庄家介入把股价拉起，让利给散户，利诱散户离场，达到快速建仓的目的。

拉高建仓一般出现在大行情来临后，庄家没有来得及收集筹码，只好以“成本换时间”的方法来完成建仓计划，或者个股遇到某种突发性利好时，庄家来不及建仓而不得不选择拉高建仓方法。

需要说明的是，“拉高为主，盘整为辅”也并非只有拉高和盘整两种手法，当然也包括其他辅助手法。盘整也非仅限于横盘走势，形态上有一定弹性。这里仅就几种常见的盘面现象，对拉高建仓做一实录回放：

1. 先盘整，后拉高

股价经过大幅调整后，在低位出现一段时间的横向震荡走势，庄家虽然吸纳了一定数量的筹码，但并没有达到控盘要求，而建仓时间又非常紧迫，最后采取拉高手法完成建仓计划。

图 4-33，华夏幸福（600340）：该股向下调整到前期盘区低点（观察压缩图）附近时，庄家介入低吸筹码，股价企稳震荡。然后，股价向上拉高，再次出现盘整走势，庄家不断收集散户的抛盘，达到了一定的持仓量。2017 年 5 月 4 日，借“雄安新区”利好，股价向上突破，连拉 5 个涨停。

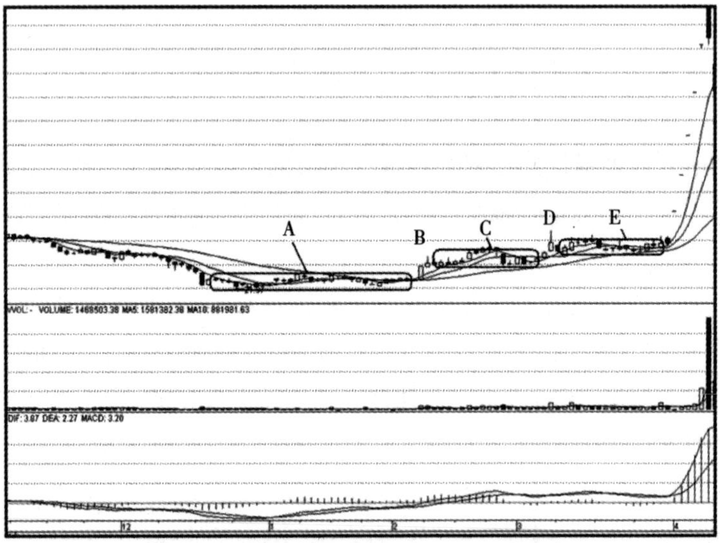

图 4-33 华夏幸福（600340）日 K 线走势

那么，庄家的建仓逻辑是什么呢？下面对庄家的建仓过程做进一步拆解：

（1）在 A 区出现一个多月的盘整整理，庄家在该区域吸纳了一定数量的浮动筹码后，随着散户抛盘渐渐减少，无法继续吸纳更多的筹码，因此股价开始向上拉高。

（2）股价拉高到 B 处后，放慢了上攻节奏，再次出现震荡走势，庄家在 C 区也获得部分散户的解套盘和止损盘。

（3）当浮动筹码减少后，股价再次拉高到 D 处，然后庄家以同样的盘整手法吸货。

（4）经过盘整—拉高—再盘整—再拉高—又盘整后，庄家获得大量的低价筹码，随后借利好消息，四两拨千斤，快速实现拉高计划。

图 4-34，分众传媒（002027）：该股经过一段时间的震荡下跌后，庄家介入低吸筹码，股价企稳后缓缓向上爬高。经过一轮加速爬高后，股价再次形成盘整走势，庄家继续收集散户的抛盘。庄家完成建仓计划后，借利好消息，股价出现飙升行情。

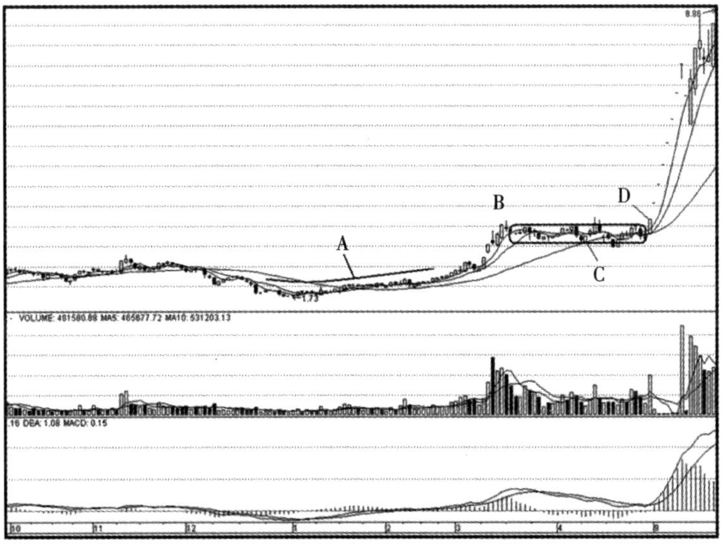

图 4-34 分众传媒（002027）日 K 线走势

该股庄家的建仓逻辑非常简单，就是“先盘整，后拉高，再盘整”的建仓手法。

（1）股价经过一段时间的下跌调后，在 A 区出现 2 个多月的盘整走势，股价重心上移，庄家在该区域获得一定数量的浮动筹码后，随着散户抛盘渐渐减少，无法继续吸纳更多的筹码，因此股价出现加速上涨。

（2）在建仓阶段，股价快速上涨对庄家是不利的，庄家必须压住上涨势头，所以在 B 处出现滞涨。

（3）股价滞涨后，再次出现震荡走势，庄家继续在 C 区吸纳筹码。

（4）经过一系列的盘整、拉高、再盘整后，庄家已经获得大量的低价筹码，随后借利好消息产生飙升行情。

2. 先拉高，后横整

股价经过长期的下跌调整后，释放了大量的做空能量，在低位渐渐企稳震荡。由于此时浮动筹码已经不多，庄家很难在低位吸纳筹码，只有先向上拉高一小段之后，才会有浮动筹码出现，然后再在相对高位设法拿到这部分浮动筹码。

图 4-35，中天金融（000540）：该股经过长时间的下跌调整后，股价到了底部区域，再让散户割肉已难以奏效，庄家悄然介入吸纳了部分低价筹码。经过一段时间的盘整后，庄家很难在低位获得更多的廉价筹码，所以庄家采用向上拉高的建仓策略，进一步吸纳低价筹码，直到完成建仓计划后，股价进入牛市上升通道。

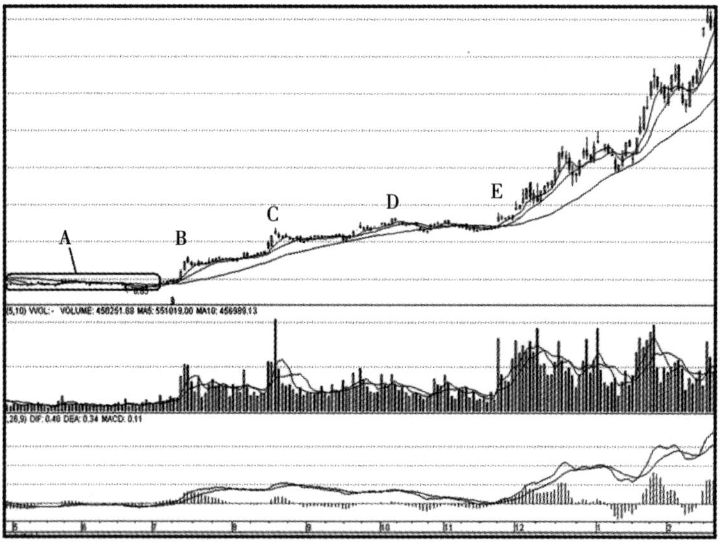

图 4-35　中天金融（000540）日 K 线走势

为了掌握庄家意图，下面对该股庄家的建仓逻辑做进一步的实录回放：

（1）A 区是经过长时间的调整后，所形成的一个盘整区域，这个盘区很难被有效击穿。庄家在 A 区吸纳了部分初仓筹码，但浮动筹码已经越来越少，很难继续获得更多的筹码。

（2）庄家选择拉高建仓手法，将股价推高到 B 处，让利散户离场。

（3）拉高手法适可而止，B 处之后形成盘整走势，股价重心有所上移，可以看出庄家建仓的急切心理。

（4）当浮动筹码减少后，股价再次拉高到 C 处，庄家继续让利散户。

（5）经小幅拉高后，盘中产生部分浮动筹码，从 C 处开始继续盘整形态，庄家收集浮动筹码。

（6）然后又将股价推高到 D 处，D 处之后同样是盘整走势。

（7）当庄家清理了最后的浮动筹码后，股价在 E 处开始放量向上突破，形成主升浪行情。

需要说明的是，有时候拉高建仓也是一波独立的行情，只是上涨幅度大小有别，经过盘整后，再次展开拉升行情，可以看作是两波独立的行情，也可以理解为一轮完整的坐庄过程。

图 4-36，建新股份（300107）：该股经过大幅调整后企稳形成盘整格局，庄家悄然逢低吸纳了大量的低价筹码。随着时间的延续，盘面震荡幅度渐渐收窄，成交量持续萎缩。

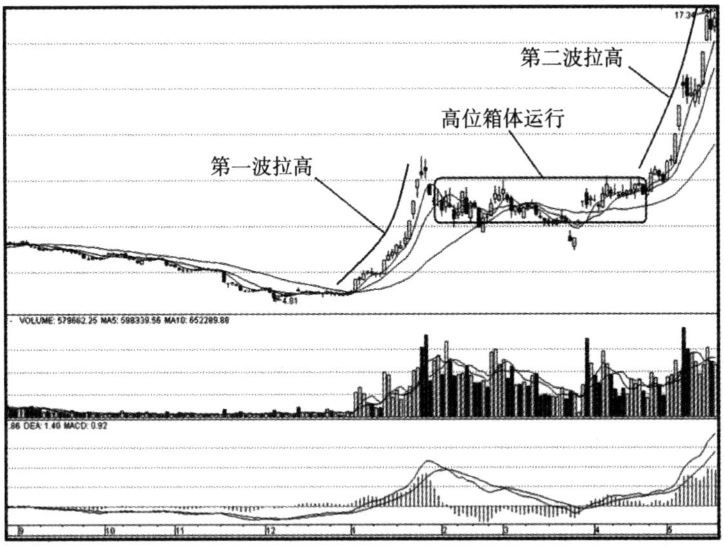

图 4-36　建新股份（300107）日 K 线走势

2018 年 1 月 3 日，庄家展开第一波拉升行情，股价涨幅也超过 1 倍。然后在高位出现大幅震荡走势，基本上以横盘箱体运行为主。在箱体运行区域里，股价也经历了许多环节，由于篇幅有限，不做详细分解。当庄家再次收集到大量的筹码后，从 4 月 24 日开始股价展开第二波拉高行情，股价涨幅也不少。

3. 先打压，后拉高，再盘整

股价已经调整到了底部区域，但庄家为了建仓的需要，继续对股价进行无情的打压，使股价再下一个台阶。然后股价渐渐企稳回升，并快速向上推高一截，然后在相对高位出现盘整走势，庄家在盘整中继续收集筹码。庄家如愿拿到足够多的筹码后，股价展开拉升行情。

图 4-37，超频三（300647）：该股见顶后大幅下跌，股价在底部企稳震荡，盘面陷

入沉闷的盘局走势。庄家为了吸纳更低的筹码，2018 年 1 月 31 日开始连续打压收阴，造成技术破位，股价再下一个台阶。然后，在 3 月 8 日向上突破 30 日均线压制，庄家连续拉高股价，成交量温和放大。股价在前高附近遇到压力后，进入震荡调整走势。由于盘面出现震荡，不少散户以为反弹行情结束纷纷抛售筹码离场，而庄家却悄悄吃进筹码。庄家完成建仓计划后，在利好消息配合下，股价出现快速拉升行情，短期股价涨幅超过 140%。

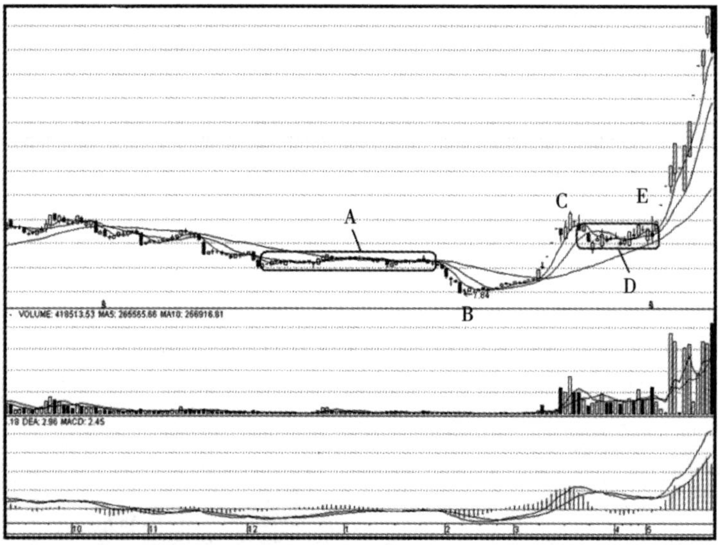

图 4-37　超频三（300647）日 K 线走势

那么，该股庄家的建仓逻辑是什么？下面做进一步的实录回放：

（1）股价反弹结束后渐渐走弱，在 A 区形成长达 2 个月的盘整走势，成交量持续萎缩。散户心理对该区域有较大的底部预期，一旦被击穿，会对散户产生非常大的负面影响。庄家就想达到这种市场效果，来达到低吸筹码的目的。

（2）庄家为了低吸筹码，将股价持续打压到 B 处。由于 A 区被有效跌破后，技术上形成空头趋势，加重了散户的心理负担，因而引发部分浮动筹码出现。

（3）股价下一个台阶后，在 B 处附近出现低迷的走势，直到浮动筹码消失为止。

（4）当浮动筹码消失后，股价连续快速拉高，突破 A 区的压力，在 C 处出现滞涨。庄家这样做的意图：一是让 A 区的散户微利离场；二是 C 处是前方高点附近，该位置的压力作用有目共睹，让 A 区的散户解套离场；三是对上方压力大小的一次试盘动作。这样，拉高后出现的浮动筹码，就轻而易举地落入庄家手中。

（5）对于一些坚守阵地的“顽固派”散户，庄家采取“你不离场，我就套你”的操盘策略，与散户展开博弈。所以，让股价从 C 处略作回落后，在 D 处展开震荡，再一次折磨散户的持股耐性。无论怎么样，庄家能够或多或少地获取一部分筹码，若是达不到预期目的，则继续延长盘整时间，或改变其他建仓方式，直到完成建仓计划为止。

（6）经过打压—拉高—盘整等一系列手法后，庄家掌控了整个盘面。2018 年 6 月借助利好，股价形成主升浪行情。

下面这个实例也是比较典型的“先打压，再拉高，再盘整”的实例。

图 4-38，正海生物（300653）：该股从高位回落后，成交量持续萎缩，在 A 阶段形成一个盘区，庄家在此吸纳了一定的筹码。为了加大建仓进度，庄家故意打压股价，击穿 A 阶段的盘区支撑。庄家在打压过程中，承接了部分止损盘。股价到达 B 处后，止跌回升。

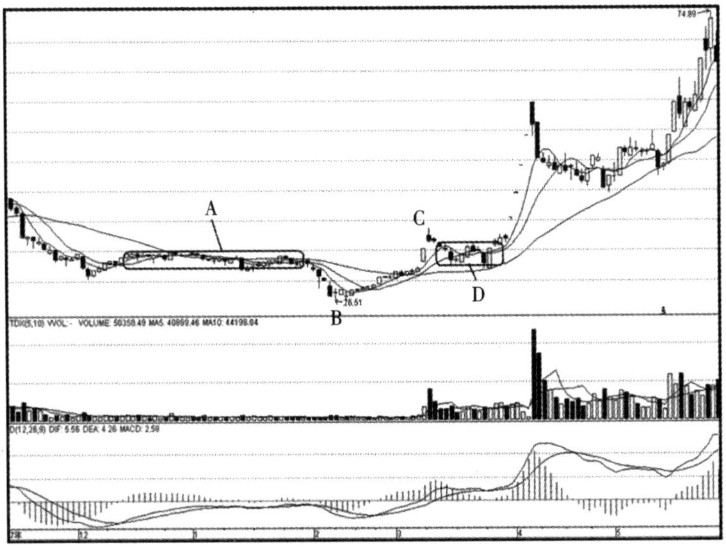

图 4-38 正海生物（300653）日 K 线走势

2018 年 3 月 6 日，股价放量涨停，次日冲板回落，在 C 处形成高点。在这一阶段有不少解套盘出现松动，这部分浮动筹码自然落到庄家手中。然后，股价稍作回落，在 D 阶段形成盘整，此时也有部分浮动筹码被撵出去。当庄家完成建仓计划后，3 月 30 日股价拔地而起，连续拉板。

该股庄家的建仓逻辑非常简单，A 阶段以震荡吸货为主，B 阶段以打压吸货为主，C 阶段以推高吸货为主，D 阶段以震荡吸货为主，可见，不同阶段的目的和侧重点稍有区别。

4. 先拉高，后盘整，再拉高

在大幅调整后的底部区域，股价下跌空间已经十分有限，散户心理已经麻木，“死猪不怕开水烫”，死拿筹码不动。这时庄家也很无奈，只有将股价拉高一小段，才能产生浮动筹码，然后在相对高位盘整中继续吸纳筹码。浮动筹码消失后，再拉高吸货，直到完成建仓计划为止。

这种建仓方式通常为中长线庄家所为，所控盘的个股也是中长线大牛股，在盘面结构上构成逐级上涨的态势。比如，贵州茅台（600519）、海康威视（002415）、招商银行（600036）、格力电器（000651）、新和成（002001）、京东方A（000725）、沙钢股份（002075）、营口港（600317）、恒瑞医药（600276）、大名城（600094）、赣锋锂业（002460）等近几年的一批大牛股以及同板块的相关个股，都出现了这种建仓手法。掌握庄家建仓方式，可以判断庄家的驻庄周期，有利于提升跟庄技能。

图4-39，士兰微（600460）：股价经过长时间的调整后，处于底部弱势震荡格局中，持续时间长达半年之久，成交量持续萎缩，庄家悄然介入吸纳低价筹码。但是，一味的盘整是很难拿到更多筹码的，随后庄家采用拉高手法，完成建仓计划并达到控盘要求。

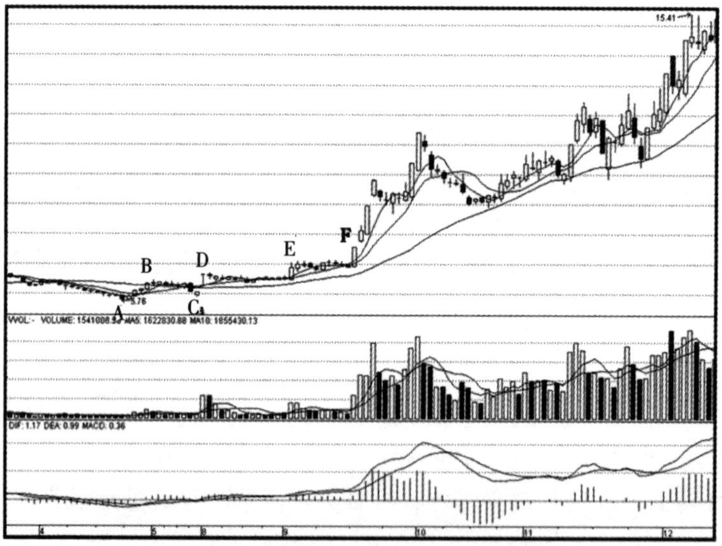

图4-39 士兰微（600460）日K线走势

2017年9月18日，拉出放量涨停大阳线，形成突破走势，股价快速拉升，从此进入牛市上涨行情。

该股庄家基本围绕“先拉高，后盘整、再拉高”的思路完成建仓计划，下面就该股庄家的建仓逻辑做进一步的实录回放：

（1）由于弱势加上庄家的打压，股价回落到A处，而A处是前期调整低点，有较强的技术和心理支撑作用，所以庄家也不敢轻易在此盲目砸低。

（2）股价回升到B处，而B处遇前期盘区压力，庄家利用该位置的压力作用而展开震荡吸货，然后股价再次回落到 C 处。

(3) 在 D 处拉出“T”字形放量涨停 K 线，接着股价出现横向缩量震荡整理，而股价没有下跌多少，这是庄家利用盘区的压力作用，利诱散户退出。

(4) 在 E 处再次拉出大阳线，随后股价又出现横向缩量震荡走势，而股价没有下跌，这里庄家同样利用前期盘区的压力作用，利诱散户退出。

(5) 庄家通过前期的打压—拉高—横盘—再拉高—再横盘的手法完成了建仓计划，最终使浮动筹码高度集中，达到了控盘要求。2017 年 9 月 18 日，放量涨停大阳线拔地而起（F 处），开启牛市上涨行情。

五、震荡为主，打拉并举

除了上述几种比较突出的建仓手法，就是以震荡为主的建仓手法，其实震荡手法掺杂于每一种建仓手法中，它是建仓手法的“大杂烩”，有拉、打、盘等手法。

以震荡为主的建仓方式类似于箱体形态，比横盘建仓的震荡幅度要大，比拉高建仓和打压建仓的气势要温和。总体是横盘不呆板，拉高不猛烈，打压不残忍，这是震荡建仓的运行特点。

图 4-40，永和智控（002795）：该股经过大幅调整后在低位企稳震荡，形成一个长达 2 个多月的盘整区域，成交量持续萎缩，庄家在此吸纳了部分浮动筹码。经过一轮打压，股价再下一个台阶，庄家在低位继续悄然吸纳筹码。

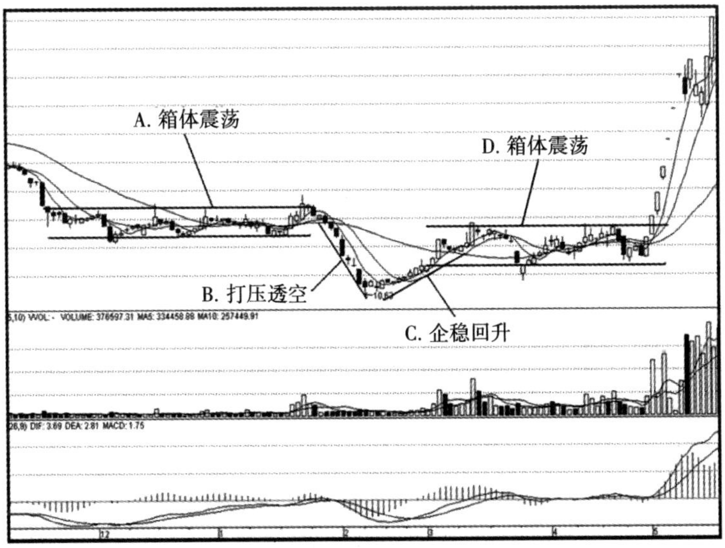

图 4-40 永和智控（002795）日 K 线走势

然后股价渐渐向上回升，当反弹到前期盘区附近时，回升势头戛然而止，股价出现明显的滞涨现象，此后形成横盘震荡。那么，庄家这么做是为了什么呢？目的就是逼迫在底部介入的投资者获小利抛售，同时让前期盘区套牢者解套离场，以此完成建仓计划。庄家目的达到后，2018 年 4 月 27 日开始股价展开连续上攻行情，连续拉出 7 个涨停板，波段累计涨幅巨大。

下面我们可以进一步细化庄家的建仓意图：

（1）在 A 阶段震荡过程中，庄家建仓手法比较复杂，运用了拉、打、盘的手法，总体思路是对散户进行折磨，争取拿到更多的浮动筹码。

（2）经过一段时间的震荡后，在 B 阶段出现一波打压，此阶段的手法比较简单，以打压为主。此时庄家对手中的筹码作了一些分散处理，等待低位重新接回，降低建仓成本。

（3）C 阶段的手法也比较简单，以向上回升为主，当股价到 A 阶段附近时，再次出现震荡走势。

（4）在 D 阶段震荡过程中，庄家建仓手法也比较复杂，拉得比较有力，打得比较残酷，不少散户在这一阶段里被震荡出局。浮动筹码退出后，股价很轻松地连续拉板。

第三节　庄家钟爱“狐狸尾巴”形态

一、什么是“狐狸尾巴”形态

一轮行情炒作完毕之后，股价见顶回落，形成 A 浪调整，然后出现 B 浪反弹，最后进入 C 浪调整，这是波浪理论中的下跌三浪调整的最基本结构。C 浪调整具有结构复杂、时间漫长、幅度较大的特点。

这里不去深入研究波浪理论，只教给大家庄家喜欢的入场建仓的基本形态，这就是“狐狸尾巴”形态。狐狸走路时常常拖着长长的尾巴走，没有很大的力气是甩不起来的。股票也一样，从高位不断下跌之后，多空双方能量逐步衰竭，市场人气持续低迷，反弹之后再现调整，股价长时间卧底不起，形态上如同“狐狸尾巴”，故称为“狐狸尾巴”形态。

“狐狸尾巴”形态说明股价已经跌不动了，在此期间出现的盘面异动，就是庄家在里面搅局，说明有庄家在建仓。这是识别个股有无庄家介入最简单、最有效、最直观的方法，如图 4-41 所示。

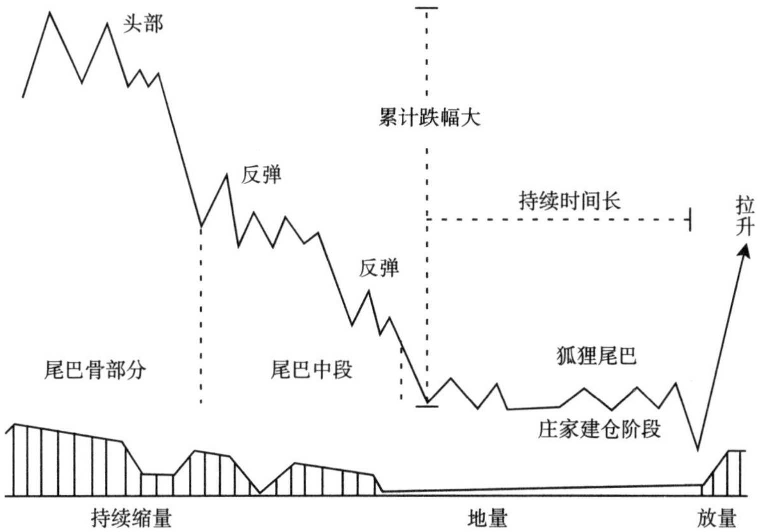

图 4-41 “狐狸尾巴”形态示意图

“狐狸尾巴”形态的应用条件：

（1）股价累计下跌幅度大（问题股除外），跌幅超过 50%。

（2）调整时间长，包括下跌调整时间和底部横盘时间两部分，横盘时间越长越好。

（3）成交量大幅萎缩至地量水平，市场十分低迷。

（4）成交量出现温和放大，或出现放量突破信号，可逢低买入。

其实，炒股不需要弄得太复杂，在掌握基本理论的前提下，方法越简单越有效。太过于刻板，太计较完美，容易剑走偏锋，结果往往适得其反，要么弄巧成拙，要么走火入魔，要么钻“牛角尖”。这里就如何通过“狐狸尾巴”形态识别庄家是否建仓、如何在“狐狸尾巴”形态中进行高抛低吸，结合实例与大家做一分享。

二、“狐狸尾巴”裸露庄家踪迹

好多散户不知道庄家在什么部位建仓，也不知道个股是否已经有庄家介入。根据“狐狸尾巴”理论，庄家不会在尾巴骨部分介入，也不会在尾巴中段入场，而是隐匿在“狐狸尾巴”的末端部分建仓。然后，结合“狐狸尾巴”形态的应用条件，庄家的踪迹就会在“狐狸尾巴”中裸露出来。

图 4-42，弘宇股份（002890）：该股在反弹高位形成小 M 头形态后，股价逐波走低，虽然中途出现几次盘整，但都是下跌中继形态，而不是真正的底部结构。

从 2018 年 8 月之后，盘面逐步形成底部结构，虽然股价重心有所下移，但成交量持续萎缩，说明股价已经跌不动了，也反映有庄家在悄然低吸筹码。整个盘面如同“狐狸尾巴”形态，迟早会甩起来，当然也不排除股价上涨之前，在形态上制造技术陷阱的可能。

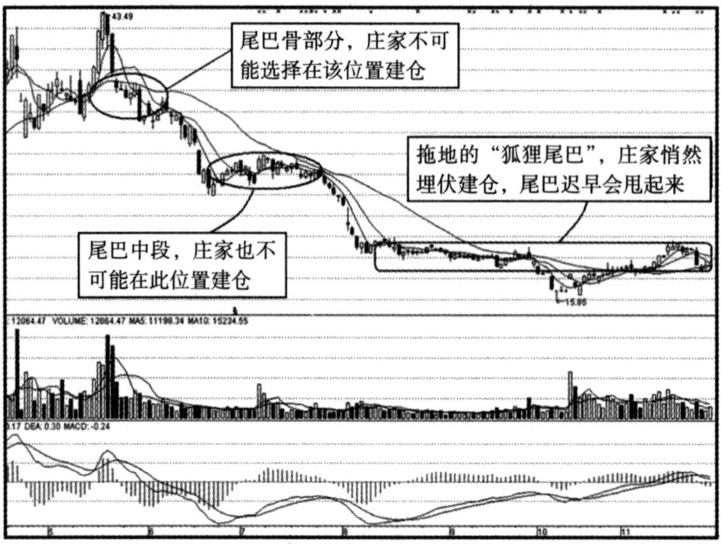

图 4-42　弘宇股份（002890）日 K 线走势

图 4-43，镇海股份（603637）：该股见顶后逐波走低，每一次反弹结束后再次调整并创出新低，股价回归到价值投资区域，成交量持续萎缩，做空能量得到充分释放，说明下跌空间已经不大。

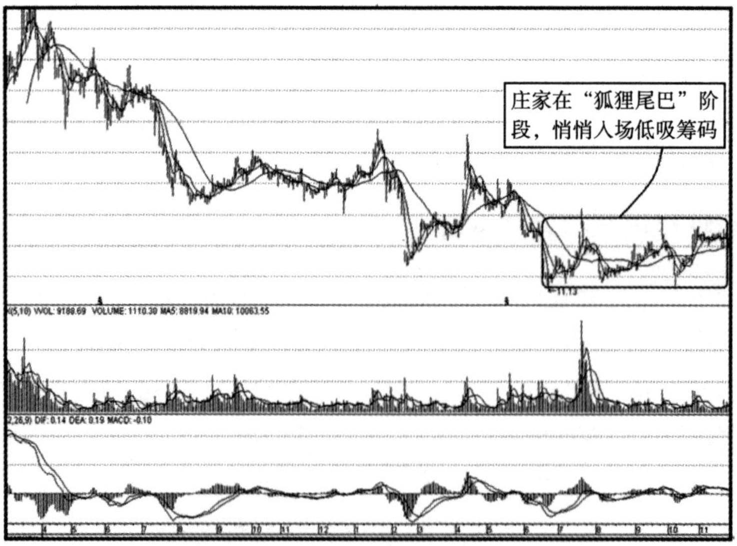

图 4-43　镇海股份（603637）日 K 线走势

从 2018 年 6 月之后，股价渐渐企稳，出现盘整走势，形成“狐狸尾巴”形态，成交量出现间歇性放大，说明有庄家资金在盘中活动，悄然低吸筹码。预计该股后市有良好的表现，可以跟踪观察，不作实盘操作。

庄家在“狐狸尾巴”形态中完成建仓后，进入主升浪之前，通常会有一次打压动作，制造空头技术陷阱，2018 年 10 月下旬至 11 月中上旬行情中出现的一批个股形态就是这样的。恒立实业（000622）、群兴玩具（002575）、弘业股份（600128）、华控赛格（000068）、大众公用（600635）、赛象科技（002337）等，在“狐狸尾巴”形态之后，有一个下蹲打压动作，然后股价上涨起飞。

图 4-44，鲁信创投（600783）：庄家在“狐狸尾巴”部分吸纳了大量的低价筹码后，为了试盘、洗盘和加仓，在进入主升浪之前，故意进行一次打压动作，使技术形态造成破位之势。当最后一批浮动筹码清场后，2018 年 11 月 5 日股价放量涨停，开启一轮主升浪行情，11 个交易日中拉出 8 个涨停，短期涨幅非常之大。

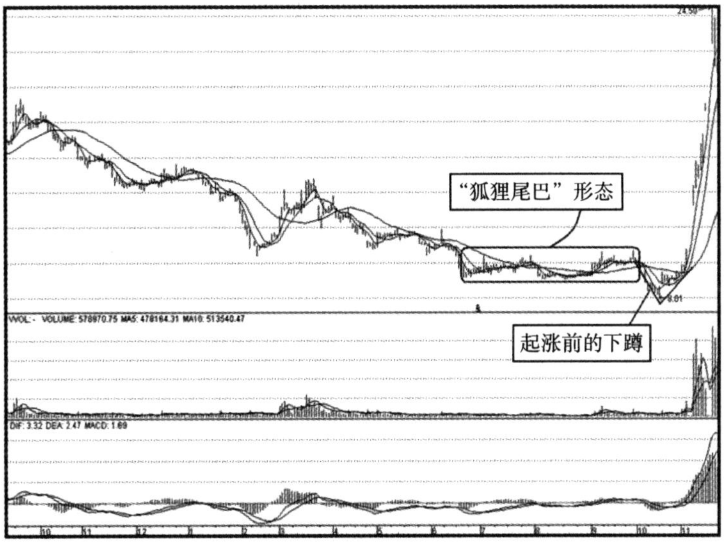

图 4-44 鲁信创投（600783）日 K 线走势

通过这个实例，目的就是想告诉大家一个道理，事物之间具有因果关系，虽然中间可能会出现许多曲折的过程，不一定会按照理想化的模式去发展，但结果大多是相似的。

三、踏着“狐狸尾巴”高抛低吸

发现庄家隐匿在“狐狸尾巴”中建仓，就可以长期进行跟踪，股价出现大起落时，成交量也同步放大，这正是施展短线技术的最佳时期。此时做高抛低吸并不难，只要不太贪心，就可以轻松与庄共舞。如果觉得自己短线技术把握不准，干脆以中长线持有该股，一定会获得丰厚的回报。

高抛低吸的基本应用条件：

（1）股价在底部区域，下跌空间已经不大，趋势行情（上升趋势和下跌趋势）或极端行情中不宜做差价。

（2）明显有庄家在盘中活动，且处于庄家建仓、试盘、洗盘或初升阶段。

（3）成交量要维持活跃水平，地量和天量均不适合做差价。

（4）盘面震荡幅度要大，快涨急跌，有产生利润差价的空间。

当然，高抛低吸只适合于庄家建仓阶段，经过一段时间的底部震荡后，庄家完成了建仓计划，股价向上突破底部盘区，这时应该坚定地持股不动，成功地做一波主升浪行情。

图 4–45，高斯贝尔（002848）：该股见顶后一路下跌，出现了一条长长的“狐狸尾巴”形态。2018 年 8 月 21 日和 22 日，出现两个“一”字板后，股价企稳震荡，成交量明显放大，说明有庄家资金在暗中吸货。当明确了这一点后，每一次打压收大阴线的时候，都是低吸的机会，而突然大拉的时候，又是高抛的信号。当盘面没有这样的机会时，保持观望，等待机会出现时再下手，开开心心做股票，安安全全高抛低吸。

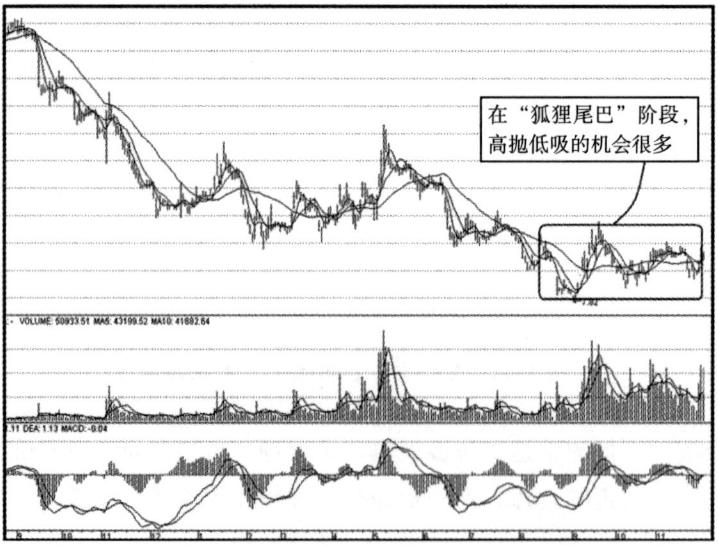

图 4–45 高斯贝尔（002848）日 K 线走势

图 4–46，北新路桥（002307）：该股见顶后一路下跌，2018 年 2 月以来在低位宽幅震荡，形成了“狐狸尾巴”形态，成交量开始活跃，是高抛低吸做差价的时段。虽然股价重心在下移，但每一次打压都是低吸的机会。要注意的是，高抛低吸不需要每天做，也不是每天都有机会做，机会是靠过来的。

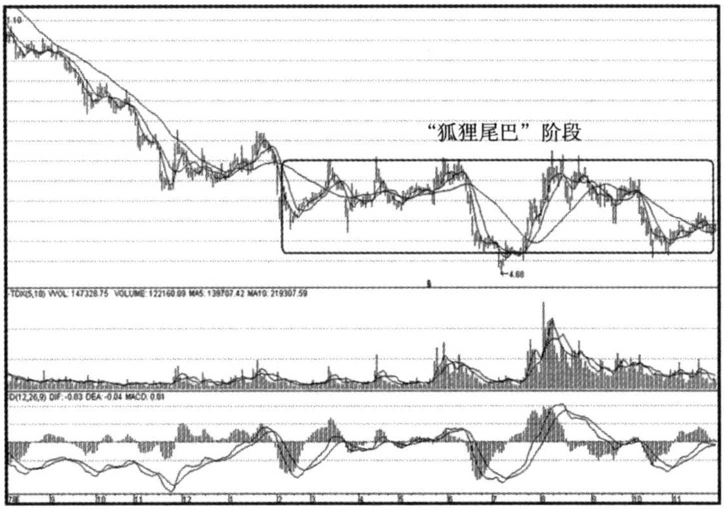

图 4-46 北新路桥（002307）日 K 线走势

图 4-47，禾望电气（603063）：该股经过长期调整后，股价到了底部区域，下跌空间已经不大。2018 年 9 月开始，在低位成交量出现温和放大，说明有庄家关注该股了，形态也进入“狐狸尾巴”整理阶段，一旦出现急跌就是低吸做差价的最好时机。

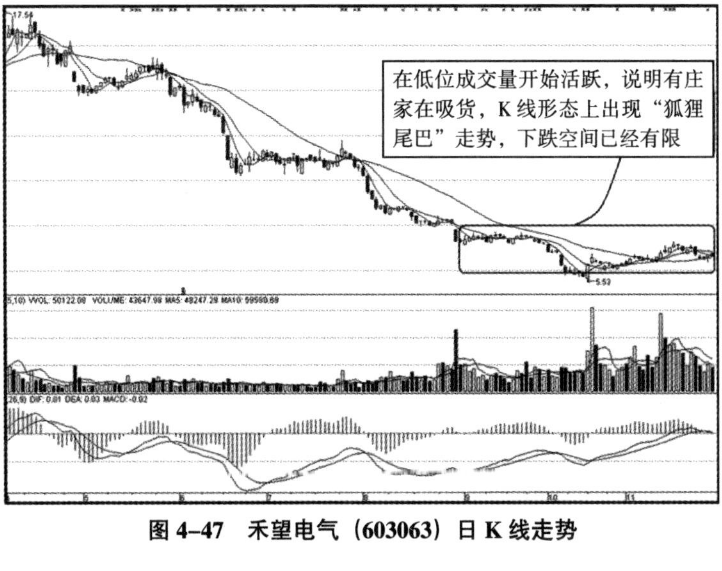

图 4-47 禾望电气（603063）日 K 线走势

从图 4-45 到图 4-47 可知，截至 2018 年 11 月 29 日，在实盘跟踪观察。总体上，买入“狐狸尾巴”的股票，稳赚不赔，只是赚多赚少的区别，即使短线遭套，也套不死你。每年跟踪三五只这样的股票，在买入之前要耗得起时间，找不到时间节点不要入场；卖出之后也要耗得起时间，要有耐心，不要着急。这样你就会跑赢大盘，你的年总收益会超过基金经理。

第五章　庄家建仓盘口语言

散户跟庄必须掌握庄家建仓的盘口语言，然后才能做出跟庄决策。目前，庄家建仓渠道主要有两条：一是通过大宗交易平台大手笔拿货；二是通过二级市场吸筹。大宗交易可以一次性一笔拿筹几千万至几个亿，但大宗交易并不是想拿什么股票马上就有现成的。大宗交易首先需要有出让方愿意卖出，买家才有拿筹的机会，否则买家不可能拿到货。庄家通过二级市场吸筹，仍然是现时庄家拿货的最重要最常见的途径。散户通过盘口及时发现庄家行踪，就能跟着庄家分享牛股盛宴。

第一节　庄家盘口语言概述

一、盘口语言的实盘意义

1. 什么是盘口语言

简言之，就是资金交易时的运动方式。无序流动的小笔资金，是无法决定股价命运的，它通常只能随波逐流。只有在盘中频频出现大资金运动的个股，才会在其走势中流露出盘口语言，这才是大家应该真正重点关注的盘口现象。

如果说，庄家的实力大小全凭资金来说话，那么，庄家的说话方式就是盘口语言。一只股票，有庄还是没庄，大庄还是小庄，善庄还是恶庄，都会通过盘口语言体现出来。盘中的每一笔成交，都在告诉大家庄家资金的真实意图。

当然，在不同的时期、不同的价位、不同的市场格局，即使是同一种盘口语言，它的意义也是不尽相同的。同样，对于不同的个股，其盘口语言是不一样的。换句话说，就是不同的庄家，有不同的操盘风格，有不同的盘口表现形式。

所以，散户对自己所关注的个股，必须长期跟踪，紧盯盘口，方能深入了解庄家的盘口语言，读懂它的说话方式。读懂盘口语言是一个成功者的基本功。

2. 如何解读盘口语言

（1）庄家凭借资金实力，能够骗线、骗图、骗量、骗技术指标，但它无法骗资金的进出（或称筹码的进出）。读懂庄家的盘口语言，就是要看懂大资金在盘中是实进虚出，还是虚进实出，这是盯盘的关键，也是分析庄家行为的关键。学习盘口语言的目的，就是为了确定资金流向的真实性。

（2）要实时盯紧盘面，最多不宜超过三只个股，股票太多就无法了解庄家的举动。庄家的大单卖盘，是实出还是虚出，要看当时下档有没有突然出现大托单。如有，是虚出，即庄家并没有出，而是为了一定目标故意为之；如没有，则为实出。比如，哈投股份（600864）2018 年 11 月初的一天，在几分钟之内连续出现几笔 10 万股以上的大卖单，当时下方托单稀少，显然不会有这么多的散户承接，而是庄家震仓洗盘。

（3）对庄家资金运作的盘口观察是感性的，有时候大家很容易被自己的感情所欺骗。盘口语言分析，必须结合 K 线组合、单笔成交股数等其他行之有效的分析办法，才能更有效地分析庄家的行动目的。

二、庄家有哪些盘口语言

就像人类语言一样，盘口语言也是极其丰富多彩的。任何一位汉语言专家，都不敢说他已深刻了解了汉语言的奥秘。同样，在股市中没有一位投资者敢说，他已全部了解了庄家的操盘手法。作为普通投资者，必须在盘口语言的基本语法上下功夫，并在实盘中不断探索，不断提高自己的操盘技能。

下面的内容是一些盘口语言的简单分类，也是笔者在 20 多年交易过程中的一些体会，当然，盘口语言远远不止这几种，旨在抛砖引玉，求教大方。

1. 接

“接”是盘口语言的基本语法之一。简单地说，就是庄家在股价下方（挂买单）承接。承接与护盘是两种不同的语法，尽管它们在某些时候看起来一模一样，但两者有明显的不同。承接是庄家主动而为，庄家往往会在买一至买五价位挂出大量的买单，并且不怕其他大单打压。护盘是被动的，往往下档接盘较少，如果大盘出现跳水动作，则股价往往会飞流直下，一般靠尾市偷袭，以维持股价不至于下跌过猛。两者的共同之处，就是“承接”与“护盘”往往都出现在大市不好的时候。

“接”会出现下跌走势，但“护”一般不会下跌，或下跌幅度较小，走势要明显强于大盘。“接”按走势划分，有下跌式、横盘式、推高式；按力度大小划分，有大单承接式、小单承接式；按时间划分，有连续式、间隔式等。

图 5-1，方大炭素（600516）：上证指数在 2017 年 4 月 12 日至 5 月 10 日处于下跌调整走势，不断创出调整新低，绝多大数个股弱势下跌，而方大炭素的庄家由于仓位

不够充分，在大盘弱势时利用“接”的手法吸纳筹码，因而不受大盘下跌影响，股价重心不断向上抬高，走势明显强于大盘，为典型的逆大势而行的盘面表现。说明庄家在此期间吸纳了大量的筹码，等待市场企稳回升的机会。5 月 11 日，当大盘探底成功后，该股立即出现快速上涨行情，走出了一波较有力度的行情，借助去产能（涨价概念）利好，股价涨了又涨，成为两市的妖股。说明前期“接”的资金，有实盘资金介入，是庄家的建仓资金。读懂了庄家的这些盘口语言后，在股价回调时就可以大胆介入。

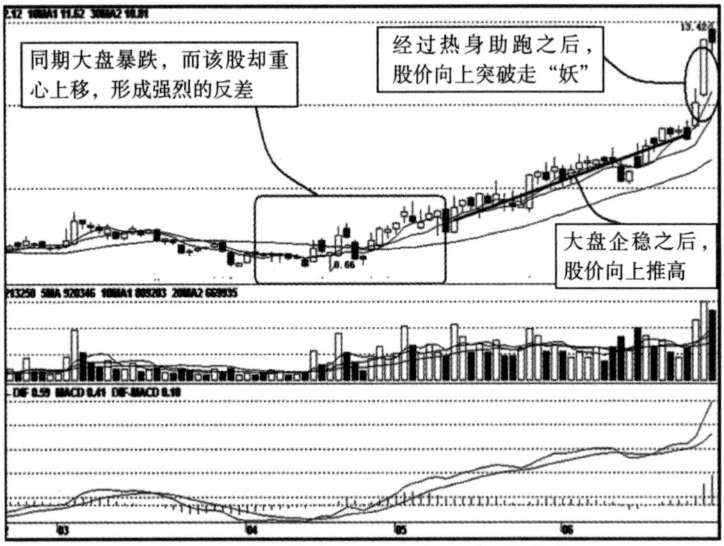

图 5-1　方大炭素（600516）日 K 线走势

2. 护

“护”即护盘，就是庄家资金托住股价不使其下跌过多。护盘这种盘口语言，往往出现在庄家刚想拉升时，突遇大势不好，或个股突遇利空消息打压，也见于庄家因各种因素将股价打压到自己的成本价附近，不让场外资金买入比自己更廉价的筹码而护盘。

护盘有许多种方法，比如，公司突然发布预亏公告，庄家措手不及，股价低开，再逐步推高，以吸引买盘介入，减轻庄家压力。这种护盘方式还常用于庄家出货阶段，如庄家每天偷偷出货，早市一开盘就逐步盘跌，尾盘对倒拉高，维持股价，不致下跌太快，以便日后再次派发。

庄家的目的不同，护盘的方式就不一样。按走势划分，有下跌抵抗式、横盘式；按时间划分，有尾盘式、早盘式；按功能划分，有实盘式、虚盘式等。

图 5-2，海得控制（002148）：2018 年 2 月底股价经过连续拉高后，在高位出现震荡整理走势，庄家在高位不断对敲出货，但由于手中筹码较多，很难在这一区域顺利出局。经过高位两天震荡后，在 3 月 19 日低开 2.39%后翻红震荡，尾盘拉高收涨停，

股价创出上涨新高。在此位置出现这样一根创新高的放量涨停大阳线，给人一种洗盘结束展开新一轮上涨行情的感觉，盘面非常吸引散户跟风介入。可遗憾的是，次日股价没有出现强劲的上攻势头，连惯性冲高动作都没有，连续两天低开震荡，收出长上影星线，说明这个新高不是有效的突破，而是庄家出货的一种诱多手法。

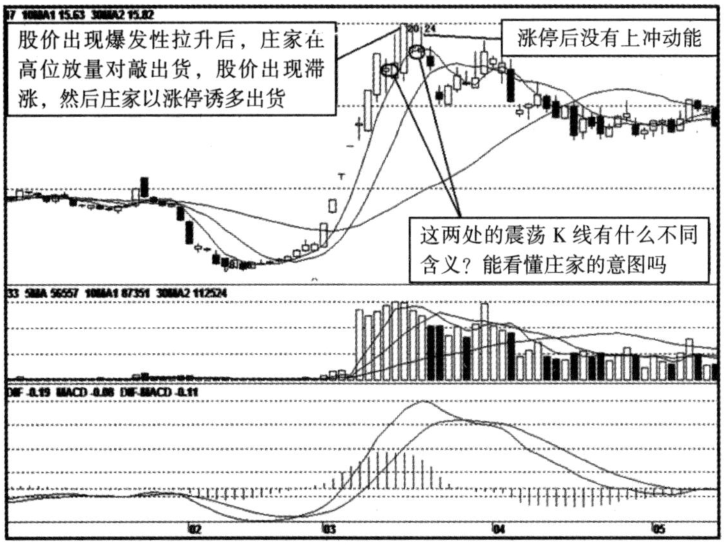

图 5-2 海得控制（002148）日 K 线走势

3. 吸

“吸”这种盘口语言，大多见于吸筹阶段。“吸”有许多种方式，比如打压吸筹、拉高吸筹等。假如有一只个股，在盘中某一位置上，每当几手、十几手的散单累积到一定数量时，就突然有一笔或连续几笔大单将卖盘上的散户抛单全部吃完，再结合这只个股的价位，很快就能断定是不是有庄家在吸筹。

“吸”这种盘口语言是较难以掌握的。特别是打压吸和拉高吸，与“出货”很难分清。“吸”按走势划分，有横盘吸、打压吸、拉高吸；按开盘方式划分，有低开高走式、高开低走式（与下跌式承接有相似之处）；按力度划分，有强吸式、缓吸式等。

比如，超频三（300647）为近年来少见的强吸式的经典之作。股价见顶后大幅下跌，在底部获得企稳，散户在此割肉已不现实，盘面陷入沉闷的走势。2018 年 3 月 8 日，向上突破 30 日均线压制后，庄家连续拉高股价，成交量温和放大，然后进入震荡调整走势。由于盘面出现震荡，不少散户以为反弹结束纷纷抛售筹码离场，而庄家却悄悄吃进筹码。庄家完成建仓计划后，在利好消息配合下，股价出现快速拉升行情，短期股价涨幅超过 140%。

4. 转

“转”又称对倒或对敲，大多见于拉高阶段、派发阶段，当然试盘、反弹时也有用对敲，目的是制造不明的大量交易，以迷惑欺骗投资者。观察对敲盘，需要耐心地长时间连续观察，结合大盘情况、个股的价位及消息面等情况综合分析。

很多时候，在盘中买盘一浪高过一浪，但庄家的筹码并没有增加，一手进一手出而已，有时甚至在减少。对倒的典型形态，就是小猫钓鱼式的走势。读懂庄家对敲语言，可以回避买入这类股票带来不必要的损失，在持有这类股票时，出现明显的庄家对敲诱多行为时可以及时退出。

根据庄家的目的不同，有不增仓位的“转”、适量增仓的“转”和派发筹码的“转”等方式。

5. 停

“停”即涨停或跌停。“停”对股价的走势意义重大。涨停，有着无穷的魔力令投资者心驰神往，成为投资者孜孜以求的目标。有一些投资者就喜欢追涨杀跌，比如“涨停敢死队”，眼睛就只盯涨停板的股票。当然，对于短线高手而言，这也不失为一种跟庄的好方法，但总的来讲，在震荡市场中风险太大。

“停”按时间划分，有开盘即涨停或跌停、早盘停、午盘停、尾盘停等；按挂单量划分，有巨量停、少量停等。对“停”的研究，实盘意义很大。比如开盘即巨量涨停，第二天可适当追涨；巨量跌停，绝不可买入。2018 年 11 月以来，沪深两市都出现无量封涨停，或涨停板屡次封住屡次打开、尾盘小单封涨停的个股，这种个股出货的可能性很大。

2018 年下半年以来，以跌停式出货的个股也很多。这些个股都经过庄家多年的运作，庄家筹码极多，往往两三个跌停后，巨量对倒打开停板，以吸引买盘介入，出完大部分以后，第二天再跌停式出货。比如，奥马电器（002668）、金盾股份（300411）、金龙电机（300032）、新光圆成（002147）、全新好（000007）等，上当的投资者不少。

6. 震

“震”就是大幅震荡。震荡就是股价以忽上忽下、时涨时落的方式大幅波动，股价涨跌变化似乎没有规律，且涨跌幅度较大。震荡期间成交量显著放大，成交量随着震荡逐步收尾而随之减少。庄家越是着急坐庄，股价越是上下来回震荡，一会儿拉起来，一会儿砸下去，成交量也就随着放大。

震荡体现了股市变化反复无常的特点，在分时图、日 K 线中震幅较大，股价大起大落，忽上忽下，时涨时跌。对一般的投资者来说，震荡意味着“风险”，但是对经验丰富的投资者来说，震荡意味着“魅力”，因为没有震荡的股票涨势肯定不大，而一只股票的震荡意味着有人在背后“活动”，通过震荡更能够看出庄家的“意图”，所以震荡意味着“机会”。

“震”的目的，一是震仓洗盘，二是震荡出货。两者在盘口上看起来几乎一模一样，但由于两者的目的不同，盘口语言也是不一样的。区分两者，一是看股价启动后的涨幅大小。一般来讲，如涨幅不到30%（根据市道强弱适当调整），多为震仓洗盘；如有80%以上或100%甚至更多的涨幅，则多为震荡出货。二是看盘口，震仓时筹码是进多于出，至少不进不出，震荡出货则大单频频，抛盘沉重，虚进实出。

7. 异

“异”指有别于常规的走势。如大幅低开，迅速拉至正常价位；或在正常成交时，突然有大单砸至7%以下，然后又马上恢复正常交易；或高开，然后正常交易等。

出现异常交易情况的个股，除了个别因投资者偶尔失误外，应是庄家有意为之。根据其价位及市场情况，在很大程度上可以猜测到庄家的目的所在。比如，送“红包”的个股、尾盘突然倒仓的个股等。

第二节　委托单背后的隐情

一、大单压盘

所谓大单是指某一时段里委比出现严重偏离，甚至达到极限值（-100%或+100%）。委比是衡量某一时段内买卖盘相对强度的指标，其取值范围在-100%~+100%，+100%表示全部的委托均为买单，即涨停板时只有买单而无卖单委托，跌停时为-100%。委比为0时，表示买入托单与卖出压单相等。委买手数为所有个股委托买入档的总数量，而委卖手数为所有个股委托卖出档的总数量。

压盘是指某一时段里委卖量大大超过委买量，而实际买入成交单却不大，显示卖盘强而买盘弱，股价难有起色。一般来说，大单压盘只说明买入和卖出意愿的不平衡程度，并不能反映股票的活跃程度。活跃程度还是要看股票的换手率，且压单是随时变化的。

如图5-3所示，委卖量远远大于委买量，委比值达到-73.68%。显示盘中卖压较重，空头气势强，市道较弱，容易引发抛盘出现，庄家顺利吸纳筹码。

1. 大单委托卖出

股价上冲几个价位后，庄家故意在卖盘上挂出不能成交的大卖单，从而吓唬跟风盘以显示抛盘汹涌。同时压制股份上涨，然后用少量筹码向下压价，使投资者错误地

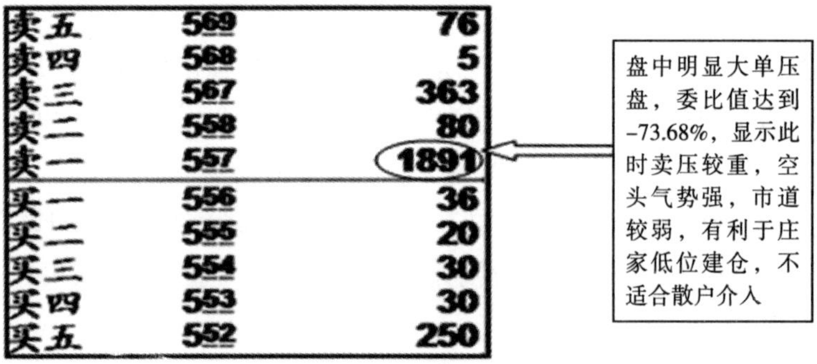

卖五 569 76
卖四 568 5
卖三 567 363
卖二 558 80
卖一 557 1891
买一 556 36
买二 555 20
买三 554 30
买四 553 30
买五 552 250
盘中明显大单压盘，委比值达到-73.68%，显示此时卖压较重，空头气势强，市道较弱，有利于庄家低位建仓，不适合散户介入

图 5-3　大单压盘

认为庄家在出货，而将手中的筹码打低几个价位抛售，这时庄家可以从容进行收集。当这一价位没有了卖盘之后，再改挂高一点的价位继续收集。这笔挂单通常是几百手甚至几千手的，而且是故意出现在盘面上，但一般不会挂留太久，否则极有可能被其他大户抢去。

一般情况下，庄家总会在卖盘处（特别是卖三处）挂一些相对大一点的卖单，让短线散户看不到股价上升的希望，然后庄家的买盘会不断地将卖二、卖一处的抛单卷走。如果庄家非常有耐心，最终就会出现连续多日股价难升，但买盘不断卷走筹码的过程，大盘趋势稳定时，会导致股价出现平台走势，大盘走势疲态时，由于庄家压盘会导致股价呈下降趋势。如果庄家性情急躁，就会出现拉高扫盘的吸筹方法，但扫完卖盘之后，会择机再将股价打回原形或更低的位置，即使有一些浮动亏损也在所不惜。

在低迷状况中，某日股价有所异动，在卖盘上挂出巨大抛单，买单却比较少，此时如果有资金进场将挂在卖档的压单吃掉，可视为是庄家建仓动作。注意，这时的压单并不一定是有人在抛空，有可能是庄家自己的筹码，在吸引投资者注意。此时，如果持续出现卖单挂出便被吃掉的情况，可反映出庄家的实力。

投资者要注意，如果想介入，千万不要跟风对着卖盘买进，可以等到大抛单不见了，在股价回调时再介入，避免当日追高被套。庄家有时在卖盘挂出大单，也旨在吓走持股者。但在低位出现上述情况，介入一般风险不大，庄家向上拉升意图明显，短线有被浅套可能，但最终将会有所收益。与此相反，如果在个股被炒高之后，盘中常见巨大抛单，而买盘不济，此时便要注意风险了，一般此时退出，可有效地避险。

2. 大单压盘的目的

在实盘操作中，经常遇到一只基本面良好的股票，股价也不算高，大盘环境也不算差，但股价就是不温不火，不怎么涨也不怎么跌，不时地在卖档出现大单压盘。这通常是庄家吸货所致，或者根本没有庄家在里面（这种情况非常少见）。大单压盘具有拦截、阻止、恐吓、打压等作用，目的是给上涨的股价降温，总的来说是诱空之意。

有时庄家仓位过重，或拉升资金不足，或进行高抛低吸，所以减掉部分仓位也是庄家的用意。大单压盘的主要目的：

(1) 当股价处于低位时，大单压盘一方面是诱空建仓，另一方面说明建仓结束，故意挂单测试市场跟风情况，然后决定下一步坐庄计划。

(2) 当股价处于拉升过程中，大单压盘一方面是控制上涨节奏，放缓上涨速度；另一方面诱空洗盘，提高持仓成本，加强对筹码的锁定，为后期拉升提供方便。

(3) 庄家不愿意让股价上涨过快，这样不利于降低自己的成本。

(4) 避免过多的跟风盘和对空方在心理上施压。

(5) 故意将股价锁定在关键的点位，造成一种不被突破的假象。

(6) 庄家攻守兼备的操作方式，特别是在比较重要的技术位置附近，利用大单压盘达到建仓效果。

3. 大单压盘的盘面现象

引起大单压盘的原因大致有：庄家耐心吸货、遇到大户抛盘、几个庄家内讧、庄家实力弱小等。庄家大多会选择大盘强势、板块上涨或散户买盘积极时，进行大单压盘吸货。经过大单压盘后，场内浮动筹码就会出现不安分的情绪。随后如果庄家再将股价拉高或打压几个价位，浮动筹码就会纷纷倾巢而出，这样庄家就可以达到吸货或洗盘的目的。

大单压盘在分时图中表现为三种现象：

现象一：压了撤，撤了压，反复多次进行，让散户受不了而离场。

现象二：在卖一位置堆放大单，长时间不动，让极小的买单蚕食。

现象三：卖一位置挂出大单后，在很短的时间里被大买单吃掉，股价小幅上冲后再次回落到该位置附近，同样出现大单压盘现象，最终当天股价没有上涨。

二、大单托盘

托盘是指某一时段里委买量大大超过委卖量，而实际卖出成交单却不大，显示买盘强而卖盘弱，股价难以下跌。如果在买档位置长时间挂有大买单，这个买档的数量要比其他位置的卖单加起来还要大，就属于明显的大单托盘。大单托盘的目的在熊市里是给该股场内散户信心，股价出现松动，散户信心不强的时候，堆出大单托盘，可起到稳定军心的作用。

很多投资者认为，买入位置出现明显大单是庄家有意的护盘行为，因而坚定地持股不动。但在牛市里，当买入大单出现时，会刺激原本正在关注该股而犹豫是否买入的人害怕买不到股票，诱使更多的人争相买入。通常，大单托盘也只是说明买入和卖出意愿的不平衡程度，并不能反映股票的活跃程度。活跃程度还是要看股票的换手率，

且托单是随时变化的。

图 5–4，委买量远远大于委卖量，委比值达到+75.89%，显示盘中买气强盛。这种情况若出现在牛市初期，预示股价将要启动；若发生在大幅上涨后的高位，疑似庄家出货行为，应谨慎操作。

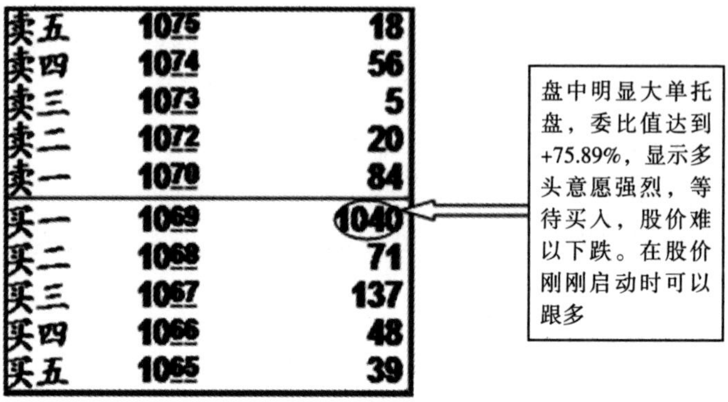

卖五 1075 18
卖四 1074 56
卖三 1073 5
卖二 1072 20
卖一 1070 84
买一 1069 1040
买二 1068 71
买三 1067 137
买四 1066 48
买五 1065 39
盘中明显大单托盘，委比值达到+75.89%，显示多头意愿强烈，等待买入，股价难以下跌。在股价刚刚启动时可以跟多

图 5–4　大单托盘

1. 大单委托买入

在买档中，如果买方的数量较卖方的数量有明显的优势，那么关注这只股票的投资者会认为该股的托单力量比较强大，更倾向于看多。股价先下行几个价位后，庄家在买档垫上大单，然后打出一大笔一大笔的卖单，将买盘逐步消掉。然后，在稍低一点的价位同样垫上大单，再打出大笔抛单。如此反复，让投资者误以为庄家出货而出局。但应注意，这种情况股价不一定能马上企稳回升，因为在股价下跌过程中，光靠庄家护盘是护不住的，一般股价还会有小幅下跌空间。这时应密切注意，一旦市场转强就会有不错的表现。

如果一天内偶然出现大单托盘，那么这有可能是其他大户所为。如果盘口连续性出现大单托盘，那可以断定这是庄家刻意操纵股价的行为。

2. 大单托盘的目的

在实盘操作中，经常遇到有的股票在盘中出现大单托盘，但股价变化似乎不大，这到底是怎么回事呢？大单托盘具有拦截、阻止、震慑、拉抬等作用，一般出现在股价上涨初期突破区和上涨中期洗盘区。此现象在个股不同阶段和不同市况下也有不同的意义。对庄家来说，大单托盘一般有四个作用：

（1）在个股处于阶段性下跌时，这种大单托盘通常是庄家为减少抛压而制造的短线诱多行为。

（2）在个股处于阶段性上涨阶段时，买档中如果经常出现连续的大单托盘，这通常是庄家为了吸引散户跟风，以减轻上升阻力的行为。

(3) 在大盘整体趋势向坏时，个股买档中的大单托盘，通常是庄家为减少抛压而做出的护盘行为。

(4) 股价高位出现大单托盘，这要仔细分析。一般用意有两个：一是部分出货；二是洗掉老散户，吸引新散户，通过提高散户的成本，进一步锁定筹码。多数情况下，在股价高位出现大单托盘时，属于骗线行为。在高位如果量能散乱，那就要特别谨慎了。此时庄家往往通过单笔或几笔大单拉升股价，以吸引散户跟风，从而达到暗中出货的目的。从投机行为来看，股价后市不放量突破盘整中枢没必要参与，当然放量跌破盘整中枢则要出局。

大单托盘还有一个最基本的功能就是试探作用。大多数时候是庄家想在这种状态下观察一下场内投资者的状况，如果此时场内买盘踊跃，那么庄家得到的反馈信息是股票筹码锁定良好，庄家很有可能在近期策划拉升行情；如果在大单托盘时仍然出现较大的卖盘，这种情况是庄家护盘行为，目的是遏制股价下跌，对散户也有暗示作用。

3. 大单托盘的盘面现象

当股价处于刚启动不久的中低价区时，主动性买盘较多，盘中出现托单时，往往预示着庄家有做多意图，可考虑介入跟庄追势；若出现大单托盘的同时，又出现持续性的大单卖出，而股价却变化不大，则庄家托盘吸货的可能性较大，往往是大市见底的先兆。当股价升幅已大且处于高价区时，盘中出现托单，但走势却是价平量增，此时要留神庄家诱多出货；若此时大单托盘较多，同时又伴随大单卖出，而股价却变化不大，则往往预示顶部即将出现，股价将要下跌。

大单托盘在分时图中表现为四种现象：

现象一：在低位撤单后再托单，反复多次进行，股价变化不大，多为庄家吸货动作，散户在迷茫中离场。

现象二：在买档位置堆放大单，长时间不动，少量卖单抛出，多为庄家吸货行为。

现象三：在买档位置挂出大单后，在很短的时间里被大卖单打掉，股价小幅下跌后再次回升到该位置附近，同样出现大单托盘现象，最终当天股价没有下跌。

现象四：在买档位置挂出大单，同时出现大单抛盘，如果股价没有下跌，多为庄家吸货行为，如果股价出现下跌走势，多为庄家诱多出货行为。

庄家大多会选择大盘弱势、板块下跌或散户抛压较大时，进行大单托盘吸货。经过持续性的大单托盘后，市场出现分歧意见，盘面出现异常波动，这样庄家阴谋便顺利得逞。

三、大单买入

大单买入是指在某一时段里，盘面出现较大的买入成交单，但股价不涨或小涨，出现量价失衡现象。大单买入与大单压盘同步，有时出现连续性的大单买入。

挂单买入，主要是指庄家利用开盘时下档承接盘稀薄的机会，先抛出一部分筹码将股价打低，同时在买档位置挂出大买单，然后打出一大笔一大笔的卖单，将买盘逐步消掉。接着在稍低一点的价位同样垫上大单，再打出大笔抛单。但庄家抛出的筹码并不太多，否则会得不偿失。此时，一般散户受大势影响和庄家开盘时的低价暗示诱导，误以为庄家出货而纷纷抛售筹码，庄家就悄悄地笑纳了。如此反复，直到完成建仓计划。

但必须注意，这种情况股价不一定能马上企稳，因为在股价下跌过程中，光靠庄家护盘是护不住的，一般股价还会有小幅下跌空间，这时应密切注意，一旦市场转强就会有不错的表现。

从图 5-5 中可以看出，在卖一位置出现大单压盘，同时出现连续性的单向大单买入现象，但股价却变化不大。此时应根据股价所处的位置高低进行研判，若在低位出现这种现象，大多是庄家压盘诱空，属于大单吸货行为。

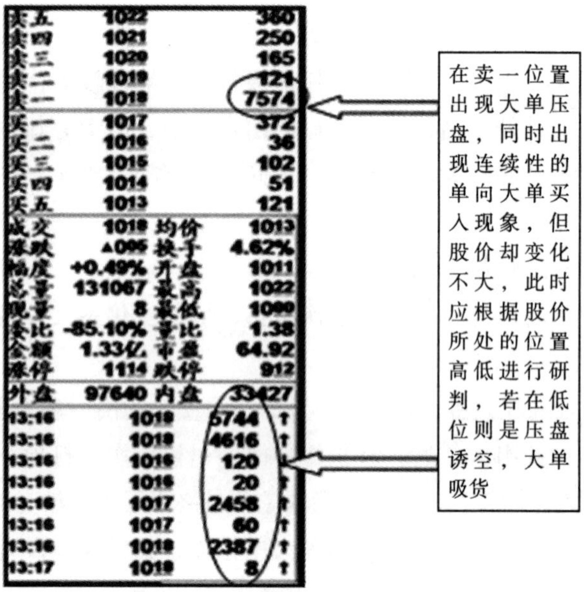

图 5-5 大单买入

大单买入的目的就是为了操纵股价、诱导市场，在股票处于不同价区时，其作用也不相同。当股价处于刚启动不久的中低价区时，主动性买盘较多，盘中出现压单时，往往预示着庄家有做多意图，可考虑介入跟庄追势，若出现大单压盘的同时，又出现持续性的大单买入，而股价不跌也不涨（或小涨），则庄家压盘吸货的可能性偏大，往往是大幅涨升的先兆。当股价升幅已大且处于高价区时，盘中出现压单，但走势却是价平量增，此时要留神庄家高位出货，若此时大单压盘较多，同时又伴随大单买入，而股价变化不大，则往往预示顶部即将出现，股价将要下跌。主要有以下几种盘面现象：

（1）连续单向大单买入。这种现象显然非中小投资者所为，庄家也不会如此轻易买卖股票而滥用自己的钱。通常有两种盘面现象：一是压单不大，但在成交明细栏中却有持续的大单买入成交，股价小涨或不涨，即隐性买盘，一般多为庄家对敲所致，后市股价仍有反复；二是压单较大，同时出现持续大单买入，股价变化不大，多是庄家积极活动的征兆。如果涨跌相对温和，一般多为庄家逐步增仓所致。

（2）大单扫盘。在涨势中常有大单从天而降，将卖盘挂单连续悉数吞噬，股价出现持续上涨。在股价刚刚形成多头排列且涨势初起之际，若发现有大单连续地横扫了多笔卖盘，则预示庄家正大举进场建仓，或股价即将启动行情，是投资者跟进的绝好时机。

（3）隐性买卖盘。在盘口中，委买、委卖盘中所放的挂单，往往是庄家骗人用的假象。在实际成交中，真正庄家有目的性买卖盘通常是及时成交的，未在委买、委卖盘中出现，却在成交一栏里出现了大单，这就是隐性买卖盘。隐形盘虽在买卖盘口看不到，但在成交盘中是跑不了的，这就蕴含庄家的踪迹。因此，研究隐形盘成交与挂单的关系，就可看清庄家的嘴脸。

单向整数连续隐性买单出现，而挂盘并无明显变化，一般多为庄家拉升初期的试盘动作或派发初期激活追涨跟风盘。一般来说，在上有大单压盘时，而出现大量隐性主动性买盘（特别是大手笔），此时股价变化不大，则是大幅上涨的先兆；在下有大单托盘时，而出现大量隐性主动性卖盘，此时股价变化不大，则往往是庄家出货的迹象。

（4）低迷期的大单买入。市场长期低迷时，某日盘面异动，卖盘上挂出巨大抛单，而买单则比较少，此时如果有资金进场，将挂在卖档的压单吃掉，可视为是庄家建仓动作。当然，此时的压单并不一定是有人在抛空，有可能是庄家自己的筹码，庄家在造量吸引注意。大牛股在启动前就时常出现这种情况。

（5）盘整时的大单买入。在平稳的运行过程中，突然被盘中出现的大抛单砸至跌停板附近，随后又被快速拉起，或者股价被突然出现的大买单拉升，然后又快速归位。这表明有庄家在其中试盘，庄家向下砸盘，是在试探底部基础的牢固程度，然后决定是否拉升。该股如果一段时间总收下影线，则向上拉升的可能性大，反之出逃的可能性大。

（6）下跌后的大单买入。股价经过连续下跌后，在盘中出现持续的大单买入，这是绝对的护盘动作，但这不意味着该股后市止跌了。因为股价靠护盘是护不住的，最好的防守是进攻，庄家护盘说明其实力欠缺或环境欠佳，否则可以推升股价。此时，股价往往还有下降空间，但投资者可留意该股，因为庄家已经不让股价下跌了。一旦市场转强的话，这种股票往往一鸣惊人。

(7) 无征兆的大单解读。一般无征兆的大单多为庄家对股价运行状态实施干预所致。如果是连续大单个股，现行运作状态有可能被改变。如不连续也不排除是资金大的个人大户或小机构所为，其研判实际意义不大。如果股价处于低位，买单盘口中出现层层大买单，而卖单盘口只有零星小单，但盘中不时有大单炸掉下方买单，然后又快速扫光上方抛单，此时可理解为吸货震仓。

在实盘中解读盘口语言的核心，是观察委买盘和委卖盘。股市中的庄家经常在盘中挂出巨量的买单或卖单，然后引导股价朝某一方向运行。许多时候，大资金时常利用盘口挂单技巧，引诱散户做出错误的买卖决定，委买卖盘常失去原有意义。比如，有时刻意挂出大的卖盘动摇持股者的信心，但股价反而上涨，充分显示庄家刻意示弱、欲盖弥彰的意图。因此，盯住盘口是关键，这可使我们及时发现庄家的一举一动，从而更好地把握买卖时机。

四、大单卖出

大单卖出是指在某一时段里，盘面出现较大的卖出成交单，但股价不跌或小跌，出现量价失衡现象。大单卖出与大单托盘同步，有时出现连续性的大单卖出。

挂单卖出，一般是指股价上冲几个价位后，庄家故意在卖盘上挂出不能成交的大卖单，从而吓唬跟风盘以显示抛盘汹涌，同时压制股价上涨，然后用少量筹码向下压价，使投资者错误地认为庄家在出货，而将手中的持股打低几个价位抛售，这时庄家可以从容进行收集。当这一价位没有了卖盘之后，再改挂高一点的价位继续收集。这笔挂单通常是几百手甚至几千手的，而且是故意出现在盘面上，但一般不会挂留太久，否则极有可能被其他庄家抢去。

一般情况下，庄家总会在卖盘处（特别是卖三处）挂一些相对大一点的卖单，让散户看不到价位升上去的希望，然后庄家的买盘会不断地将卖二、卖一处的抛单卷走。如果庄家非常有耐心，最终就会出现连续多日股价难升，但买盘不断卷走筹码的过程，大盘趋势稳定时，会导致股价走平台，大盘走势疲态时，由于庄家压盘会导致股价走下降趋势。如果庄家性情急躁，就会出现拉高扫盘的吸筹方法，但扫完卖盘后，会择机再将股价打回原形或更低的位置，即使有一些浮动亏损也在所不惜。

在低迷状况中，某日股价有所异动，在卖盘上挂出巨大抛单，买单却比较少，此时如果有资金进场将挂在卖档的压单吃掉，可视为是庄家建仓动作。注意，此时的压单并不一定是有人在抛空，有可能是庄家自己的筹码，在吸引投资者注意。此时，如果持续出现卖单挂出便被吃掉的情况，可反映出庄家的实力。投资者要注意，如果想介入，千万不要跟风对着卖盘买进，应待到大抛单不见了，在股价回调时再介入，避免当日追高被套。庄家有时在卖盘挂出大单，也旨在吓走持股者。但在低位出现上述情况，介入一般风险不大，庄家向上拉升意图明显，短线有被浅套可能，但最终将会有所收益。与此相反，如果在个股被炒高之后，盘中常见巨大抛单，而买盘不济，此时便要注意风险了，一般此时退出，可有效地避险。

从图 5-6 中可以看出，在买一位置出现大单托盘，同时出现连续性的单向大单卖出现象，但股价却变化不大。此时应根据股价所处的位置高低进行研判，若在低位出现这种现象，大多是庄家通过大单卖出进行诱空，属于大单吸货行为。

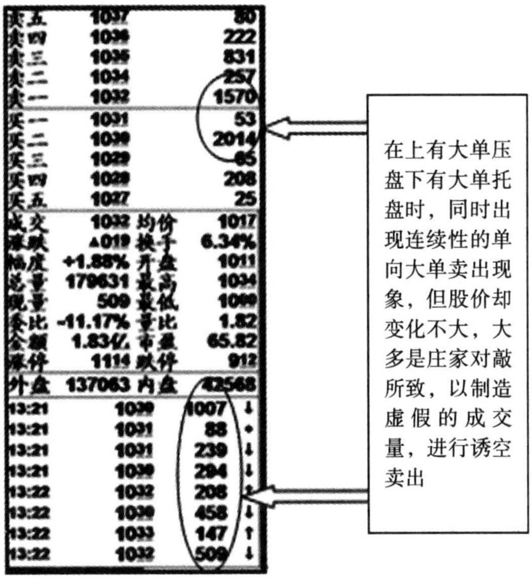

在上有大单压盘下有大单托盘时，同时出现连续性的单向大单卖出现象，但股价却变化不大，多是庄家对敲所致，以制造虚假的成交量，进行诱空卖出

图 5-6　大单卖出

(1) 连续单向大单卖出。这种情况一般有两种盘面现象：一是托单不大，但在成交明细栏中却有持续的大单卖出成交，股价小跌或不跌，一般多为庄家对敲所致，具有诱空意义；二是托单较大，同时出现持续大单卖出，但股价却变化不大，多是庄家制造虚假的成交量，以期引起市场的注意，在低位时多为诱空，在高位时多为诱多。

(2) 大单砸盘。在买档出现大单托盘，同时出现大单卖出，将托单一一砸掉，然后在下一个价位再次托盘，再次被砸盘。这种现象出现在低位，托单是为了吸货，砸盘是为了诱空；在涨幅不大的中位，托单是为了换手，砸盘是为了洗盘整理；在涨幅较大的高位，托单为护盘之意，砸盘为庄家大举出货行为。因此，托单与砸盘并举，具有双重意义。投资者在分析这种盘面时不可以重此轻彼，否则容易造成失误。

(3) 低迷期的大单卖出。市场长期低迷时，某日盘面异动，买盘上挂出巨大托单，而同时出现大单卖出。当股价上涨一个价位后，再次出现大单托盘，不断将股价推高。这种情况大多出现在建仓末期，后市可能出现两种现象：一是股价突破底部区域，直接进入拉高阶段；二是小幅上涨后回落，属于试盘行为。

（4）盘整时的大单卖出。在平稳的运行过程中，突然被盘中出现的大抛单砸至跌停板附近，随后又被快速拉起，或者股价被突然出现的大买单拉升，然后又快速归位。这表明有庄家在其中试盘或建仓，庄家向下砸盘，是在试探底部基础的牢固程度，然后决定是否拉升。

（5）下跌后的大单卖出。股价连续下跌一段时间后，在盘中出现持续的大单卖出。这是典型的诱空动作，庄家利用散户对前期股价下跌而心有余悸，继续制造恐慌盘面，诱导散户低位割肉离场。但这不意味着该股后市止跌回升，因为股价需要一段时间恢复上涨元气，所以有一个筑底整理过程。

通过前面分析的大单压盘、大单托盘、大单买入和大单卖出，大家对大单委托和成交有了很好的掌握。如何发现和解读大单呢，一般有三种基本方法：第一，通过软件预警功能或者手工翻看方式发现单笔大单成交的个股，一般把大单成交参数设置为3000手以上，参数太小无参考意义，太大容易漏网，通过大单成交及时掌握大资金进出情况。第二，就是分析这些大单的具体成交情况。看盘时可以先从个股盘面挂单入手，然后再看大单成交明细，分析大单成交情况。发现买盘挂单有大买单挂着，就先要分析大买单的成交情况。第三，交易期间经常分析这些单笔大单成交的品种，是连续大单成交还是偶尔出现大单成交，以及是不是对敲成交的大单，都需要认真分析，从中寻找有大资金进场的个股。

第三节　盘口走势的意图

一、分时盘口玄机

吸筹玄机重重，是庄家获利的基础和关键环节。观察庄家动向就是观察个股交易的买卖盘，即观察一只股票委托买入的价格、数量及委托卖出的价格、数量的变化，庄家动向在这里经常暴露出来。

1.“炸单”打压

打压吸筹俗称“炸单”，如果大盘或板块的形势非常严峻，或者个股有利空袭来引起一片恐慌的时候，下档就会无人承接。庄家会在下档首先埋下大单子，然后以小单子向下卖出，让那些关注者，眼看着下档买单被卖单一点点吞噬掉。其实庄家“一点点吞噬”的都是自己的筹码，目的就是向下诱导股价，让大多数人看到股价下方支撑不住了，而且还是带量下跌，把持不住纷纷卖出筹码，这正符合庄家意图。

这种方法只适用于市场形象差和庄家仓位较轻的股票。如果在市场形象较好的个股中“炸单”，往往会被其他庄家捷足先登，结果偷鸡不成反而蚀把米。庄家仓位较重的股票也不能炸单，否则会造成一些跟风或者炒底盘介入者的成本比自己还低，对自己以后的拉抬和出货形成威胁。

2. 盘口细节

在大盘不景气的时候，庄家悄悄地在股价缓慢上升中完成吸筹，而不引起投资者注意。当盘面上档有大卖单挂出，庄家如果照单全收，会引起股价上涨，被人察觉。因此，庄家会采取多进少出的形式，以实质性买单买进上方大单筹码，几秒钟后，用另一台电脑确认向下以实质性卖单卖出极小部分的筹码，这样既不引起价格上涨，又能吸到廉价筹码。

当上档只有小卖单出现时，庄家按兵不动，让股价自由回落，直到再次有大卖单出现。如果大盘形势不好，有时上档不断地有大卖单出现，庄家也会都吸收进来，这样股价会有所上升，在当天的K线上出现一个中阳线。这时庄家可以在临近收盘的时候，利用下档承接盘稀少的机会，用少量筹码将股价打下来，这就形成尾盘“跳水”。第二天，则在同一价位附近反复吸纳筹码。

随着时间的推移，某个价位上的流通筹码越来越少，很难再吸到廉价筹码时，庄家会小幅度地以实质性的小买单稍稍推升一下股价，然后进行新一轮的吸筹。由于交易量不大，一般不会引起别人的注意。但是日积月累，K线或走势图上仍然会出现小规模的上升线而被人察觉。股价这种长期稳定中有小幅上升的情形，使一些散户持观望态度，不愿低价卖出筹码，庄家吸筹越来越困难，便会转变战术。

3. 横盘震荡

这种方法多用于绩优大盘股，有时候由于个股基本面非常优秀，股价稍稍变动，就会引来大批的跟风者，使庄家还没吸够筹码，股价就已经涨了。庄家会采用横盘吸筹，就是在大盘上涨的时候，在上档的阻力位放上大卖单，阻止股价上涨，吓走多头，其实只是虚张声势。在股价下跌的时候，则在下档分批埋上小买单，吸纳筹码。庄家会利用主动性的买卖单控制股价，由于横盘时间较长，幅度不大，有时候连差价也打不出来，看着其他的股票潮起潮落，频频有差价可赚，绝大多数散户会撑不住劲，抛出廉价筹码去追求短线收益，庄家就可以尽情地吸筹了。

4. 尾市盘口

庄家在收盘前几分钟，突然出现一笔或几笔大卖单，将股价砸到低位。其目的是让散户来不及做出反应，使日K线图形十分难看，让散户产生恐惧心理，以为第二天股价会下跌，于是在第二天抛出股票，庄家则乘机买进。如果庄家在第二天继续打压一下，散户抛盘会涌出更多，庄家就可以一一吃进。

二、看盘口识庄家

1. 内外盘中显真情

在买盘或卖盘中挂出巨量的买单或卖单，纯粹是庄家引导股价朝某方向走的一种方法。其目的一旦达到，挂单就撤销。这也是庄家用来引导股价的常用手法。当买盘挂出巨单时，卖方散户心理上会产生压力。是否如此大单买进，股价还会看高一线？相反，当卖盘挂出巨单时，买方散户会望而却步。斗智斗勇在盘口，散户只需胆大心细，遇事不慌，信仰坚定，誓死跟庄。

大量的卖盘挂单俗称上盖板，大量的买盘挂单俗称下托板。

内盘既是以买盘价成交的成交量，也就是卖方的成交量。

外盘既是以卖盘价成交的成交量，也就是买方的成交量。

庄家只要进出，是很难逃脱内外盘盘口的。虽可用对敲盘暂时迷惑人，但庄家大量筹码的进出，必然会从内外盘中流露出来。盘口秘诀：

（1）上有盖板，而出现大量隐形外盘，股价不跌，为大幅上涨的先兆。

（2）下有托板，而出现大量隐形内盘，为庄家出货迹象。

（3）外盘大于内盘，股价不上涨，警惕庄家出货。

（4）外盘大于内盘，股价仍上升，后市看高一线。

（5）内盘大于外盘，价跌量增，是庄家出货的征兆。

（6）内盘大于外盘，股价不跌或反有微升，可能有庄家进场。

（7）内外盘都较小，股价轻微上涨，是庄家锁定筹码，轻轻地托着股价上走的现象。

2. 上下五档买卖盘中的盘面语言

分时盘口信息就出现在买档和卖档、笔数和手数之中，要了解和读懂盘口信息语言，必须长期跟踪观察，盯紧盘口变化。在操作中不断探索，不断完善自己，深刻领悟庄家意图，这是散户投资者的基本功，必须潜心苦练、细心琢磨。

（1）上档卖盘较大，短线买盘较活跃，该股有短线上攻潜力。

（2）上档卖盘较大，短线买盘不活跃，该股有庄家在短线诱多。

（3）下档买盘较大，并持续不间断上挂，该股有出货嫌疑。

（4）下档买盘较大，并跳跃有大买单出现，该股有短线上攻潜力。

（5）上下档挂盘均较大，该股波动幅度不大，该股有出货嫌疑。

（6）尾市单笔砸盘，短线有上攻潜力；尾市单尾上拉，短线有出货嫌疑。

三、盘口分析技巧

在盘口委托买卖单中，真真假假，虚虚实实，蕴含着许多市场信息，正确识别盘口委托买卖单对实盘具有重要意义。简单地说，大单是股价异常波动的信号，多数时候是庄家向散户表达股价将要向某个方面变动的信号，以吸引散户跟风。但庄家真正的吸货和出货是悄悄进行的，不会让散户感觉出来。所以在出现大单时散户要根据市场强弱、股价高低、运行趋势、庄家意图等情况进行分析，并不一定放量拉升就可进入（如短期高位），也不一定放量下跌就该卖出（如短期低位，则往往是最后一跌）。

1. 分析股价位置

主要还是要结合当前股价所在的位置，以及在某个价格区间运行的时间。当在低位横盘较久，出现大量的大买单，一般可以确定庄家开始想要拉升了。如果此时跟着出现很多大卖单，可能庄家在继续吸纳筹码，此时就要结合买卖单的比例去判断要不要跟进。当在高位时出现大量的买单和卖单，则极有可能是庄家在利用对倒做出成交量用以吸引散户追高，此时一定要小心庄家暗中出货。

股价在相对低位的时候，盘口在几分钟内出现连续的大买单（普通交易单的 3 倍以上），可以认为是庄家吸货行为。但是股价在低位启动的时候，成交量短时间内放出大量，出现大量的隐性买卖大单，这时候应该认为是对倒盘。对于大单买卖如果在买二、买三左右有大单托着，在卖二、卖三左右有大单压着，这应该是庄家在控制股价。这时具体要看股票的现行趋势，若在上升趋势中应该是庄家在吃货，在下行趋势中可能是庄家在出货。

2. 观察盘面细节

委托买单，多数情况属于诱多手法，股价会越来越低；少数情况属于护盘动作，但后市股价仍以下行居多。委托卖单，多数情况属于压盘吸货，少数情况属于出货。有时也会出现上下都有大单的时候，但成交的量却很少，这说明庄家完全控盘了。

具体关注以下几种现象：第一，盘中突然有大卖单打压股价，低位又有大买单接走。一般为庄家在调整仓位，可适当跟踪，该股快拉升了。第二，大买单扫盘，一下子把股价提上几个价位的大手买单，把委卖单全部扫掉，庄家拉升股价的意图明显，表明拉升行情就要开始了。第三，委卖位的大单，经常在价格的整数位（如 5 元、10 元）出现，庄家挂单的意图为显示抛压重，造成散户恐慌抛盘，庄家在吸货，仓位不够。第四，委买位的大单，也经常在价格的整数位出现。庄家在稳定散户信心，在股价下跌中护盘，防止走了散户，套了自己。第五，委卖、委买的某两个价位堆着大单，股价走势平稳，说明股价仍在整理之中，拉升还要等待时机。第六，大盘蓝筹股的大单太多没有意义，如中石化、联通、农行的分笔成交。

3. 注重实际成交

一般来说，大单委托不能反映股票的活跃程度和市道强弱，因此应注重实际成交的单子。如果在盘口常见有大买单或大卖单成交，可以说明这只股票的股性活跃，可适当关注。很多时候，盘口的大单欺骗成分居多，因为庄家操作的意图不可能让人轻易从盘口发现。有时在卖一挂出大单，以便庄家在低位吸筹；有时在买一挂大单，投资者以为是支撑有力，结果买进被套，因此要看最后的实际成交单。

4. 关注突破时机

通常在横盘整理期间，没有什么特别的买卖单出现，成交渐少（此为悄悄吸货时期，散户很难觉察得到），但在某日盘中出现很多的主动性大买单。此时可高度关注，股价很快将会向上攀升（注意，不是突然某天大幅飙升，此为明确的向上做多信号，应及时跟进），大笔买卖盘渐渐多起来。然后经过数天爬坡，股价越升越快，最后进入加速阶段。反之亦然，在高位横盘后，出现大笔卖单，要高度小心股价回落。高位横盘是庄家在慢慢出货，到最后阶段时出现大笔卖单，股价向下跌破平台，则是庄家加速最后清仓的信号。

5. 分析当前市况

各种情况出现大单的意义是不一样的。在低迷期的大单，当某只股票长期低迷，某日股价启动，卖盘上挂出巨大抛单，买单则比较少，此时如果有资金进场，将卖档的压单吃掉，可视为是庄家建仓动作。此时的压单并不一定是有人在抛空，有可能是庄家自己的筹码，庄家在造量吸引注意。下跌中的大单，某只个股经过连续下跌后，在其买档中有大手笔买单挂出，大多为护盘动作，这并不意味着该股就止跌了，也有可能是掩护出货。如果遇到这种情况，应随庄家一起出局，尤其是跌破关键阻力位，该股日后止跌时可以抄底。

6. 分析技术状况

如果均线呈多头排列，股价相对位置较低，多数是为了挖坑诱空，消化低位获利盘和前期套牢盘，然后迅速转身上行，股价一飞冲天。如果均线呈空头排列，股价距离大底较近，多数是由于庄家耐心吸货，来回折腾散户，当顺利完成建仓计划后，股价就会迅速上涨。如果长期均线相互纠缠，且价位较低，盘子又比较大，说明仓位不够，这样的股票离大涨还有一段时间。如果均线多头排列，股价处于高位，那还是小心为妙，君子不立危墙之下，先走为妙。

7. 正确理解大单

一般来说，大买单成交的基本就是吃货，而大卖单基本就是在出货。

第一，对大买单的理解：

（1）在买一至买五中大单不多，但往往在突破大单压盘时出现大单买入，一般表明庄家上攻意愿较强。

（2）在向上突破过程中，随着股价的上升但在买一有大量买盘堆积，大多表明庄家上攻意愿较强。

（3）随着股价的上升在买四、买五中有大量买盘堆积，可能有两种情况：一是庄家不愿让股价下跌；二是小心庄家诱多，制造假象让散户“抬轿”。

第二，对大卖单的理解：

（1）在股价整数关口有大单压盘，一般的情况是庄家打压股价。

（2）在卖一到卖五的委托单中出现大单压盘，但股价仍能积极上升（大买单不多）时，往往可以看到先前的大卖单不见了，这个时候小心庄家诱多。

（3）当股价到达支撑位附近时，出现连续的大单砸破支撑位，说明庄家做空非常坚决。

需要说明的是，大单买卖的前提是分清大单是否出自庄家。虽然散户也能做出一个涨停，但是出自庄家的大单才具有分析意义。而且，大单的买卖都是相对的，有买必有卖。关键看某一时间点上交易量突然放大后，股价是走低还是走高，还是不动。走低的话，应该是庄家走人；走高的话，可以理解为强力拉升。

当然也不是绝对的，庄家间的博弈也可能使股价大起大落。不过，大单有相当的参考价值。同时，分时盘口信息是出现在买档和卖档、笔数和手数之中。要了解和读懂这些信息，必须长期跟踪观察，盯紧盘口变化，在操作中不断探索，完善自己，深刻领悟坐庄意图。了解和读懂盘口信息语言，这是散户投资者的基本功，因此必须潜心苦练。

四、散户看盘技巧

1. 分清庄家买单与普通买单

盘面上经常出现的大买单有的是庄家的，有的则来自其他大户或实力不强的机构。两者虽然在买入数量上都比较大，但庄家的买单与普通的买单在运行方向、时间和盘面上是有本质区别的。

（1）从方向上来说。普通的大买单只是一张买进的单，只能买进不能卖出，在方向上呈单一性。庄家的大买单就不同了，尽管庄家也有买入阶段和卖出阶段，但在具体的操作中始终是双向的，即使是建仓阶段也不例外。建仓的目的是在某一个价格区域尽可能多地买入筹码，为了达到这一目的，有时候庄家会卖出一些筹码来打压股价，吸引更多的抛盘，以在低位吸到更多的筹码。

（2）从时间上来说。普通的大买单多则几天、少则当天就可以完成，以后就会人去楼空。庄家的运作时间短则数月，长达数年。

（3）从盘面上来说。在发现连续性的较大买单时，要判断是一张普通的大买单还是庄家的大买单，可以从下盘面细节着手研判：

第一，观察成交是否着急。普通大买单一般是比较着急的，想尽快完成交易，在具体的操作上就会体现出来，比如一路向上扫货，将上档抛单尽数纳入囊中。对于庄家来说，股价运行绝不是一天两天的事，所以不会着急，而且不管是属于建仓、拉升或者出货中的哪一个阶段，一般都会在上方挂一些较大的卖单。所以可以从买单的积极程度，是否有抢筹迹象来判断是庄家买单还是普通的买单。

第二，观察盘中是否对敲。普通大买单的单向性决定了只有买进而不能卖出，因此普通大买单在实施的过程中绝对不会出现对敲现象，而庄家动作则不同，因为市场喜欢成交量活跃的股票，所以庄家大量使用对敲的手段。对敲与否就可以作为判别是庄家买单还是普通买单的一个依据。

第三，观察盘中是否护盘。护盘就是使股价运行在自己的掌控之中，庄家的意愿是在建仓的时候尽量砸得低一些，而拉高的时候尽量拉得高一些，而且庄家也有这个护盘的能力。但普通的大买单就不同了，从投资的角度上讲，普通大买单就是买进以后等待股价上涨，然后卖出获利。至于买进以后股价的走势怎样，要么完全交给市场，要么完全交给盘中的庄家，一般没有能力去干涉股价的运行态势。所以通过观察盘中股价的走势是否受到人为因素的干扰，即是否有人在护盘，也能分辨出是普通大买单还是庄家大买单。

（4）从趋势上来说。普通大买单中最重要的一条就是追涨杀跌，庄家则正好相反，在建仓完成后，没有打算拉升前，是期望通过不增加仓位的买卖方式来维护股价的，因此当大盘向好时有可能会卖出一些筹码，而在大盘回落时有可能买进一些筹码，以阻止股价的进一步回落，这样也可高抛低吸做差价，降低成本。所以说，这些盘中买单成交时的股价趋势也是研判普通大买单还是庄家大买单的依据。

2. 识别主动性大买单的真伪

正确判别单笔主动性大买单的真伪是看盘的基本功夫，也是看盘的基本要求。就单笔主动性大买单的真伪判断而言，它并不是一件简单的事情，需要分析者具备比较扎实的功底。交易规则、成交捏合规则、交易所行情对外发报规则、行情接收终端软件的显示原理等，这些最基本的知识都应该非常清楚和熟悉。

在盘口中，对于一个熟悉各种交易规则和具有一定操作经验的投资者来说，庄家的做盘手法并不神秘，这些大多属于庄家通过各种技巧“做”出来的挂单，单笔成交可以轻松地判断出来。比如，某一笔成交的单子后面为红色的箭头，这代表这笔成交单属于主动性买入成交买单，这是行情软件系统给这张单属性的定义。但事实上这不一定就代表这笔成交单一定就是主动性买入成交买单。为什么这样说？这与交易所的电脑主机每分钟成交捏合规则和每分钟的成交捏合数据对外发报的规则有关。下面先来介绍一下上交所每分钟对外发报行情数据的规则。

就个股交易而言，上交所每分钟对外发报 10 笔个股交易数据，也就是说把 1 分钟分为 10 个时间段，每个时间段就是 6 秒。上交所把每个时间段 6 秒内的所有成交单捏合成一张单对外发报。这张单是主动性买单还是主动性卖单，按照上交所电脑捏合规则，由 6 秒内最后那一笔成交单属于主动性买单还是主动性卖单来决定这张在 6 秒内将所有成交的小单捏合而成大单的属性。

通过这一电脑交易捏合规则和对交易时间的把握，庄家就可以轻易地做盘，改变大买单的性质。在操作过程中，庄家很难把握每一个 6 秒的最后在什么时候。但如果要把真正的大买单改变为大卖单，或者是把真正的大卖单改变为大买单，其实也很简单。在个股的交易里，如果庄家想大单抛出又不想让看盘者知道自己是在出货，或者在买进时不希望看盘者知道自己在进货，操作时确认抛出或者买进的大单后，马上利用同一账户或者其他账户，几乎同时反方向买进或者抛出多张小单，只要这一分钟内大单成交范围内的那一个 6 秒的最后成交的那一笔小单是庄家想要的反方向的买单或卖单，这笔由 6 秒内成交的单捏合而成的大单的属性就和最后成交的那一笔小单（主动性买单或者主动性卖单）的属性相同，这样就实现改变原来大单的买卖性质。

6 秒钟时间是很短的，现在庄家坐庄一般在所开户的证券公司拥有多个账户（子母账户，一个主账户下连带多个账户）。另外，部分券商的交易系统具有批量下单的先进功能。做盘时，庄家只要用子账户，或者是批量下单，几乎同时反方向敲出多张小买单，一般情况下都能改变原来大单的买卖性质。在平常交易盘口，庄家做盘就是通过这样的操纵手法改变盘中成交大单的属性。这是庄家利用交易制度做盘的秘密，至于庄家改变盘中成交大单的属性的目的是什么，则属于另一个问题了。

了解了上面判断一笔带红色箭头的买单，是否属于真正买单的判断方法后，基本可以掌握平常交易盘口买单的真实情况。现在也应该知道，一笔带红色箭头的买单就算属于真正的买单，也只表示有资金在盘中买入，并不是说这样的买单就代表庄家在吸货或者是拉升。

图 5-7，广联达（002410）：通过了解交易所的部分简单捏合规则和对外发布数据规则，就可以分析该股在 2014 年 6 月 30 日盘中 10 时 18 分的第一笔成交单，这张 1587 手带红色箭头的主动性买单到底是怎样的一张单。从图中可以看到，10时17 分最后一笔成交价为 26.51 元、成交量是 5 手。10时18 分第一笔成交是 1587 手，成交价 26.51 元。再看此前的多笔成交在价格上、数量上都没有出现异常的情况，突然之间出现 1587 手的大单，明显是一种异常的行为，它的出现显然不是一般投资者所为。成交价是 26.51元，而之前一笔成交价 26.25 元，这样买一和卖一之间存在着很大的价差。

那么这种盘口代表什么意义呢？

（1）它代表主动性大买单将 26.25 元到 26.51 元的所有挂着的卖单全部吃掉，1587 手大单以 26.51 元显示，并将该价位上的卖单全部吃掉。

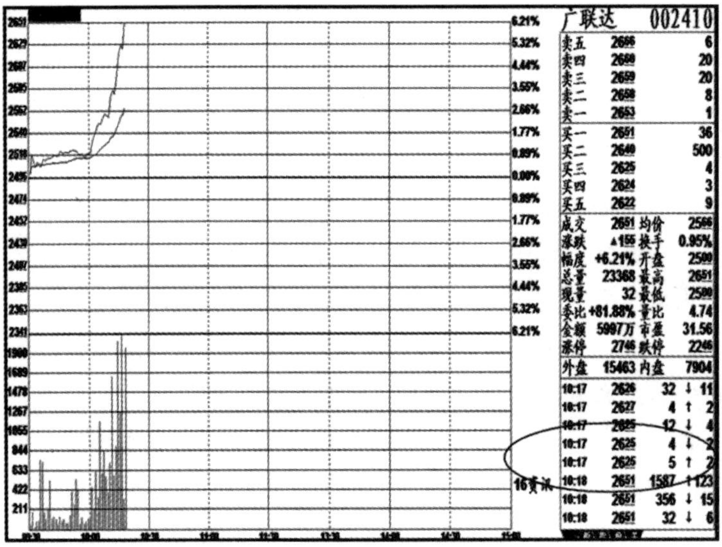

图 5-7 广联达（002410）分时走势

（2）1587 手大单虽然以 26.51 元成交并显示出来，但这笔成交单中包含有 26.25 元到 26.51 元价位之间的所有挂单，其成交均价也不是 26.51 元，其成交单的均价必定低于 26.51 元。

（3）这 1587 手是一张以 26.51 元敲出去的买单，根据上交所每分钟对外发报个股交易数据的规则，这张大单也可能是几张同时以不同或者相同价格敲出去的买单，而且这买单是在这一分钟的第一个 6 秒内成交的。

（4）这 1587 手是一张真正的买单，暂不谈论是不是庄家对倒的买单。在大单成交的瞬间可以看到，买一和卖一之间的价格分别是 26.25 元和 26.51 元，说明这笔大单将两个价格之间的所有挂出的卖单全部吃掉才能有这样的价差存在。当然大单中也包含有 26.51 元成交的筹码。这是动态盘口中一个非常重要的细节。

在盘口分析时，必须知道现在市场上对“主动性买单”达成共识的定义，是判断“主动性买单”是不是真正的资金买入。它不考虑“主动性买单”是不是庄家通过交易技巧将不是真正买入的成交单做成“主动性买单”属性的虚假成交单。一般而言，一张带红色箭头的买单就属于真正的买单（真正的资金买入），在表面上也只表示有资金在盘中买入，但深层次的分析，这并不是说所有这样的买单就是代表庄家在吸货或者是拉升。因为在交易中，庄家经常会欺骗性地操纵着股价，在操纵股价中庄家最常用的手法之一就是“对倒”。一张带红色箭头的单子如果是庄家在自己的 A 账户挂单卖出，B 账户主动买入，这样的成交单在盘口上显示也同样是属于红色箭头的真正的主动性成交单，但在本质意义上这张主动性成交单并不是真正的庄家在吸货。所以在分析一张带红色箭头的单子是不是真正的买单后，还要对这主动性买单真正的行为进行分析。

上文中，已经通过看盘技巧分析出 10 时 18 分第一笔成交的那张 1587 手带红色箭头的单子是真正的主动性买单。要读解这张大单的真正意义，就要确定这张单是不是庄家对倒出来的。如果从盘口的挂单角度去研究和判断，看盘要点在大买单成交瞬间卖一价位的挂单情况。根据实盘经验，在大买单成交瞬间，如果当时卖一价位的挂单数量比较小（或者说和其他价位的挂单数量对比是正常状态的），那么这张单属于真正的进场买单（真正买入并持有的筹码）的概率比较大。如果大买单成交瞬间卖一价位的挂单数量异常大，那么这种情况就要进一步分析了。

从图 5-7 中可以看出，在 26.51 元位置上的挂单全部吃掉还不够，这说明当时在 26.51 元之前的卖单挂单数量并不是很大。现在一般行情软件只能看到 5 档的买卖单，在 10 时 17 分最后一笔成交价 26.25 元，属于主动性卖单，成交量是 5 手。这说明 26.25 元当时是属于买一价位。依据该股当天的交投活跃程度，显然 26.26 元就是卖一价位。这说明卖一 26.26 元之上到 26.30 元的挂单是可以看到的，而其后 21 个价位上的单子是看不到的（从 26.31 元到 26.51 元有 21 个价位）。这样可以认为，26.51 元上的挂单是庄家在 1587 手主动性买单敲出之前挂上去的，其目的就是在 1587 手主动性买单敲出时能够让这笔主动性买单全部成交，这样可以认定这笔主动性买单是庄家的对倒大单。暂而不说这对倒大单庄家是为了出货还是为了做成交量或者是调整仓位等，但有一条可以肯定，这 1587 手主动性买单不属于真正的吸货买单。

第四节　建仓时的技术特征

可以说，庄家自始至终地在与散户玩游戏，在这场游戏中庄家是主持者，散户只是参与者。在游戏中，庄家可以根据游戏的进程情况摆出不同的姿态来欺骗散户，而散户只有察言观色，发现庄家的蛛丝马迹，并抓住其弱处，来对付庄家。

一、均线特征

均线系统由建仓初期的杂乱无章、纠缠不清，渐渐向脉络清晰、起伏有致转变。从技术上说，这是建仓成功与否所表现出来的区别之处。内在机理是：在初期由于筹码分散，持仓成本分布较宽，加上庄家刻意打压，股价波动的规律性较差。反映到均线系统上，就是短期、中期、长期均线不断地交叉起伏，随着庄家手中持筹码的沉淀，市场上的浮动码减少，当庄家持筹到了一定程度，往往会把股价的波动幅度减下来以摊平市场平均成本，减少其他的投资者来回做短差。当均线之间的距离渐渐缩小甚至是黏合时，庄家就会开始试盘拉升或者是打压，由于庄家对股价有掌控力，尽管每日盘中震荡不断，但是趋势渐渐形成，反映趋势的均线系统自然是错落有致。

一般情况下，缓跌式、打压式、利空式、陷阱式等建仓手法，多数均线系统呈明显的空头排列；横盘式、拉锯式、箱体式等建仓手法，多数均线系统呈水平或黏合状态；缓升式、拉升式、逆势式等建仓手法，多数均线呈多头排列。对这阶段均线系统的认真分析，有助于投资者进一步了解庄家坐庄手法。

二、指标特征

这阶段的技术指标买卖信号频繁出现，操作难度较大。DMI、MACD 等趋势型技术指标方向不明朗，几乎失效。MA、EXPMA、BBI 等均线型技术指标多空转换频繁，操作难度较大。BRAR、PSY 等人气指标极度疲软，交投清淡。RSI 强弱指标走势较弱，出现双底或底背离现象。KDJ、W%R 等超买超卖型技术指标，经常出现底背离现象。BOLL、MIK 等压力支撑型技术指标在常态中运行。OBV 指标在底部横盘或已缓缓向上，而此时股价仅是横向波动甚至下跌。

图 5-8，泰禾集团（000732）：该股在 2017 年 10 月至 12 月的建仓过程中，多项技术指标失灵、钝化、背离、超卖等，方向不明，交叉频繁。MA、MACD、DMI 等技术指标失去方向指示性作用，RSI、W%R 等技术指标出现背离形态，KDJ 指标出现底背离走势。这期间操作难度大，尽量不要提前介入，以免受庄家折磨，应当密切做好跟踪，一旦向上突破，立即介入，实现短线快速获利。

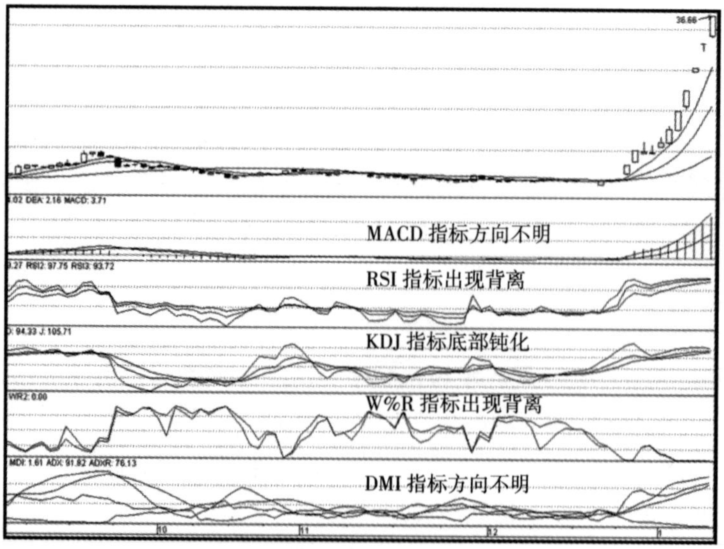

图 5-8　泰禾集团（000732）日 K 线走势

三、K线特征

庄家建仓过程，不但在分时图上会留下蛛丝马迹，在日K线上也同样会留下踪迹。庄家建仓是有计划地将股价控制在一个区域内波动，当股价经过一段慢牛走高之后，庄家会以少量筹码迅速将股价打压下来，以便重新以较低的价格继续建仓，如此反复，在K线图上就形成了一波或几波“牛长熊短”的N形K线形态。

在这一阶段，经常出现一些特殊的K线形态，日K线经常会在低位拉出小十字星，或者小阴小阳K线。这些K线的含义：一方面，庄家压低股价后慢慢吸纳，又不想收高，不然造成今后吸货成本提高，故收盘时将股价打压到与开盘相同或相近的价位，这就形成十字星K线；另一方面，庄家想在这种盘局中悄悄吸纳便宜货，因而打压也不敢太放肆，收集不敢太疯狂，所以振幅较小，成十字星K线。到收集后期，出现实体较长的阳线或上影线较长的K线，伴随较大成交量，代表这一阶段收集顶峰。

建仓阶段大多数以平开为主，或微幅低（高）开，很少有大幅跳空低开或高开的情况。庄家通常运用手中已有的筹码，不计成本地掌控盘面，在日K线上拉出一两根阳线（或十字星）后，接下去更加猛烈地向下打压股价，股价一抬头就打压，走势逐波下移，均线系统成空头排列，成一条斜线下移。期间有小型的波峰浪谷，但却无规律。通常，每一轮的波幅在10%~20%，而反弹的高度可能只有跌幅的0.382或0.618倍，累计总跌幅可能超过30%，甚至在50%以上。盘面一张一弛，庄家玩散户，就像大人逗小孩。在这一阶段里，常见的日K线形态有小阴小阳线、十字星线、长上下影线或阴阳夹形态等。

比较典型的K线盘口现象：

（1）带长上、下影的小阳小阴线，并且当日成交量主要集中在上影线区，而下影线中存在着较大的无量空体，许多上影线由临近收盘时的大幅无量打压所致。

（2）跳空高开后顺势打压，收出一支实体较大的阴线，同时成交量放大，但随后未继续放量，反而急速萎缩，股价重新陷入表面上的无序震荡状态。

（3）小幅跳空低开后借势上推，尾盘以光头阳线报收，甚至出现较大的涨幅，成交量明显地放大，但第二天又被很小的成交量打下来。

在这一阶段经常出现的K线组合有：十字星、长十字、早晨之星、早晨十字、锤头、倒转锤头、穿头破脚、曙光初现、身怀六甲、十字胎、平底、好友反攻等。

到了建仓阶段后期，K线图中就会出现实体较长的阳线，或者是上影线较长的K线，这表示庄家已经放开手脚，准备开始大的行动了。

四、形态特征

在建仓阶段，经常出现的形态有圆形底、潜伏底、岛形底、阶梯底、V 形底、扇形底、盘形底、W 形底、头肩底、长方形、横向形等，均为明显的底部形态。可以将其划分为三种：单谷底、双谷底和三谷底（多谷底）。

（1）单谷底。单谷底包括：圆形底、潜伏底、岛形底、阶梯底、V 形底等。

（2）双谷底。双谷底又可分为：W 底、单肩底（头肩底的变异形态）等。

（3）三谷底（多谷底）。三谷底又可分为：头肩底、三重底、扇形底、盘形底、长方形、横向形等。

图 5-9，新湖中宝（600208）：股价在底部庄家建仓期间形成横向震荡走势，波动幅度越来越小，在后期连续 50 多个交易日里，日内震荡幅度很少超过 1%，就连庄家自己也无法进行差价操作，成交量逐步萎缩至地量，5 日、10 日、30 日均线呈现黏合状态，此时几乎所有技术指标失灵，市场到了最后选择方向的变盘临界点。不久，股价终于突破盘局，出现向上变盘。

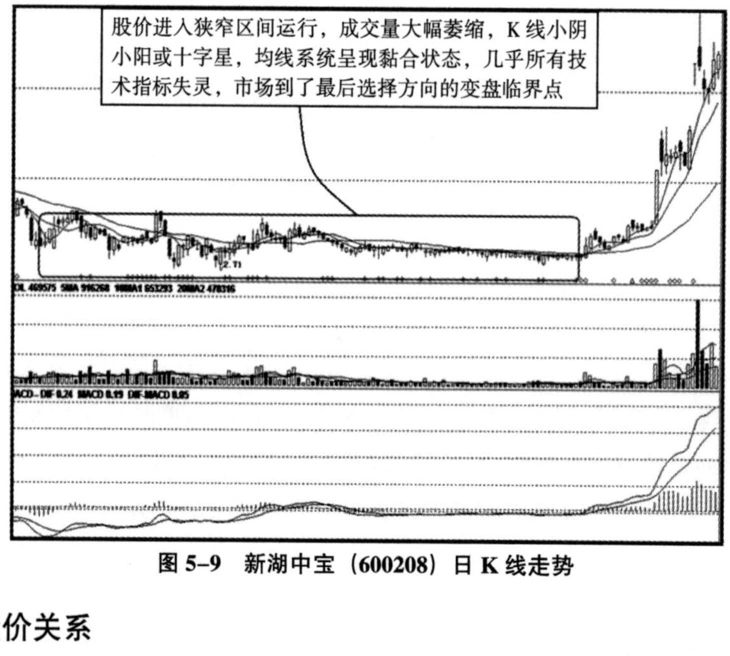

图 5-9　新湖中宝（600208）日 K 线走势

五、量价关系

庄家吸纳筹码，意味着在某个价位上有成交，到底成交多少，会在成交量这一指标上反映出来。庄家建仓造成成交量变化一般有以下三种情况：

（1）在原本成交量极度萎缩的情况下，从某一天起，成交量突然放大到某个温和且不引人注目的程度，之后连续很多天一直维持在这个水平，每天成交量极为接近，而不是像先前那样时大时小。这种变化不是偶然的，而是庄家有计划地吸货造成的。此时，若日 K 线组合出现连续小阳的形态，可靠性更强。把这些成交量累加起来，便能大概估计出庄家吸货的量以及是否吸够了。通常这样的吸货过程要持续两个星期以上，否则无法吸够低价筹码。而且，这一批筹码往往是庄家最宝贵的仓底货，不会轻易抛出。

（2）成交量极度萎缩后间歇性突然放大，伴随日 K 线图上间断出现的大阳线，这是庄家为了避免散户的注意，故意先拔高后打压，然后再拔高，在底部反复消磨散户的信心，迫使散户抛出筹码。经过一段时间后，成交量才会明显地稳步放大。

（3）成交量长期萎缩后突然温和而有规律地递增，伴随日 K 线图上股价的小幅上升，这也是庄家吸货造成的成交量的微妙变化。这表明在吸货后期浮动筹码减少，庄家不得不加价才能拿到筹码的事实，此时若出现底部盘升通道或圆底、潜伏底、W 底等形态时，底部较为可信。这种情况反映出庄家急于进货的心情，散户发现后不要放掉这个机会，因为这时离股价大幅攀升的日子已经不远了。

在这一阶段，经常出现上涨时成交量显著放大，但涨幅不高的滞涨现象，随后在下跌过程中成交量却以极快的速度萎缩。有时，股价上涨一小段后便不涨不跌，成交量虽然不如拉升时大，但始终维持在较活跃的水平，保持一段时间后开始萎缩。尽管这一阶段中，庄家暂时不会有力量拉升，但是纵控个股走势的能力还是有的。

庄家吸货阶段，往往出现以下几种量价关系：

1）价涨量增。股价上升而成交量比平时增加，为庄家买盘积极的表现。一般来讲，股价在底部出现价涨量增，反映在低位已有庄家积极吸纳，后市可望止跌回升。

2）价跌量增。股价下跌而成交量增大，价量出现背离。股价累计已有一定的跌幅（30%或 50%），且跌幅已经逐渐收窄，此时如果成交量突然大增，可视为有庄家趁低分批买货，后市可望止跌回稳。在股价底部，价格突然急挫且成交量显著大增，视为最后解脱现象，沽盘全数涌现后，看好的一批买盘接货，从而令后市出现无阻力的反弹升势。

3）价跌量缩。股价下跌而成交量减少，是势道趋弱、买盘欠积极的表现，此时观望为宜。若股价已有一定的跌幅，跌幅减少且成交量萎缩至地量，甚至没有成交，反映沽压已减少，只要有买盘出现，股价可望见底回升。

4）价平量增。股价持平，涨跌幅很小，但成交量却突然增加。若股价接近跌势末期时，出现价平量增，反映低位出现承接力，庄家可能正在低位收集货源，后市有机会反弹回升。

5）价平量缩。股价升跌幅微少，且成交量减少。若股价处于明显跌势，累计跌幅很多，突然出现价平量缩，反映其时有可能暂时止跌筑底，宜密切留意。若股价下跌已多，止跌回升初期，出现价平量缩，反映市场买盘仍见犹豫，未敢大量买盘，其时涨势仍不明确。

总之，建仓阶段的成交量总体维持在较低水平，个别庄家在底部吸筹时出现脉冲式放量现象。反弹式、拉高式、利空式、跌停式等建仓方式可能会出现短期的放量过程，一般很少出现持续性放量态势。

第五节　建仓时的盘面特点

从大势看，市场呈现跌多涨少的普跌格局，权重股止步不前，板块效应不突出，涨跌参差不齐，先前上涨或未跌的个股出现补跌行情，股价上涨受均线压制明显，成交量逐步减少，做多动能难以聚集，大势弱势运行非常明显。个股盘面特点如下：

一、市场人气涣散

庄家吸货不仅需要一定的时间，还需要一定的市场环境才能完成建仓。大家知道，火爆的市场便于出货，低迷的市场易于进货。所以，有的庄家在整个建仓过程中，特意制造低迷市场，达到吸货的目的。

低迷市场分为两种：一种是大势低迷；另一种是个股低迷。

大势低迷时，人气涣散，交投清淡，盘面凄惨，市场冷却到了极点，投资者甚至对股市产生怀疑，股市丧失吸引力。

个股低迷时，一般表现为局部行情，多属非主流板块或主流板块中的部分个股，除基本面因素外，往往缺乏庄家资金关照或由于庄家“晚来一步”，交投清淡，盘面死气沉沉，走势黏黏糊糊。

图 5-10，山西证券（002500）：该股上市以后随大盘逐波走低，庄家不慎失手被套其中而不得动弹，期间盘面走势十分疲软，但庄家依然淡定，不慌不忙，继续收集低价筹码。盘面小阴小阳，窄幅波动，股价扒底形成一条近似水平的直线。在这一时段中，人气极度低迷，能量大幅萎缩，场内交投清淡，股价运行没有任何规律可循，就连短线高手也无法施展技术。投资者在这段时间内，被庄家折磨得几乎崩溃，别说是赚钱，能撑下去就算是成功了。直到庄家吸足筹码后，才慢慢脱离底部区域，进入拉升前的爬坡阶段。很快，庄家终于拨开云雾见天日，股价进入拉升阶段。

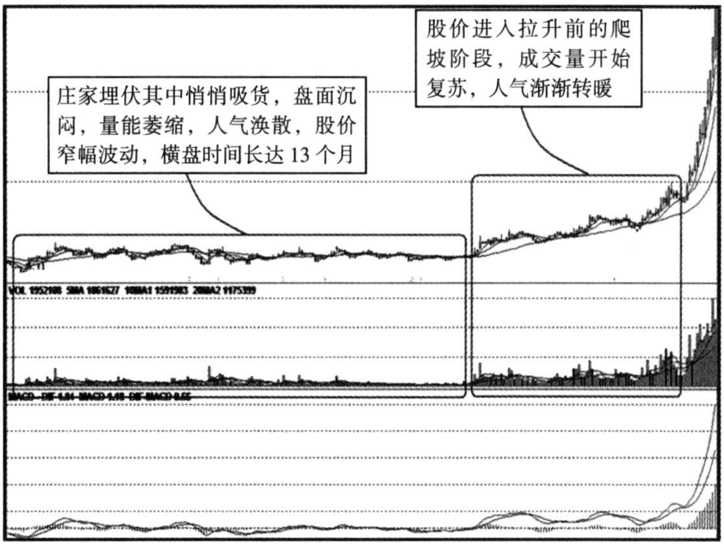

股价进入拉升前的爬坡阶段，成交量开始复苏，人气渐渐转暖
庄家埋伏其中悄悄吸货，盘面沉闷，量能萎缩，人气涣散，股价窄幅波动，横盘时间长达13个月

图 5-10 山西证券（002500）日 K 线走势

二、市场量能减弱

在庄家建仓的整个过程中，一般的盘面表现为：成交量从大到小，逐步缩小，直至地量水平，到了建仓后期，几分钟甚至半个小时才成交一两手/笔，全天交投也不过几十、几百手/笔（这是黎明前的黑暗）；量能从强到弱逐步衰竭直至无力抵抗，盘中反弹的高点一个比一个低，低点一次比一次矮，直到最后扒底沿着一条近似水平的直线作窄幅波动，形成一条拖地的“狐狸尾巴”，不知哪天能甩起来（这是风雨前的宁静）。这种现象，若过早介入，难免被庄家折磨得精疲力竭；若过晚介入，又怕出现“旱地拔葱”（个别现象）行情。建仓时的能量减弱往往伴随人气低迷，因此两者有一定的互动性。

三、市场波动无序

股价到了真正的底部时，往往是无规则的自然波动，无法从技术面上去分析研究后市的走势，K 线、波浪、趋势、切线、指标（多数）基本失效，很难找到一个合适的切入点，这阶段经常出现这种盘面现象。另外，有的股票在经过一轮调整后，到了一个相对低点，或者股价见底经小幅回升后，到了一个相对高点，形成无规则的自然波动，上下方向不明，市场表现无序。这种盘面现象，是下跌中继平台？还是上升中继平台？无法从盘面上找到答案。针对这种无序的运行特点，正确的投资策略是多看少动，方向明朗，立即决断。

图 5-11，绿庭投资（600695）：该股从顶部滑落后，出现一波加速下跌行情，做空

能量释放殆尽，从此盘面陷入弱势整理。在这一阶段里，成交量萎缩至地量水平，市场几乎无人问津，股价波动毫无规律，很难找到一个买卖的理由，直到庄家在 2018 年 10 月 11 日制造了一个空头技术陷阱之后，才打破市场的宁静，开启一波暴力拉升行情。

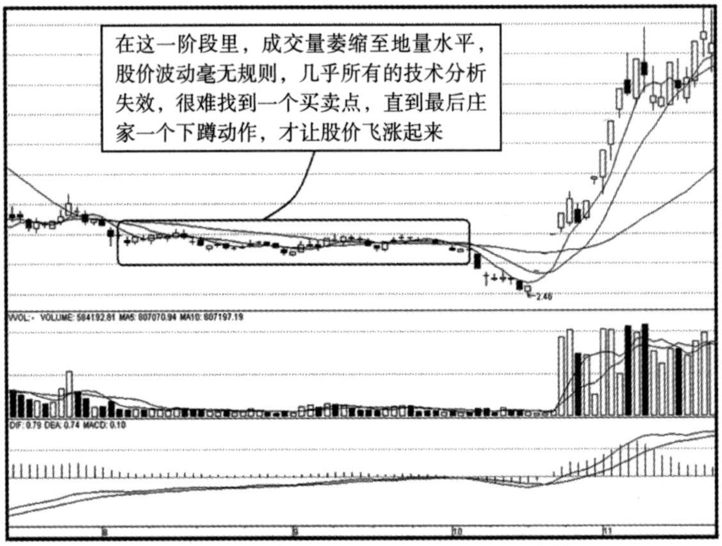

图 5-11　绿庭投资（600695）日 K 线走势

四、市场震幅收窄

庄家战略性建仓时，基本上没有大幅的震荡，股价波动幅度很小，尤其是中后期更是如此，就像“老太太上路——碎步而行”。在盘面上表现为，涨时没劲，跌时不猛，盘时最久熬死人。在 K 线排列组合上，多以小阴小阳出现，很少有大阴大阳的产生，即使偶尔出现一两根大阴大阳，随后很快又重蹈覆辙，一般日波动幅度在 3%以内，甚至更小。但个别急性庄家或后知后觉庄家，不免通过大幅波动达到建仓的目的。

可见，在这阶段一般散户无钱可赚，操作难度较大，盘面当然也吸引不了投资者。没有众人火热追捧的股市，其表现肯定是低调的。在一个十分低迷的市场中，虽然每天都有红盘报收的股票，但这是股市的“马虎眼”，对散户投资者来说是可望而不可即的事。今天涨一点，明天跌一点，上上下下折腾一段时间后，还不够手续费。因此，在建仓时期非操盘高手不可为之，一般投资者尽量少操作为宜。

图 5-12，中国一重（601106）：该股经过长时间的下跌调整后，盘面一片沉寂，庄家碎步而行，不慌不忙，小阴小阳。在这一时段中，股价震幅收窄，人气极度低迷，能量大幅萎缩，股价运行没有规律性，根本无法从技术分析角度去研判未来走向。投资者在这段时间内，精神上被庄家折磨得几乎崩溃，别说是赚钱，不亏钱已经是万幸了。在庄家建仓后期，成交量开始复苏，盘面暗流涌动，股价向上缓缓推进。当庄家

“酒足饭饱”后，股价一跃而起反转向上，展开一轮轰轰烈烈上扬行情，股价从 2 元下方涨到 20 元之上，累计涨幅超过 10 倍。

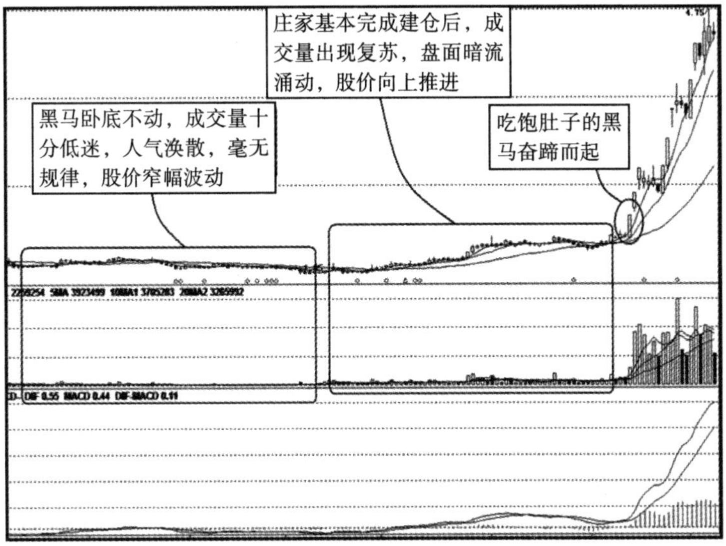

庄家基本完成建仓后，成交量出现复苏，盘面暗流涌动，股价向上推进
黑马卧底不动，成交量十分低迷，人气涣散，毫无规律，股价窄幅波动
吃饱肚子的黑马奋蹄而起

图 5-12 中国一重（601106）日 K 线走势

第六节 建仓的时间和空间

一、建仓时间

庄家建仓需要足够的时间，通常庄家建仓时间越长，收集筹码越多，未来股价上升潜力就越大，因此时间在底部也是重要的因素。但不同类型的庄家有不同的时间要求，通常短线庄家的建仓时间为 1 周左右，中短线庄家的建仓时间为 10~30 天，中长线庄家的建仓时间为 1~3 个月，但很多时候都超出这个时间。构筑一个完整的中级底部形态的建仓时间可能会延长到 5 个月左右。

庄家操作手法不同，建仓时间长短也不同，拉高式、打压式、利空式、陷阱式、巨量式、破位式的建仓时间可能较短，一般 10~20 天就能完成，而横盘式、缓慢式、箱体式的建仓时间相对较长，一般需要 1 个月以上才能完成。庄家建仓时间长短与当时的宏观经济、公司背景、市道状况、技术形态及人气冷热有关。

二、建仓空间

建仓空间就是庄家吸货的一个活动范围，也就是股价的波动幅度和区间。庄家建仓必须要有空间，股价过低没人舍得卖，吸不到货；股价过高会提高庄家的持仓成本，意味着压缩了股价上涨空间和庄家获利空间。因此，庄家将股价压缩在一个不太高又不太低的空间里，所以了解这个空间的大小，对散户跟庄取胜大有裨益。

通常，庄家建仓空间是最低价之上的30%左右。但建仓方式的不同，建仓空间也有别，拉高式的建仓空间一般在20%~30%，甚至可能达到40%以上（一般出现在大多头行情里）；打压式、利空式、陷阱式、破位式的建仓空间在20%左右；横盘式、缓慢式的建仓空间一般在10%~20%；箱体式的建仓空间一般在10%~20%。一个完整的中级底部形态的建仓空间一般在30%~50%，如圆形底、潜伏底、扇形底、盘形底、W形底、头肩底等。对于新股，如果上市定位恰当，当日成交均价的正负10%左右就是建仓空间，其建仓空间不如老股大。

图5-13，永泰能源（600157）：股价经过连续的阴跌后，在低位企稳震荡，庄家埋伏其中悄悄筹码，形成横向盘整走势，建仓时间大约为4个多月，由于庄家采用横盘建仓方式，建仓空间基本维持在10%~20%。庄家成功完成建仓计划后，股价以“一”字涨停方式向上突破，展开一波快速拉高行情。

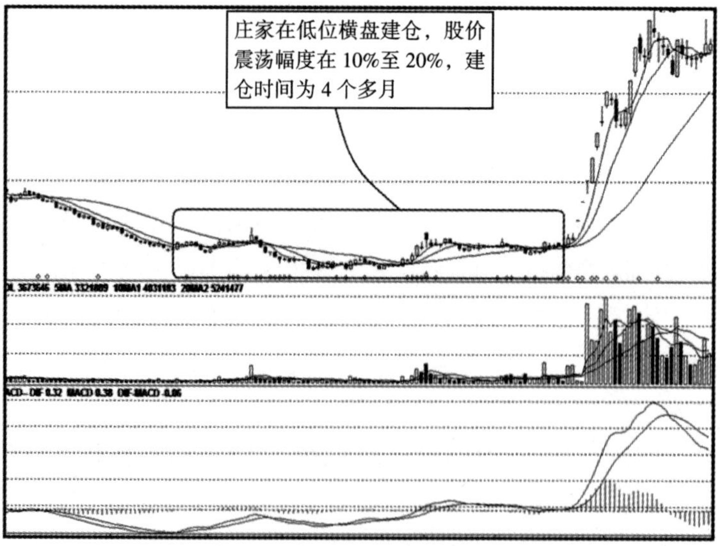

图5-13 永泰能源（600157）日K线走势

第七节 关于震荡、对敲、探底、突破

一、关于震荡

经过一轮上涨或下跌后，庄家的意志和散户的意愿便会悄悄地发生改变，于是就出现震荡。震荡就是股价以忽上忽下、时涨时落的方式大幅波动，股价涨跌变化似乎没有规律，且涨跌幅度较大。

如果把横盘比作和风细雨，波动就是大风大浪，而震荡则是暴风骤雨，震荡的力度远比横盘和波动大。在震荡中，股民的心跳会加快，情绪会更激动，与横盘和波动相比，如果没有丰富的实盘经验，股民更难对付震荡这种运作方式，更容易在震荡中付出高昂的代价。借助于震荡，庄家可以完成吸货、洗盘、整理、派发等一系列“动作”，并力争让别人中途下轿或者赔钱。

震荡的主要特征为：

（1）震荡可以出现在行情的任何阶段。在整理阶段，股价以日 K 线和分时波动为主，震荡刚开始时，幅度最大，到整理阶段后期，幅度逐步减少，股价将选择突破方向。在吸货阶段，股价以日 K 线为主，忽涨忽跌，K 线忽阴忽阳，震荡幅度相对较大，震荡次数最频繁，持续时间最长。在拉升阶段，股价以分时波动为主，震荡次数较少，震荡幅度不大，持续时间最短。在出货阶段，股价以分时波动、日 K 线震荡为主，震荡幅度相对较大，但震荡次数相对不是较多，持续时间相对较短。在回落阶段，股价以日 K 线波动为主，震荡幅度忽大忽小，呈单边下跌特点。

（2）在试盘、整理、洗盘阶段，股价运行规律性不强。在吸货阶段，震荡大多呈规律性下跌态势，因为庄家需要别人买卖，并不想把图形做得十分好看。在出货阶段，震荡大多呈规律性上涨态势，这是由于庄家仍然需要别人跟风买入，并不想把图形做得过于难看。在分时走势上，股价逐波上行，有节奏、有波浪，规律性很强，高点低点一目了然，其实这是庄家在暗中出货。

（3）震荡幅度。在吸货或出货时，日 K 线震荡幅度一般在 20%以内，分时波动幅度一般在 5%~10%（但震幅超过此限的也不鲜见），以小波段走势为主，且呈规律性运行。洗盘或整理时的震荡幅度相对于吸货或出货时要小一些，股价一般很少出现涨、跌停现象。

（4）震荡期间成交量显著放大，成交量伴随震荡逐步收尾而减少。庄家越是着急坐庄，股价越是上下来回震荡，一会儿拉起来，一会儿砸下去，成交量也就随着放大。

（5）震荡体现了股市变化反复无常的特点，在分时图、日 K 线中震幅较大，股价大起大落，忽上忽下，时涨时跌，对一般的投资者来说，震荡意味着"风险"，但是对经验丰富的投资者来说，震荡意味着"魅力"，因为没有震荡的股票涨势肯定不大，而一只股票的震荡意味着有人在背后"活动"，通过震荡更能够看出庄家的"意图"，所以震荡意味着"机会"。

二、关于对敲

对敲，是指庄家一边在盘面上堆积大量筹码，一边扮演买家或卖家，吃进或吐出自己的筹码（筹码从一个账户转移到另一个账户），使股价或成交量出现明显变化。目的在于制造无中生有的成交量以及利用成交量制造有利于庄家的股票价位。庄家操盘常用对敲，过去一般是为了吸引散户跟进，而现在则常用其操盘，建仓时对敲、洗盘时对敲、拉升时对敲、出货时对敲，做反弹自救行情仍然运用对敲。

1. 对敲建仓

建仓时，庄家为了能够在低价位收集到更多的筹码，往往通过对敲的手法来压制股价。在个股的 K 线图上可以看到股价处于较低价位时，往往以小阴小阳的形式持续性上扬，这说明有较大的买家在积极吸纳。然后，出现成交量较大的并且较长的阴线回调，而阴线往往是由庄家大手笔对敲打压股价形成的。这期间股价基本是处于低位横盘，但成交量却在悄悄地放大。这时候盘面表现的特点是股价下跌时，单笔成交量明显大于上涨或者横盘时的单笔成交量。如果能够在这个时候识别出庄家的对敲建仓，可以踏踏实实买一个地板价。

2. 对敲洗盘

当股价被拉抬到较高的位置之后，外围跟风盘的获利比较丰厚，庄家随时有可能在继续拉抬过程中兑现出局。为了减少进一步拉抬股价时的压力，庄家采用大幅度对敲震仓的手法，使一些不够坚定的投资者出局，从而使持仓者的成本提高。这期间的盘面特点是在盘中震荡时，高点和低点的成交量明显较大，这是庄家为了控制股价涨跌幅度而用相当大的对敲手笔控制股价造成的。如果投资者看到这样的走势，除了少数短线高手外，一般投资者应该注意不宜介入这样的股票。

3. 对敲拉升

以大幅度拉抬股价为目的的对敲，一般是庄家在基本完成建仓过程之后的常用手法。在庄家基本完成建仓过程之后，股价往往会以很快的速度上扬，以巨量长阳甚至是以跳空缺口突破层层阻力，庄家往往以较大的手笔大量对敲，制造该股票被市场看好、大买家纷纷抢盘的假象，提升其他持股者的期望值，减小日后在高位盘整时的抛盘压力，使筹码锁定更牢，股价能够比较轻松地拉抬起来。在这个时期，散户投资者往往有追不上股价的感觉，往往看准了价格，下了买单后股价却飘起来了，似乎不高报许多价位就几乎不能成交。这时候盘面特点是小手笔的买单往往不易成交，而单笔成交量明显放大并且比较有节奏。

4. 对敲出货

当经过高位的对敲震仓之后，这只股票的利好消息会及时以多种多样的方式传播，股评分析等也都长线看好。股价再次以巨量上攻，其实这是庄家开始出货的时候了，在盘面上显示的数据，往往是在卖档上成交的较大手笔，但并没有看到卖档上有大的卖单，成交之后，原来买档上的买单就不见了或者减小了。这往往是庄家利用多个账户，以比较微妙的时间差挂单方法，对一些经验不足的投资者布下的陷阱，也就是平常所说的“吃上家，喂下家”，吃的往往是庄家事先挂好的卖单，而喂的往往是跟风的散户。

5. 对敲反弹

经过一段时间的出货，股票的价格有了一定的下跌幅度，许多跟风买进的中小散户纷纷套牢，抛盘开始减轻，成交量明显萎缩。这时，庄家往往会不失时机地找机会，以较大的手笔连续对敲拉抬股价，但是这时的庄家已经不会再像以前那样卖力，较大的买卖盘总是突然出现又突然消失，因为庄家此时对敲拉抬的目的只是适当地抬高股价，以便能够把手中最后的筹码也卖个好价钱。

6. 对敲的目的

对敲是庄家同时利用多个账户进行股价操纵的行为，目的是制造大量的大买单来吸引跟风盘买入，然后达到出货的目的。通常有以下几个目的：

（1）利用对敲交易吸引投资者参与活跃个股交易气氛，有时属于庄家为日 K 线制造一定的成交量以维持该股人气。

（2）利用对敲制造交投活跃气氛，吸引跟风盘涌入，以达到利用场外散户资金入市共同推高股价，节省庄家拉升成本的目的。

（3）利用对敲推高股价，为日后出货腾出空间或吸引跟风入场接货庄家减仓派发。

（4）利用对敲交易制造大量不明交易，以迷惑欺骗投资者，让其看不清庄家机构的真正操作意图。

在庄家对敲的多种目的中，第三条对投资者是最具有意义的。熟悉庄家利用对敲推高股价减仓出货的行为，一是可以回避买入这类股票带来不必要的损失，二是手上如果持有这类股票，在出现明显的庄家对敲诱多行为时可以及时退出。

观察对敲盘需要耐心长时间地连续进行，结合大盘情况、个股的价位及消息面等情况综合分析，学会观察和把握对敲盘，就好像是掌握了庄家的脉搏，只要有足够的耐心，就等着庄家给你送钱吧。

三、关于探底

探底，几乎是每个庄家都要做的一件事，它关系到坐庄成功与否。底部未探明之前，就不能指望涨升行情的出现。底部和顶底是两个敏感的位置，始终是庄家和散户必争必惧之处。庄家在顶部采用引诱术，骗散户接上“最后一棒”；在底部则采取恐吓术，让耐不住久套之苦的股民尽快割肉断臂斩仓出局。

有时候股价的真实底部，庄家未必能知道，因此只有经过反复探测，才能探明底部的位置。为了探测这个底部位置，庄家便使用各种手法来恐吓投资者，直到投资者不肯抛出股票，股价跌无可跌，这才是真正的底部。投资者在实盘中，要是在探底中途出局，这倒是一种较好的止损方法，可不少投资者较着劲熬过了一大段痛苦的日子后，在庄家最后的探底过程中，杀低出局，结果大黑马、大牛股从眼前溜走。

对于持股者来说，底部出现的主要操作错误就是杀跌。庄家营造散户杀跌气氛主要有三种方法：

（1）利用持续走低折磨。庄家对在底部的股票，当他的筹码未吸够时，或者觉得未到坐庄有利时机时，总是耐心地等待，不管别的个股如何涨升，甚至不管大市场如何走暖，他都按兵不动，让耐不住寂寞的股民斩仓出局。因此，人们常说股市是一个与庄家斗智、斗勇、斗耐心的场所。

（2）利用利空消息恐吓。对于底部的个股，我们听到不少传闻，说某某股票要跌到多少，目的都是吓唬胆小者尽快斩仓出局。其实，股价并没有下跌多少就走出上升行情。

（3）利用技术骗线恐吓。庄家在底部制造的骗线，则是向下假突破之线。在盘面上常表现为在“锅底”突然出现一根带长下影线的阳 K 线，或大幅低开之后又上冲的大阳线。这种在底部的突然打压，往往令惊慌的股民最早匆忙斩仓出局。当股价继续向下调整、散户欢呼相庆之际，股价却突然反转向上，并再不回头，让他们后悔不已。

四、关于突破

1. 平台突破

股市里平台整理是积蓄能量最强的一种形态，向上或向下突破后的威力都是巨大的。股谚有“横有多长，竖有多高”的说法，股价突破后的上升或下跌空间就有平台那么长。股价在一个震荡幅度不大的价格区域内横向波动，在震荡期间既不选择上涨又不选择下跌，似乎没有了涨跌方向，于是就形成平台形态，但这个平台迟早会被突破的。有两种情况：

一种是在股价上升途中进行横盘，目的是让底部跟进者“下轿”。因为有的股民求富心切，恨不得自己的股票天天上涨，这样很容易产生急躁情绪，耐不住寂寞的股民，往往会卖出手中长期不涨的股票而去追别的股票。庄家就是利用人们急于暴富的急躁心理，以拖延的手法进行周旋，以此磨炼别人的耐心和意志，消耗别人的时间和精力，使之丧失斗志和信心，以达到其“整理”目的。

另一种是在股价下跌途中横盘，有的股票在下跌初期进行横盘，那是因为庄家手中的筹码还没有派发完毕，或者因为股价过高根本没办法派发，庄家又不甘心让股价的重心下移，只得进行护盘，由此走出了横盘的态势，这种横盘是在积蓄下跌的能量。庄家基本出完货的股票，在下跌一大段以后进行横盘，这种情况是横盘中最为多见的。看起来似乎没有庄家在其中，所以该涨的时候不涨，又由于长期不涨且跌幅很深，股价又相对便宜，到该跌时候也没有多大跌幅，所以最终走出横盘态势。但是，一旦熊市来临，因为没有人护盘，其迅速下跌之势可能一样毫不逊色。

一般情况下，股价长时间形成的平台一旦向下突破具有很强的杀伤力（平台持续时间越长，下跌空间越大），因此庄家常常利用突破平台的手法，制造恐慌局面，而且突破平台后，往往连续压低股价，造成极大的恐慌盘面，形成深幅下跌态势。投资者看到这种形态后，纷纷抛出手中的股票，庄家却在低位悄悄承接筹码。制造这种走势是庄家吸货、整理、洗盘时常用的一种手段。

2. 支撑突破

股价上涨所形成的走势、形态等构成了股价总体上升走势，它反映了股价运动的趋势和方向。上升趋势是由 K 线、形态、移动平均线、轨道线等构成的。这些图形或线条非常直观，一旦股价下跌破坏了原先的上升轨迹，图形就会变得非常难看。通常股价下跌到某一成交密集区或者关键位置时，将得到支撑而不再下跌或者抵抗下跌。如果股价脱离上升轨迹而下跌，并击穿那些应有的支撑位置时，就会产生破位的图形，庄家吸货、洗盘、整理的目的就可以达到。

股价在哪些地方应有支撑呢？庄家的持仓成本或者平均成本附近有支撑；股价原先突破一个较大的技术形态以后再回档时，这个形态的密集成交区域附近有支撑；股价 10 日、20 日、30 日移动平均线有一定的支撑；庄家正在出货和出货完毕以前，在其预定的出货区域有支撑。此外，从未炒作过的股票，如果市场定位合理，在密集成交区域附近股价也有较强的支撑等。在大多数情况下，股价在底部区域震荡是有一定支撑的，如果庄家需要击破包括技术派在内所有看好者的信心而进行凶狠洗盘时，各种形式的破位就在所难免，这时可以说股价几乎是没有支撑的，庄家正是借此进行吸货、洗盘、整理。

常见的盘面现象有：①击穿均线；②击穿上升趋势、上升通道、上升角度、波浪趋势；③击穿颈线位、前期低点；④击穿重要技术形态；⑤击穿长期形成的平台；

⑥股价脱离庄家持仓成本区、平均持仓成本区、密集成交区；⑦股价脱离庄家预定的出货区。需要注意的是，在顶部区域庄家出货完毕以后，股价是没有支撑的。另外，在熊市中大部分情况下股价也是没有支撑的，仅个股控盘程度较高的强庄股有“支撑”。

3. 压力突破

攻破压力与击穿支撑正好形成相反走势。股价在长期的震荡走势中会形成明显的支撑和压力区（线）。

通常，股价上涨到某一重要位置时，将受到压力而不再上涨或者遇阻回落。如果股价一举攻破那些应有压力的位置时，就会出现突破的图形，图形也会变得非常漂亮，庄家拉升、出货、自救的目的就可以达到。

常见的盘面现象有：①攻破均线；②攻破下降趋势、下降通道、下降角度、波浪趋势；③攻破颈线位、前期高点；④攻破重要技术形态；⑤攻破长期形成的平台；⑥股价脱离庄家持仓成本区、平均持仓成本区、密集成交区；⑦股价脱离庄家底部的吸货区。其实，在一轮真正的上涨行情中，股价几乎是没有压力的。

第六章　揭开庄家的隐私

第一节　流通筹码的基本结构

一只股票能不能涨起来？上涨的方式如何？洗盘的时间和力度怎样？股价上涨的目标价位在哪里？这些都是散户最希望了解的信息。想要做出较全面和准确的判断，必须分析庄家的持仓量。

庄家的持仓量，是指庄家持有某只股票流通盘的那一部分筹码。筹码收集到什么程度才有条件坐庄？无法一概而论。这与股票流通盘的大小、股票基本面、大盘行情，以及庄家的资金实力和操盘风格等因素都有关系。

一、持仓量的大概分布

在透析庄家的持仓量时，必须对股票流通筹码的持仓分布做一个大致的分析。通常流通筹码的大概分布是这样的：流通盘中20%左右的筹码是锁定不动的。这部分筹码是真正的长线投资者，无论庄家如何震仓、洗盘，也不容易收集到。当然，这部分筹码对庄家日后拉高和派发也不会造成太大的干扰。剩下80%左右的筹码在中短线投资者手中，其中大约有30%的筹码在高位深幅套牢。这部分筹码在庄家拉升时构成强大的阻力，所以在吸筹阶段，庄家往往通过长期低位横盘或小幅震荡散布利空消息。在大盘上涨时故意压价，让套牢者割肉出局，丧失解套希望，才能达到筹码收集的目标。另有30%左右属于我们通常所说的浮动筹码，这部分筹码最容易拿到手。还有20%左右的筹码落于民间大户（或老庄）之手，庄家必须消灭掉这一部分筹码，在拉升时才不会遇到太大的困难。

二、庄家需要多少持仓量

股价拉升之前，庄家要有足够多的流通筹码，才有可能通过拉升获利，如果庄家筹码不够是不可能展开拉升行情的，这是中国 A 股市场的特点。那么，庄家需要多少持仓量才可以坐庄呢？

一般情况下，无论是短线、中线还是长线庄家，其控盘程度最少都应在 20%以上，只有控盘达到 20%以上的股票，庄家才有可能顺利操盘。如果控盘不到 20%，原则上是不可能坐庄的。当然，庄家最高控盘量很少有超过 80%的，超过 80%控盘量的股票，盘面走势往往呆板了。可见，庄家坐庄的持仓量在 20%~80%。

通常，如果控盘量在 20%~40%，股性活跃，浮筹较多，上涨空间则较小，拉升难度较大；如果控盘量在 40%~60%，就达到了相对控盘，这种股票的活跃程度更好，空间更大；若超过 60%的控盘量，则活跃程度较差，但空间巨大，也就是所谓的绝对控盘，黑马股大多产生在这种控盘的股票中。

在实盘中，长线庄家持仓量占流通盘 50%~70%的情况居多，这时股性活跃，容易走出独立行情；中线庄家持仓量占流通盘的 40%~60%，这时股性也活跃，庄家易于操盘；短线庄家持仓量占流通盘的 30%~50%，股价一般随大势涨跌而动。个别强悍庄家持仓量超过流通盘的 80%，由于筹码过于集中，盘面未免过于呆板，散户可操作性不强。

一般情况下，一只股票的升幅，在一定程度上由该股筹码的分布状况及介入资金量的大小决定。庄家的持仓量越大，控盘能力越强，庄家运用的资金越大，拉升之后的利润也越高。但是持仓量也不是越高越好，因为持仓量越大，需要庄家投入的资金越大，损耗的费用越大，筹码收集的时间越长，操盘周期也相应延长，风险会加大。另外，庄家持仓量过大，场内散户很少，无法形成赚钱效应，股性变得较死，派发难度较大。

一般来讲，控盘程度越高越好，因为个股的涨幅与持仓量大体成正比关系。也就是说，一只股票的涨幅，在一定程度上是由介入资金量的大小决定的，庄家动用的资金量越大，日后的涨幅就会越可观。

第二节　如何计算庄家的持仓量

一、用数学计算结果进行判断

计算庄家的持仓量，可以帮助散户很好地判断庄家目前的坐庄阶段和坐庄的实力。对吸货期很明显的个股，可大致估算出庄家的持仓量，主要有以下几种方法。

1. 根据内盘和外盘计算

一般来说，随着股价上涨，成交量会同步放大。但某些庄家控盘的个股随着股价上涨，成交量反而缩小，股价往往能一涨再涨。这些个股可重势不重价，庄家持有大量筹码，在未放大量之前即可一路持有。

分析股价上涨过程中的放量，能够较为准确地计算庄家的持仓量，但是计算过程较为复杂。一般可采用即时成交的内、外盘进行统计、测算。其计算公式如下：

当日庄家买入量 = (外盘 × 1/2 + 内盘 × 1/10) ÷ 2

然后，对若干天的成交量进行累计，当换手率达到 100%以上才可以，取值时间一般以 60~120 个交易日为宜。该公式需要散户每日对目标个股不厌其烦地统计分析，经过长时间的实盘统计，准确度极高，误差率通常小于 10%。

2. 根据吸货期的长短计算

（1）有的个股底部周期明显，将底部周期内每天的成交量乘以底部运行时间，即可大致估算出庄家的持仓量。其计算公式如下：

庄家持仓量 = 底部周期 × 主动性买入量

底部周期越长，庄家持仓量越大。主动性买入量越大，庄家吸筹量越多。因此，若散户观察到个股在底部长期横盘整理，通常是有资金在暗中吸筹。庄家为了降低进货成本，高抛低吸并且不断清洗短线散户，但仍有一小部分长线资金介入，因此，这段时间庄家吸到的筹码，至多也只达到总成交量的 1/4~1/3。所以，若忽略散户的主动性买入量，则可计算出庄家一段时期的买入量。其计算公式如下：

庄家主动性买入量 = 阶段总成交量 × 1/3 或 1/4

此时，为谨慎起见，可以取较低量。

（2）也可以采用如下公式计算：

庄家持仓量 = (吸货期 × 吸货期每天平均成交量 ÷ 2) − (吸货期 × 吸货期每天平均成交量 ÷ 2 × 50%)

式中：吸货期每天平均成交量 = 吸货期成交量总和 ÷ 吸货期；2 代表内盘和外盘；50% = 大约有 30%是根据持仓分布确定的浮动筹码 + 大约有 20%是庄家对敲量。

从等式看，吸货期越长，庄家持仓量越大；每天成交量越大，庄家吸货越多。因此，若投资者看到上市后有长期横盘整理的个股，通常为黑马在默默吃草。

注意：吸筹期的选定一定要参照股价走势，主要根据投资者的悟性判定。吸货期选定失误，会造成估算结果的失真。

3. 根据换手率大小计算

如果个股在低位成交活跃、换手率较高，而股价涨幅不大，这通常就是庄家在吸筹。此间换手率越大，庄家吸筹越充分。“量”与“价”似乎为一对不甘示弱的小兄弟。

只要“量”先走一步，“价”必会紧紧跟上“量”的步伐，投资者可重点关注“价”暂时落后于“量”的个股。

换手率=吸货期成交量总和÷流通盘×100%

实盘的经验是换手率以50%为基数，每经过倍数阶段，股价走势就进入一个新的阶段，也预示着庄家持仓量发生了变化。利用换手率计算庄家持仓时的公式如下：

庄家持仓量=个股流通盘×（个股某一段时期换手率-同期大盘换手率）÷3

这个公式的实盘意义是庄家资金以超越大盘换手率的买入量（平均买入量）买入，通常为先知先觉资金的介入，一般适用于长期下跌的冷门股。因此，庄家一旦对冷门股持续吸纳，散户就能相对容易地测算出庄家手中的持仓量。

计算庄家从建仓到开始拉升这段时间的换手率，参考周K线图的均线系统由空头转为多头排列，可证明有庄家介入，用周MACD指标金叉可以认为是庄家开始建仓的标志，这是计算换手率的起点。

股价在上涨时，庄家所占的成交量比率大约是30%，而在股价下跌时，庄家所占的成交量比率大约是20%。股价上涨时放量，下跌时缩量，假设放量：缩量=3：1，可以得出一个推论：假设前提为上涨时换手率为300%，则下跌时的换手率应是100%，这段时间总换手率为400%，依此可得出，庄家在这段时间内的持仓量=300%×30%-100%×20%=70%，即庄家在换手率达到400%时，其持仓量能达到70%，也就是每换手率100%时，其持仓量为70%/400%×100%=17.5%。

从MACD指标金叉那一周开始，到所计算的那一周为止，把所有各周的成交量加起来再除以流通盘，可得出这段时间的换手率，然后再用这个换手率乘以17.5%，得出的数字即为庄家的控盘度。一个中线庄家的换手率应在300%~450%，只有有足够的换手率，庄家才能吸足筹码。

当总换手率达到200%时，庄家就会加快吸筹，拉高建仓，因为流通筹码已经很少了，这是短线介入的良机。当总换手率达到300%时，庄家基本都已吸足筹码，接下来庄家应急速拉升或强行洗盘，散户应多从盘口去把握庄家的意图和动向，切忌盲目冒进使投资从短线变为中线。在平时的看盘中，散户可跟踪分析那些在低位换手率超过300%的个股，然后综合其日K线、成交量及其他一些技术指标来把握介入的最佳时机。

4. 求和平均法

为了确保计算的准确性，将以上几个公式的计算结果进行求和平均，最后得出的就是庄家的持仓量。

二、根据盘面表现进行判断

有些个股吸货期不明显，或是老庄卷土重来，或是庄家边拉边吸，或是在下跌过程中不断吸货，难以划分吸货期。这些个股的庄家持仓量可通过其在整理的表现来判断。老股的庄家要想吸筹，必须是股价已有了充分的回调，场内几乎无获利盘。

一般而言，股票从前期高位回落超过 50%时，基本上可认为回调到位。当然，前期庄家如果大幅拉高的，则另当别论。

若前期上涨幅度不是特别大的股票，回调幅度超过 30%时，市场中的获利盘已微乎其微了。

三、根据股东总户数来判断

据统计，凡是庄家派发充分、筹码全部转移到散户手中后，流通盘在 3 亿股左右的，一般单户持有流通股都在 3000 股左右。这样，在年报或中报时，根据上市公司披露的股东总户数，可以通过计算得到目标公司的单户持有流通数。单户持有流通股凡是在 5000 股左右的，说明已有庄家在场，但持仓比例不超过 50%，难以控盘；凡是单户持有流通股超过 10000 股的，说明庄家的持仓已有可能达到 70%，应予以重点关注，日后拉升幅度一般都在 100%以上。但随着大盘股的逐步上市，单户持有流通股数可能随之增加。

四、根据量价配合情况来判断

在建仓阶段庄家持仓量从 0 开始，所以一只股票从高位下来，跌到地量地价，庄家持仓量是最低的时候。从底部开始，庄家的持仓量逐步增加。有些股票是在低位做大底。其实这个底，不见得是庄家做出来的，也许是市场做出来的，是规律的产物。这样的底，不管多大，庄家持仓量都等于零。另外一种底，是庄家做出来的，在底部震荡过程中，庄家持仓量是在增加的。

如何分辨这两种底？前一种底，形态是随波逐流，往往弱于大盘，成交量在短期头部时较大，其他时候都很小；而后一种底，往往是强于大盘，即大盘连续下挫时，该股能够守住底线不破，成交量比较均匀，上涨和在短期头部时都不是很大。此外，后一种底部时间要比前一种短，一般在 3 个月之内。

五、用博弈 K 线观察庄家筹码

1. 博弈 K 线分析

博弈 K 线是和传统 K 线相对应的一个概念，它是在传统 K 线的基础上结合筹码分布得到的一种 K 线画法，之所以提出博弈 K 线这个概念，是基于这样一种认识，那就是同样的涨幅在不同价位的含义应该是有所不同的，比如冲破成交密集区的 5%涨跌幅度和在成交稀疏时的 5%涨跌幅度是不一样的，对二级市场的投资者具有不同的市场意义。

举个例子，如果一只股票全部筹码密集在 10~11 元的价格区域，现在股价从 10 元涨到 11 元，涨幅是一个涨停板，但对二级市场的变化是 100%的套牢盘变成了 100%的获利盘。还是这只股票，股价从 10 元跌到 9 元，假设换手 5%，又从 9 元涨到 9.90 元，仍然是一个涨停板的涨幅，但二级市场的变化是大约只有 5%的套牢筹码因此转变成为获利筹码，同样幅度的涨跌因为所跨越的价格区域中堆积的成交量不同，因而对二级市场的实际影响有很大差别，传统 K 线没有表达出这种差异。

还用上面的例子来看，对传统 K 线来说，两种情况下都是一根涨 10 个点的阳线。用博弈 K 线来看，虽然都是一个涨停板，但由于这两个涨停板向上穿越的筹码堆积不一样，因而对二级市场的实际影响也不一样，博弈 K 线直观地表示出了这种差异。第一种情况因为向上穿越了 100%的筹码堆积，所以在博弈 K 线上是一根顶天立地长度为 100 的大阳线。第二种情况因为向上只穿越了 5%的筹码堆积，所以在博弈 K 线上只是一根长度为 5 的小阳线。博弈 K 线的长阳因为考虑了向上跨越的价格区域中所堆积的成交量的因素，所以比传统 K 线的长阳能揭示更多的市场信息。

结合筹码分布我们知道，股价上涨一个单位或者下跌一个单位，所需要的能量和股价所处的位置有关，博弈 K 线就是用股价穿越筹码的数量来描述股价涨跌难度的指标。它有开盘、收盘、最高、最低这四个数值，分别是将今天股价的高开低收对应于昨日筹码分布的套牢盘数量，作为当日博弈 K 线的高开低收。

博弈 K 线最常用的是利用“博弈 K 线无量长阳”来判断庄家控盘状况。根据博弈 K 线的定义可以知道，博弈 K 线长阳意味着股价穿越了很大幅度的筹码区间。一般而言，股价向上穿越筹码密集区时，会引发很大的解套抛压，如果股价在这个上穿过程中不放量，则可以认为该筹码密集区主要是庄家持仓，即该股庄家控盘。

“博弈 K 线无量长阳”的标准是博弈 K 线长大于 18，换手率小于 3%。博弈 K 线放量长阳也不是没有意义，尤其在弱势中，放量长阳也许意味着庄家的积极吸筹行为。如果在放量过程中，散户大量离场，大户增仓显著，则庄家的增仓行为将得到进一步的佐证。

低位、无量和长阳都是一些比较相对的概念，低位指的是筹码分布在中轴线以下，即股价低于市场平均持仓成本；无量指的是换手率很小，通常理解为不到 3%；长阳指的是向上穿越了较多筹码，通常理解为 30%以上。所以，博弈 K 线低位无量长阳这个概念可以这么来理解，在股价的相对低位，以不到 3%的换手率向上穿越了超过 30%的流通筹码。稍有经验的投资者马上就会意识到，这也就是说，这部分流通筹码中的大部分都很有可能是庄家筹码。用博弈 K 线来表达的话，也可以说这根长度为 30 的博弈长阳帮助我们捕捉到了一只值得关注的潜力股。

在实际操作中，发现了博弈 K 线低位无量长阳的个股后，也不用急于跟进，还可以继续观察一段时间。博弈长阳如果在低位伴随着少量博弈 K 线的阴线反复出现，则后市上涨的可能和把握就更大一些，这是因为庄家把股价向上做需要做多的资金实力、庄家把股价向下做需要做空的筹码数量。如果庄家在筹码密集区内可以控制股价涨跌随意、上下自如，那也说明该股庄家具有很强的控盘实力，后市理所当然可以看涨。

2. 博弈 K 线指标

博弈 K 线是通过每日筹码获利比例的开盘、收盘、最高、最低这四个价位所绘制出来的 K 线图，主要反映的是筹码的获利情况，可发现庄家的动向。不过在股价比较高的时候，出现无量长阳突破，肯定是很少的，除了现在在横盘的。博弈 K 线可以作为一个参考工具，不直接提示买卖点，它和机构 K 线是一对配合使用的指标。

博弈 K 线指标（CYQK）综合筹码分布（CYQ）和 K 线图把握多空交战节奏，依据股价相同幅度的涨、跌在筹码密集处或无筹码及筹码稀疏处的阻力的不同情况，把股价的涨、跌幅度，与该股涨、跌价位处之筹码分布的疏、密进行了结合。

观察 CYQ 筹码分布可以看出，市场筹码分布就像股价运行的地形，在筹码分布密的地方，股价涨跌费力，如同走山路；在筹码分布稀的地方，股价涨跌阻力小，如同走平原。由此产生一个概念，同样幅度的涨跌在不同价位的含义是不同的，冲破密集区 5%涨跌和在成交稀疏地的 5%涨跌的意义应该是不同的。有没有把股价涨跌的这种不同市场意义表达出来的一个指标呢？博弈 K 线就是这样的一个指标。

博弈 K 线的值都是由股价转化来的，代表的是这个价位在 CYQ 空间中的位置，即根据前日的筹码分布判断该价位上下各有多少筹码。所以，博弈 K 线的最低位值为 0，表示价位下方没有筹码，最大值为 100，表示股价下方筹码为 100%，上方没有筹码。在博弈 K 线中同等幅度的涨跌不代表价格的同等涨跌幅，而代表 CYQ 空间中的同等涨跌幅，即穿越了等量的筹码堆积。博弈 K 线也是由开高低收四个数组成，分别由股价的开高低收转化而来，画法亦如 K 线。

博弈 K 线把 K 线和筹码分布综合在了一起。K 线分析是通过线的长度和组合形态观察多空争夺的态势，把握未来趋势。博弈 K 线在继承 K 线分析方法的同时，把 CYQ 高高低低的筹码分布看成是多空争夺的战场，抛开股价涨跌的价格空间，把股价看作在 CYQ 空间中涨跌。筹码分布是动态变化的，多空双方的对抗就在这个变化的空间中展开。博弈 K 线可以抓住多空对抗中的某些本质性特征，更准确地把握多空对抗的状况。

它的画法是将每天的开盘、最高、最低、收盘价位，与其下方昨日的筹码分布指标 CYQ 值相加，按画 K 线的方法画成博弈 K 线。

3. CYQK 指标的形态特点

（1）博弈 K 线指标有三条横坐标线，分别为 20、50、80，其最小值为 0，表示下方无筹码，最大值为 100 表示上方无筹码，图线与普通 K 线相同，分布在 0~100。

（2）博弈 K 线指标放大了股价在筹码密集区内的涨、跌幅度，压缩了股价在无筹码或筹码稀疏区的涨、跌幅度。

4. CYQK 指标的主要作用

（1）发现股价突然缩量穿过低位密集区向上突破的重仓庄股。

（2）判断股价上升、下跌过程中的阻力、支撑位。

（3）预测股价上升及下跌趋势结束与否。

5. CYQK 指标的使用要领

（1）一根顶天立地的博弈大阳 K 线穿过筹码低位密集区，显示了强大的上升动力，预示该股后市能大涨。大阳线顶天接近 100%时最好，但适当放宽一些也有效。

（2）如果顶天立地博弈大阳 K 线是在换手率 3%以下穿过筹码低位密集区的，说明被穿筹码大部分在庄家手中，这种情况后市行情会较稳健，涨幅也会很大。

（3）如果顶天立地博弈大阳 K 线放量穿过筹码低位密集区，除非该股近期有特大利好，否则有可能是短庄小仓位短炒、快炒。

（4）连续几根小阳博弈 K 线，缩量穿过筹码低位密集区，如果由 20 以下上穿至近 100，总换手率低于 4%，穿越密集区时既未放量又未耽搁时间，说明该密集区筹码大部分是庄家的，后市该股也会大涨。

（5）博弈 K 线开盘 50 以下的长阳是庄家进场的信号，中线操作可考虑建仓。再观察几个交易日，如果股价上行遇阻回落，又跌回这根博弈 K 线的区域，则是最佳的介入机会。因为根据前面的情况分析已确认了有庄家进场，对有庄家的股票只要未发现其逃庄，则股价越低时介入越好。

（6）高抛低吸：股价上升中博弈 K 线收盘到 80 附近，K 线组合出现下跌信号，说明遇阻回落应抛股。股价下跌中博弈 K 线收盘到 20 附近，K 线组合出现止跌信号，说明股价已遇支撑可购入，用此方法须快进快出。

（7）追涨杀跌：股价上升博弈 K 线破 80 近 100 时追进，只要博弈 K 线持续在 80 以上高位，K 线组合形态上涨趋势未破就持股，待博弈 K 线向下破 80，K 线组合形态出现下跌信号时抛出，此法也须快进快出。

（8）可以随时将 CYQ 指标筹码低位密集后，博弈 K 线曾经无量长阳，或连续几根小阳线缩量穿过 CYQ 指标筹码低位密集区的股票制一板块，长期跟踪关注。

第三节　如何计算庄家的持仓成本

一、庄家坐庄成本的构成

持仓成本是指为炒作某一只股票而消耗的费用。庄家坐庄如同其他生意，需从“销售收入”中减去成本，才能获取利润。投资者不妨帮庄家算算账，目前价位庄家有无获利空间，以及获利大小。若目前价位庄家获利菲薄，甚至市价尚低于成本，该股前景光明；若目前价位庄家已有丰厚的账面利润，庄家操心的是如何将钱放进口袋，即伺机脱逃的问题，此时指望其再攻城夺寨、勇创新高显然不现实，不宜将“钱”图寄托在这样的逃兵身上。庄家的操盘成本主要包括进货成本、利息成本、拉升成本、公关成本、交易成本等。

1. 进货成本

庄家资金量大，进场时必然会耗去一定升幅，尤其是拉高建仓或者接手前庄的筹码，其进货成本比较高。这类庄家一般后续题材比较丰富，志向高远，不计较进货价格。但有人看见股价从底部刚涨了 10%，就担心升幅已大，不敢再买。其实，上升 20%甚至 50%有可能为庄家在吸筹，关键要看在各价位区间成交量的多寡。低位成交稀少，庄家吸筹不充分，即使已有一定的涨幅亦不足为惧。很多跟庄的朋友会有这样的体会，虽抓到了黑马，但不是在庄家的震仓洗盘中割肉出局，就是马儿刚上路在小有获利时出局，与黑马失之交臂。

2. 利息成本

利息成本也叫融资成本，除了少数自有资金充足的机构庄家外，大多数庄家的资金都是从各种渠道筹集的短期借贷资金，特别是配资金，要支付的利息很高，有的还要从坐庄赢利中按一定比例分成。因此，坐庄时间越久，利息支出越高，持仓成本也就越高。有时一笔短期借贷款到期，而股票没有获利派发，只好再找资金，拆东墙补西墙，甚至被迫平仓出局。

3. 拉升成本

庄家无法买到最低价，同样也无法卖在最高价，通常有一大截涨幅是为人作嫁的：船小好掉头的跟风盘跑得比庄家还快。有的庄家拉升时高举高打，成本往往很高，短期会有大涨幅；有的喜欢细水长流，稳扎稳打，成本较低，为日后的派发腾出空间。手法高明的庄家拉高时只需借助利好煽风点火，股价就能由追涨的散户抬上去。但是大多数庄家需要盘中对倒放量制造股票成交活跃的假象，因此仅交易费用一项就花费不少。另外，庄家还要准备护盘资金，在大盘跳水或者技术形态变坏时进行护盘，有时甚至要高买低卖。

4. 公关成本

庄家的公关优势包括很多层面，主要有管理层、券商、银行、上市公司、中介机构等，这些方面的重要性是不言而喻的。但庄家也应为此付出必要的成本，否则就难圆其美了。

5. 交易成本

尽管庄家可享受高额佣金返还，但庄家的印花税还是免不了的。这笔费用不得不计入持仓成本之中。

可见，庄家坐庄是需要成本的，投资者可观察手中的货色，若比庄家的成本还便宜，不妨多放一段时间，股市的“通风性”良好，多放一段时间并不会长霉，等到春风吹拂时，往往老树亦能发出新芽。

二、计算庄家成本的基本方法

庄家坐庄也像做生意一样，也要有投资成本，从最后收益中减去成本后的余额才是其最后的利润。散户在选择跟庄之前，应该先替庄家算算账，核算一下庄家在目前的价位是否有获利空间。如果在目前价位庄家获利较少，甚至股价低于庄家的坐庄成本，那么散户此时买入，获利则较为可观；如果现在的价位庄家能够有丰厚的利润，那么散户此时入场一般不会有太大的收益，因为庄家不会再处心积虑拉抬股价，而是在考虑出货时机了。所以，计算庄家持仓成本有助于散户判断庄家下一步的行动方向。

在股市中，庄家介入的资金大多在谋求利润最大化，很少会形成亏损离场的局面。正因为如此，投资者越来越关注庄家的持仓成本，希望通过这种分析方法来达到获利的目的。但是，庄家的真实持仓成本，外人一般很难准确了解到，多数项目的成本也无法计算，一般只能够估算庄家的持仓成本。可以通过一些统计方法，对庄家在某一阶段的市场平均成本作大致的评估，并利用这个评估结果，对短期调整的支撑位或者反弹的阻力位加以判断。

计算庄家的持仓成本，大致可以通过以下几种方法来测算。

1. 通用的庄家成本计算法

选择吸货期内的最低价、最高价及最平常的中间周的收盘价的总和，然后再除以3，这种方法简单实用。其计算公式如下：

庄家持仓成本 = (最低价 + 最高价 + 最平常的中间周的收盘价) ÷ 3

一般吸货持仓时间越长，则利息、人工、公关、机会成本增加得越多。这时成本上浮 15%左右；如果庄家持仓时间达到两三年，则成本计算以上浮 20%~35%的空间为宜。

作为一个庄家，其控盘的个股升幅最少应在 50%以上，大多数为 100%。一般而言，一只股票从一段行情的最低价到最高价的升幅若为 100%，则庄家的正常利润是 40%。因此就可算出庄家的最基本目标位，在这个目标价位以下介入，都可以赚钱。以图 6-1 为例，庄家持仓成本 = (3.53 + 5.16 + 3.96) ÷ 3 = 4.22 元。

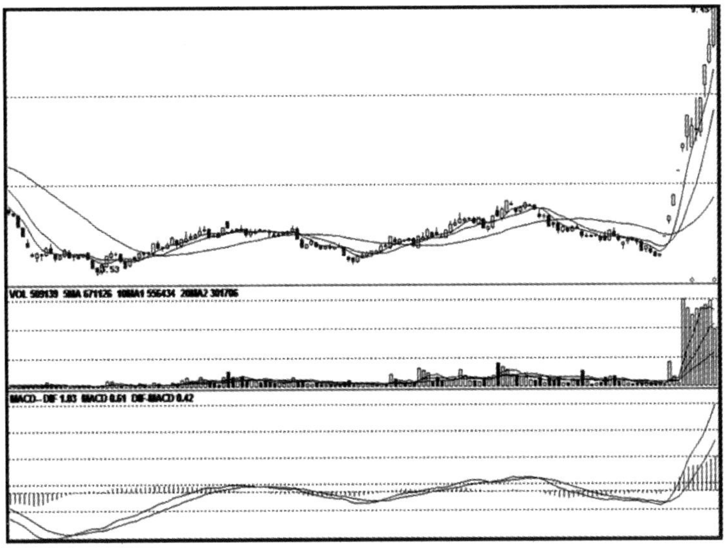

图 6-1　罗顿发展（600209）日 K 线走势

2. 通过平均价测算庄家成本

庄家若通过长期低位横盘来收集筹码，则底部区间最高价和最低价的平均值，就是庄家筹码的大致成本价格。此外，圆形底、潜伏底、双重底、箱体等也可用此方法测算持仓成本。庄家若是通过拉高吸筹的，成本价格会更高一些。

图 6-1，罗顿发展（600209）：股价经过一波急跌后，形成三重底形态，形态内最低价为 3.53 元，最高价为 5.16 元。形态内成交量比较均匀，也没有异常的价格波动，可以排除其他非正常因素的干扰，因而可以采用算术平均数计算。通过计算市场平均价为 4.34 元，这个平均价就是庄家的大概持仓成本区。用这种市场平均成本的分析方法判断庄家的持仓成本十分有效，而且可以说相当精确。

3. 统计换手率测算庄家成本

用换手率来计算庄家的持仓成本是最直接、最有效的方法。对于老股票，出现明显的大底部区域放量时，可作为庄家建仓的成本区。具体计算办法是计算每日的换手率，直到换手率达到 100%为止，取此时段的市场平均价，作为庄家持仓成本区。有时候庄家的成本区与最低点的价差有相当大的差距。以图 6-1 为例，为了计算准确以三重底中间的底为准，向两边计算换手率达到 100%的市场平均价，通过计算平均成交价格为 4.32 元，反映出庄家在此期间已经收集到了相当多的筹码。

4. 根据最低价测算庄家成本

（1）最低价位之上的成交密集区的平均价，就是庄家建仓的大致成本。通常其幅度为最低价的 15%~30%。以图 6-1 为例，最低价上涨幅度的 15%为 4.07 元、30%为 4.62 元，因此庄家成本区就在 4.07~4.62 元，其平均价为 4.34 元。

（2）以最低价为基准，低价股在最低价以上 0.50~1.50 元，中价股在最低价以上 1.50~3.00 元，高价股在最低价以上 3.00~6.00 元，这是庄家大致的持仓成本范围。

5. 根据股价测算庄家成本

此方法也是以最低价格为基准，低价股在最低价以上 0.50~1.50 元，中价股在最低价以上 1.50~3.00 元，高价股在最低价以上 3.00~6.00 元。以图 6-1 为例，该股属于低价股，据此可以推定庄家的平均成本在 4.03~5.04 元，其平均价为 4.53 元。

运用上述 5 种方法测算，测得该股的庄家持仓成本分别为：4.22 元、4.34 元、4.32 元、4.34 元、4.53 元，计算结果差别较小，持仓成本大体一致，准确性比较高，因此可以断定庄家的成本区间在 4.22~4.53 元。知道了这个区间，散户就可以与庄家斗智斗勇了。

三、按盘面运行测算庄家成本

（1）冷门股的庄家成本在底部区域、箱体震荡的最高价与最低价的均值处。一些股票因利空调整得十分充分，股价已深跌，无人关注，此时有心的庄家正好起来捡便宜，然后施展操作手法吸筹。但要想骗出散户手中的廉价筹码并非易事，唯一的办法是反复拉抬、打压。这时股价 K 线图及成交量的特点是：K 线小阴、小阳或连续阴线并伴随成交量萎缩，之后突然来一两根大阳线，同时伴随成交量的放大。然后，又是成交量萎缩和连续阴线或小阴小阳，如此反复几次，股价上下成箱体形震荡，成交量间隔性放大。庄家的成本就在箱顶与箱底之中位附近。散户在箱底或箱体中位进货埋伏，将来庄家筹码收集完毕必定发力上攻，涨幅会非常可观。

（2）慢牛股庄家成本通常在 10 日均线与 30 日均线之间的黄金通道内。有些朝阳行业潜力股，庄家因看好该股基本面，在里面长期驻守，耐心运作，只要该股基本面不发生重大变化，庄家就不会出局。其走势特点是：股价依托 10 日均线或 30 日均线震荡上行，缓慢攀升，庄家手法不紧不慢，不温不火。当股价偏离均线过远时，则出现回调，技术调整几天，一碰到 30 日均线的支撑后就上行，成交量既不放得过大，也不萎缩得太小，始终保持一个比较适中的水平。这种慢牛股的庄家成本区域就在 10 日均线与30日均线之间。散户在此区域适宜进货，赚钱的概率极大。

四、特殊个股成本的预测方法

除了上述几种测算庄家成本的方法，再提供一些特殊性个股的预测方法。

1. 横盘整理的庄股

在底部或中低部有较长时间（3个月以上）横盘的庄股，其成本一般都为横盘时的均价。横盘时间愈长，庄家吸货愈充分，其横盘价即为成本价愈准确。由于种种原因，造成某只庄股在高位久盘之后又往上做的，其高位久盘的平均价可作为该股的第二成本价。至于其总成本区，可视其中的放量情况而定。如果从第一成本区到第二成本区未曾放量的，其总成本区可简单取两者的算术平均值；如果在高位横盘之前已放量的，则第二成本区即为其成本区。

2. 震荡上行的庄股

在市场中有许多震荡上行的慢牛庄股，其走势沿着一条坚挺的上升通道，每次调整时间不长，幅度不大，极少超出上下通道线。这类庄股，如果在拉升之前，并无底部长时间的横盘供其吸货，拉升之前又无放量拉升的情况，庄家无法一开始就控盘，只能边拉边吸货，此时庄家的成本区，常常就是整个上升通道的中间价格。从盘面上可以发现，每当股价回调到该成本区时，便止跌上行，并且缩量，在OBV指标上几乎呈一条平滑直线。

3. 急拉放量的庄股

在中低部，由于形势紧迫（如获知有重大利好题材），某些庄家匆忙入市，采用急拉快速建仓的手法，往往在三五天内便完成建仓任务。对这类庄股，其成本价可通过统计放量拉升这几天的成交量，若达到流通盘30%~50%的，这几天的均价也大体反映了庄家的成本价。因为之前并没有机会让庄家有过多的吸货，中低价又适合庄家吸筹。

4. 箱体整理的庄股

这是指几乎呈水平方向做大箱体形整理的庄股，若是震荡上行的则按第3点处理。这类庄股，庄家的成本价当在箱体形的中轴附近，其算术平均价即成本价。其间，如果有间歇放量的，其放量区的价格也是重要的参考价。

第四节　如何计算庄家的利润率

庄家坐庄的主要目的是获利，在坐庄过程中所付出的费用必定有一个最低成本。

庄家在坐庄过程中，必然有一个最低利润和行业的平均利润率。很多散户比较关心庄家的利润到底是多大、一只股票拉升到多少才有利润空间等问题。根据目前 A 股实际情况，庄家一般以股价翻倍的位置为卖出目标的基础。庄家在坐庄过程中，不管用哪种手段，都必须是从低价买入高价卖出，这是股价运动的真理。庄家要获利，也必须要把股价从低价位推到高价位，这个空间有多大由庄家的实力、大盘的情况决定。

如果一只股票有上涨 100%的空间，庄家的利润率应该维持在 30%~40%。这里的 100%是指股价从一波行情的最低价到最高价的幅度，30%~40%为净利润，如包括 10%的资金成本，毛利润应在 50%~60%，这是一般庄家的正常收益。比如，某只股票的最低价为 12 元，庄家吸筹一般要消耗 20%左右的利润空间，即股价在 14.4 元附近为庄家的吸货成本价。拆借资金年利息一般在 10%左右。中线庄家坐庄一般要一年以上的时间，利息成本消耗 10%。坐庄过程中的吸筹、洗盘、拉升、出货等工作都需要耗去各种成本，一般在 10%~20%，并且庄家不可能完全在高位派发手中的筹码。比如，股价从 15 元上涨到 25 元，高位派发空间需要 20%~30%，即股价在 20~25 元都是庄家的派发空间，这样又耗去涨幅的 20%~30%。综合各项，成本累计高达 60%~70%，这就是庄家坐庄的“行业平均成本”，即如果目标个股上升 100%的幅度，庄家实际只能获利 30%~40%，这个利润是庄家坐庄行业的平均利润。如果低于这个利润水平，很多庄家会退出这个高风险的行业。

庄家在拉高股价的过程中，其成本不一定会增加，前提是操盘手的水平较高，庄家的公关和消息发布比较到位，在拉升的过程中有相关的利好消息配合，这样即使拉高的高度达到 100%，庄家的持仓量可能是减少而不是增加。拉高过程中尽管没有增加持仓，但还是会增加一些成本。

比如，某只股票在拉升过程中，庄家第一天买进 100 万股，价格是 10 元，第二天卖出 100 万股，价格是 11 元，看起来是赚了 100 万元，但实际上有些情况下是需要庄家高买低卖的。千万不要误以为庄家总是在低位买了高位卖，很多庄家当天从 10 元拉到 11 元，然后从 11 元跌到 10 元。在 10 元涨到 11 元的过程中，很多筹码都是在 10.5~11 元购买的，然后在跌回来的时候可能出货，当天不能增加持仓量，而抛出的时候很多都是在 10.00~10.5 元卖出的，实际上是庄家在做倒差价，只有这样才能使市场散户继续跟进。所以，有些时候股票在底部放量，其真实的原因就是庄家在卖、散户在接。

第五节　根据筹码流向洞悉庄家意图

细心的投资者可以从细微的盘变化中揣度出庄家的坐庄意图，并根据筹码的流向掌握庄家的盘面动向。

一、分析平均每笔成交量

将每天的成交股数除以成交的笔数，就可以得出这一天每笔的平均成交量。从每笔成交量的多寡，可以发现庄家的一些盘面动向。

在大势不好的长期空头市场中，成交量日渐萎缩，无论是大势的总平均量还是个股的平均量均较往昔减少很多。相反，在大势向上的多头市场中，平均每笔的成交量也随股价的上涨而递增。判断平均每笔成交量与股价的关系有下列几条原则可供参考：

(1) 如果平均每笔成交量突然减少并有利空影响，而股价却上升时，则表示持股者虽然惜售，但因无较大的庄家参与，行情的涨幅有限，不宜盲目发展跟进。如果平均每笔成交量突然减少，股价也在下跌，如果没有突发利空的影响，只要跌幅不是很深，则表示庄家惜售，股价下跌有限，可逢低买进做多。

(2) 平均每笔成交量增加，当前的股价也配合上升，则意味着庄家在继续做多，行情将继续上涨，散户此时跟进做多较为适宜。反之，平均每笔成交增加，但股价却没有配合上升，则表示庄家暗中大笔卖出，行情可能进入整理或回落，散户此时不要轻易跟进。

(3) 无论是否有利多或利空的影响，只要个股的平均量超过或低于正常平均量，则该股的走势多会于近期产生向上或向下的变化。至于影响平均量变动的因素，若为转账所致，只要这些转账并非为大股东持股的抵押，则可以将其视为股价波动的征兆。

(4) 要特别予以关注在高价区或低价区产生的平均每笔成交量明显增加或减少的情况，向上或向下变盘的准确性很高。高价区下跌的可能性较大，不宜跟进；低价区上涨的可能性较大，可做多跟进。

二、分析大笔成交量

庄家的资金量大，其一旦进场，成交的笔数都会很大，少则一二百手，多则上千手。因此，分析盘中出现的大笔成交，也是中小散户发现庄股的有效方法。不过，在观察成交明细表时，散户应注意以下几点：

（1）连续性的大手笔成交，才是庄家所为，常反映为股价的稳步上升和大手笔的连续出现。

（2）成交笔数的大小和该股的价位有关。比如35元左右的高价股，100手可算为大手笔成交；8元左右的低价股，100手可能只算一般。

（3）在一段时间内大手笔成交出现的密度非常高，如在1分钟之内出现好几笔大手笔成交，必是庄家行为，说明庄家急于拉升和出货；如1天之内仅有几笔大手笔，说明庄家并不急于有所动作。

（4）大手笔成交与流通股本的大小有非常明显的相关性，即流通股本大的股票成交手笔也较大，流通股本较小的股票成交手笔也相应较小。

（5）在股票连续的下跌途中，成交笔数往往较大，此时一般是散户行为，庄家还未入场，置身事外的散户可以持币观望。

（6）如果个股有非常好的底部形态，并且成交笔数在逐步增大，股价在小幅上涨，此时往往是较好的进场机会。尤其是在卖一的位置有大笔卖单，但却被数笔较大买单在极短的时间内吃掉，散户应在大笔卖单快被吃完时进场抢筹。当股价经过较长时间的连续上升，在买一的位置有大手笔托单，一旦有数笔主动性大抛单出现，则可能是庄家急于出货，应抢在庄家前面迅速卖出股票。

三、分析交易周转率

周转率也称换手率，指在一定时间内市场中股票转手买卖的频率，它是反映股票流动性强弱的指标之一。其计算公式如下：

周转率（换手率）= 某一时期内的成交量 ÷ 可流通总股数 × 100%

周转率越高，表明这种股票的买卖越频繁，备受散户关注。周转率高、价位上升时，显示买方需求大，可能有庄家收集，要往上做价；周转率高、价位却下降时，显示市场抛压大，庄家可能在派发。同样，周转率低、价位上升时，显示市场抛压较轻；周转率低、价位下降时，显示仍有抛压，或表示可能没有庄家参与。

四、分析委托买卖笔数及成交笔数

这种方法是以电脑为辅助，将交易时统计出的单位时间内的委托成交单数及成交值表作为判断的依据，从中具体比较“委托买进笔数”“委托卖出笔数”和“成交笔数”三者之间的互动、大小关系，加上当日股价变动趋势来综合研判市场庄家的动向。

分析委托买、卖笔数及成交笔数具体的方法如下：

（1）如果“委托卖出笔数”大于“成交笔数”，又大于“委托买进笔数”时，说明一笔买进的数量造成了多笔卖出的数量。那么，如果当日股价上升，即为庄家在大量买进；如果当日股价下跌，则表示庄家在酌情买进；如果当日的股价大跌，那就表明庄家在吸筹时被套牢了。

(2) 如果“成交笔数”大于“委托买进笔数”，也大于“委托卖出笔数”时，表示多空双方分歧甚大，正在酝酿新一轮的行情。不过，如果这三个数字极为接近，就表示要买的和要卖的都在此时达到了目的，市场庄家有的看好，有的不看好。

(3) 如果“委托买进笔数”大于“成交笔数”，又大于“委托卖出笔数”时，说明一笔卖出的数量造成多笔买进的成交数量。那么，如果当日的股价是上涨的，表明市场庄家正在酌量出货；如果当日的股价是下跌的，那就表明市场庄家已经大量出货。此时，散户宜抓紧时间下轿了。

投资者经过综合分析，是可以根据筹码的流向来把握庄家动向的。投资者除了可以防止受到市场庄家操纵外，还可以针对庄家行为，制定出相应的策略，从而在庄家之前上轿，等待庄家的拉抬。

第六节　如何判断庄家建仓是否结束

股价涨不涨，关键看庄家炒不炒，这是目前股市的特点。庄家什么时候最有炒作激情？在吃饱了廉价筹码时最有激情。那么，如何判断庄家建仓是否完成？

庄家坐庄过程中，大家最关心的是建仓，若是在庄家建仓初期介入犹如啃未长熟的青苹果，既酸又涩；若在股价拉升末期买入犹如吃已过保鲜期的荔枝，味道索然。因此，散户跟庄炒股如能准确判断庄家的持仓情况，盯住一只建仓完毕的庄股，在其即将拉升时介入，必将收获一份财富增值裂变的惊喜。大家知道，表现良好的个股前期都有一段较长的低位整理期，而拉升期或许仅仅十几个交易日，原因在于庄家建仓耗时较多。通常，庄家吸货时所耗的时间与盘子大小、坐庄风格、大盘整体走势有密切的关系。

一、底部盘面特征

据多年实盘经验，盘面出现下述特征之一时，可以初步判断庄家建仓已渐入尾声。

1. 用量少就将价拉高

放很小的量就能拉出长阳或封死涨停。庄家相中股票后，进场收集筹码，经过一段时间收集，如果庄家用很少的资金就能轻松地将股票拉至涨停，那就说明庄家筹码收集工作已近尾声，大部分筹码已经被庄家锁定，浮动筹码很少。这时候庄家具备了控盘能力，可以随心所欲地控制盘面。尤其是在开盘 30 分钟内就将股价拉到涨停板，全天封盘不动，成交量即时萎缩，大有充当“领头雁”之风范。通常，在低位经过反复整理，成交量萎缩至地量后，慢慢地出现脉冲式放量，不断地向阻力位发起冲击，表明建仓工作准备充分，庄家拉升跃跃欲试。

2. 走势不受大势影响

股价走势独立，我行我素，不理会大盘走出独立行情，即大盘跌它不跌，大盘涨它不涨（或者涨幅远远超过大盘）。这种情况通常表明大部分筹码已落入庄家囊中。当大盘向下时，有浮筹砸盘，庄家便用筹码托盘，封死下跌空间，以防廉价筹码被人抢了去；大势向上或企稳时，有游资抢盘，但庄家由于种种原因此时仍不想发动行情，于是便有凶狠的砸盘出现，封住股价的上涨空间，不让短线热钱打乱炒作计划。此时，股票的 K 线形态出现横向盘整，或沿均线小幅震荡盘升。或者，在大盘跌它不跌，大盘企稳回升时，涨幅远远超过大盘，这类股票涨势明显强于大盘。投资者遇到这类股票时应积极参与，未来股价上涨空间十分巨大。

图 6-2，方大炭素（600516）：上证指数在 2017 年 4 月 12 日至 5 月 11 日出现了一轮较大的下调走势，而该股同期的走势却不受大盘调整的影响，拒绝向下回调，依然坚挺地将底部向上抬高，出现与大盘背离的走势，显示庄家建仓已近结束。随后，当大盘出现企稳回升时，该股不断向上攀升，涨势明显强于大盘，从而进一步证明庄家建仓已经完成，此后出现一轮涨升行情，一时成为两市人人皆知的龙头股。

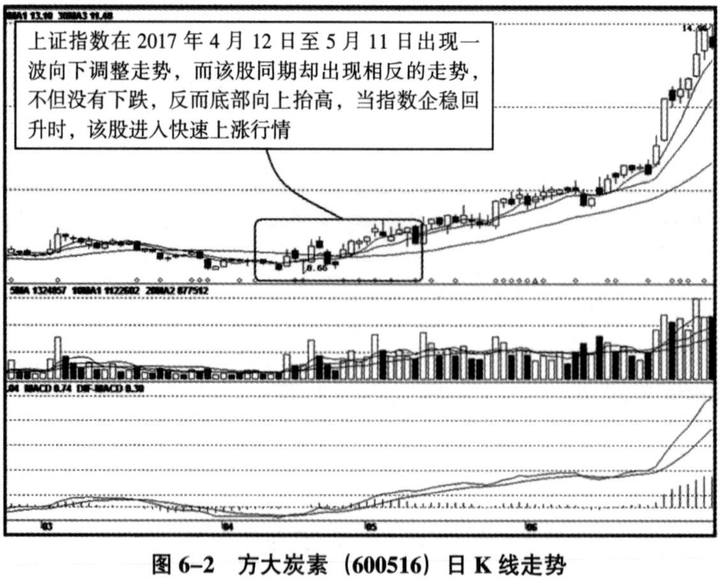

图 6-2　方大炭素（600516）日 K 线走势

3. 股价开始剧烈波动

股价在起涨前，走势起伏不定，而分时走势图剧烈震荡，成交量极度萎缩。庄家到了收集末期，为了洗掉短线获利盘，消磨散户持股信心，便用少量筹码做图。

从日 K 线上看，股价起伏不定，一会儿冲到浪尖，一会儿回到谷底，但股价总是冲不破箱顶，也跌不破箱底，当日分时走势图上更是大幅震荡。委买、委卖之间价格差距也非常大，有时相差几分，有时相差几角，给人一种莫名其妙、飘浮不定的感觉。成交量也极不规则，有时几分钟成交一笔，有时十几分钟才成交一笔，分时走势图画出横线或竖线，形成矩形，成交量也极度萎缩。上档抛压极轻，下档支撑有力，浮动筹码极少。

4. 遇利空时不跌反涨

遇利空消息打击，股价不跌反涨，或当天虽有小幅无量回调但第二天便收出大阳，股价迅速恢复到原来的价位。突发性利空袭来，庄家措手不及，散户筹码可以抛了就跑，而庄家却只能兜着走。于是，在盘面可以看到利空消息袭来当日，开盘后抛盘很多，但此时的接盘更多，不久抛盘渐渐减少，股价慢慢企稳。由于庄家担心散户捡到便宜筹码，第二日股价又被庄家早早地拉升到原来的位置。

5. 突破重要压力位置

建仓完成时通常都有一些特征，如股价先在低位构筑一个平台，然后再缓缓盘出底部，均线由互相缠绕逐渐转为多头排列。特别是放量长阳突破盘整区，更加可确认建仓期完成，即将进入上涨阶段。

6. 低位整理时间充分

通常在低位盘整的时间越长，庄家越有时间从容进驻吸筹，行情一旦启动，后市涨幅往往较大。一般来说，在低位横盘时间超过 3 个月，庄家基本完成了建仓任务，只是在默默等待拉升时机的到来。

7. 股价见底的位置可以大致估算预测

以最高股价 × 一定的比例，如 2/3、1/2、1/3、1/4 等，就可以大致估算出股价回落见底的可能位置。如最高价为 20.00 元，则股价见底的大致位置可能在 20.00 元 × 2 ÷ 3 = 13.33 元，以此类推的价位依次为 10.00 元、6.66 元、5.00 元等。

需要注意的是，庄家建仓完成并不等于会立刻拉升，庄家拉抬通常会借大盘走强的东风，已完成建仓的庄家通常采取沿某一价位反复整理的姿态等待拉抬时机。因此，投资者在看中某只股票后，要有耐心地等待主升行情的出现，与庄家一同分享丰收的喜悦。

二、底部三个细节

股价脱离底部之后，在操作时需要注意三个方面的盘面细节。

1. 成交量

庄家的建仓，从散户这边讲，就是筹码的沉淀过程。如果庄家始终在增加持仓量，则成交量是不会放大的，往往是涨时持平，跌时明显萎缩。如果不符合这个规律，每轮上涨都明显放量，下跌时逐渐缩量，则庄家的持仓量不大，而且有可能在减少。

2. 技术形态

小幅缓慢上涨，庄家的持仓量必然是在增加。带状上升通道，一般也是在增加，而能看出明显周期的大幅上涨，则不好说了。每一个明确的短期头部，都是一次减仓的过程。即便下一次上升超过了前一个头部，庄家的持仓量也不一定有上次多。整体上减速上涨，短期头部一个接一个，那就是庄家要出逃了。

3. 横盘时间

只要股价能够盘住，就说明庄家在运作。如果股价盘的时间比较长，则说明庄家已经拿走了不少筹码。在股价达到最大的密集区之前，即便庄家不断建仓，其持仓量也很难达到大幅拉升的标准。所以，历史密集区是必须过的一个关卡。股价短期超过历史密集区，并不能说明庄家已经拿到了大部分筹码。因为作为历史套牢的人，等了这么长时间，“多少得挣点钱再走吧”，这是共性的观点。所以，必须要有充分的回档、整理，才能让他们卖出来。如果一只股票在密集区上方整理得很充分，那么它的庄家持仓量已经非常高了，具备大幅上涨的条件了。但是庄家的持仓量还可以更高，那就需要靠涨幅和时间了。如果一只股票不断地上台阶、横盘，则会不断地有人卖出（至于买盘，庄家自己清楚），直到最后只剩下“意外筹码沉淀”了。

需要说明的是，庄家的持仓量与股价的涨跌并没有必然的联系。庄家的炒作是一个连续的过程，吃货就应该连续地吃，一直吃到拉高为止。如果中途出现明确的出货形态，则表明庄家“变心”了，即便以后继续往上做，也说不定哪天突然“翻脸”。连续暴跌的股票，在暴跌之前都有明确的迹象。

第七节　如何分析个股有无庄家进驻

在个股盘面出现以下现象时，就说明有庄家介入，投资者可以密切关注。

（1）股价大幅下跌后，进入横向整理的同时，股价间断性地出现宽幅振荡。当股价处于低位区域时，如果多次出现大手笔买单，而股价并没有出现明显的上涨。

（2）股价在近阶段既冲不过箱顶，又跌不破箱底。在分时走势图上，经常出现忽上忽下的宽幅震荡，委买、委卖价格差距非常大，给人一种飘忽不定的感觉，说明有庄家在暗中搅局。

（3）委托卖出笔数大于成交笔数，也大于委托买进笔数，且价格缓慢上涨。

（4）近期每笔成交数已经达到或超过市场平均每笔成交股数的 1 倍以上。例如，目前市场上个股平均每笔成交为 600 股左右，而该股近期每笔成交股数超过了 1200 股，这通常不是散户行为，而是庄家进驻的迹象。

（5）小盘股中，经常出现 100 手以上的买盘；中盘股中，经常出现 300 手以上买盘；大盘股中，经常出现 500 手以上买盘；超大盘股中，经常出现 1000 手以上买盘。

（6）在 3~5 个月内，换手率累计超过 200%。近期的换手率高于前一阶段换手率 80%以上，且这种换手率呈增加趋势。

（7）在原先成交极度萎缩的情况下，从某天或某段时间起，成交量逐步放大，出现“量中平”或“量大平”的现象，股价在低位整理时出现逐渐放量。

（8）股价在低位盘整时，出现逐渐放量，经常出现小十字星或小阳小阴线。

（9）遇利空时，股价不跌甚至反涨，盘面比同类其他股的走势坚挺，或虽有小幅无量回调，但第二天便收出大阳线。

（10）大盘急跌它盘跌，大盘下跌它横盘，大盘横盘它微升，大盘反弹它强劲回升，且成交量明显放大。股价每次回落的幅度明显小于大盘。

（11）股价尾盘跳水，次日低开高走。

（12）在 5 分钟走势图上经常出现连串的小阳线。

（13）日 K 线出现“狐狸尾巴”形态，形成缩量上升走势 。

（14）大盘二、三次探底，一个底比一个底低，该股却一个底比一个底高。

（15）当大盘创新高，出现价量背离情况时，该股却没有出现价量背离。

如果同时出现 3 个信号，说明该股很可能有庄家进驻。如果同时出现 5 个信号，说明该股十有八九有庄家进驻。如果同时出现 8 个信号，基本可以断定该股有庄家进驻。当发现庄家进驻后，跟进要讲究时机，最好选择股价有效突破时跟进，或者故意杀跌制造空头技术陷阱时低吸。

第八节　如何识别底部的真假

如何识别底部的真假？在长期下跌途中，突然出现一两根阳线，是最迷惑人的，不少人觉得既然已经跌了这么久了，也该见底了吧。于是，持币的迫不及待地加入抄底大军的行列。持股者更加不愿意抛了：既然已经见底了，应该补仓才对，根本不会想到趁反弹逃命。实际上，这时出现的底部往往是假象，是假底。轻率抄“底”者没被套在头部，反倒被套在腰部，而补仓者则“旧伤未愈，又添新伤”。

那么，如何区别真底和假底呢？可从以下几方面入手：

（1）真底往往经过多次下探才会出现，才会扎实。V 形底往往多是假底，底部形态多以双重底或三重底的形式出现，也就是很少出现一次构筑成功的，因此 V 形底最不可靠。在相对低位出现的放量阳线，极有可能是庄家开始初步建仓的信号，建仓之后往往会有个打压的过程，甚至会创出新的低点，图形上往往呈现假底。

（2）真底必须出现有号召力的龙头品种。每一波行情都有一波行情的灵魂，假如股指大涨，有明显的热点板块，特别是领涨的是科技股、优质股、指标股时，出现的多是真底，而且见底之后出现的必然是一波大行情。右领涨的是热点杂乱无章、无号召力的品种，此时出现的多是假底。

（3）从时间上看，真底往往出现在持续大跌之后，特别是股指出现大阴线、向下跳空缺口之后，阴跌行情是无法形成真底的。从历史上看，每年的 12 月及第一季度经常出现年内的底部，而 8 月、9 月经常出现假底。

（4）底部出现时，必然有明显的资金进入迹象，在个股一般表现为资金连续 3 个交易日以上大幅流入，即使是在回调时，资金仍显示流入，或是小幅流出。盘面表现特征就是成交量大幅萎缩至地量后，出现温和的持续放量过程，股价小幅上涨。

资金入市是市场形成底部并步入升势的基本条件。据研究显示，形成底部前 5 个交易日的日均成交金额基本接近或超过当时流通市值的 1%，日均换手率基本接近或超过 1%。形成底部后日均成交金额基本上为之前的 3~4 倍，并为当时流通市值的 2%以上，日均换手率基本接近或超过 2%。

（5）从市场状况分析，下跌时间长、空间大。大盘下跌时间在 3 个月以上，下跌幅度在 40%左右。市场中无论是庄家还是散户，均处于高度亏损状态，市场亏损面 70%以上，且亏损幅度较大，散户在 30%~50%，庄家在 20%以上。个股大面积破发破净，如果新股大面积破发，庄家打新资金也被套，甚至斩仓出局，尤其是一些大盘绩优股出现破发，成批的个股或板块集体大幅下挫或集体跌停，或开始有股价跌破净资产的个股出现，市场一片悲观，跌势随时有加剧迹象，绝大部分投资者已经失望并丧失方向感，这时市场离底部就不远了。

（6）市场对利好麻木，一次次的利好推出之后，市场却是一次次地下跌。投资者对利好已经完全麻木了，利好再度推出对大盘影响已不大。熊市思维变得极其严重，前期看多的机构开始悲观和实际做空。多头由前期乐观看多变为悲观看空，此前一直看多的分析师或媒体上主流的咨询机构也开始悲观看空，对市场前景开始出言谨慎，在渲染利空的同时对宏观面和政策利好变得麻木不仁。投资者对市场绝望，市场保持一种匀速下跌，无论利好推出或利空出现，大盘都毫不理会。因为绝大多数的投资者对市场彻底绝望而选择了离开，既然要离开了，这时候下跌与否或者跌多跌少已经不值得关心。

通过以上分析，对底部认识可以得出一个大概的结论：①沉寂多时的股票，成交持续活跃，交易量明显增加；②换手率由不到1%逐渐增加至单日换手5%，甚至10%以上；③有人为刻意打压行为；④与大盘走势出现明显背离；⑤盘中持续出现明显大资金活动的迹象。

第九节　散户在底部阶段的操作策略

一、如何区分底部结构

所谓股价波动的底部形态是指股价由下跌转为上升的转折点，这种转折可以是一个急速的过程，也可以是一个缓慢的过程。在底部股价可能是急剧震荡的，也可能是平缓波动的，由此形成了从最平缓的潜伏底到最陡峭的V形底的各种不同的底部形态。按行情的规模大小可将底部划分短期底部、中期底部和长期底部。

那么，如何区分短期底部、中期底部与长期底部呢？

1. 短期底部结构

这是指股价经过一段不长时间的连续下跌之后，因导致短期技术指标超卖，从而出现股价反弹的转折点。短期底部以V形居多，发生行情转折的当天经常在日K线图上走出较为明显的下影线，在探到底部之前，常常会出现几根比较大的阴线。也就是说，每一次加速下跌都会探及一个短期底部。

短期底部之后，将是一个历时很短的反弹，这一反弹的时间跨度多则三五天或一周，少则只有一两天。反弹的高度在多数情况下，很难超过加速下跌开始时的起点。在反弹行情中，以低价位的三线股表现最好，而一线优质股则波幅不大。

2. 中期底部结构

这是指股价经过长期下跌之后，借助于利好题材所产生的历时较长、升幅可观的上升行情的转折点。中期底部各种形态出现的可能性都有，其中 W 形底和头肩底出现的概率稍大些。中期底部一般是在跌势持续时间较长（10 周以上）、跌幅较深（下跌 30%以上）后才会出现。在到达中期底部之前往往有一段颇具规模的加速下跌。

中期底部的出现，一般不需要宏观上基本因素的改变，但却往往需要消息面的配合。最典型的情况是先由重大利空消息促成见底之前的加速下跌，然后再由利好消息的出现，配合市场形成反转。在见底之前的加速下跌中，往往优质股的跌幅较大，期间优质股的成交量会率先放大。

中期底部之后，会走出一个历时较长（一至数周）、升幅较高的上升行情。这段上升行情中间会出现回调整理。大体来讲升势可分为三段：

第一段由低位补仓盘为主要推动力，个股方面优质股表现最好。

第二段由炒题材的建仓盘推动，二线股轮番表现的机会比较多。

第三段是靠投机性炒作推动的，小盘低价股表现得会更活跃一些。

在中期底部之后的升势发展过程中，会有相当多的市场人士把这一行情当作新一轮多头市场的开始，而这种想法的存在正是能够走成中级行情而不仅仅是反弹的重要原因。

3. 长期底部结构

这是指弱势行情完全结束，多头行情重新到来的转折点，即熊市与牛市的交界点。长期底部的形成有两个重要前提：一是导致长期弱势形成的宏观基本面利空因素正在改变过程当中，无论宏观基本面利空的消除速度快慢，最终的结果必须是彻底地消除；二是在一个低股价水平的基础上投资者的信心开始恢复。

长期底部之后的升势，可能是由某种利好题材引发的，但利好题材仅仅是起一个引发的作用而已，绝对不是出现多头行情的全部原因。也就是说，市场必须存在出现多头行情的内在因素，才有走多头行情的可能性。这种内在因素必须是宏观经济环境和宏观金融环境的根本改善。

长期底部的形成，一般有简单形态和复杂形态两种。所谓简单形态是指潜伏底或圆弧形底，这两种底部的成交量都很小，市场表现淡定冷清，而复杂形态是指规律性不强的上下振荡，V 形底或小 W 形底的可能性不大，见底之后将是新一轮的多头市场循环。

可见，散户投资者应当十分重视中期底部和长期底部的形成。一旦看准的中、长期底部出现，可以下大注去搏。对于短期底部，不予理睬为上策，即使确实有兴趣进行短线投机，也应遵守反弹的有关操作原则进行。

二、底部操作基本原则

（1）不要指望抄最低点。大部分股民认为反弹即是底部，担心错过买入时机，次日无法追高，但抢反弹是高风险的行为，建议股民千万不要希望能买到一个最低点。因此应等待底部形态成熟后再大量买进，以免在跌势中被低点后的再一个低点套牢。

（2）不要迷信底部量能。价跌量缩，大家都知道，但量缩了还可以再缩。所以应等待大盘指数走稳后，5 日均量连续三日迅速增加才能确认。

（3）不要认为底部是一日。俗话说“天价三天、地价百日”就是这个道理，W 底及圆弧底是较为常见的底部形态，绝不要去抢 V 形底。因为 V 形底经常就是一个左肩，有一买入就会被套住的可能性。

（4）明确底部确认的标准。一般而言，底部出现必须符合三大条件，并从三个方面考虑。技术方面的三大条件：①各种技术指标必须向上突破下降趋势线，由于各阶段其下降趋势线均有所不同，一般以 30 日均线为准。②从形态上看，过去的最低底部都会是参考点。如果在一年内有几次都是在某一最低位置反弹上升的，那么该位置即可认为是一处中期的底部。③在 KDJ、RSI 等技术指标的周 K 线已成多头排列时，5 日均量连续三日迅速增加。在技术方面符合上述三大条件的同时，还要从三个方面进行考虑：技术面、基本面、其他因素。

三、跟庄抄底主要技巧

当股价进入阶段性底部区域后，应把握正确的买入时机，以下技巧供参考。

（1）在大盘和个股均经过长时间下跌之后，出现了企稳迹象，日 K 线形成了双重底、三重底、潜伏底的形态，底的右侧已经开始放量时，一旦突破颈线位，可大胆买入。在头肩底形态中，右肩部位已经开始放量，并突破了颈线位，可大胆买入。在圆弧底形态中，近期已经开始温和放量，可大胆买入。

图 6-3，新南洋（600661）：股价快速大幅下跌后，在底部出现震荡整理走势，盘整中形成一个小型的双重底形态和一个大型的三重底形态。不久，股价放量突破小型双重底形态的颈线压制后，股价持续上行，放量涨停突破大型三重底形态的颈线，两次突破均是较好的买点。

（2）大盘和个股均经过长时间的大幅下跌调整后出现了一段时间的小幅反弹或震荡盘整走势，接着又出现新一波下跌行情，然后企稳放量上涨，意味着股价二次探底成功，在股价回调可大胆买入。

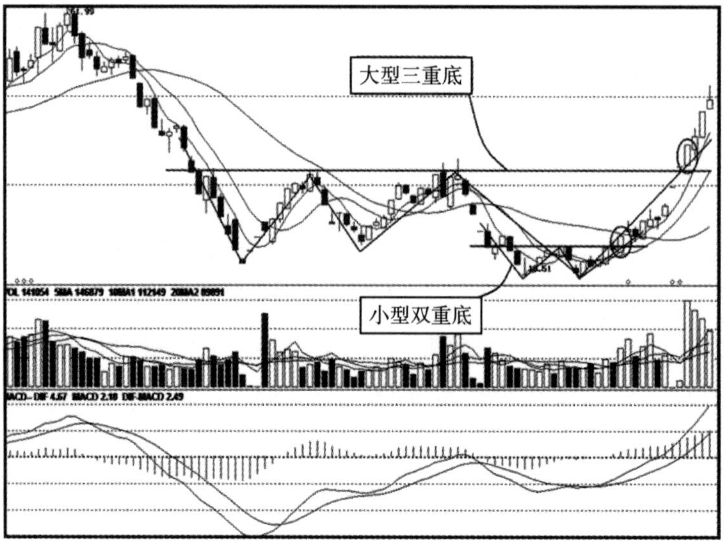

图 6-3 新南洋（600661）日 K 线走势

例如，2015 年 6 月和 7 月大盘出现一轮暴跌行情，经过一段时间震荡整理后，从 8 月 18 日开始再次出现新一轮急跌行情，然后大盘渐渐企稳回升，形成阶段性底部。在这一时期，大部分个股与大盘同步企稳回升，不少个股出现大涨。

图 6-4，振华股份（603067）：该股在 2018 年 2 月 1 日出现向下破位走势，形成大幅下跌之势，散户纷纷抛离筹码后，股价渐渐企稳回升。3 月 23 日，庄家再次打压，股价以跌停收盘，但次日惯性低开后，新多头资金进场，股价企稳回升，第三天股价跳空高开高走收涨停，表明二次探底成功。这种盘面意味着底部已经探明，投资者可

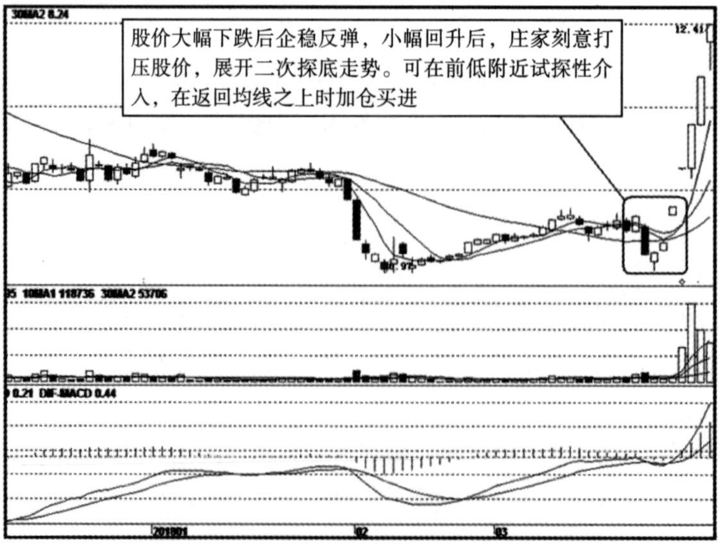

图 6-4 振华股份（603067）日 K 线走势

以在第一个涨停板价位挂单买入。之后股价出现快速拉升行情，短期涨幅较大。

（3）股价经过长时间的下跌调整后，当月线、周线、日线 KDJ 指标在 20 以下低位形成共振，金叉向上攻击发散时，可以积极介入。如果 RSI 指标的月、周、日线也在 20 以下形成共振，那是千载难逢的买进机会。

（4）一般来说，底部放量的第一个涨停板，是买入股票的最佳时机，无论是从短线还是从中线来看，都会有很好的获利机会。

（5）个股在经过长时间盘整后，股价开始向上突破，在放量收出一根大阳线之后，又连续收出了不断向上的小阳线或十字星（三个以上），预示着后市将大幅上涨，可果断跟进。

图 6-5，中南重工（002445）：该股在长时间的震荡盘整中，均线系统渐渐收窄，接近黏合状态，成交量持续大幅萎缩，意味着股价到达变盘临界点，此时投资者应关注盘面变化，一旦向上变盘应立即介入。不久，一根光头光脚的放量涨停大阳线拔地而起，股价突破整理平台，均线系统向上发散，这根大阳线成为站立式标志性 K 线。在此后三个交易日里，股价强势震荡上涨，收出三根小阳线，说明股价突破有效，此时投资者应大胆介入。

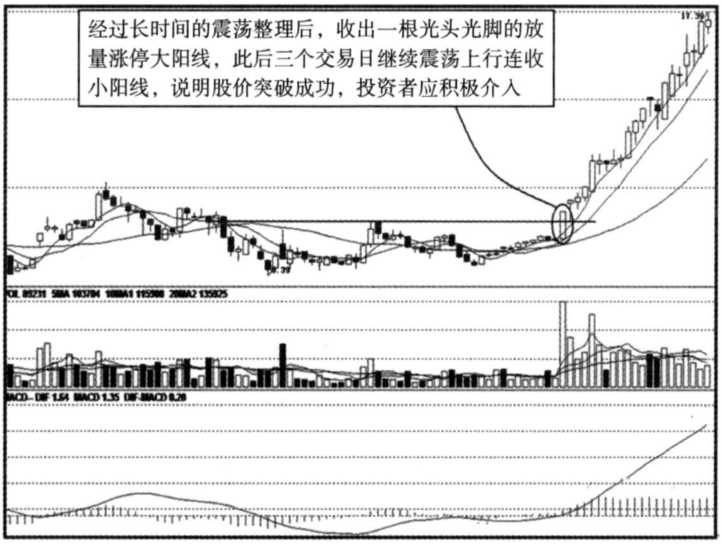

图 6-5　中南重工（002445）日 K 线走势

四、洗盘与建仓的区别

有人认为，洗盘就是建仓，其实这是两个相近但又不相同的概念。两者的主要区别是：

（1）目的不同。建仓是为了获得尽可能多的低价筹码，洗盘是为了交换筹码，有利于日后拉升。

（2）时段不同。建仓一般出现在底部区域，股价已经过大幅下跌；洗盘大多出现在一轮升势之后，股价往往已经见底回升，脱离底部区域。

（3）量能不同。建仓一般成交量极度萎缩，洗盘时成交量比建仓时要大一些。

（4）手法不同。建仓可以拉升建仓，也可以打压建仓，而洗盘多数以下跌方式完成。

（5）持仓不同。吸纳是庄家建仓的主要标志，低价筹码庄家一概通吃，手中筹码与日增多，直至达到坐庄预定仓位为止。换手是庄家洗盘的主要标志，这里的换手是指对庄家控筹之外的那部分筹码进行交换，比如散户甲抛出筹码，由散户乙接走，提高了散户持仓成本，而庄家仍保持原仓位和成本。

（6）手法不同。建仓是庄家坐庄的必经阶段，而洗盘是坐庄的次要阶段，有的庄家就不经过洗盘这一环节。

第七章　底部启动信号

第一节　底部突破信号

股价在长期的运行过程中，可能会形成某些有重要意义的位置，但这些位置不可能长期存在下去，迟早有一天要被突破。当股价成功向上跨越或脱离这些重要位置时，说明市场出现向上突破走势，庄家建仓或股价蓄势整理结束，后市将有可能出现一段升势行情，此时投资者可以积极做多。

在实盘中，能够成为突破的技术位置很多，比如均线、趋势线（通道）、技术整理形态、成交密集区域，以及黄金分割线、整数点位和时间之窗等。根据多年的实盘经验，在此就其中一些常见的底部突破信号进行分析，其他的突破信号投资者在实盘中自行总结分析。

一、股价突破盘区

在底部经过长时间的整理后，股价一旦成功向上突破底部盘整区域，成交量积极配合，该处就会成为一个中短期的底部，后市将会出现一波持续的上涨行情，此时可以积极做多。这种突破现象可以出现在市场的任一阶段，但突破高位盘整区域时，要防止庄家拉高出货。

图 7-1，山西焦化（600740）：该股反弹结束后股价大幅回落，在接近前期低点附近（观察压缩图）时企稳盘整，形成横盘整理，震荡幅度收窄。在整个调整过程中成交量大幅萎缩，做空能量充分释放，股价基本跌无可跌。经过一个多月的横盘整理后，2017 年 6 月 29 日突然跳空高开，一根放量涨停大阳线拔地而起，突破了底部盘整区域，随后股价出现震荡上涨行情。在上涨过程中，庄家运作手法非常稳健，每上涨一个台阶后，就展开蓄势整理，然后再次向上放量突破，7 月 28 日和 8 月 25 日都是利用放量大阳线突破整理盘区走势，都是标志性突破大阳线。在实盘中，遇到这样的大阳

线，投资者应积极予以关注。

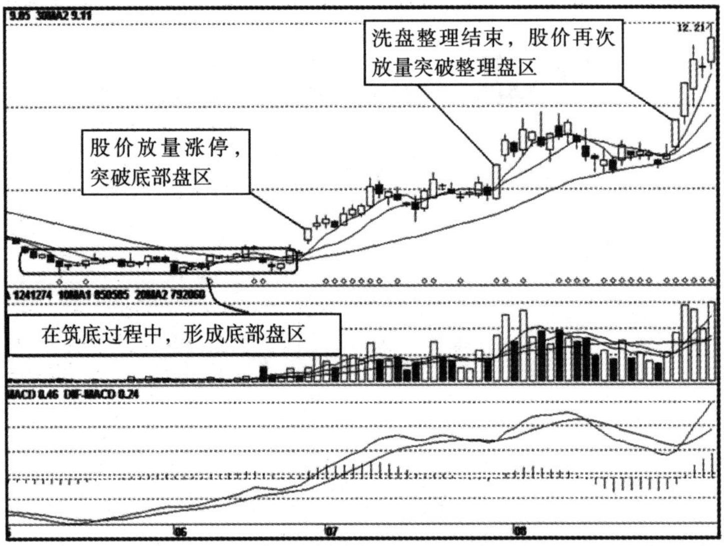
洗盘整理结束，股价再次
放量突破整理盘区
股价放量涨停，
突破底部盘区
在筑底过程中，形成底部盘区

图 7-1　山西焦化（600740）日 K 线走势

从图 7-1 中可以看出，经过长时间的下跌调整后，股价已经处于历史底部区域。从成交量上分析，想出局的人基本已经退出了，持股不动的人大多属于意志坚定的看多一族，因此后市下跌空间已被封杀。在突破之前，股价经过充分的筑底过程，底部基础构筑扎实，股价一旦脱离该区域，此处就会成为中长期底部。在突破之后，成交量明显放大，显示买盘积极，做多热情高涨，说明股价脱离底部区域成功有效。因此，这根大阳线是底部突破性标志，投资者可以积极跟进做多。

图 7-2，泰禾集团（000732）：庄家在底部长时间的震荡过程中，成功吸纳了大量的低价筹码。2017 年 12 月 25 日，股价高开 4.11%后，一口气单波拉到涨停，虽然盘中出现板震，但全天大部分时间处于封板状态，成功突破了底部盘整区域，从此股价出现“井喷式”飙升行情。

在震荡盘整行情中很难赚到钱，因为它没有一个明显的趋势性行情出现，什么时候结束盘整很难从均线系统或其他技术分析中找到答案，因为盘整时均线形成纠缠状态，整个走势上去下来，下来上去，反复地震荡，反复地纠缠，刚刚金叉又下来了，刚刚死叉又上来了，用均线系统没有办法判断和操作。因此，要结束这种盘整走势，必须有强大的做多力量，才能打破这种僵局，而大阳线突破盘局就是一个标志性信号，掌握了这种 K 线，就读懂了盘口语言，领会了庄家意图，随后的操作也就得心应手了。

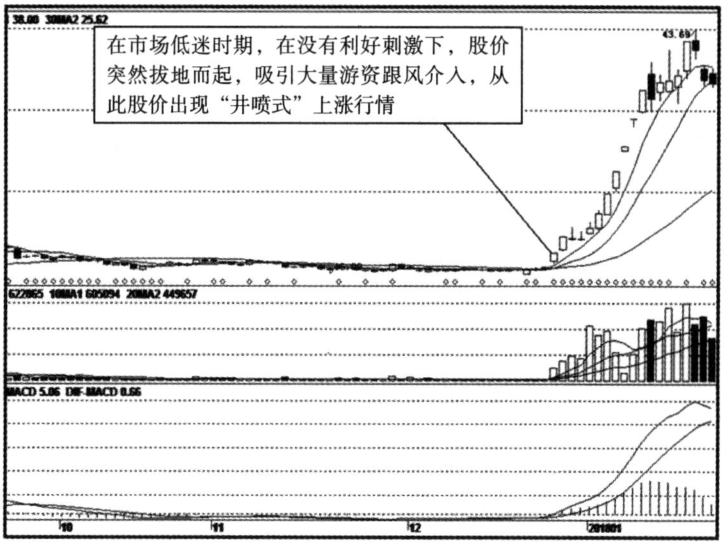

在市场低迷时期，在没有利好刺激下，股价突然拔地而起，吸引大量游资跟风介入，从此股价出现“井喷式”上涨行情

图 7-2　泰禾集团（000732）日 K 线走势

二、股价突破密集区

股价在某一个区域出现长时间的震荡或者巨大的换手时，会形成一个成交密集区域，这个区域对股价构成强大的支撑或阻力作用。如果在底部或上涨趋势中，股价成功向上突破该区域，则具有重要的技术分析意义，后市股价大多会出现一波升势行情，但在大幅上涨后的末期或下跌趋势过程中，要小心假突破现象。

图 7-3，盐津铺子（002847）：在股价长期的下跌调整过程中，庄家顺利地完成建仓任务，然后股价渐渐脱离底部区域，出现小幅反弹走势，但反弹时股价在前期高点

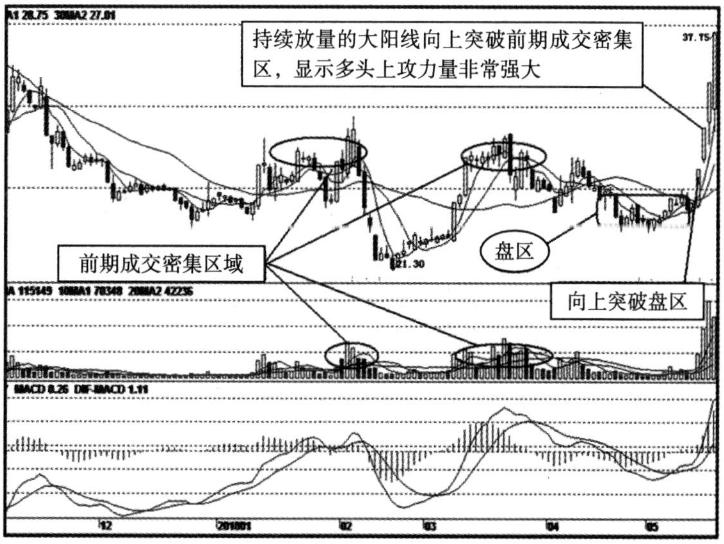

图 7-3　盐津铺子（002847）日 K 线走势

附近受阻回落，从而在此形成一个成交密集区域。当股价再次回落到前期低点附近时，得到买盘支持后形成一个小的盘区。2018 年 5 月 15 日，一根放量涨停大阳线，向上突破底部的小盘区。次日，股价再次放量收出涨停大阳线，突破了前期形成的成交密集区域，随后股价出现一波快速上涨行情。

从图 7-3 中可以看出，庄家做多力量非常强大，第一根涨停大阳线突破底部的小盘区，第二根大阳线突破前期成交密集区域，动作连贯，一气呵成。总体来看，该股累计下跌幅度较大，调整时间比较充分，筹码得到成功的换手。股价距离底部不远，基本处于庄家的持仓成本线附近，后市存在较大的上涨空间。在大阳线向上突破后，成交量持续放大，得到了市场的广泛认同，而且均线系统立即向上发散，配合股价上涨。因此，在实盘操作中出现这样的大阳线时，激进的投资者可以当天跟进，稳健的投资者可以在股价回调到 10 日均线附近时择机介入。

图 7-4，岷江水电（600131）：该股在底部长时间的震荡过程中，形成一个成交密集区，对股价上涨构成重大压力。2018 年 7 月中旬，以两阳夹一阴的 K 线组合形式向上突破前期成交密集区的压力，同时也是双重底的颈线压力位，技术意义非常大。此后，股价进入牛市上涨格局。

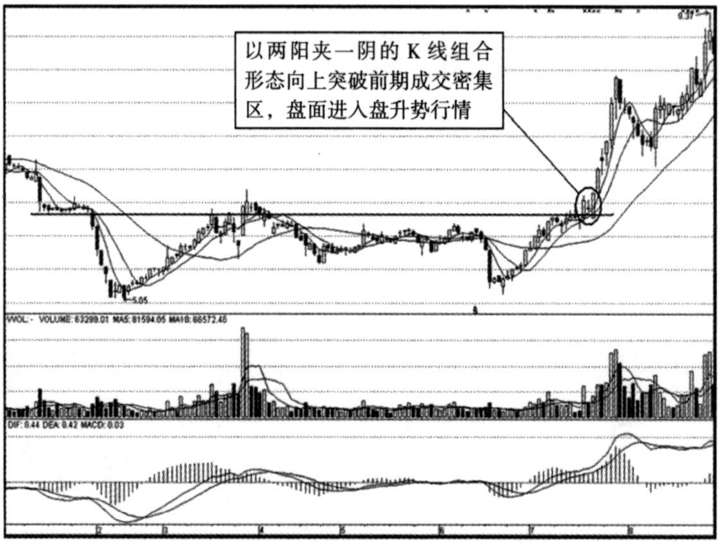

图 7-4　岷江水电（600131）日 K 线走势

可见，股价在突破时，可以是单根阳线突破，也可以是多根阳线突破，还可以是 K 线组合的形态突破，所产生的作用是一样的。

三、股价突破前高

股价形成的一个明显的阶段性高点对后市走势具有一定的技术分析意义和心理作

用，它往往成为后市较长一段时间内的阻力位。当股价成功向上突破这个高点位置时，说明后市股价上涨空间被打开，具有强烈的看涨意义。但在大幅上涨后的末期或下跌趋势中的反弹高点，要小心大阳线假突破现象。

图 7-5，世荣兆业（002016）：股价成功探明底部后，出现小幅反弹走势，然后股价再次回落，从而形成一个阶段性高点。这个高点通常对后市股价上涨构成一定的压力，而且这个位置成为不少投资者的阻力位，具有一定的心理和技术作用。随后该股经过一段时间的蓄势调整，多头信心得以恢复，2017 年 10 月 31 日股价放量涨停，收出一根突破性大阳线，此后经过回抽确认突破有效，股价出现一波盘升行情。

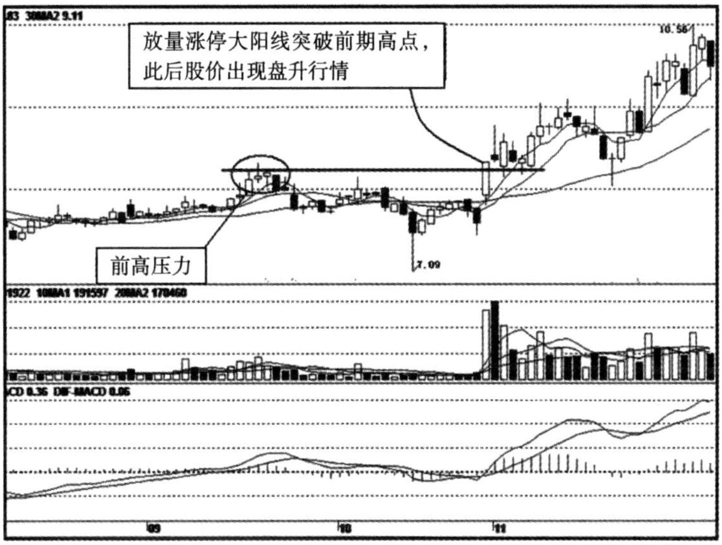

图 7-5　世荣兆业（002016）日 K 线走势

从图 7-5 中可以看出，前期高点明显成为短期的一个阻力位，这是庄家利用投资大众认可的阻力位进行建仓或洗盘整理，庄家目的达到后，就一鼓作气地突破前期高点，成交量也同步放大。而且，在大阳线突破后的几天里股价继续强势运行，从而进一步巩固了大阳线的成果，后市必定强势上涨。因此在实盘操作中遇到这种情形时，激进的投资者可以在当天尾市介入，稳健的投资者可以等待股价回抽确认突破有效时积极逢低介入做多。

四、股价突破均线

均线是反映股价运行趋势的一种技术分析方法，当大阳线由下向上突破均线压制时，股价由均线下方转为均线上方，预示股价下跌或调整结束，后市将出现上涨行情，因此是一个看涨信号。股价突破均线时，通常有三种盘面现象：

（1）出现在下跌趋势的后期，股价向上突破下行的均线。

（2）出现在上升趋势中，股价洗盘调整结束后，向上突破上行的均线。

（3）出现在横盘整理过程中，股价向上突破水平移动的均线。

根据均线周期长短，股价突破均线包括大阳线突破短期均线、中期均线和长期均线三种类型。在此仅就股价突破 30 日均线为例进行分析，对其他类型的均线突破，投资者可以根据提供的思路自行研判总结。

图 7-6，中广天择（603721）：这是股价突破水平移动的 30 日均线的例子。该股经过持续下跌后企稳回升，但当股价回升到前期盘区附近时受阻回落，均线系统基本呈现横向水平移动。随后，庄家开始洗盘整理走势，股价向下回落到 30 日均线之下，成交量出现明显的萎缩态势。经过短暂的整理后，2018 年 5 月 15 日一根涨停大阳线拔地而起，突破了 30 日均线的压制。这根大阳线的出现预示着庄家洗盘调整结束，后市将展开新的上涨行情，因此这是一个买入信号。

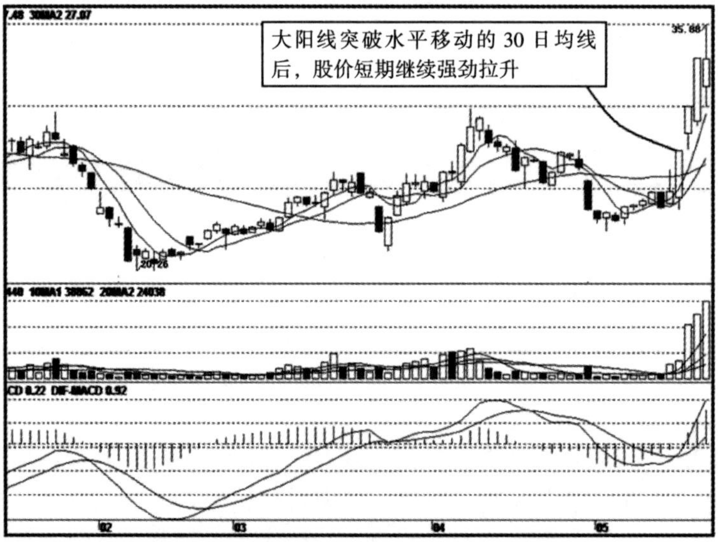

图 7-6　中广天择（603721）日 K 线走势

该股在大阳线突破之前，股价已经出现了筑底走势，庄家为了日后更好地拉升，就展开洗盘调整走势。从图 7-6 中可以看出，股价回调时成交量出现萎缩状态，说明浮动筹码已经不多。在大阳线突破之前，股价运行在水平趋势之中，均线系统保持横向移动，这根大阳线起到了突破闷局的作用。而且，在大阳线突破后的第二天，股价继续强势涨停，不仅说明突破的真实可靠性，也反映了突破力度比较强大，气势比较强盛，因此做多信号非常强烈。

五、股价突破技术形态

股价在长期的运行过程中，可能会形成某些技术形态，如常见的双重底（顶）、头肩形、圆弧形、三角形、楔形、旗形和箱体等形态，一旦股价成功突破这些技术形态，说明技术形态构筑完毕，股价将沿着突破方向继续运行，达到最小“量度升幅”，因此是一个较好的买入信号。

图 7-7，武汉凡谷（002194）：该股在底部长时间的震荡整理过程中，形成一个标准的箱体整理形态，股价长时间受制于箱体。2017 年 9 月 22 日一根放量涨停大阳线向上有效突破了箱体的上边线压制，此后股价出现快速上涨，涨幅远远超过“最小量度”升幅。

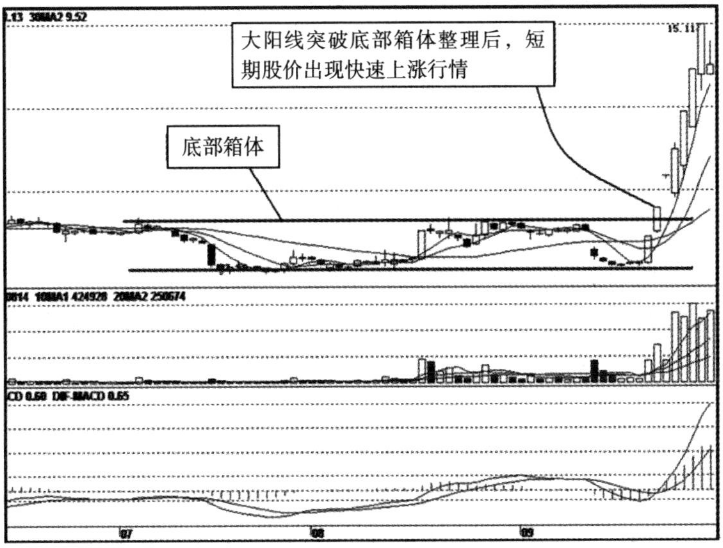

图 7-7 武汉凡谷（002194）日 K 线走势

股价向上突破技术形态，说明下跌或回调整理结束，是一个较好的买入信号，投资者可以按照相关技术形态的法则进行操作。在实盘操作中，应把握以下技术要点：

（1）突破的前提是股价的位置和阶段。处于底部吸货区域、中途整理区域、庄家成本区域附近的，若向上突破其真突破的概率较大，若向下突破其假突破的概率较大。处于高位派发区域、远离庄家成本区域的，若向上突破其假突破的概率较大，若向下突破其真突破的概率较大。

（2）大阳线突破时，盘面必须有气势、有力度，可持续性，短暂的冲破肯定无效。另外，掌握一般技术形态的构筑时间，微型的技术形态可靠性不高。

（3）在考察成交量时一定要注意价与量的配合，如果量价失衡（成交量巨大突破后回落、突破后放量不涨或突破时成交量过小）则可信度差，谨防庄家以假突破的方式出货。

（4）当股价无量突破颈线，且突破的幅度不足以确认为正式突破时，有出现假突破的可能。如果股价在突破后不久又再度回到颈线之下（并非颈线回抽），应予以卖出观望。

（5）分析突破时的一些盘面细节，有利于提高判断准确性。比如，当天突破时间的早晚，通常当天的突破时间越早越可靠，临近尾盘的突破更应值得怀疑。又如，当天的突破气势，突破时一气呵成、刚强有力、气势磅礴的，可靠性就高；突破后能够坚守在高位的，可靠性就高；如果仅仅是股价在当天盘中的瞬间碰触，那么突破肯定不能成立。这些盘面细节十分重要，应当细心地进行观察分析。

（6）百分比法则和时间法法则，即突破的幅度超过 3%，持续时间 3 天以上。

六、股价突破趋势线

将两个以上的明显高点连成一条直线，且这条直线是向下倾斜的，就形成了下降趋势线，它对股价短暂上涨具有一定的压力作用。如果股价向上突破这条趋势线的压力，预示后市股价将转跌为升，因此是一个买入信号。

图 7-8，永和智控（002795）：该股在下跌中形成一条下降趋势线，这条趋势线对股价上涨构成较大压力。2018 年 5 月 2 日，放量涨停大阳线向上成功突破下降趋势线的压制，此后股价结束下跌调整，走出了一波快速拉升行情。

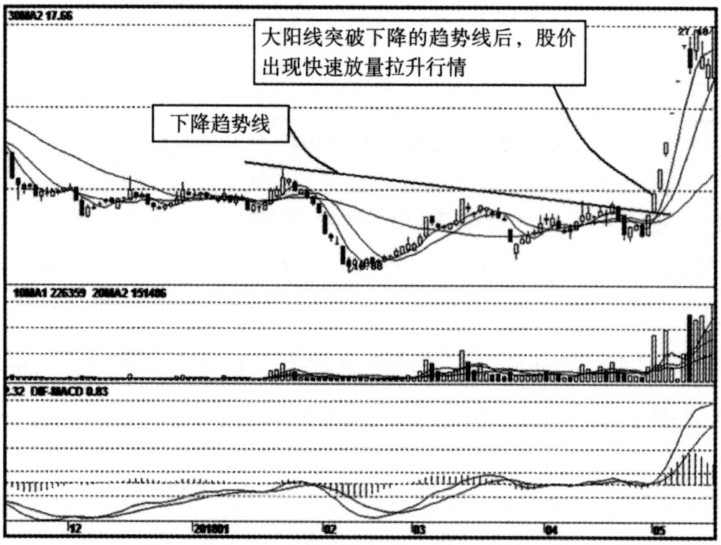

图 7-8 永和智控（002795）日 K 线走势

在实盘操作中，遇到大阳线向上突破下降趋势线时，应从以下几方面进行分析：

（1）在成交量方面，大阳线真正向上突破下降趋势线时必须持续放大，价量配合积极的突破，其可靠性更大，以后上涨的空间也大。但是，如果出现以下两种不放量的情况时，则不能简单地认为是假突破：第一，股价突破当天因强势上涨封住涨停板位置，投资者因惜售导致成交量未能放大，这时不能认为是假突破；第二，股价经过长期下跌后突然向上突破下降趋势线的阻力，此时可能由于市场人气经过股价的长期下跌，仍未得到恢复，观望情绪较重，或者是行情太过突然，投资者来不及作出反应，这时不能简单地认为是假突破，只要在后面几个交易日中有补量的现象，则仍可视为有效突破。

（2）下降趋势线的时间跨度越长，被突破的意义就越大，突破越为可靠，以后上涨的空间也就越大。

（3）股价下跌幅度越大，突破后上涨的幅度也就越大；股价下跌幅度过小，则突破很可能是假突破，或者仅仅是短期反弹行情，股价仍将继续下跌。

（4）百分比法则。假如某一交易日大阳线向上突破下降趋势线的幅度超过 3%，那么该下降趋势线就算有效突破，日后股价上涨的概率较大，投资者应抓住时机买入股票。

（5）时间法法则。假如某一只股票收盘价 3 天站于突破位置之上，那么该下降趋势线是自然有效突破，日后股价上涨的可能性较大，投资者应及时买入股票。

第二节　经典牛股启动形态

牛股形态反映出庄家做盘的实力和坐庄的手法。股票的核心技术就是 K 线形态和量价关系，牛股形态能够真实地反映庄家的操盘意图，它是强势股在底部建仓、洗盘时常见的经典形态。盘面一旦走出牛股形态，多数个股会走出上涨行情，赚钱就是大概率的事情。所以，把握了市场板块热点和牛股形态，赚钱其实是很轻松的。板块热点方面可以从经济政策、市场信息、题材概念中挖掘。在实盘技术上，投资者要重点研究 K 线形态和量价关系。

根据多年实盘经验，优质股票一定具备如下特点：

（1）牛股都是涨停板启动，优质股票一定要涨停，不涨停的股票不是好股票。

（2）股票的核心技术是 K 线结构形态和量价关系。

（3）所有疯涨的牛股，起涨前都符合牛股形态。

（4）牛股形态真实反映了庄家的控盘程度和拉升意愿。

（5）不同行情中，做不同的牛股形态。

一、“芙蓉出水”牛股形态

“芙蓉出水”牛股形态，是指股价在中期均线之上完成一浪上升后进行平台整理，在平台整理时期 K 线产生两个小高点，然后放量突破平台整理，就形成“芙蓉出水”形态（“平台突破”形态）。该形态的可靠性就在于庄家完成一浪建仓和二浪平台洗盘后向上突破走出主升浪行情，这是典型的牛股形态，实盘中再结合板块和量价关系，其可靠性就更高。

在实盘操作中，遇到这种形态的个股，并不是要马上跟进，而是要结合盘口和量价关系买在起涨点，介入后就会很快上涨。

1.“芙蓉出水”牛股形态技术要点

（1）股价小幅上升一个台阶后，进入横盘整理阶段。

（2）横盘整理时间为 2~5 周。

（3）横盘阶段出现两个小高点，疑似小双顶形态。

（4）横盘阶段上升有量、回调缩量。

（5）短期均线和中期均线缠绕在一起。

（6）股价放量涨停，向上突破平台整理阶段的两个小高点。

（7）股价前期严重超跌，趋势转向回升，均线系统形成多头排列。

（8）最好是行业龙头股，板块式启动。

（9）大盘基本稳定，不能是下跌趋势。

2.“芙蓉出水”牛股形态实盘分析

“芙蓉出水”牛股形态原理是股价一浪建仓后进行二浪平台蓄势整理洗盘，这是股价在底部放量上涨后进行 3 周左右的缩量横盘整理完成洗盘动作，然后放量突破盘整区域走出主升浪行情。该形态背后蕴含着庄家建仓、洗盘的真实意图。试想一下，当股价从底部上升一个台阶后，出现平台整理难道要向下做吗？显然不是。只要明白这一点，就不难理解“芙蓉出水”牛股形态的魅力。

图 7–9，宝德股份（300023）：该股从 2016 年 2 月 17 日开始放量突破底部盘区，然后出现了一个月的横盘震荡，期间再次回到短期均线附近时获得支撑不破位。3 月 3 日第二次放量冲击前高受阻回落，K 线图中形成两个小高点。股价在短期均线附近震荡两周时间，当盘中浮动筹码出局后，3 月 18 日开始第三次放量突破平台整理区域，从此走出主升浪行情。这就是标准的“芙蓉出水”牛股形态，理想的买点就在 3 月 18 日突破盘区的当天。在操作方法上，牛股形态出现后进行跟踪观察，尤其要关注平台整理的品种，第三四次突破的时候可以介入，之前的两次突破平台高点谨慎参与。通

常，平台整理基本为 3~5 周，可以在这个时间点去关注盘面放量的异动信号。

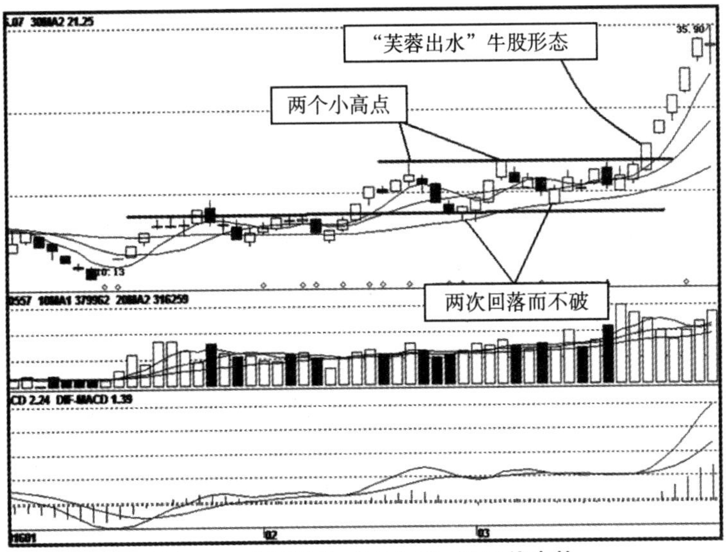

图 7-9　宝德股份（300023）日 K 线走势

二、“蚂蚁上树”牛股形态

“蚂蚁上树”牛股形态，是庄家常见的底部建仓手法。一般出现在中小盘股或题材股中，如果发现符合标准的牛股形态，因其可靠性相当高，应大胆跟进做多。大盘处在震荡上升阶段时，掌握牛股形态技巧，就很容易抓住主升浪行情。

1.“蚂蚁上树”牛股形态技术要点

（1）蚂蚁上树，K 线小阳小阴缓慢推升而上。

（2）低量匍匐前进，成交量很小。

（3）带量大阳线突破，出现 3 倍以上的成交量，大阳线涨幅超过 5%。

（4）股价趋势稳健，处在大的上升趋势中。

（5）短期均线上穿中期均线，中期均线走平或上行。

（6）大盘要处在上升趋势中。

（7）大阳线突破时开始跟进，回调时加仓，回调不超过 5 天。

2.“蚂蚁上树”牛股形态实盘分析

这种形态的股票背后蕴含着庄家建仓、洗盘的原理，如果懂得了其中的技术核心，就能够大胆捕捉这样的机会。核心要点是温和低量小阳小阴 K 线缓慢推进，然后带量大阳（最好是涨停板）突破中期均线，这种形态也叫加速上涨形态。这样的股票在底部反弹是非常多见的，实盘中要提前选定跟踪，或者从涨停板中去发现，如果掌握了涨停买入法也可以在盘中直接买到涨停的股票，这样的股票一旦起来就是主升浪。

图 7–10，海联讯（300277）：该股在 2017 年 7 月 18 日触底企稳，小阴小阳缓慢推进，重心不断上移，股价沿 10 日均线小阴小阳攀升，这是“蚂蚁上树”牛股形态最重要的技术特征。这种盘面现象反映庄家建仓、洗盘的 K 线形态，在实盘中出现类似 K 线形态的个股，应当予以重点跟踪关注。9 月 20 日竞价量比放大，盘中出现放量拉升，产生加速上涨信号，此后形成“两阳夹一阴”形态，强化了利好信号。均线系统呈现多头排列，短期均线斜率成 45 度角上行，这是庄家在加速拉高信号，应当立即跟进做多。

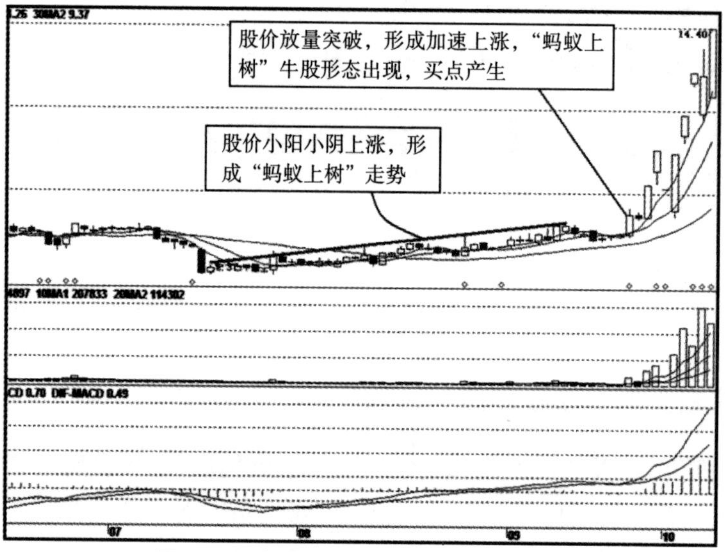

图 7–10　海联讯（300277）日 K 线走势

三、“空中加油”牛股形态

“空中加油”牛股形态是一种比较强势的起涨形态，说明庄家坐庄手法比较凶悍，是一种启动后拉高再打压吸货、洗盘的坐盘方式。大多是由于庄家在拉升股票之前，没有做好建仓准备，但是受突发性利好影响，股价只能一字涨停抬高成本区，然后再开始高开打压逼出散户筹码。这种形态通常出现在突发好消息刺激的品种中，如果大家看到在底部出现一字涨停品种时，应尽快研判其背后是否有消息，然后观察其第二天的走势。如果第二天高开回落就视为加油，可以在尾盘的时候择机跟进。当然，这种形态对看盘能力要求较高，新手最好不要参与类似形态的操作。

1. “空中加油”牛股形态技术要点

（1）股价无量涨停或一字涨停，第二天放量高开低走洗盘吸货。

（2）启动涨停一定是缩量的，第二天放量打开才视为加油。

（3）放量打开 K 线的收盘价不能低于前一天的最高价。

（4）第三天要大阳线，不回补前一天的向上跳空缺口更好。

(5) 股价起涨时处于上升或横盘阶段为佳。

(6) 个股最好为强势活跃股，有板块呼应更加可靠。

(7) 大盘平稳，不是处在暴跌当中。

2.“空中加油”牛股形态实盘分析

这个形态的原理就是庄家吸货不够，没有做好启动的准备，题材消息已经到来，急速涨停，第二天如果横盘或下跌打压吸货，不一定会吸到筹码，只能继续拉高吃货，吸引散户跟风盘，引导散户资金入市，同时洗去建仓成本低的散户。

图 7-11，泸天化（000912）：该股在 2016 年 9 月 26 日缩量涨停，次日放量收十字星，这是“空中加油”牛股形态最关键的技术特征，第三天股价继续放量上行，符合“空中加油”牛股形态，又出现庄家异动做盘信号。9 月 28 日早盘开盘就是短线精确启动买点。

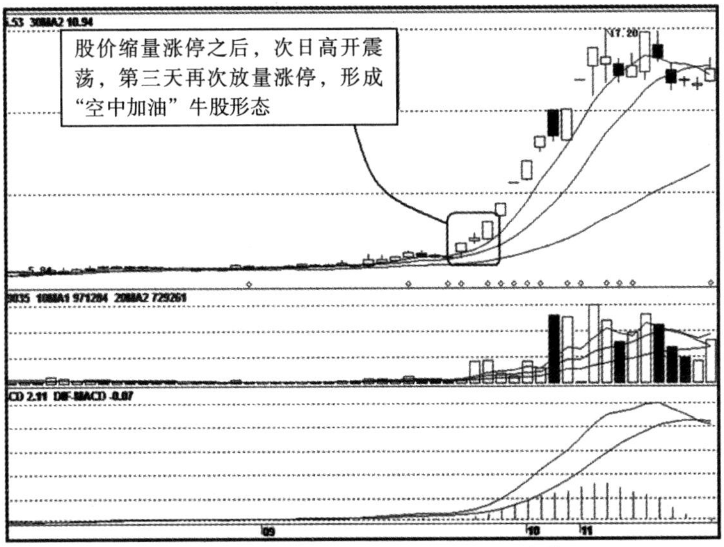

图 7-11　泸天化（000912）日 K 线走势

“空中加油”也是比较常见的一种牛股形态，但是比较难掌握，多见于游资连续炒作，出现这样的形态一般在第二天通过盘口竞价判断是否强势，然后择机介入。

图 7-12，平治信息（300571）：该股经过大幅调整后企稳盘整，2018 年 1 月 22 日股价涨停，突破前高压力，次日高开震荡收十字星，第三天放量拉起，形成“空中加油”牛股形态。随后股价虽然没有直接进入拉升阶段，但股价两次回落到突破大阳线的收盘价附近时，都获得了有力的支撑，说明“空中加油”形态依然有效，投资者可以在股价再度走强时跟进或者在短期均线附近低吸。

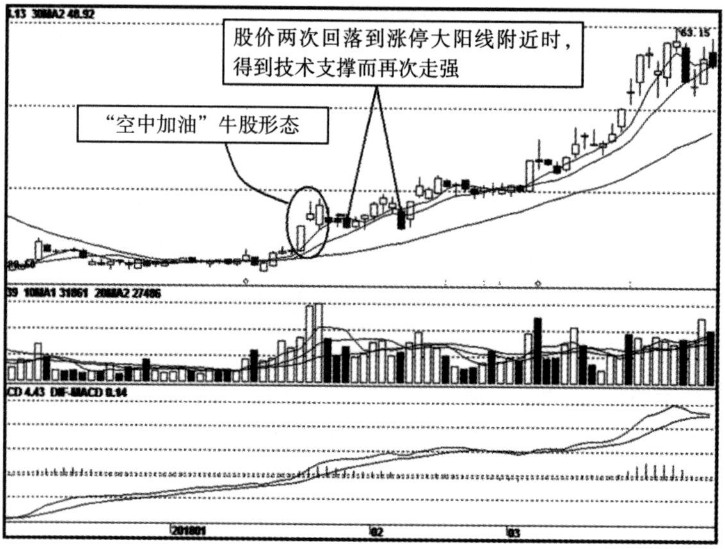

图 7-12　平治信息（300571）日 K 线走势

四、“梅开二度”牛股形态

“梅开二度”牛股形态，是庄家完成第一波上涨后洗盘所形成的经典形态。该形态产生后走主升浪的概率相当大。

1.“梅开二度”牛股形态技术要点

（1）股价完成一浪上升后，缩量回调到中期均线附近止跌盘整。

（2）股价在中期均线附近再次出现放量上涨态势。

（3）一浪上升强劲，K 线要流畅，量价关系健康。

（4）核心是短期均线在中期均线上方，中期均线走平或上行。

（5）股价从短期均线上穿中期均线后，缩量回调不破标志性 K 线，或回调到中期均线附近得到支撑。

2.“梅开二度”牛股形态实盘分析

这是庄家完成一浪建仓和二浪洗盘后所形成的牛股形态，中期均线是庄家的生命线，再次放量收出大阳线或涨停板是庄家启动主升浪的重要信号。股价第一浪上升代表庄家建仓吸货期，第二浪回调不破标志性 K 线或不破中期均线是庄家洗盘走势，再次放量收出大阳线是庄家启动主升浪的信号。这种形态的可靠性之高就在于其背后蕴含的庄家操盘意图，无论庄家借助什么题材，只要 K 线形态走出“梅开二度”形态，那么后市股价上涨的概率就相当大。

图 7-13，上峰水泥（000672）：该股在 2016 年 12 月 1 日放量涨停启动主升浪，波段涨幅达 90%，随后展开波段洗盘调整，1 月 16 日股价缩量回踩中期均线，并收出止

跌十字星，随后股价出现“上涨有量、回调缩量”的健康运行走势。像这种历史强势股回调到中期均线附近企稳时，应重点跟踪关注。2017 年 1 月 25 日股价连续三天缩量回调，并且在 2 月 3 日收出地量十字星，二次出现这样的止跌洗盘信号，再次放量就是最佳买点。2 月 6 日股价触底反弹放量，技术形态短期均线回踩中期均线，中期均线走平或上行，短期均线加速拐头向上，这是短线向上变盘的重要信号，也是“梅开二度”牛股形态重要技术特征，综合研判该股将要再次启动，所以是一个非常好的买点。

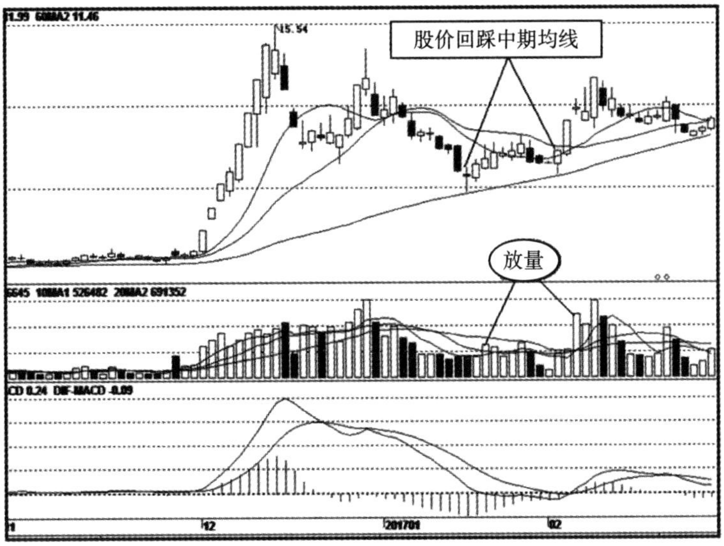

图 7-13　上峰水泥（000672）日 K 线走势

五、“回马一枪”牛股形态

“回马一枪”牛股形态，是庄家在中期均线附近启动后挖坑洗盘所形成的经典形态，也叫假突破形态。通常庄家挖坑都比较隐蔽，回落一般都在一周左右，幅度不会超过 15%，股价不会跌破关键均线，再次放量的时候就是绝佳的上车机会。当然这样的股票需要平时做功课，要对盘后复盘收集的那些在中期均线附近放量启动的品种进行跟踪，然后观察其接下来的挖坑洗盘，如果再有消息配合则更加可靠。

1.“回马一枪”牛股形态技术要点

（1）股价涨停启动突破前期高点后，再次回落到原点附近。

（2）放量突破前期高点，造成假突破现象。

（3）缩量回调到启动点，回调时间不超过 5 天。

（4）再次放量涨停时，积极跟进。

（5）股价处在大的上升趋势之中。

（6）庄家已经准备拉升，股价回落是因为遇大盘不好顺势洗盘的结果。

（7）遇大势不好，谨慎追高，即使是牛股也要等到收盘时确定。

2.“回马一枪”牛股形态实盘分析

图 7-14，君正集团（601216）：是非常标准的“回马一枪”牛股形态。2016 年 8 月 19 日关键位置放量大阳，第二天一字涨停板，随后连续缩量回调 5 个交易日不破关键启动点，形成“回马一枪”形态，并且回调到 13 日均线附近出现止跌信号。13 日均线一般是强势庄家洗盘生命线，只要出现股价回调到关键均线附近的股票就要重点关注。9 月 2 日强势涨停板是再次启动的关键信号，牛股技术盘后 10 分钟选股模式复盘轻松发现，同时成交量放大，综合研判就可以果断介入。

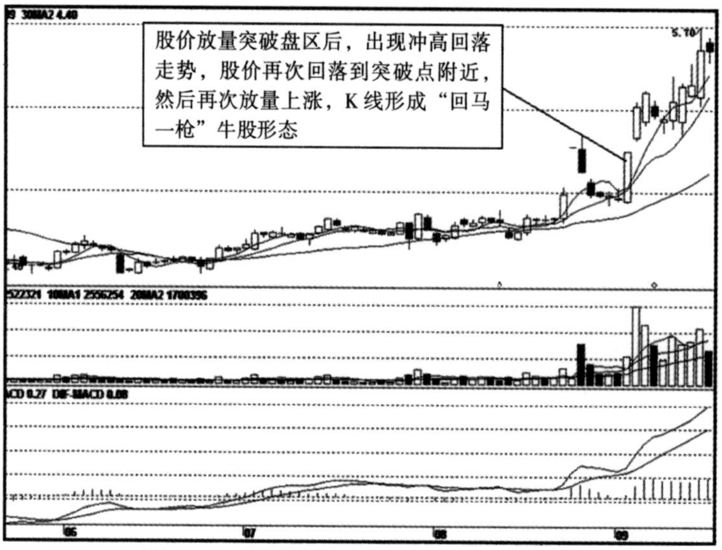

图 7-14　君正集团（601216）日 K 线走势

六、“海豚张嘴”牛股形态

这类庄家属稳健型，在低位吸筹之后，当中短期均线支持上涨态势时，开始发动上涨行情。在股价拉升一段幅度后，庄家往往对股价进行盘跌形式的洗盘，盘跌时间一般在 10 个交易日以内，其间大多数持股者面对股价连续不断的阴跌而纷纷出局。当股价回档至 30 日均线附近时，庄家再次发动上攻行情，且涨势较前几日更加凶猛，往往令先期持股后被震仓出局的投资者目瞪口呆，后悔不迭。被阴跌震仓出局的投资者或其他投资者若想介入后半段的升势，可以在股价以大阳线形式突破上档压力线，并伴随较大成交量时，果断介入。

1.“海豚张嘴”牛股形态技术要点

（1）股价下跌调整充分，做空能量大大释放，盘面出现缓慢上升的态势。

（2）短期均线向上运行，支持股价向上走高，30 日均线走平或已经上行。

（3）股价缩量回调到 30 日均线附近得到有力支撑。

（4）股价回调大约在 10 个交易日以内。

（5）再次启动时，成交量明显放大，并突破回调高点压力。

2. “海豚张嘴”牛股形态实盘分析

图 7-15，九典制药（300705）：该股经过长时间的下跌调整后，庄家顺利地完成建仓计划，股价渐渐企稳回升，5 日、10 日均线缓解上行与 30 日均线形成金叉，30 日均线渐渐走平。当股价回升遇到前期盘区压力时，庄家主动展开回调洗盘走势。股价回落到 30 日均线附近时，得到了有力的技术支撑。2018 年 3 月 20 日，开盘后单波拉至涨停，突破了回调小高点的压力，构成一个标准的“海豚张嘴”形态。从此，股价出现一波快速拉升行情。

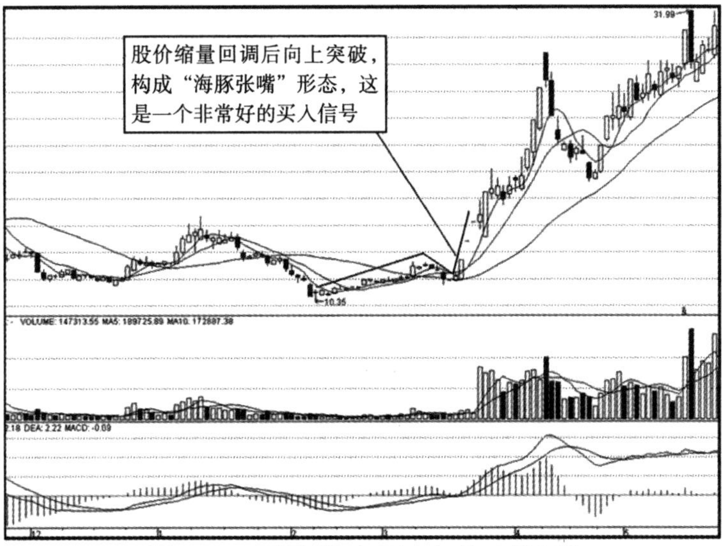

图 7-15　九典制药（300705）日 K 线走势

第三节　如何识别突破的真假

一、突破盘局的原因

突破，是指股价在一个相对平衡的市道里运行一段时间以后，突然单边朝一个方向运行。它经常出现在吸货或出货行情中。

从股价总体运行趋势来说，就是涨、跌、盘（震荡整理）三种情况，上涨让人兴奋，下跌让人恐慌，而震荡整理最让人心烦。可是，股价的绝大部分时间都处于震荡整理之中，它比上涨和下跌的时间都要长。但不震荡整理是不行的，因为股价是在涨涨跌跌中运行的，不可能一味地上升，也不可能一味地下跌，多空双方都必须有一个蓄积攻击能量的过程，才能使股价继续维持原来的运动趋势。

震荡整理之后必然有一个突破，盘局突破有向上与向下两种可能。它是股价上升或下降的中间状态，同时往往也是必由之路，故有“久盘必升”或“久盘必跌”之说。但震荡横盘之后是升是跌向哪一个方向突破，令人颇费心思，也令人颇为犹疑。散户在震荡整理中易犯的错误，主要在假突破上。或迷信于向上假突破，陷入了多头陷阱；或屈服于向下假突破，掉落了空头陷阱。一般情况下，高位突破后应果断减仓，低位突破后应果断加仓。

在建仓阶段，盘面上大致有两种现象：一种是历经几次破位下跌后，股价在底部突然放量刻意向下压价，造成再次破位的势头，使经受深套的股民彻底绝望，这时许多的散户似乎“聪明”了，“止损”出局，可是不久股价不跌反涨，这是“悲壮”的割肉；另一种是股价跌到底部后，突然向上急拉10%左右，给散户“反弹出局”的机会，因为场内大部分散户已吊在高楼之上，死猪不怕开水烫，再跌一次又如何，于是给散户一份安慰，但股价单边走高，这是“喜悦”的割肉。

最为常见的向上突破原因有：

（1）低位突发利多消息，或者利空明朗化。

（2）低位成交量逐渐放大，均线形成初步的多头排列。

（3）低位突发非实质性利空出现，股价不跌或微跌。

（4）低位进入报表公布期，业绩靓丽。

同样，在出货阶段，盘面上大致也有两种现象：一种是行情经过几波上扬后，股价在高位突然放量刻意向上拉升，形成再次上攻的势头，这时后知后觉者经不住诱惑而入场，可是不久股价不涨反跌，这是“贪婪”的套牢；另一种是股价涨到了顶部，突然向下急跌，形成洗盘或超跌假象，给散户“逢低吸纳”的机会，可是股价单边一路走低，这是“无奈”的套牢。这两种盘面现象，都被庄家的手法所诱。因此在实盘中，投资者经常为突破是真是假而伤透脑筋，那么如何判断股价的有效突破呢？

最为常见的向下突破原因有：

（1）高位突发利空消息，或者利好明朗化。

（2）高位成交量逐渐萎缩，均线形成初步的空头排列。

（3）高位较大利好公布，股价不涨或微涨。

（4）高位进入报表公布期，业绩堪忧。

二、突破盘局的辨别

股价向上突破是经常遇到的事情，但有的突破能够持续上扬，属有效突破，而有的突破却半途而废，冲到前期阻力位附近时掉头向下，将投资者套牢在高位，属无效突破。那么什么样的突破属有效突破，什么样的突破属无效突破呢？对投资者而言，怎样才能识别出假突破呢？这里根据长期的实战经验，总结一下真假突破的特点。

(1) 突破时股价所处的位置或阶段。处于底部吸货区域、中途整理区域、庄家成本区域附近的，若向上突破其真突破的概率较大，若向下突破其假突破的概率较大。处于高位派发区域、远离庄家成本区域的，若向上突破其假突破的概率较大，若向下突破其真突破的概率较大。

(2) 有效突破一般都建立在充分蓄势整理的基础上。充分蓄势整理的形式有两类：一类是我们常知的各类形态整理，如三角形整理、楔形整理、旗形整理、箱体整理等；另一类是庄家吸完货以后，以拖延较长时间为洗盘手段，或者因等待题材和拉升时机，长期任凭股价回落下跌，股价走出了比形态整理时间更长、范围更大的整理。股价一旦突破此种整理盘面，则往往是有效突破。由于这种整理超出了形态整理的范围，因而有时候是难以察觉和辨别的。

(3) 大盘所处的强弱度和板块联动现象。一般而言，当大盘处于调整、反弹或横向整理的阶段时，个股出现放量突破是假突破的可能性较大；当大盘处于放量上升过程中或盘整后的突破阶段时，个股出现放量突破是真突破的可能性较大。个股突破时板块联动向上，则可信度较高，这时要选择量能最大、涨幅最大的个股，这往往就是板块中的龙头股。最后还要看政策面和基本面有无支持该板块向上的理由。

(4) 成交量与 K 线。在股价创出新高时，成交量不能持续放出，这是假突破的最大的特点。为什么要放量呢？因为股价突破前期多个高点，有大量的套牢盘会放出(前期高点越多，越需要大的成交量)，再加上有部分获利盘发现到达前期成交密集区，会先减仓操作。如果放出大量，并收出小上影线或光头大阳线，表示庄家此次上攻不是试探，将抛盘通吃。试问这样的资金实力不是庄家又会是谁？这根 K 线几乎肯定就是根大成交量、高博弈大阳线。

一般来说，前期筹码无明显发散的个股，特别是一直在集中的个股，在突破前期高点时，无须放出巨量，但应至少要大于前期顶点时的成交量，且在突破点之后还要持续放量一段时间，这样说明突破有效。但如果突破时成交量比前期高点还小，突破后即缩量，则说明突破无效，为假突破的可能性较大，此时应果断卖出股票，否则就会套在相对高点。如果前期明显有筹码集中迹象的个股，可以在创出低点时少量跟进，与庄共舞。 另外，前期有庄家明显出货的个股，在突破时必须放出巨量，且持续放巨量，才能证明其为有重大题材在后的真突破。

个股突破之前放量上扬，拉出中大阳线，而突破时放量跳空，则可信度较高。此大阳线与跳空缺口称为突破大阳线、向上突破缺口，极具分析价值。股价突破之后，由于要清洗浮筹，减轻上行压力，往往要整理或收出长上影线 K 线，但量能要逐步萎缩。

通常成交量是可以衡量市场气氛的。例如，在市场大幅度上升的同时，成交量也大幅度增加，这说明市场对股价的移动方向有信心。相反，虽然市场飙升，但成交量不增反减，则说明跟进的人不多，市场对移动的方向有怀疑。趋势线的突破也是同理，当股价突破阻力线后，成交量如果随之上升或保持平时的水平，这说明突破之后跟进的人很多，市场对股价运动方向有信心，投资者可以跟进，博取巨利。然而，如果突破阻力线之后，成交量不升反降，那就应当小心，防止突破之后又恢复原位。事实上，有些突破的假信号可能是由于一些大户行为所致。但是，市场投资者并没有很多人跟随，假的突破不能改变整个趋势，如果相信这样的突破，可能会上当。

（5）出货量与建仓量。假突破庄家出货量往往会很大，而真突破量能通常比较温和，资金性质是明确地向场内介入，虽然有时也会引发放量突破，但只要资金性质没有改变便可以跟进。所以说，区别真假突破最主要的就是区别庄家是不是在出货，只有进行了准确的判断才能回避假的突破。

假突破的风险性就在于庄家借助巨量出货，因此 K 线形态并不是主要的，主要在于成交量的变化。一般来讲，庄家的出货量必然会引发突破的虚假，只有庄家的建仓量才会导致真实的突破。但是，同样的放量，什么样的量是出货？什么样的量是建仓？很多投资者是很难弄清楚的，等到弄清楚了股价要么已经跌很多了，要么已经冲上天了。所以，对于判断能力不强的散户在分析突破的时候，要尽量避免操作放巨量的股票，除非真正地识别出量能放大的含义。

有很多资金实力很雄厚的庄家在突破的时候，也不是完全以放量的形式突破，有一些股票的突破就以缩量或是不放量的状态完成突破，这是因为股价虽然创出新高了，但是谁也不肯卖出，这说明持股心态稳定。因为庄家持仓量是巨大的，所以庄家根本不想抛，庄家在当前位置不抛，必然股价还有更高的高点出现，股民对于无量突破的股票一定要敢于操作。这是因为成交量的萎缩可以限制庄家的出货，当然，股价的波动绝不可能全是缩量突破这么简单，放量突破要比缩量突破带来的收益更大，因为真正的放量突破是资金的建仓区间，庄家采用这么猛的手法建仓，股价必然会短线暴涨，所以从获利的速度来讲，放量突破带来的收益是最高的。

缩量突破可以限制庄家的出货行为，但只有那些高控盘的个股才可以形成缩量突破走势。遗憾的是，很多个股并不是高控盘，并且有些高控盘的个股也需要在突破点因抛盘增多时进行增仓操作。这样一来就会有大量的股票在突破时形成放量突破的走势。放量突破走势对于投资者来讲是又爱又恨的，爱的是有些放量突破的个股形成突破后会快速上涨，恨的是有些放量突破的个股成了假突破而引发风险。

（6）突破与均线系统。股价向上突破后，一般会沿着 5 日均线继续上行，回档时也会在 5 日均线附近止跌，5 日与 10 日均线呈多头排列。但是假突破就有所不同，股价突破创新高后，就开始缩量横盘，让投资者误以为是突破后的回抽确认，但在回档时股价却跌破了 5 日均线，继而又跌破 10 日均线。当 5 日与 10 日均线形成死叉时，假突破就可以得到确认。

股价出现第二次交叉（黏合）向上发散，以真突破居多。股价大幅上涨之后均线出现第三次、第四次向上突破以假突破居多。这也就是为什么技术分析专家对均线初次交叉（黏合）向上发散和均线再次交叉（黏合）向上发散格外关注，但对三次、四次就不那么推崇的缘故。因为没有只涨不跌的股市，热点需要转换，板块也需要轮动。长线大牛股不是没有，只是市场不多而已。

（7）股价上涨必须有气势，走势干脆利索，不拖泥带水。突破后要能持续上涨，既然是突破就不应该磨磨蹭蹭，如果放量不涨就有出货的嫌疑。而且，突破要成功跨越或脱离某一个有意义的位置，比如一个整数点位、一个整理形态、一条趋势线、一个成交密集区域或某一个时间之窗等，否则判断意义不大。

（8）突破的时间要求。低位突破：股价长期持续下跌，然后在低位横盘，只要在低位时间足够（超过 3 个月以上），股价在低位两次向上突破时以真突破居多。反之，时间小于 2 个月时，向上突破往往以假突破居多，这也是形态理论的要求。高位突破：个股高位横盘整理，整理时间越长，向上突破越有效。

（9）在研究趋势线突破时，应当明白一种趋势的突破后，未必是一个相反方向的新趋势的立即出现，有时候由于上升或下降太急，市场需要稍作调整，做上下侧向运动。如果上下的幅度很窄，就形成牛皮状态。侧向运动会持续一些时间，几天或几周才结束，在技术上称之为消化阶段或巩固阶段。侧向运动会形成一些复杂的图形，结束后的方向是一个比较复杂的问题。

有时候，投资者对于股价来回窄幅运动，大有迷失方向的感觉。其实，侧向运动既然是在消化阶段或巩固阶段，就意味着上升过程有较大的压力，下跌过程有买盘的支撑，买家和卖家互不相让，你买上去，他抛下来。

在一个突破阻力线上升的过程中，侧向运动是一个打底的过程，其侧向度越大，甩掉牛皮状态上升的力量也越大。而且，上升中的牛皮状态是一个密集区。同理，在上升过程结束后，股价向下滑落，也会出现侧向运动，此时所形成的密集区，往往是今后股价反弹上升的阻力区，就是说没有足够的力量，市场难以突破密集区或改变下跌的方向。

(10) 发现突破后，多观察一天。如果突破后连续两天股价继续向突破后的方向发展，这样的突破就是有效的突破，是稳妥的买卖时机。当然两天后才买卖，股价已经有较大的变化：该买的股价高了；该抛的股价低了。但是，即便如此，由于方向明确，大势已定，投资者仍会大有作为，比贸然操作要好得多。

同时，注意突破后两天的高低价。如果某一天的收盘价突破下降趋势线（阻力线）向上发展，若第二天的交易价能跨越其最高价，说明突破阻力线后有大量的买盘跟进。相反，股价在突破上升趋势线（支撑线）向下运动时，若第二天的交易价是在它的最低价下面运行，那么说明突破趋势线后，抛盘压力很大，应及时做空。

第八章　底部经典形态

第一节　底部有哪些经典形态

一、什么叫 K 线组合形态

股价在长时间的运行过程中，会在图表上形成各种各样的不同形态的图形，用这些图形可研判后市股价运行方向，这就是 K 线组合形态。

根据 K 线图形的变化规律，可将 K 线组合形态分为两大类：

1. 反转形态

出现反转形态后，股价往往会改变原有的运行方向，由原来的上升趋势转为下跌趋势，或由原来的下跌趋势转为上升趋势。其中，属于底部反转 K 线组合形态的，有头肩底、双重底、潜伏底、圆弧底、底部岛形等；属于顶部反转 K 线组合形态的有头肩顶、双重顶、潜伏顶、圆弧顶、顶部岛形等。

2. 整理形态

出现整理形态后，股价大多会寻求向上或向下突破。这其中又分为三种情况：第一种经过整理，突破方向以向上居多，如上升三角形、上升旗形、下降楔形等；第二种经过整理，突破方向以向下居多，如下降三角形、下降旗形、上升楔形、扩大三角形、菱形等；第三种在整理过程中，显示多空双方势均力敌，很难确定突破方向，一切都要根据当时盘面变化来决定，如对称三角形、长方形等。投资者对典型的 K 线组合形态的变化规律有了基本的认识和掌握后，判断大势和买卖操作就会得心应手了。

二、K 线形态的种类

1. 底部形态

根据 K 线组合形态的外观结构，底部 K 线组合形态可分为单谷底、双谷底和三谷底（多谷底）三种。

单谷底包括：圆形底、潜伏底、岛形底、V 形底等。

双谷底包括：双重底、N 形底、单肩底（只有一个右肩或左肩）等。

三谷底（多谷底）包括：头肩底、三重底、扇形底、盘形底、长方形等。

2. 顶部形态

根据 K 线组合形态的外观结构，顶部 K 线组合形态也可分为单峰顶、双峰顶和三峰顶（多峰顶）三种。

单峰顶包括：圆形顶、潜伏顶、岛形顶、倒 V 顶等。

双峰顶包括：双重顶、倒 N 形顶、单肩顶（只有一个左肩或右肩）等。

三峰顶（多顶峰）包括：三重顶、头肩顶、扇形顶、盘顶形、长方形等。

3. 形态的元素、功能和种类

无论怎样的划分，全部形态学的内容包括四种元素形、两大功能型、80 个种类。

从几何学上看，真正具有结构元素意义的形态只有三角形、矩形、弧形、缺口这四种，其他的形态都由它们演化而成，如头肩形为三个三角形、双重底为两个三角形、岛形为两个等位缺口。

两大功能就是反转功能和持续功能。

80 个种类包括 38 个反转形态和 42 个持续形态，这 80 个种类包括本形和变形、复合形及各种小类别形体，其中所有整理形态又可归为收敛形、扩张形、平行形、V 字形、锅底形、铁钩形六大类。但是，这 80 个种类中常用的也就 10 多个，其他的形态用处不大或没有实质性技术分析意义。

三、运用 K 线形态应注意的问题

（1）各种不同形态的形成都是投资者心理的作用结果。投资者情绪的不同变化与时间结合造就各种不同的形态。

（2）颈线位实际上是一条趋势线，它的突破是形态最终完成的主要依据。不过，突破后如又回到颈线内收盘，也是一个失败形态。

（3）成交量与形态的配合是否一致是形态功能成立与否的另一个重要判断依据。

（4）通常形态的规模（包括高度和时间）与形态功能的大小成正比。

（5）形态在波浪和长期趋势中的相对位置制约着其功能的发挥和作用大小。

（6）成交量极不活跃的个股或品种不符合形态学要求。

（7）每一种形态都有一定的弹性和可变性。

（8）高度控盘的庄股和 ST 类个股不适用技术形态分析。

（9）十分标准的形态极其少见，实战中讲究“形似”即可。而且，非常漂亮的形态往往没有非常理想的行情，隐约可见的形态反而走势更加强大。

（10）实战中的形态功能强弱与大势环境好坏有关。大势向好，利于多头形态；大势向淡，利于空头形态。

第二节　双重底形态

一、形态特征

双重底也叫 W 底，是一种典型的底部 K 线反转组合形态，其显著特征是股价形成两个明显的底部。双重底多数发生在股价波段跌势的末期，也有出现在上升或下跌趋势行情中段的，如图 8-1 所示。

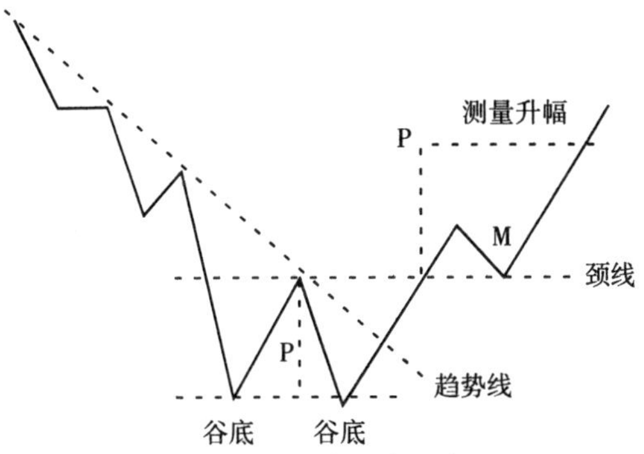

图 8-1　双重底形态示意图

（1）左底：股价在成交量逐步萎缩的情况下下跌，在跌至一定价位时，部分投资者开始逢低入场，股价出现技术性反弹，成交量在股价反弹过程中有所放大。第一个底部后的反弹幅度一般在 10%~30%，此时第一个谷底形成。

（2）中间峰点：股价触底反弹回升，成交量虽然有放大，但市场人气仍未得到有效恢复，当股价反弹到一定的幅度后，先前低位买入的投资者见好就收，抛售而去，成交量也出现萎缩，股价开始滞涨回落，从而形成一个相对高点。

（3）右底：当股价反弹结束后，回落至前次低点（左底）附近时，又有新买盘介入，成交量开始积极放大，股价再次出现反弹，产生第二个谷底。由于股价第二次下跌时，在前一个底点附近得到技术支撑，构成 W 底形态，预见投资信号进一步加强，继而加速未来的反弹力度，股价突破了前期反弹高点。

（4）颈线：将两个明显的低点连接成一条直线，然后在中间高点位置画一条与该直线平行的直线，这条平行线就是颈线。它对股价的上涨具有一定的压力作用，只有成功穿过颈线时，双重底才能成功完成。

（5）突破：由于股价在第二次回落时，获得前一个底点的支撑，市场人气渐渐增强，强大的买盘力量将股价推高至前期反弹高点，并成功穿越颈线，同时成交量积极放大配合，股价形成有效突破，双重底形态成立，股价由跌势转为升势。

（6）成交量：当股价下跌到一定的价位时，在其最低价附近有较大的成交量，当股价向上反弹时，成交量随之增大。第二个谷底的成交量比第一个谷底低，表明卖压减弱，此时可以确定双底的成立，股价在回升时配合大成交量突破颈线，视为较好买入时机。

（7）量度升幅：双重底的中间反弹高点到两底之间连线的垂直距离，为突破后的至少量度升幅。或者，在两个谷底之间高低存在差异时，其预期至少升幅可取两个谷底中最低的那一个低点，向上量出距中间反弹高点的垂直距离，然后从突破点开始向上量出相等的距离，就是双重底的最小量度升幅，但一般的实际升幅大于量度升幅。

二、技术意义

双重底形态预示一轮下跌行情将告一段落，股价在完成形态之后将进入一轮上涨行情。股价持续下跌到了低点，令仍坚守其中的持股者因股价太低而惜售，而持币者因股价连创新低认为已具投资价值，开始在低位尝试性买入建仓，股价因此获得支撑而止跌反弹。

当股价反弹至某一价位时，距离低点出现了一段价差，这时有些低档买进者只抱着短线心理，亟思获利了结。原先套牢不卖者，此时也有部分人改变心意，少输为赢的想法油然而生，因而在短线获利回吐及套牢斩仓的双重压力下，股价再一次下探。

当股价回落到前期低点附近时，市场上更多的投资者对后市充满信心，不但原先出手承接的人继续加码，更多的人也产生兴趣而加进买入行列。越来越多的买盘涌入，使多空双方力量发生重大转变进而使股价出现第二次涨升，并突破前一次反弹的高点，成功扭转股价长期下跌的趋势，一波多头上涨行情由此展开。

三、判断法则

（1）标准的双重底。标准形态下两个底应在同一水平上，但股市形态分析只讲形似而非相同。在实践中，两个低点也很难精确地落到同一水平价位，两个低点会有一些差别。所以不论是右底比左底低，还是右底比左底高，只要构成“W”的形态，就可称为双重底。但在投资者心里，右底略高于左底更具吸引力。通常，两个底之间的差距不能太大，3%以内可以接受。

（2）双重底的颈线。一般将两个底部之间的高点引出的水平线作为双重底的颈线，或是两个底点之间连线的平行线作为颈线。这两种画法除了两个底相同外，会有一定的差距，如果右底比左底低时，根据其平行线画出的颈线，将低于根据其中间高点画出的水平线。同样，如果右底比左底高时，根据其平行线画出的颈线，将高于根据其中间高点画出的水平线，如图 8-2 所示。这直接关系到对颈线突破的有效性的认定，两者效果如何，见仁见智。

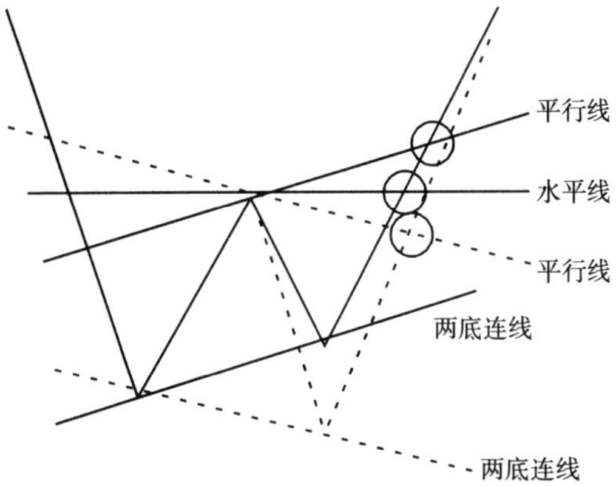

图 8-2　双重底形态判断法则

（3）双重底形态两个底部的反弹行情都有明显的大成交量，但第二个底部区域的成交量要比第一个底部显著增加，此时反映出买方力量的增强，市场人气渐渐旺盛起来，这是引起股价上升的主要因素。双重底形态的完成必须实现对颈线的有效突破，突破时一定要有成交量放大的积极配合，即使是突破当天没有放量，后续几天也要进行补量。

（4）双重底的中间高度最好不要太大，一般在 10%~30%为宜。

（5）双重底不一定都是反转信号，有时也会成为整理形态，这要看两个波谷形成时间上的差距，通常双重底两个底部的相隔时间为一个月左右。如果形成时间太短，其触底回升的信号就不太靠谱，反弹上去了要随时注意其回落的可能性，庄家常用这种手法来诱骗投资者，对此投资者要有所警觉。

（6）双重底的走势一般不如双重顶那样直来直往，通常两个底部尤其是第二个底部走势比较圆滑，似有构成圆形底的迹象，因而从时间上看，双重底的时间较双重顶要长。

四、买入时机

双重底是一个底部反转信号，出现该形态时，说明股价的跌势已告终结，一波较大的升势行情即将展开，因而双重底的出现是积极的买入信号。双重底形态的买入信号：

（1）买点一：股价第二次回落到前期低点，通常会受到买盘的支撑，股价可能在此再次反弹回升，也就是说二次探底不破，可以考虑买入建仓。

（2）买点二：股价完成右底并放量突破颈线，是积极的买进信号，股价实现对颈线突破后将加速脱离底部形态，此时应立即买入。

（3）买点三：股价突破颈线后，有时并不立即出现上升，而是在颈线附近对形态的突破加以回抽确认，只要股价在颈线位之上获得企稳，回抽时则可以放心买入，形态有效突破的可能性很大。

图 8-3，海南橡胶（601118）：从该股的走势中可以看出，当股价再次下探到前期低点时，构成第一个买点。然后，股价跳空高开高走，成交量放大，股价突破双重底颈线，构成第二个买点。股价突破之后进行回抽确认，在颈线位附近得到有效的技术支撑，再次形成第三个买点。此时不妨加仓介入，随后股价进入上升通道。

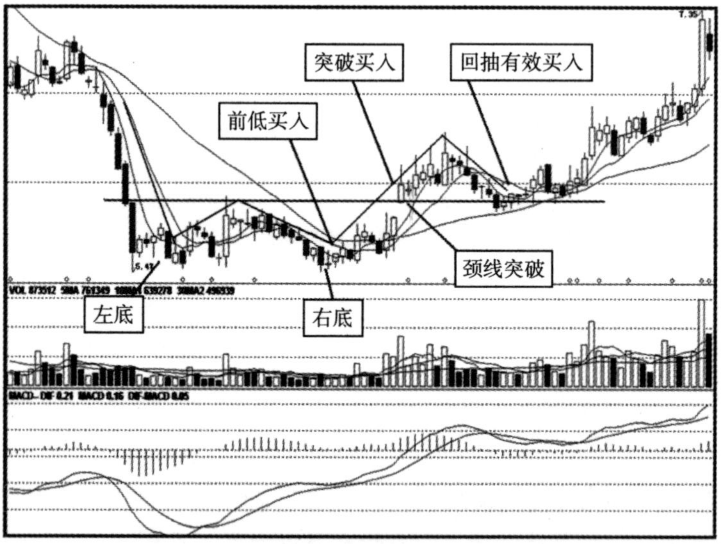

图 8-3　海南橡胶（601118）日 K 线走势

也有人认为，双重底的三次买入时机：一是在股价加速下跌时抢反弹；二是当股价反弹后下跌至前次低点附近时，即二次探底不破可分批建仓；三是放量突破颈线位或突破颈线位后明显缩量回抽成功时，是最佳加仓和买入时机。两者稍有差异，效果如何，见仁见智。

图 8-4，风范股份（601700）：该股在底部震荡过程中，形成一个双重底形态，庄家在此吸纳了大量的低价筹码。在双重底即将完成时，2018 年 12 月 26 日收出一根放量涨停大阳线，次日继续收出涨停大阳线，向上有效突破了双重底形态的颈线位，同时也突破了 30 日均线的压制，形成一个较好的短线追板机会。

从图 8–4 中可以看出，股价突破符合双重底的基本特征，后市股价看涨，下跌趋势将发生逆转。而且，突破时得到成交量的积极配合，说明入场资金非常积极。因此，短线投资者可以根据双重底形态的相关买卖法则积极入场。

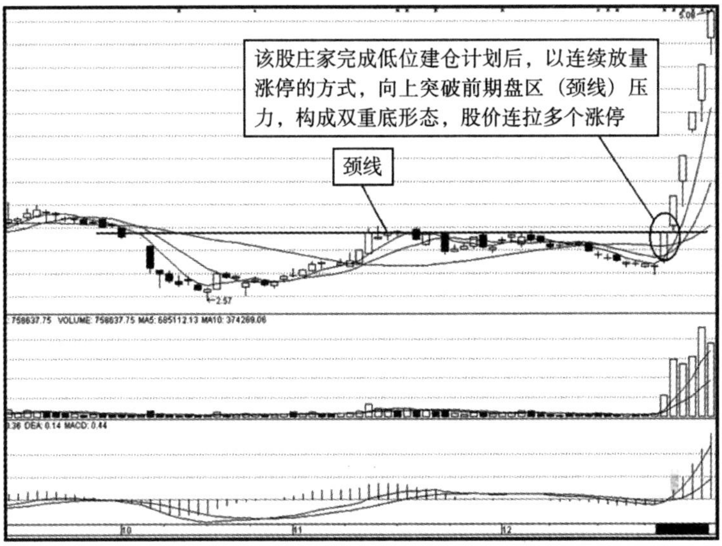

图 8–4　风范股份（601700）日 K 线走势

五、注意事项

（1）一般而言，双重底两个低点形成的时间至少间隔一个月以上，如果出现半年或一年以上的，可能是历史大底。通常，时间间隔较短的形态，其可靠性也低。双重底的第二个低点在高于（或低于）第一个高点 3%以内均认为正常。股价突破颈线后会有短暂回抽，在颈线附近受支撑反转继续上升。

（2）在判断双重底时成交量具有重要作用。一是第二个谷底的成交量应比第一个底少，这表明第二次股价回落时，卖压明显减少，而不易跌穿前一低点，有利于后市反弹。二是在突破后出现回抽时，成交量也应较突破时的量显著萎缩。三是第二个低点一般较第一个低点高些，少数情况也会稍稍跌破第一个低点，但很快又上升至第一个低点之上，仍视为双重底。四是当股价反弹突破双重底颈线时，成交量需明显大幅增加，如有大成交量，反映买盘加强，才算有效的买入信号，可放心追入。

（3）原先认为的双重底也有演化成下降三角形或下跌过程中箱形整理又或假突破的可能，其后再创新低继续下跌，因此仍应有止损的准备。在第二次下跌到前次低点附近买入的股票，当股价有效跌穿第一个低点时，应止损观望；股价向上突破颈线和回抽颈线买入的股票，在股价跌到颈线之下而又无上涨迹象时，也应暂时出局观望。

（4）回抽。股价突破颈线当日，收盘价高于颈线3%以上，可确定形态成立。有时，股价在突破颈线时会有短暂的回落，以收盘价为基准，只要不跌破颈线达3日以上，可视为回抽，后市走势仍会上涨。

（5）时间。双重底通常在长期跌势的底部出现，为一个预示趋势将摆脱跌势重拾升势的转向信号。一般而言，股价在经过一段跌势后，要令投资者恢复购买信心，是需要时间的，而多空双方在低位也会有一番对峙。因此，双重底形态时间较长，两个谷底外形上较圆滑，在周线图发现此形态时，上升概率较大。

（6）当股价突破颈线后出现回抽确认时，持币者可把握买入时机，由于实际升幅往往比最小量度升幅大，建议接近最小量度升幅时，可先套利一部分获利筹码，然后再搏继续上升机会。

（7）有时在反弹结束下跌到第一个低点买入时以为是双重底，但股价仅上升到前一次反弹的高度附近就回落且又在前两次的低点附近止跌回升，这次上涨到前次反弹的高度时才放量突破展开上升行情，这就是常说的三重底，它由双重底演变而来，只是其完成的时间更长，突破后的涨势更有力、幅度更大。因此，三重底的第三个低点附近和放量突破颈线时是最佳买入时机。

第三节　头肩底形态

一、形态特征

头肩底是一种典型的底部K线组合形态，也是最著名、最可靠的底部反转K线组合形态，在理论和实战中具有十分重要的分析意义，历来为广大投资者和技术分析者所推崇，如图8-5所示。

（1）左肩：股价经过一轮长期的持续下跌，成交量相应减少，此时股价已进入底部区域，持股者因价位低逐渐惜售，而场外投资者认为股价的下跌空间已经不大，纷纷试探性买入，成交量略有回升，股价表现为超跌反弹，这就形成左肩。

（2）底部：由于股价经过长期的下跌后，市场信心受到沉重打击，对反弹幅度的预期不大，股价弹升至某一价位时出现回落。此时在抄底资金获利回吐和原来的持股者因害怕股价继续下跌而割肉或平仓的抛压下，股价继续原先的下跌趋势进一步下探，并创出新的低点。此时早前抛空的投资者在低位进行回补，看好后市的场外资金也开始逐步分批介入，买盘的积极介入使股价探至低点之后迅速回升，成交开始逐渐活跃。

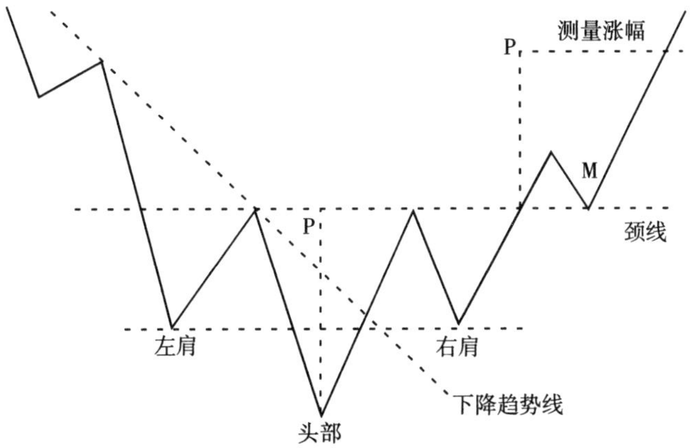

图 8-5 头肩底形态示意图

(3) 右肩：股价保持上升趋势运行至前一次反弹高点时，由于技术上的压力，股价第三次回落，这时市场看多情绪高涨，投资者不再轻易杀跌，反而激发了买盘积极涌入的热情，股价在前次低点之前再次止跌企稳，从而形成右肩。

(4) 颈线：股价经过大起大落的震荡走势后，就产生了两个明显的反弹高点，即左肩和底部之间的高点，以及底部和右肩之间的高点。将第一个反弹高点和第二个反弹高点，用直线连接起来就形成一条阻碍股价上涨的趋势线，这条趋势线就是颈线。它对股价的上涨具有一定的压力作用，第三次反弹会在成交量的配合下，股价突破并成功站于颈线之上，此时头肩底形态完整构成。

标准头肩底形态的颈线接近水平，但在实践中颈线多上倾或下倾。“上倾颈线”反映第二个高点较第一个高点高，大多为市场人气转旺的指标，属强势头肩底形态，股价可能因此大幅上涨。若为“下倾颈线”，反映第二个高点比第一个高点低，则代表市场卖气未减，在这条下倾颈线附近，大多会有较强的压力。

(5) 突破：由于股价回落到前一次的低点附近，市场前景进一步看好，投资者信心剧增，场外资金大举涌入，供需力量对比悬殊，股价被买盘极力推高，出现第三次上涨，并一举突破颈线压力，此时成交量积极放大配合。收盘价突破颈线的幅度在 3%以上，并连续 3 天成功站稳于颈线之上。股价趋势在正式突破之后进入升势行情，头肩底形态成立，趋势发生逆转。

(6) 成交量：在左肩股价经过长期下跌后，成交量相对减少，持股者惜售，持币者观望。之后，少数抢反弹者介入，成交量有所增大，行情出现反弹。底部阶段的成交量往往比左肩小，当价格跌到左肩的最低点以下时股价出现反弹，涨幅超过左肩底部，上涨时成交量再度放大到左肩时的水准。右肩的成交量，大多比左肩和底部的小，但跌幅却比底部最低点还高。颈线附近的成交量大量增加，突破颈线时的成交量必须持续放大。如果成交量出现回抽时又快速缩小，那么之后会再度放量上涨。

（7）量度涨幅：股价突破颈线后，可以预测最小量度涨幅，由底部的最低点画出一条交于颈线的垂直线，然后从突破颈线的这一点开始，向上量出相同长度的高度，即为最小量度涨幅，而大多数头肩底形态的实际升幅都远远超过理论升幅。

（8）头肩底形态实际上是由三重底形态演变而来的，只是其第二个低点即底部比第一个和第三个低点更低而已。如果头肩底形态出现一个以上的左肩或右肩则属于复合头肩底，当其突破时也是可靠的中长线买入时机。

二、技术意义

头肩底从第一个低点向上反弹之后，再度回抽测试支撑。当触及前期低点附近时，多头稍作抵抗，股价便应声跌破，再创出新低点。不过，在这里最悲观的时刻，却出现了一股更强大的买盘力量，将股价形成另一个低点，而且再度向上拉升，突破前一次的低点，上涨到上波反弹的高点附近，这时持股者的心理开始出现分歧。经过剧烈震荡之后，股价还是宣告向下，一般散户历经数度惊魂，信心已经丧失殆尽，纷纷杀出。不料低档却冒出奇大的接手买盘，将筹码一网兜进，股价也第三次出现强劲挺升，并且顺利超越了前两次反弹的高点，从此告别悲情，展开多头走势。

头肩底形态表示这一个长期下跌的趋势已经发生逆转，股价的下跌已明显受到买盘的支撑，股价在长期下跌之后初次盘稳，虽然再次下探创出新低，但成交量已明显减少，且快速掉头回升。第三次回落在新低点之上便受到支撑，反映出后市看好的力量正在底部积极接盘，并逐步改变市场过去向淡的趋势。当股价成功突破颈线阻力位时，说明多方已经消化了空方的力量，多头将在今后一段时间内占据市场的主导地位。

三、判断法则

（1）头肩底形态出现在熊市下跌末端，是一种典型的底部反转 K 线组合形态。

（2）一般来说，左肩和右肩的低点大致相等，如果右肩比左肩高，同时颈线向上倾斜，说明买气较旺，向上突破的欲望强烈。

（3）成交量方面，一般左肩较头部和右肩大。但股价在经历第三次回落向上突破时需要成交量放大的积极配合，如果成交量并未因为股价突破颈线而放大，且后面几个交易日亦无放大迹象，则形态上有假突破的可能。

（4）当最近的一个波段低点比前一波段的低点（左肩）还低，而成交量却比上波段少时，基本上可以判断有出现头肩底的可能。

（5）头肩底形态的颈线为股价两次反弹的高点之间的连线。股价突破颈线位时是明显的买入信号，股价通常会在颈线附近作短暂的回抽，幅度不太大，时间也不长，此时是最佳买入机会。

（6）头肩底的理想形态是左肩与右肩的高度相等，两个反弹高点也一样，但有时也有其他的变体，如左肩高（低）于右肩，第二个反弹高点高（低）于第一个反弹高点，只要其幅度不超过 3%，仍然属于头肩底的形态。

（7）头肩底向上突破颈线位（连结两次反弹高点）时，如果股价同时向上突破一条重要的压力线或同时向上突破 30 日均线，头肩底形态更为可信。

（8）形成一个完整的头肩底形态需要三到四个月时间，甚至半年以上，时间太短的微型头肩底形态不太可靠，在周线图中发现此形态的机会较大。

四、买入时机

头肩底形态意味着股价的运行趋势将由下跌转为上升，是积极买入的信号。通常有三次买入时机：

（1）第一买点：在第三个低点（右肩）出现，并开始回升时为买入。也就是说，不管是否成为头肩底形态及其成交量多少，当经过第三次下跌后的反弹，收盘价处于疑似左肩的低点价格附近时，即为初步买入信号。可以不待右肩出现，在股价到达左肩低点附近时提早买入，此为第一个买入点。

（2）第二买点：当股价向上突破颈线时，此为第二个卖入点，亦为最强烈的买入信号。虽然此处股价与最低点相比已有一定的升幅，但升势只是刚刚开始，后市仍具有较大的上升空间。

（3）第三买点：在股价突破颈线后，回抽确认突破有效时买入。

图 8-6，必创科技（300667）：从该股走势图中可以看出，2018 年 3 月 23 日，当股价下跌到左肩低点附近时，可以试探性介入，此为第一买点。当股价随着成交量的放大向上突破颈线压力时，可以加仓介入，此为第二买点。如果出现回抽确认走势，则可以重仓介入，构成第三买点。该股向上突破后，没有出现回抽确认走势，而是直接进入主升浪行情，所以在第一买点和第二买点介入也是可行的操作方法，否则容易错失一只牛股。

五、注意事项

（1）成交量的判断不能以数字的大小为依据，应当按照一定交易周期内的高低来比较。左肩的成交量可以比底部高，也可以比底部低，但右肩的成交量一定比底部低。在突破颈线时一定要有大的成交量配合，否则为疑似形态。

（2）突破后股价上涨，而成交量仍旧保持低谷，则有可能产生一轮回抽，使股价回到颈线的位置（极少有跌破颈线的）。股价会很快再次上涨，成交量急剧放大，这几乎

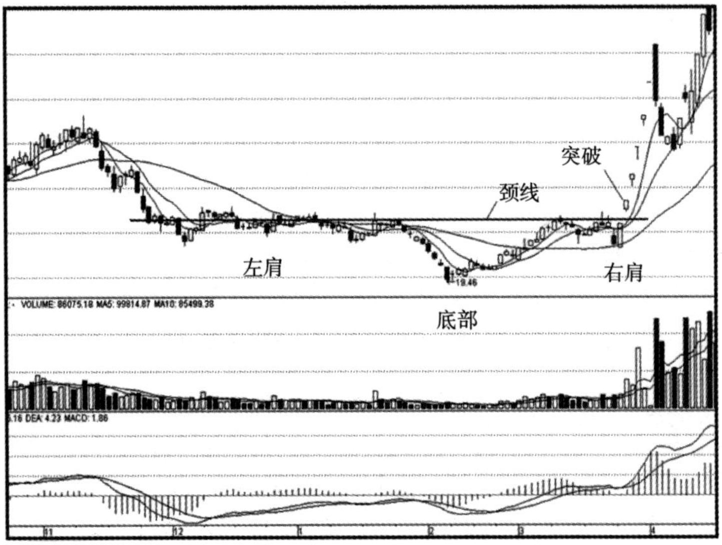

图 8-6 必创科技（300667）日 K 线走势

成了不变的定律。

（3）头肩底较为平坦，需要较长的时间来完成。实盘观察可以从底部开始，而操作最好等到右肩的回抽确认有效时。

（4）头肩底并非都是圆满完成的，当股价突破后迅速回落到颈线之下，形态就值得怀疑。这时，投资者应密切关注股价的下一步运动。

（5）即使头肩底形态未能立即见效，也是一个很强烈的底部信号。在上涨达到最小目标价位后，通常会有一些回调，上涨离最小目标位越远，回落幅度越大。

（6）头肩底第一轮突破上涨后的高点，极有可能成为日后长久的支撑位。头肩底的形成需要时间、成交量、价格的良好配合，三者缺少一样都将为日后的失败埋下伏笔。

（7）头肩顶的颈线可以有小的倾斜，向上倾斜的颈线比向下倾斜的颈线对日后上涨的幅度影响更大。

（8）多重头肩底有可能产生内外两根颈线，它由更多的肩和头组成，但其识别方法与普通头肩底无甚差异。

（9）头肩底突破后有两种走势：一种是突破颈线后有一个回抽确认动作，回抽确认的幅度不会太大，时间也不会很长，这时就会出现两个明显的买入点，即突破颈线买入点和回抽确认结束后产生买入点；另一种是突破颈线后一路上涨，这时只有一个明显的买入点。

六、复合形态

在实盘中，市场走势千变万化，技术图形千姿百态。头肩底形态不一定十分规范，经常以复合的形式出现，因此有必要对复合头肩底进行分析研究。

复合头肩底是普通头肩底变形体，其走势形状和普通头肩底相似，只是肩部、底部，或两者同时出现多于一次的形态。任何类型的复合头肩底都有可能在“头肩底”出现，大致来说可划分为以下几大类：

（1）一底双左肩式形态。在形态出现一个左肩后，股价反弹结束回落时在前期低点附近企稳，形成两个左肩。然后在第二次反弹结束下跌时，跌破前面的两个低点，从而形成底部。如两个左肩、一个底部和两个右肩；两个左肩、一个底部和一个右肩。

（2）一底双右肩式形态。在形成第一个右肩时，行情并不马上突破颈线上涨，反而掉头回落，不过回落时却得到右肩低点支撑，最后反转向上突破颈线。如两个右肩、一个底部和两个左肩；两个右肩、一个底部和一个左肩。

（3）一底多肩式形态。一般的头肩底都有对称倾向，因此当两个左肩形成后，很有可能也会形成同样的两个右肩。除了成交量外，图形的左半部和右半部几乎完全相等。如一个底部，两个左肩和一个右肩；一个底部、一个左肩和两个右肩；一个底部、两个左肩和两个右肩。

（4）多底多肩式。在形成底部期间，股价一再回落，而且回落到上次同样的低点水平才向上反弹，形成明显的两个底部，或称为“两底两肩式”走势。有一点必须留意：成交量在第二个底部往往会较第一个减少。如两个底部、两个左肩和两个右肩；两个底部、两个左肩和一个右肩；两个底部、一个左肩和两个右肩等。

（5）多底单肩式。在底部构筑过程中，股价再次回落到低点附近，形成二次探底走势，然后进入右肩构筑。这种形态的底部就是一个小型的双重底。

（6）多重头肩底形态。在一个巨大的头肩底走势中，其底部是由一个小型头肩底形态组成，整个形态一共包含两个或三个大小不同的头肩底形状。这种混合形态在走势图中极少出现，一旦出现后市涨幅将会更大。

图 8-7，烽火通信（600498）：这是一个由两个左肩和一个底部构成的复合头肩底形态，在股价下跌过程中先形成一个左肩，然后股价反弹结束回落时在前期低点附近企稳，再次形成一个左肩。在第二次反弹结束下跌时，股价跌破前面的两个低点，从而形成底部。最后，股价向上突破头肩底形态的颈线，并经回抽确认有效后进入升势行情。

七、头肩底和头肩顶的区别

头肩底形态和头肩顶形态不仅仅是简单的形态相反，在许多方面两者都具有很大的不同：

（1）时间长短不同。头肩顶形态形成所需要的时间比较短，因此它的形态大部分比

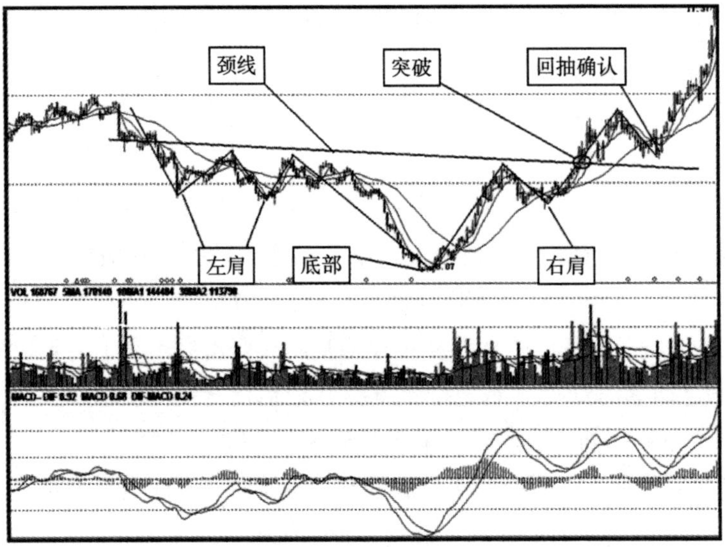

图 8-7　烽火通信（600498）日 K 线走势

较明显可见。由于行情大跌之后，多头喘息整补大多需要较长时间，因此头肩底形态所需要的时间比头肩顶要长，而其底部的形态，也因时间的延长，显得较长而平坦，大部分不太明显。也就是说，头肩顶的头部形态大部分比较尖锐，而头肩底的头部形态，大部分比较圆滑。

（2）成交量大小有别。在头肩顶形态中，股价向下跌破颈线时，不论成交量增加或减少，都可以信赖它，但在头肩底形态中，股价向上突破颈线时，其成交量一定要配合增加，这一点为头肩底与头肩顶的最大不同。

（3）在实际操作中，底部出现的复合头肩底形态的概率，多于高位出现的复合头肩顶形态，因此当高位出现复合头肩顶形态时，可以及时先行卖出，但在低位出现复合头肩底形态时，则不必过早买入。

（4）突破后的力度大小有别。通常，复合头肩顶形态成功构筑时，下跌的力度比复合头肩底形态上涨的力度要大一些，这是因为股价“下跌容易上涨难”的道理。

第四节　潜伏底形态

一、形态特征

潜伏底与圆形底相似，股价经过长期的下跌后，已跌无可跌，同时投资者暂时也找不到买入的理由，于是多空双方形成平衡，致使股价在一个极其狭窄的区间里呈现横向波动，成交量也萎缩至极点，在K线图上表现为小阴小阳交错的水平状，充分反映庄家耐心地收集筹码。经过一段时间的均衡后，在利好消息的刺激和庄家的积极拉升作用下，股价脱离底部区域，价格大幅上涨，成交量也随之放大，上升行情迅速展开，这就构成了潜伏底形态，如图 8-8 所示。当发现股价明显摆脱闷局时，不妨陪庄家走一程，一般会有不俗收获。

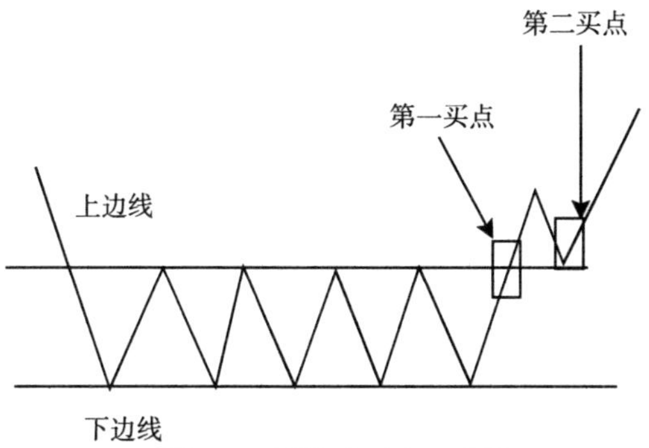

图 8-8　潜伏底形态示意图

二、技术意义

潜伏底形态大多出现在市场冷清之时，及一些股本较小的冷门股中。由于这些股票流通量少，而且公司也不注重宣传，前景模糊，结果被投资者忽视，稀少的买卖使股票供求十分平衡。持股者不想卖，持币者不想买，于是股价就在一个狭窄的区域里胶着，既没有上升趋势，也没有下跌迹象，盘面表现令人感到沉闷，可谓黎明前的黑暗。最后，股价慢慢脱离底部区域，市场步入上升趋势。在潜伏底形态中，战略性投资者可以悄悄买入，耐心等待股价的上涨。因此，遇到潜伏底形态向上突破时，应积极跟进做多，上升潜力大而风险小。

三、判断法则

（1）窄幅波动，潜伏底在形成时，股价已经反复下跌，然后有一段时间于低位在一个狭窄的区域内波动，每日的高低价波幅较小（这并没有统一标准，一般在 5%左右），成交量稀少，每日成交可能只有几千手，甚至几十手。

（2）潜伏底多在一些低价股或冷门股中出现，主要是因为公司前景一般或盈利欠惊喜，但又无利淡消息冲击，已持股者找不到急于抛售的理由，而持币者又没有急于追货，以至人们渐渐将它淡忘，于是庄家在低位只做有耐性的累积货源，等候炒高机会。

（3）波幅突然扩大，成交活跃。在形成潜伏底时，股价一般是横向运行，当出现突破时，也并无至少量度升幅可测。股价横行多时（至少需要达 1 个多月的时间）后，股价波幅突然加大，成交量也活跃起来，而且配合市场传出利好消息，预期股价将会爆炸性上涨。

（4）在成交量变化方面，则需多花工夫观察。在潜伏底时，成交量应保持稳定且稀少的走势，但当股价波幅突然扩大，股价向上突破潜伏底时，成交量必须配合大增，且增加的成交量必须持续放大达 3 天以上，这样才能视为有效突破信号，值得跟进买入。此外，股价在突破后处于上升趋势时，成交量也最好维持在高水平，这代表着资金积极进场，但若因涨停板而惜售导致成交量未大量增加，则不受此限制。

四、买入时机

（1）潜伏底形成时间一般较长，至少需要一个月以上，事实上长达半年至一年的潜伏底也常见于股市。因此，在股价窄幅震荡时，成交量仍低迷，买入过早等待的时间太长。只有当成交量激增，股价上扬摆脱底部时，才是最佳的买入时机。通常，底部形成时间愈长，货源收集愈多，未来上升阻力愈小，升幅愈巨，但无至少量度升幅可测。

（2）在股价窄幅波动时，成交量仍低迷，不要随意预测将会突破而买入，当成交量激增，股价上扬摆脱潜伏底时，方可吸纳。此时买入价可比筑底时高，但由于突破信号明确，追进风险相对较小。同时，基于潜伏底缺乏量度升幅考虑，买进后宜采用不断提高止盈位方法进行操作。

（3）原先确认的潜伏底，在突破后又跌回平台区域甚至跌破前期的低价，这有可能仅是下跌途中的整理，而非潜伏底，应止损出局。

（4）潜伏底往往是在股市极度低迷之时或一些不被市场和投资者关注的冷门股中形成的中长期底部，买入风险小而收益却十分可观。

图 8-9，卫宁健康（300253）：该股反弹结束后，再次回落到前期低点附近，然后形成横向窄幅盘整，时间长达 2 个多月，股价接近水平运行，成交量大幅萎缩，形成潜伏底形态，表明庄家在此期间大量吸纳低价筹码。2018 年 1 月 24 日，一根放量上涨大阳线脱离了底部盘区的牵制，随后股价出现强劲的盘升行情。

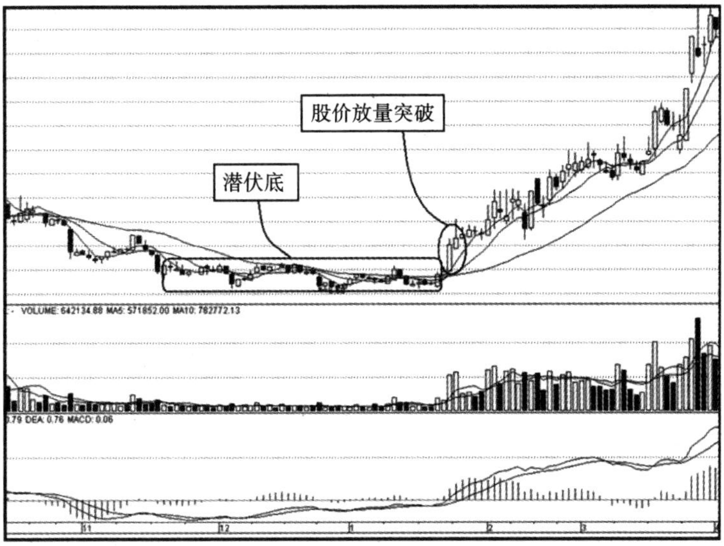

图 8-9 卫宁健康（300253）日 K 线走势

第五节 岛形底形态

一、形态特征

底部岛形反转是一种力度非常强大的底部反转形态，伴随着跳空缺口的出现，股价出现大幅的上涨行情。岛形反转一般形成的时间较短，通常在一两个星期内完成，有时在两三个交易日甚至单个交易日就完成岛形反转，而且成交十分活跃。在它前面的运行中，先形成一个下跌竭尽性缺口，其后的反方向运动中，再形成一个向上突破性缺口，中间出现一个孤岛，这种形态的出现，是股价明显的转势信号。岛形也有其变体，即仅有左边或右边一个缺口（其实这是普通的缺口），如图 8-10 所示。在实盘中，有时出现左边的缺口与右边的缺口不对称的岛形组合，其分析意义基本相同。

二、技术意义

在熊市的后期，股价向下跳空，这时丧失信心的投资者在这最黑暗的时刻平仓出逃，没能坚持到黎明来临的时候，但当市场抛空的力量消耗殆尽之后，股价反而跌不下去了。于是买入盘踊跃介入，推动股价走高，这可谓一个悲喜交集的时刻，斩仓者落入了空头陷阱。而且，由于市场上升是快速的，连回补缺口都来不及了，不得不挂

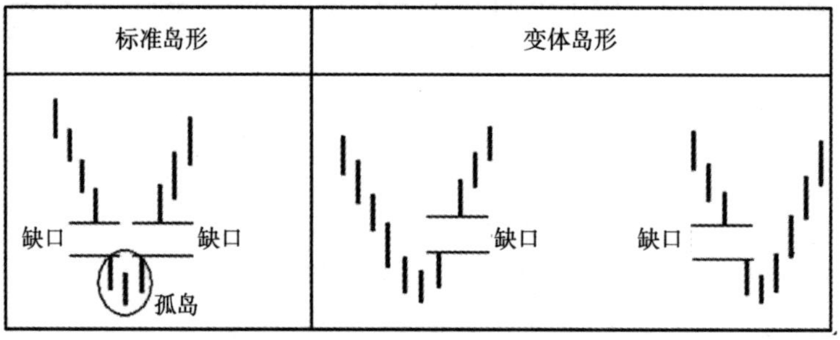

图 8-10　岛形底形态示意图

高价位买入，从而进一步推动股价的上涨，因此底部岛形是一个大势转暖的买进信号。

三、判断法则

(1) 标准的底部岛形前后各有一个跳空缺口，前面的为下跌竭尽性缺口，此时股价经过持续的下跌，空方能量消耗殆尽，而后面的缺口为上涨突破性缺口，股价一举扭转下跌势头，成功向上突破。

(2) 形态中的两个缺口大致在同一价位出现，而且近日未填补缺口，这一价位对后市产生重要的支撑作用。缺口空间越大，技术意义越强。

(3) 底部岛形反转形成的时间非常短，最短的时候可以是两三个交易日，而且岛形部分的成交量十分密集，显示多空双方在此进行激烈的争夺。

(4) 底部岛形反转通常会出现在流通盘较小的股票中，而其形态大多隐藏在头肩底、双重底及其他反转形态之中。

(5) 底部岛形的爆发力极大，通常出现在长期趋势或中期趋势的底部。当股价在底部形成岛形反转时应立即买入，因为岛形两端的走势都是十分陡峭的。

(6) 底部岛形反转形态成交量的大小非常重要，通常当日的缺口上涨应有较大的成交量出现，这样更加确认底部的形成。

(7) 底部岛形一方可以是一根 K 线，也可以是多根 K 线，阴线阳线没有太大的区别。

(8) 先形成的下跌竭尽性缺口，不一定就是下跌过程中的第三个缺口，也就是说，下跌竭尽性缺口产生之前，不一定要有突破性缺口或持续性缺口存在。

另外，岛形底有一种变异形态，叫半岛形底或叫单跳空，是在形成底部时，只伴有一个跳空缺口，这比标准的岛形反转少一个跳空缺口。半岛反转形态的特征是只有一个向上或向下的单跳空，在图形上就像一个半岛，也是明确的买卖信号。反转的出现是明确的警告信号，在实践中向下跳空的顶部半岛反转比向上跳空的底部半岛反转出现的可能性更高。

四、买入时机

（1）底部岛形之前股价已有一定的跌幅，这样反转力度才大，一旦岛形形态成立应积极买入。

（2）有两个基本对称的跳空缺口，近日未被回补，缺口空间越大，技术分析意义越强，买入信号越可靠。

（3）岛形底产生后，股价会快速脱离底部区域，应积极买入。

（4）向上的突破性缺口具有较强的支撑作用，股价回抽到缺口附近时，可以积极买入。

图 8-11，太极集团（600129）：股价经小幅反弹后形成较长时间的盘整走势，上方遇到较大的压力，盘面压力越来越大，盘中收出一根光头光脚大阴线后，第二天股价跳空低开低走，留下一个当日没有回补的向下跳空缺口。此后股价在该缺口下方，弱势运行了十多个交易日。不久，股价跳空高开高走，收出一根涨停大阳线，形成一个向上突破缺口。这样，前面的向下跳空缺口与后面的向上跳空缺口对称，构成一个标准的岛形底形态，是一个较好的买入信号，此后股价逐步向上走高。

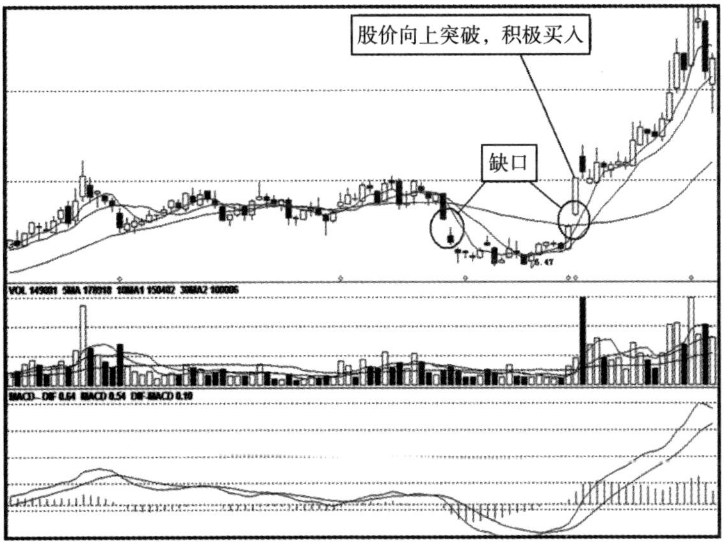

图 8-11　太极集团（600129）日 K 线走势

第六节　长方形形态

一、形态特征

长方形也叫箱形或箱体，为一种冲突型走势，角逐双方实力强弱相当。这种形态明显告诉大家，买卖双方的力量在此区域完全达到均衡状态，没有任何一方占据市场优势。看好的一方认为其股价是很理想的买入点，于是股价每次回落到该水平时即买入，形成了一条水平的支撑线。但看淡的投资者对股市没有信心，认为股价难以上升，于是股价回升到高点时便抛售，形成一条平行的压力线。从另一个角度分析，长方形也可能是投资者因后市发展不明朗，投资态度变得迷惘和不知所措。所以，当股价回升时，一批对后市缺乏信心的投资者退出，而当股价回落时，一批憧憬着未来前景的投资者跟进，由于双方实力相当，于是股价就来回在这一区域波动，形成一条震荡带。

长方形的突破方向大多与长方形形成之前的趋势一致，如果原来的趋势是升的，那么经过一段长方形整理后，股价会继续原来的上升趋势，使股价突破长方形的上限。如果原来是下降趋势，则股价会突破长方形的下边线，继续原有的下跌趋势。

一般来说，长方形是整理形态，在盘整势道时，升跌皆有可能，长而窄且量小的长方形在原始底部比较常见。突破上下界限后有买入和卖出的信号，涨跌幅度通常等于长方形本身的高度，如图 8-12 所示。

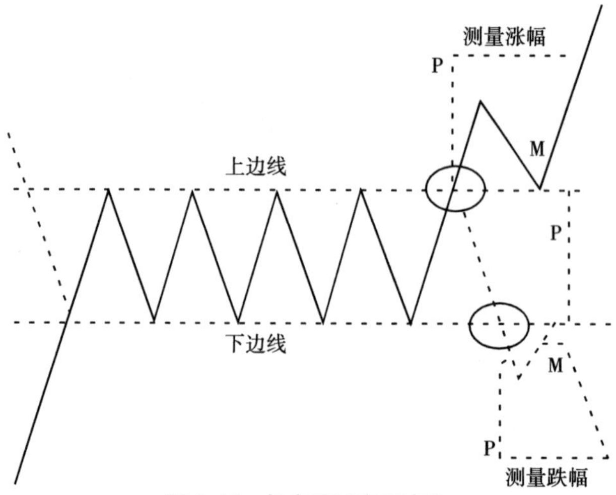

图 8-12　长方形形态示意图

二、技术意义

长方形是一种典型的整理形态，股价在两条几乎平行的轨道线内上下波动，既不能向上突破阻力线，也不会向下跌破支撑线，这种震荡格局将持续一段时间，震荡行情中的各个短期高点和低点分别相连，就会形成长方形。市场处于多空平衡的拉锯状态，股价向上会遭到沉重打击，向下又获得各种支撑，致使股价陷入跌不深、涨不高的僵局中。但这种僵局总归是暂时的，其突破将是一种必然的结果。在突破之前的震荡整理中，市场的买卖热情会逐渐下降，成交量会出现一定程度的萎缩，当市场逐渐转为平静后，突发性行情会迅速爆发出来。

长方形的出现显示市况牛皮，出现这种情况大致有以下三个原因：一是市场基本面平静，公司前景欠亮丽，市场进退两难；二是庄家耐心吸货，大手笔买货会惹来注意，因此故意维持盘整走势，埋伏在低位收货；三是庄家托价派货，为免股价越抛越低，于是当股价回落至某一水平时便停止抛售，以小量买盘将股价推升，引导投资者跟入。

三、判断法则

(1) 长方形反映多空双方势均力敌，股价每次反弹的高点与回落的低点都受到某一特定价位的强大阻力或支撑，双方在短时间内都无法带动股价形成突破，同时这种阻力与支撑是接近于水平的，股价在这两条水平线之间上下波动。

(2) 在长方形中，成交量随着形态的发展逐渐萎缩。如果在形态形成期间，有不规则的大成交量出现，则形态有可能失败，并演化成多重顶或多重底，其趋势信号将持续演变为反转。

(3) 在长方形向上突破时，通常需要成交量放大的积极配合，否则有假突破的可能性。股价在向下突破时则不一定要放量加以配合，但如果出现放大的现象，则下跌的力度与幅度将更大，而且多会出现突破后的反抽。

(4) 长方形与大多数形态一样，也具有测量功能，其最小涨跌量度的测算方法是从突破点算起，量取长方形上轨与下轨之间的垂直距离作为最小的升跌幅度。因而在一定意义上，股价震荡的箱形越大，则将来涨跌的幅度也越大。

(5) 长方形突破之后，股价经常出现反抽，大多出现在突破后的一两个星期里。在向上突破时，回档一般会止跌于长方形的上轨附近，而在向下突破后，反弹的高点一般会受阻于长方形的下轨附近。

(6) 如果股价向下跌破时距离下限越近，其有效性越比正常低，所影响未来股价下跌的幅度将会越小。若向上突破时距离上限越近，其有效性亦会越低，所影响未来股价上涨的幅度越小（如突破上限前一天的收盘价近于上限）。

（7）在长方形进行过程中，如果股价经常是在靠近其上限附近成交的话，那么这个长方形将向上突破的可能性较高，如果股价经常是在靠近其下限附近成交的话，那么这个长方形将有可能会向下突破。

四、买卖时机

长方形为投资者提供了两种操作机会：一种是在长方形震荡幅度较大的情况下，擅长于短线操作的投资者可以把握箱体形态中的高点和低点，寻找短线波动机会，进行波段操作，在长方形的底边线附近买入，在长方形的上边线附近卖出，获取长方形运动中的差价；另一种是长方形的突破机会，这种投资方法比较适合于稳健型的投资者，股价在突破长方形上边线之后，往往会有一定的涨幅空间，有利于投资者获取稳定的收益，而且在长方形突破后实施买进操作，可以防止长方形向三重顶等反转形态演化，避免投资失误。具体参考下列买卖信号：

长方形在上升过程中的买进信号：

（1）股价在回落到长方形的底部时，短线买入。

（2）股价放量成功向上突破长方形的上限时，加仓买入。

（3）股价向上突破长方形的上限后经回抽确认成功时，坚决买入。

图 8-13，宇通客车（600066）：股价经过小幅上涨后，在相对高位形成盘整走势，股价呈现横向运行，构筑箱体整理形态。庄家在该区域成功换手后，以高开的形式向上试盘，然后再次回落到箱体内。经过再次回落整理后，股价向上突破箱体整理形态，

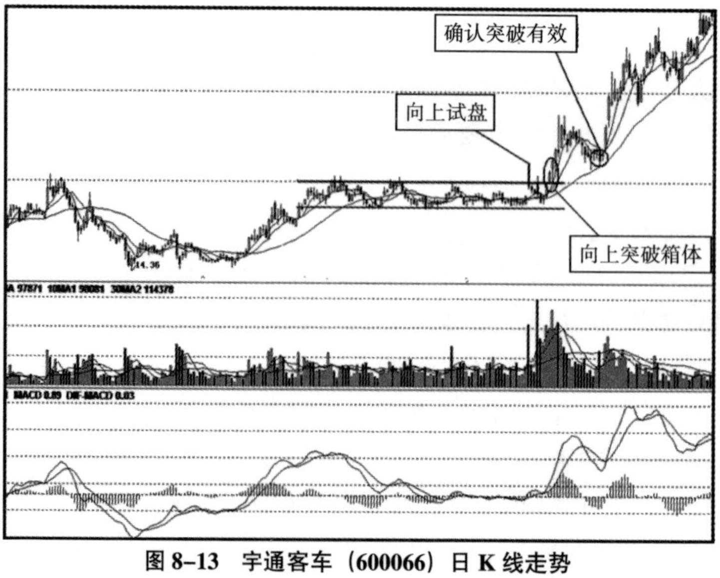

图 8-13 宇通客车（600066）日 K 线走势

形成明确的买入信号。然后，经过回抽确认突破有效，此时可以加仓买入。

五、注意事项

（1）长方形的上下两条横线，与各种形态的颈线一样，都属于趋势线，而长方形是一种较常见到的图形，不论月、周、日线图，甚至在分时图或5分钟走势图上，经常都可以看到。

（2）长方形顶线（上限）与底线（下限）之间的幅度如果较大的话，依股市惯性，幅度约在10%以上时，则常会引来短线交易者的介入。虽然以中长期观点来说，这些短线交易者，对行情发展无决定性的影响作用，但如果短线交易盛行时，这个长方形的形态，将会更趋于明显，而其向上或向下突破的时间将会跟着延长。

（3）在长方形的进行过程中，其成交量大多会随着形态的发展而减少。

（4）关于长方形的安全感，亦与多数形态一样，需以超过顶线或底线3%的幅度收盘，才能称为正式突破。

（5）长方形向上突破时，成交量需配合增加，否则以“假突破”视之，至于向下突破时则无此限制，但若有成交量的配合，会加强突破的有效性。

（6）长方形完成突破的时间越短，而其上下界限之间的幅度越大时，其突破往往比狭长的长方形之突破更为有力。这一点与其他形态整理的时间越久，突破后涨跌的幅度将会更大的情形完全不同。

（7）在长方形中，其成交量起伏变动越大，或是其成交量多半比平时大时，则突破之后的涨跌幅度亦将随之扩大。

（8）基于股谚“久盘必跌”的道理，如果颈线近水平的长方形经过较长时间的整理后，却迟迟未能向上突破，宁可退出暂作观望。

后 记

“散户克庄赢家”系列紧扣庄家坐庄流程，重点透析盘面现象，捕捉庄家痕迹，讲述盘面背后的庄家运作逻辑和坐庄意图，向大家传授一套识庄、跟庄、克庄的实盘技巧，使投资者最终成为股市实战赢家。

股市千变万化，庄家诡计多端。对书中讲解的实盘经验、操盘方法、克庄技巧，结合即时行情认真分析、活学妙用，并在实践中不断积累经验、探索规律、感悟股性，逐步形成一套适合于自己的识庄、跟庄、克庄技法，这样才能在瞬息万变的股市中成为克庄赢家。

作为著者，深知要感谢太多给予帮助的人，有太多的人可以分享这“散户克庄赢家”系列丛书出版的荣誉。没有广大读者朋友的普遍认可，就没有这套丛书的生存市场，更不会使这些技术得以推广，所以第一个要感谢的是读者朋友的支持。在此还要感谢经济管理出版社的大力支持，更要感谢本书策划人、责任编辑勇生先生，他对此书提出了许多专业性的修改意见，并亲自动手斧正，他的幕后支持让我深为感激。在此付梓之际，致以最衷心的谢意！

在成书过程中，得到了不少专家、学者的精心指导，使之有一个恰当的定位，能够更加满足投资者的需求，也更加贴近盘面实际。书中内容虽然表达了作者个人的观点和见解，但也包括他人的一些研究成果、实盘经验。这些材料在理论和实践中都具有很高的创造性，是十分珍贵的。所以要感谢他们，如果他们没有与大家共同分享其专业知识和理念，笔者也就无法达到现在的研究水平。在此对这些专业人士致以最衷心的感谢，感谢他们如此慷慨地与大家分享专业知识。

股市变幻莫测，牵涉内容广泛。尽管竭尽全力，尽量减少书中错误，但百密一疏，书中疏忽之处，在所难免。敬请广大读者不吝斧正，并多提宝贵意见，以便在今后再版时进一步改进和提高。愿本书为广大朋友在实盘跟庄操作中带来一点启示、创造一份财富。如是，我将深感欣慰。

麻道明

于中国·楠溪江畔